JN418396

개정판

판매관리론

이상윤
박한혁 공저

개정판 머리말

일반 소매점이 수행하는 마케팅 목적은 소비자 필요와 욕구를 충족시킬 방법이나 단서를 찾아내기 위한 시장조사, 신상품 매입과 개발, 그리고 상품주기별로 가장 적절한 마케팅 종합전략을 창조해 내는 일에 있다고 할 수 있다. 오늘날 소매점 임무는 소비자를 위하여 상품효율을 높이고 사회적 유통비 절감을 꾀하는 것이라 할 수 있다. 이런 의미에서 소매점은 그것을 자본수익활동을 통해 실현하고 있다. 자본수익활동, 즉 투자수익률은 매출이익률과 자본회전율의 상승 곱으로 결정된다. 그 때문에 소매점 영업활동은 환경에 잘 적응하면서 이러한 것들을 제어하여 이익이 있는 매출액을 신장시켜가야 한다.

이를 실현하기 위한 이론과 실무적 방법론을 이번 개정판에서는 기존 목차 틀을 유지하면서 그 동안 다루지 않았던 세부 내용을 일부 추가하고 불필요해진 내용은 과감히 삭제하였다. 2015년 초판 발행 시 미쳐 놓친 오 · 탈자, 문법 오류 문장과 단어, 띄어쓰기 오류를 전부 교정하였다.

개정판 내용 구성은 총 4부 13장으로 1부 판매관리 입문, 2부 점포만들기, 3부 공감하는 판매관리, 4부 매장성과 평가로 구성되어 있다. 매장운영에 관한 내용을 13장으로 구성하고 장별로 3절씩 구성하여 대학에서 1학기 과정에 학습할 수 있도록 구성되었다. 소매업에 입문하기를 희망하는 학생들에게 매장운영의 이론 제공과 현장에서 필요한 실무지식을 현장사례를 중심으로 제시하였다. 아울러 현재 유통업에 종사하는 직원들의 재교육을 위한 학습서 역할에도 도움이 되도록 하였다.

개정판 판매관리라는 책을 다시 완성하기까지 도움을 주신 유통업계 선후배님들과 (사)한국유통과학회, 한국인공지능학회, 동아시아경상학회, 한국세일즈협회 회원 여러분에게 감사드린다. 그리고 출판에 도움을 주신 도서출판 두남 전두표 사장님, 이승구 상무님 등 관계자와 지인들에게 감사드린다.

2020. 2. 4. 입춘대길

이 상 윤, 박 한 혁 올림

머리말

지난 세기 산업화, 도시화가 급속히 진행됨에 따라 유통업은 성장과 비약적으로 발전되어 우리 생활의 중심이 되었습니다. 이러한 환경에서 학계, 업계에서는 유통지식에 대한 체계화된 교육과 전문인력 양성이 중요한 시점에 이르렀습니다. 특히 대학과 산업체의 협력과 맞춤식 교육이 요구되는 상황에서 이론과 실무를 병행하는 소매유통 교육의 필요에 부응하여 판매관리론을 출간하게 되었습니다.

이 책은 유통업에 종사하기를 희망하는 학생들에게 소매점 매장운영에 관한 이론적인 지식과 매장 실무중심의 사례를 사전에 학습하도록 하는 소매점 매장운영관리 지침서입니다. 그리고 소매점 창업을 준비하는 예비 점주나 현재 유통업체에 근무하는 직원들에게 이론적인 지식 제공으로 효율적인 매장관리를 위한 기본지식을 제공하는 데 목적을 두고 있습니다. 실용적인 지식을 반영하여 소매점 매장의 창업, 마케팅, 운영 비결을 제시하고자 하였습니다. 기존의 영업관리, 판매관리 교재는 대량 마케팅 환경에서 유통업 전반에 주안점을 두고 출간되었으나 본 교재는 개개 마케팅과 소매점 매장관리에 초점을 두었습니다.

내용 구성은 총 4부 13장으로 1부 판매관리 입문, 2부 점포 만들기, 3부 공감하는 판매관리, 4부 매장성과 평가로 구성되었습니다. 매장운영에 관한 내용을 13장으로 구성하고 장별로 3절씩 구성하여 대학에서 1학기 과정에 학습할 수 있도록 구성되었습니다. 소매업에 입문하기를 희망하는 학생들에게 매장운영의 이론 제공과 현장에서 필요한 실무지식을 현장사례를 중심으로 제시하였습니다. 아울러 현재 유통업에 종사하는 직원들의 재교육을 위한 학습서 역할에도 도움이 되도록 하였습니다. 판매관리라는 책을 완성하기까지 도움을 주신 유통업계 선후배님들과 (사)한국유통과학회 회원들에게 감사드립니다. 그리고 출판에 도움을 주신 도서출판 두남 전두표 사장님, 이승구 상무님 등 관계자와 지인들에게 감사드립니다.

2015. 8. 15. 광복 70주년을 기념하며

이 상 윤, 박 한 혁 올림

차 례

PART 01 판매관리 입문

Chapter 01 소매 마케팅 ······ 17

제1절 유통업 역할 ······ 17

1. 유통업 사회경제적 역할 / 17
2. 유통경로 조직 / 25
3. 소매업 역할 / 26
4. 소매업 형태 / 29

제2절 소비자 심리 ······ 34

1. 마케팅 환경변화 / 34
2. STP 전략 / 35
3. 구매심리 과정 / 41

제3절 소매 마케팅 ······ 44

1. 소매업 발전이론 / 44
2. 소매경영 특징 / 47
3. 소매 마케팅 / 49

Chapter 02 소비자 점포선택 ······ 58

제1절 소비자 선택이론 ······ 58

1. 고려 상품군 / 58
2. 인지적 선택과정 / 59
3. 선택 조정요인 / 60
4. 기타 선택 / 61

제2절 매장 선택이론 ······ 62

1. 점포선택 의사결정 / 62
2. 점포선택 영향요인 / 63
3. 점포 이미지 / 69

제3절 소비자 점포선택 행동 ······ 71

1. 소비자 내점 행동 모형 / 71
2. 쇼핑 동기와 방문점포 평가 / 72
3. 점포선택 요인 / 74

Chapter 03 트랜드 매장운영 ··· 85

제1절 프랜차이즈 가맹점 ···85

1. 프랜차이즈 시스템 개요 / 85
2. 대표적 프랜차이즈 소개 / 91

제2절 직접 판매매장 ···95

1. 온라인쇼핑몰 / 95
2. 위탁경영 참여 / 103
3. 프랜차이즈 편의점 운영 / 107
4. 협동조합 / 109

제3절 임대 매장관리 ···114

1. 임대 매장 / 114
2. 상가건물 임대차보호법 / 116

PART 02 점포만들기

Chapter 04 상권분석 ··· 123

제1절 업종 선택 ···123

1. 미션과 비전 / 123
2. 미션과 연관된 업종 선택 / 125
3. 상인 정신 / 127

제2절 상권분석 ···129

1. 입지 개요 / 129
2. 도심 입지와 노면독립입지 / 133
3. 상권 / 135

제3절 입지 선정 ···144

1. 입지 선정 의의 / 144
2. 도·소매 입지 / 148
3. 소매 입지 선정 / 153
4. 입지 영향 인자 / 156
5. 출점전략 / 160

Chapter 05 점포구성 ··· 165

제1절 점포구성 ···165

1. 점포구성 / 165
2. 점포구성 기술 / 168
3. M/D 조닝 / 172
4. LAY-OUT 사례 : 슈퍼마켓 상품군별 배치 / 175

제2절 건축 공사 ······177

1. 점포건축 / 177
2. 내부 인테리어 / 177
3. 설비 / 180
4. 공정관리 / 181
5. 소매점 인허가 / 181

제3절 투자비 및 수익 예상 ······183

1. 매장 평당 투자금액 / 183
2. 적정면적 결정 / 184
3. 임차료 한도 / 185
4. 상가 권리금 / 185
5. 투자 수익 예상 / 187

Chapter 06 매장개점 ······ 194

제1절 사업자 개설 ······194

1. 사업자등록 / 194
2. 임대차 계약 체결 / 198

제2절 세무관리 ······199

1. 부가가치세 / 199
2. 근로소득세 / 202
3. 종합소득세 / 203
4. 세금계산서 / 206
5. 소매점 주요 세금과 공과금 / 207

제3절 오픈 점검 및 매장변경 ······208

1. 오픈 전 점검사항 / 208
2. 오픈일 점검사항 / 208
3. 매장변경 / 209
4. 구체적 매장변경 방안 / 210

PART 03 공감하는 판매관리

Chapter 07 상품관리 ······ 217

제1절 상품구성 ······217

1. 상품구성 / 217
2. 상품관리 / 224
3. 머천다이징(M/D) / 227
4. 슈퍼마켓 분류별 상품관리 / 231

제2절 상품진열 ······235

1. 상품진열 / 235
2. 훼이싱 관리 / 242

제3절 단품관리와 수명주기별 상품관리 ······246

1. 단품관리 / 246
2. 수명주기별 상품관리 전략 / 249

Chapter 08 재고 발주관리 ······ 254

제1절 재고관리 ······ 254

1. 재고관리 필요성 / 254
2. 재고 종류 및 비용 / 255
3. 재고조사 실시 / 259

제2절 상품발주 ······ 265

1. 상품발주 / 265
2. 상품 검품 / 267
3. 창고관리 / 268

제3절 재고발주정보시스템 ······ 269

1. 재고관리와 자동발주 / 269
2. 무선주파수 식별법(RFID: Radio Frequency Identification) / 270
3. 발주시스템 / 274

Chapter 09 가격 및 판매촉진관리 ······ 283

제1절 가격정책 ······ 283

1. 가격 의미 / 283
2. 원가 기준가격 / 284
3. 수요기준가격 / 285
4. 경쟁기준가격 / 285
5. 소매점 가격 적용 / 286

제2절 판매촉진 ······ 292

1. 판매촉진 정의 / 292
2. 판매촉진 목표 / 293
3. 판매촉진 방법 / 293
4. 소비자 대상 판매촉진 방법 / 294
5. 영업시간과 휴무 결정 / 299
6. 소매점 프로모션 계획 / 300

제3절 광고 홍보 ······ 308

1. 광고 / 308
2. 광고매체 평가 / 310
3. 표시·광고 법적 준수 / 311
4. ISP(In Store Promtion) / 314
5. 홍보 / 317
6. 마케팅 PR / 318

Chapter 10 고객 관계관리 ······ 325

제1절 고객관계관리 ······ 325

1. 고객관계관리 의의 / 325
2. 고객관계마케팅 / 326
3. 고객 가치 평가 / 329
4. 로열티 프로그램 / 331
5. 포인트 프로그램 / 332

제2절 데이터베이스(Data base)와 이 시알엠(e-CRM) ····335
1. 데이터베이스(Database) / 335 2. e-CRM / 338
제3절 매장 고객관리 방안 ····340
1. 고객개념 / 340 2. 고객 증대 방안 / 340
3. 객단가 증대 / 342

Chapter 11 판매 지원관리 ···· 347

제1절 인사관리 ····347
1. 직원관리 / 347 2. 매장근무 지침 / 354
3. 접객서비스 매뉴얼 / 360 4. 안전관리 / 369
5. 현금 및 수표 취급 / 374 6. 성희롱 예방 / 375
7. 부정과 비리 예방 / 377
제2절 법무관리 ····380
1. 대규모유통업법 / 380 2. 소비자 기본법 / 385
3. 식품위생법 / 387 4. 주류판매 관련 법규 / 392
5. 축산물 가공처리법 / 395 6. 고객 정보보호 / 397
7. 제조물 책임법 / 398
제3절 배송 및 고객 컴플레인 방지 ····398
1. 배송 서비스 / 398
2. 고객 컴플레인 / 399
3. 불만족 발굴 및 제거체제 구축 / 402
4. 불만 고객 불평처리 / 404
5. 고객서비스 제도 사례 / 408

PART 04 매장 성과 평가

Chapter 12 매장 정량 성과 평가 ···· 415

제1절 매장기본 계수 ····415
제2절 수익성과 안정성 분석 ····423
1. 경영 분석 포인트 / 423
2. 수익성 / 425
3. 안전성 / 428
4. 생산성 / 430

제3절 성장성 분석 ······432

1. 성장성 의의 / 432
2. 매출성장률 평가 / 432
3. 이익성장률 평가 / 433

Chapter 13 매장 정성 성과 평가 ······439

제1절 고객 시각으로 매장진단 ······437

제2절 쇼핑사이클별 고객만족도 평가 ······443

제3절 매장점검 체크리스트 ······446

참고문헌 ······457

찾아보기 ······465

▌표 목차▐

유통기관 / 20
유통 세부 기능 / 23
마케팅 환경변화 / 34
고객 구매심리와 점 내 행동 / 43
소매상 수레바퀴이론 변화 단계별 특징 / 44
소매점 수명주기이론 단계별 특징 / 46
점포 이미지 측정항목 / 70
소비자 내점 행동 모형 / 71
점포 이미지 속성 / 75
점포 개발을 위한 조직계획 / 82
프랜차이즈 시스템 장단점 / 86
프랜차이즈 이익금 분배 방식 / 91
체인사업 형태별 현황 / 93
프랜차이즈형 가맹사업 비교 / 94
임의형 가맹점 사업비교 / 95
Timmers 비즈니스모델 / 97
온라인유통 영향요인 / 98
옴니채널 장점 / 101
브랜드 본사, 중간관리자 비용분담 주체 사례 / 104
정상, 행사 판매수수료 분담률 사례 / 105
편의점 중간관리형태 / 107
편의점 점주 임차 운영 조건 / 108
임의형 편의점 가맹점 / 108
협동조합 이점 / 111
테넌트 사례 / 116
보호 보증금 범위 / 116
최우선 변제대상 보증금 / 117
상업입지요인 / 129
상권 범위 설정 / 136
상권 현장 조사 사항 / 137
레일리 이론 상권공식 / 139
레일리 소매인력 법칙 상권 / 139
시장확장 잠재력과 소매포화지수 매트릭스 분석 / 142
입지 선정 8가지 평가방법 / 145
AIO 분석 / 157
레이아웃 기능 및 용도별 분류 / 166
동선 폭 / 169
출입구 설정 시 고려사항 / 169
도면 표시기호 / 176
주요 조명기구 / 179
소매점 적정조도 / 179
준공검사 신청서류 / 180
소매점 매장 오픈 주요 공정 / 181
식품접객업 업종 분류 / 182
기타 인허가 / 182
상업지역 건폐율/ 용적률 / 185
총자본이익률 / 187
손익 계산서 / 190
투자회수기간 / 191
사업자등록증 종류 및 등록번호 / 195
사업자등록증 정정 / 196
사업자등록증 서식 / 197
과세대상 / 199
사업자 구분 / 200
과세기간 및 신고 납부 기간 / 200
부가가치세 환급 절차 / 201
근로자 근로소득공제 / 202
비과세 근로소득 / 203
근로소득 과세방법 / 203
종합소득공제 구조 / 204
종합소득세 누진 과세율 / 205
소득세 신고유형 / 205
세금계산서 종류 / 206
세금계산서 작성 사항 / 206
소매점 주요 세금과 공과금 / 207
매출실적 및 가중치 예 / 211
신뢰성 확보를 위한 매출액 평가방식 / 211
매장변경 후 효율 예상 / 212
편의품, 선매품, 전문품 정의 / 219
주요 과일 / 220
주요 야채 / 221
백화점 상품구성 사례 / 221
유통업체 PB와 제조업체 상품 구분 / 222
유통업체 PB 상품 현황 / 222
상품 검품 주요 업무 / 227
매입업체 평가 기준 / 229
상품별 보관기준 / 233
냉장/냉동 보관상품 / 233
중점 판매상품 / 234
로스리더 상품 / 234

진열조건 및 진열 원칙 / 235
진열 원칙 / 236
판매용 집기 높이 / 239
비주얼 머천다이징(VMD) 종류 / 241
진열 플랜 오 그램 예 / 244
진열도 관리 사항 / 244
결품에 대한 소비자 반응 / 245
재고 과다/ 부족 문제점 / 255
ABC 관리법 / 258
로스 방지대책 / 261
도난방지 상품 / 262
체화재고 관리 업무 프로세스 / 263
능동형과 수동형 태그 비교 / 272
권고 수량 세부계산 방법 / 278
로스 방지대책 / 281
가격 정책 / 289
권장소비자가격 등의 표시 금지품목 / 290
단위가격표시 대상 84개 품목 / 291
광고 및 인적 판매 / 293
소비자 촉진 방법 / 293
푸쉬 전략과 풀 전략 / 294
할인판매 종류 / 298
업태별 영업시간 / 299
2013년 1월 국회통과 유통산업발전법 주요 내용 / 300
상반기 행사계획 / 301
롯데슈퍼 전단 2015년 2월 밸런타인데이 행사 / 302
하반기 행사계획 / 302
소매점 월별 행사전략 / 303
신규점 행사계획 / 307
주요 매체 장단점 / 309
표시 광고 정의 / 311
부당한 표시·광고 판단 기준 / 312
부당한 표시·광고 유형 / 312
ISP 종류 및 용도 / 314
POP 부착 기준과 금지 사항 / 314
포인트 프로그램 설계 / 333
그룹별 통합포인트 카드 / 334
포인트 카드 효과 / 335
데이터베이스와 데이터웨어하우스 비교 / 336
이탈 고객 방지 / 342
동선 강화 / 343
접근율/시선율 강화 / 343
구매율 증대 / 343
구매 품목 수 증대 / 344
상품단가 증대 / 344
지원모집 요강 / 348
면접 평가 / 348
면접 중점 항목 / 349
근로계약서 필수사항 / 349
근로계약서 서식 / 350
판매원 보상을 위한 평가 기준 / 352
4대 보험 적용 제외 대상 / 353
주간 근무계획서 / 357
청소 주기 / 358
구역담당자 / 358
담당자 체크 항목 / 359
상시 점검 장소 관리 포인트 / 359
시설물 안전관리 내용 / 369
긴급사태 대처 방안 / 370
소방시설 / 370
해충 방제시스템 / 372
소매점 보험 종류 및 보상 범위 / 373
보험업무 처리 절차 / 373
주류판매 기록 / 374
처벌 종류 / 379
식품위생 / 387
보건증 미소지 과태료 / 388
개인위생 / 389
식품위생 / 389
시설위생 / 390
위생검사 / 390
농산물 원산지 표시 기준 / 391
수산물 원산지 표시 기준 / 391
원산지 표시방법 / 392
주류판매 기록 / 392
주류판매 기록 대장 / 395
축산물 판매업 법적 서류 / 396
유형별 규제내용 / 397
경품 응모권을 통한 개인정보수집 준수사항 / 397
고객 컴플레인 발생원인 / 399
컴플레인 처리 프로세스 / 400

3변주의 활용 / 401
고객 불만족 처리 / 403
불만 처리 경로 / 406
불만 처리방법 / 406
일별 매출계획 / 417
월별 매출계획 / 418
환경분석 / 419
면적 산출기준 / 420
수익성 비율 / 426
안전성 비율 / 429
점포진단 체크리스트 A / 439
점포진단 체크리스트 B / 439
점포진단 체크리스트 C / 440
점포진단 체크리스트 D / 440
점포진단 체크리스트 E / 441
점포진단 체크리스트 F / 442
점포진단 체크리스트 G / 442
점포진단 체크리스트 H / 443
점포진단 체크리스트 I / 443
쇼핑 사이클별 달성도 / 444
쇼핑 사이클별 달성표 / 445
득점별에 따른 점포 타입 / 445
점포진열 체크 / 446
점포 외관 체크리스트 / 448
점포 내 환경 / 449
작업장 / 450
POS 부분 / 452
그로서리 상품관리 / 453
그로서리 진열 / 454
관리 업무 / 455

▌그림목차▌

유통 활동 / 18
유통 분류 / 19
소비재 유통경로 / 24
주류유통경로 / 24
유통경로 / 25
표적 시장 선정 / 39
소비자 정보처리 모형 / 43
소매점 아코디언 이론 / 45
소매업 부가가치율 탄력성(예) / 47
매출 수량과 매출 원가와의 관계 / 48
소매 마케팅 요인 / 50
점포선택과정에 영향을 미치는 요인 / 63
점포선택 영향변수 / 68
소비자 점포선택 과정 / 69
점포 매력도 형성과정 / 75
두 가지 속성으로 본 이미지 / 76
스토어 로열티 형성 / 77
점포 콘셉트 만들기 / 78
중점판매 상품 결정 / 80
프랜차이즈 시스템 / 86
전자상거래 주체에 따른 분류 / 97
인터넷쇼핑몰 창업 절차 / 99
쇼핑몰구축 프로세스 / 100
G마켓 사이트 사진 / 101
비전 설정 / 125
H. A. Simon 의사결정모형 / 127
최소요구치와 재화의 도달 범위 간의 관계 / 131
입지 상품 종류에 따른 분류 / 133
고객거주지 분포 / 138
출점 의사결정과정 / 161
출점점포 선정 프로세스 / 162
점포 기본요소 / 166
주 동선 역 ㄷ 자형 / 168
출입구 좋은 사례 / 170
점포 레이아웃 개념 / 171
Grid형 매장구성 / 171
진열 요령 / 174
슈퍼마켓 그리스형 lay-out 사례 / 176
ROI 도표 / 188
손익분기점 / 189
PB 상품 롯데마트 전단 2010년 12월 / 223
상품 다양성과 구색에 따른 구분 / 225
제조 하도급 / 230
골든 존 / 236
식품 컬러 별 진열 / 237
가정용품 컬러/사이즈별 진열 / 237
의류 정수관리/컬러별 진열 / 238
좋은 사례 / 238
잘못된 사례 / 239
피오지(P-O-G) 관리 절차 / 243
진열준비 중/ 품절안내 쇼 카드 / 245
단품관리 이점 / 248
상품수명주기와 이익 / 249
특수한 형태 수명주기 / 251
총재고 관리비용 / 257
안전재고 고려 발주 / 258
ABC 분석 / 259
재고조사 프로세스 / 260
체화상품 / 263
통상발주 흐름 / 266
EDI 시스템 발주 / 267
검품 방법 / 267
창고 레이아웃 사례 / 268
RFID 구성요소 및 흐름도 / 271
가격목표 전략 / 284
가격 변동 / 288
판매촉진 / 292
전단제작 프로세스 / 309
매장 고지물 사례 / 315
이해관계자 기업을 중심으로 / 317
마케팅 환경변화 / 319
이케아 광명점 개점 / 320
롯데마트 상품혁명 선언 / 321
이마트 국산의 힘 캠페인 / 321
고객관계관리 등장 배경 / 326
고객 관계 점검 / 328
고객 관계 시스템 구성도 / 329
파레토 법칙 / 332
롯데 멤버스 / 334
e-CRM 전략적 정의 / 338
CRM과 e-CRM 비교 / 339
고객 증대 방안 / 341
신규고객 확보 방법 / 341
배송 차량을 통한 광고 / 341
유동 고객 증대 방안 / 342
객단가 증대 / 342
직원채용 FLOW / 348
매장구역 / 358
눈 맞춤 응대. 하모니 마트 동대문점 / 364
인사 종류 / 366
소매점 배송 프로어 / 398
인터넷 VOC 관리 / 401
소비자원 분쟁 해결절차 / 402
경영분석 피드백 / 424
매출총이익과 영업이익과의 관계 / 428
점포 자기진단 체크리스트 / 438

PART 01

판매관리 입문

Chapter 01 소매 마케팅

제1절 유통업 역할

1. 유통업 사회경제적 역할

유통(distribution)의 일반적 의미는 상품 및 서비스를 생산자로부터 최종 소비자에게 전달하는 중간기능이며 모든 경제활동이다. 즉 생산자에서 소비자까지 이어주는 중간과정에서 장소, 시간 및 소유의 효용을 창조하는 활동이다. 유통경로는 특정 상품과 서비스가 생산자로부터 중간상을 거쳐서 최종 소비자에게 유통되는 과정에 참여하는 모든 개인과 회사의 집합체를 말한다.

유통경로에 참여하여 유통기능을 수행하는 개인과 회사를 유통기관이라 한다. 유통업은 유통기능을 수행하는 유통기관들로 구성되는 산업을 말한다.

1) 유통 개념

유통의 사전적 의미는 "거침없이 흘러서 통한다"라거나 "세상에 널리 통용된다"라는 뜻으로 쓰이는 용어였으나 서구적 마케팅 개념이 도입됨에 따라 그 의미가 새롭게 부여된 용어이다. 유통의 일반적 정의는 "생산자로부터 소비자에게 상품 및 서비스의 이전을 통해 장소, 시간 및 소유의 효용을 창조하는 활동으로 생산과 소비를 이어주는 중간기능으로 생산품의 사회적 이동에 관계되는 모든 경제활동"이라고 정의할 수 있다. 넓은 의미의 유통은 상적 유통 이외의 물류 이동을 의미하는 물적 유통과 정보처리 및 광고 통신의 유통인 정보유통, 그리고 금융·보험 등 보조활동을 포괄하는 상업활동으로 정의할 수 있다. 유통 활동은 재화와 서비스의 물리적·사회적 흐름에 관한 경제활동으로서 상품과 서비스를 이전하는 가운데 사회 전체의 부가가치(value added)를 증대시키게 되므로 그 범위는 물류 활동(운송·보관·하역·포장·정보활동)과 금융·보험 등 보조활동을 포괄하는 상업활동으로 정의할 수 있다. 유통관리란 유통 활동을 통하여 소비자의 만족을 증대시키고 유통비용을 절감시키기 위해 유통이 능률적으로 수행될 수 있도록 조절하고 통제하는 활동을 말한다. 즉 상거래활동과 물적 활동을 관리하여 고객에 대한 서비스를 향상하고 유통비용을 절감시키며 매출의 증대와 가격의 안정화를 꾀하는 데 있다.

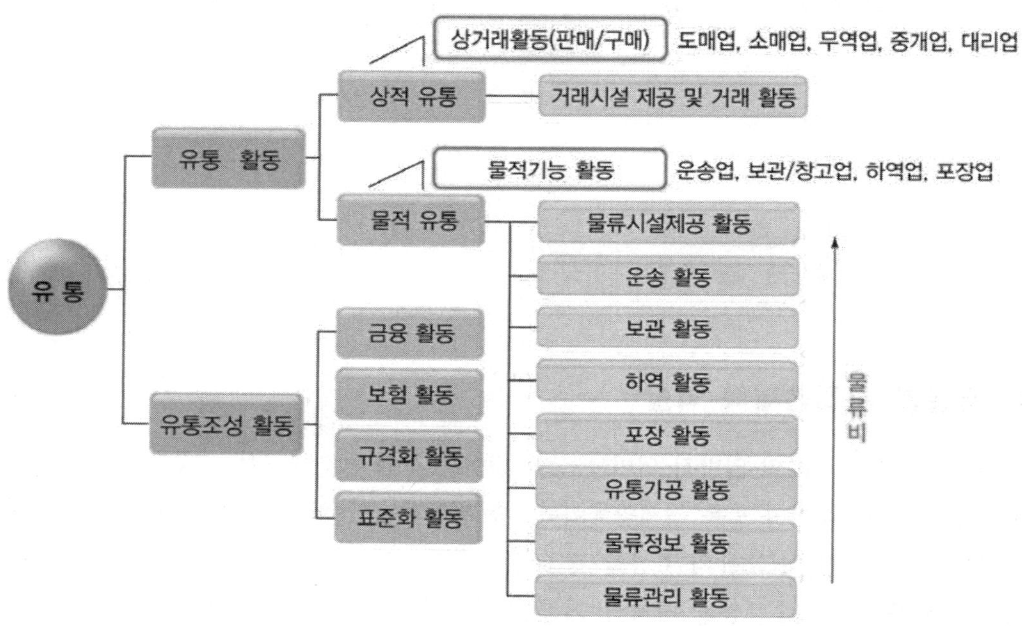

▌유통 활동▐

2) 유통 분류

(1) 상적 유통

생산자로부터 소비자로 소유권이 이전되는 것으로 매매를 중심으로 하는 활동이다. 상적 유통업으로는 도매업·소매업·중개업·대리업·무역업 등이 있다.

(2) 물적 유통

물적 유통에 따라 실체물(實體物)이 이동되는 것으로 재화(財貨)의 보관·수송 및 하역 등을 중심으로 하는 활동이다. 운송업, 보관ㆍ창고업, 하역업, 포장업, 유통가공업 등이 있다.

(3) 유통조성 활동

금융, 보험, 정보 통신 등을 통하여 생산자와 소비자에게 자금융통, 위험으로 인한 손해부담, 시장 정보제공, 상품의 질 저하 방지 활동 등으로 상품의 흐름을 원활하게 하는 기능을 말한다.

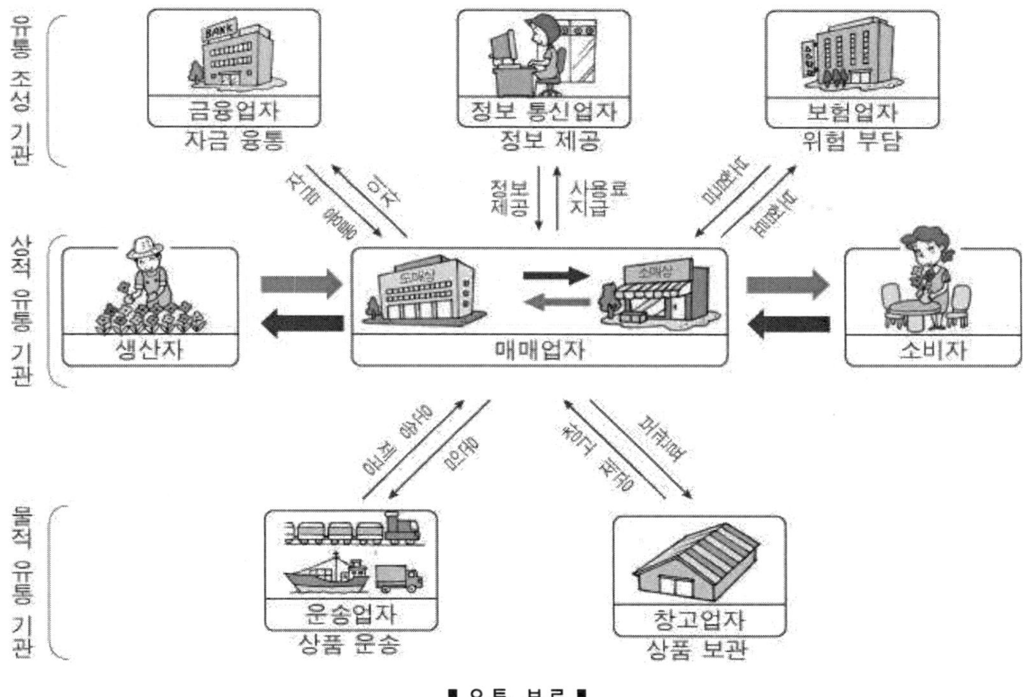

▮유통 분류▮

3) 유통 담당자

(1) 제조업자

제조업자는 소비자가 원하는 상품을 생산하여 최종 소비자가 사용하는 데 있어서 시간적인 차이가 없도록 해야 한다.

(2) 도매업자

도매업자는 제조업자와 소매업자 간의 사이를 연결하는 역할이 주 업무이다.

(3) 소매업자

제조업자나 도매업자로부터 구매한 재화를 최종 소비자에게 판매하는 것을 주된 목적으로 한다.

(4) 운송업자

제조업자와 도매업자 사이의 거리, 제조업자 또는 도매업자와 소매업자 사이의 공간적인 차이를 해소하기 위하여 운송로에 따라 운송을 담당하는 자를 말한다.

(5) 창고업자

재화를 최종 소비자가 소비하기까지 보관하는 기능을 담당한다. 이는 생산이나 소비 사이에서 발생할 수 있는 시간적인 불일치를 해소하여 제조업자와 최종 소비자 사이의 시간적 불일치를 극복할 수 있게 해준다.

(6) 금융업자와 보험업자

금융업자는 자금을 대여함으로써 유통기능을 원활하게 하며, 재화에 대한 화재나 사고 등으로 인하여 발생할 수 있는 재산상의 손실을 보전함으로써 안전한 유통업무를 보장한다.

유통기관	역할	예
수집 기관	소량으로 생산하는 농·수산물이나 원료품 등을 수집	매집상, 수집상
중계 기관	교통이 편리한 그곳에 있으며, 수집·분산 기관 사이에서 유통을 조절	중계상
분산 기관	수집·중계 기관으로부터 상품을 매입하여 소매상이나 소비자에게 판매	분산도매상, 소매상

▌유통기관▐

4) 유통기능

(1) 인격적 통일기능

현재와 같이 기술적 분업이 발달한 사회에서는 일반적으로 재화의 생산과 소비가 인격적으로 다르므로 재화를 생산자로부터 소비자에게 사회적으로 유통해 인격적으로 이전시키는 기능이 필요한데 이를 인격적 통일기능이라 한다. 인격적 통일기능은 다수 유통기관의 활동과 수집과 구매, 분산과 판매, 매매와 소유권 이전 등의 기능에 의해서 이루어진다. 매매란 생산과 소비 사이의 사회적 분리를 극복하기 위하여 생산자로부터 상품을 구매하여 소비자에게 판매함으로써 상품의 소유권을 이전시키는 기본적인 기능을 말한다. 현대의 경제사회에 있어서 인격적 통일기능으로서의 매매는 상품을 인격적으로 이전시키기 위한 기본적 유통기능이고 상품과 화폐의 교환 때문에 이전된다. 수집이란 최초의 생산자로부터 상품을 모으는 것이고, 분산적으로 생산된 생산물이나 재화를 사모으는 것이다. 이와 반대되는 의미로 분산이란 최종의 소비자에게 나눠서 흘러가는 것이며 수집된 상품의 수요에 맞추는 통합적 기능을 가리킨다. 이들 수집 구매 기능과 분산의 판매기능은 모자라서 생산자로부터 소비자에게로 소유권이 인격적으로 이전한다.

(2) 장소적 기능 : 운송 기능

장소적 통일기능은 현대 사회의 경제가 발달하면 할수록 상품 및 재화의 생산과 소비 사이의 공간적·장소적 불일치는 점점 확대된다. 이것을 운송으로 극복하고, 사회적 유통을 조성하는 것이 장소적 통일기능이며 운송이 그 역할을 담당한다.

(3) 시간적 기능 : 보관 기능

유통의 시간적 통일기능이란 상품의 생산 시점에서 소비 시점까지 저장함으로써 상품의 효용 가치를 창조하는 것이다. 그것은 생산·소비의 시간적 간격을 해소하는 기능이며 수급의 시간적 조절 기능이다. 시간적 통일기능은 보관 기능에 의해서 이루어지는데 보관이란 생산과 소비의 시간적 분리를 극복하기 위해서 상품을 생산 시기에서부터 소비시기까지 안전하게 관리하는 기능이다.

(4) 양적 통일기능

대부분 상품은 대량 생산되고 있지만, 소비단위는 소량으로 이루어지고 있으므로 생산과 소비의 수량이 일치하지 않는다. 즉, 수량적 불일치가 발생하는데 이럴 때 수집과 분산을 통한 생산과 소비의 양적 통일기능이 필요하다. 예를 들면 농산물과 같이 소규모·분산적으로 생산된 상품이 중매인이나 산지의 중개인을 통해서 수집되고, 다시 도매시장을 거쳐서 도매상·소매상을 통해서 많은 소비자에게 분할, 공급되는 것이다.

(5) 품질적 통일기능

유통기관은 생산자가 공급하는 물품과 소비자가 필요한 물품이 품질적으로 적합하지 않을 때 이 같은 품질적 거리를 조절하여 인격적인 통일을 수행한다. 품질은 품종, 품질 특성, 포장, 스타일, 색상 및 디자인 등으로서 이는 소비자의 요구와 일치하지 않는다. 최근 제조업자들은 ISO 인증이나 국가별 표준규격에 맞추어 생산함으로써 소비자에게 인지도를 높여 거래기능을 조정하고 있다. 표준화는 상거래활동을 촉진하여 사회적 유통을 신속화시키고, 품질과 가격을 보증함으로써 상거래를 원활히 할 수 있게 하고, 상품거래를 촉진하여 상거래영역을 확대할 수 있게 한다.

(6) 금융적 통일기능

생산자와 유통업자는 소비자에게 상품을 전달하고 그 대가로 화폐를 받는다. 이 경우 화폐의 흐름이 원활하게 이루어질 필요가 있는데 이를 담당하는 기능이 금융적 기능이다. 생산된 상품이 소비자에게 전달되어 매매업자에게 대금이 회수되기까지 시간적 공백이 발생하게 되는데 이때 금융이 자금이 필요한 사람에게 융통해 줌으로써 생산과 매매의 성립을 쉽게 하고 거래의 확대를 도모할 수 있도록 하는 역할을 한다.

(7) 위험부담기능

상품이 생산자에게서 소비자에게 유통되는 과정에 있어서 물질적 위험이나 경제적 위험이 생긴다. 이들의 위험은 상업기관이 부담하므로 이것을 위험부담의 기능이라고 한다. 위험부담은 물리적 위험과 경제적 위험으로 나뉜다.

물리적 위험이란 상품의 유통과정에 있어서 생기는 천재, 지변, 풍수해, 화재, 홍수, 도난, 상품의 파손 등에 의한 상품의 물리적·화학적 변화가 생기는 상품의 품질 저하를 일컫는다. 경제적 위험은 가격변동이 수반되는 것이고 시황의 변동, 경쟁조건의 변화, 법률상의 변화에 따라 상품의 가격이 변동되거나 신용거래 때문에 대손이나 어음부도 등이 발생하는 경우를 말한다.

물리적 위험은 상품관리의 적정화에 의해 어느 정도 방지하는 것이 가능하지만 자연 및 인위적 우발적 사고는 방지할 수 없다. 또한, 경제적 위험의 경기변동, 신용거래에 따른 위험 등에 대해서 유통기관은 가능한 한 방지에 힘써 위험이 전가되지 않도록 하는 대책이 필요하다.

위험부담은 주로 보험에 의해서 해결되는데 보험이란 유통 과정상의 사고로 인한 상품 파손, 천재지변 등의 위험을 부담하여 생산이나 매매업무가 안전하게 이루어질 수 있도록 하는 것이다.

(8) 시장정보기능

유통기관은 소비자의 욕구나 요구를 조사하여 그 수요에 적합하도록 소비자 지향의 철저한 준비를 진전시켜 제품 계획이나 개발을 적극적으로 추진하며, 생산자를 지도해야 한다. 특히 현대는 시장에 있어서 정보의 수집 분석, 해석, 전달을 정확히 행하여 생산자와 소비자에 대한 정보전달기능이 유통의 기능으로서 중요시되고 있다.

구분	주요 내용
매매	생산과 소비 사이 사회적 분리를 극복하기 위해 생산자로부터 상품 구매, 소비자에게 판매함으로써 상품 소유권을 이전 기능.
운송	상품을 생산지로부터 소비지까지 물량 이동시키는 운반과 배송, 제반 효용성 창출을 통한 가치향상과 이익도출과 관련된 행위.
보관	상품을 물리적으로 저장/ 관리하는 경제행위. 상품 저장뿐 아니라, 생산과 소비의 시간적 분리 극복, 저장된 상품의 가치유지와 향상. 미래 소비를 위해 생산시간 및 장소의 효용을 창출 기능.
금융	생산자나 매매업자에게 대금이 회수되기까지는 시간적 공백이 생기게 된다. 자금을 융통해 줌으로써 생산과 매매의 성립을 쉽게 하고 거래 확대 도모기능.
보험	유통 과정상 운송 중의 사고에 의한 상품의 파손, 천재지변, 보관 중의 도난, 소실, 가격 하락 등 위험을 부담하여 생산과 매매업무가 안전하게 이루어질 수 있도록 하는 기능.
정보 통신	매매(賣買), 운송(運送), 보관(保管) 등 유통기능 신속 효율적 역할 담당. 컴퓨터와 통신기술의 발달로 더 활발해지는 기능.

▮유통 세부 기능▮

생산자의 의사 정보를 소비자에게 전달하고 반대로 소비자의 의사 정보를 생산자에게 전달하는 것을 정보제공의 기능이라 한다. 생산자는 소비자의 욕구나 필요를 알 수 없고 반대로 소비자는 생산자의 활동이나 동향을 알 수 없다. 그러므로 양자 간의 정보를 수집하고 전달하여 상호 의사소통을 원활하게 해 주는 기능이 필요하게 되었고 물적 유통을 원활하게 하여 비용을 절감하고, 고객서비스를 향상하기 위해서 정보 통신이 절대적으로 필요하게 되었다.

5) 유통경로

상품이나 서비스가 생산자로부터 소비자에 이르기까지의 단계를 유통경로라 한다. 생산자가 소비자에게 직접 판매하는 직접유통과 도매상, 소매상 등 전문적인 유통기관에 의한 유통 등 유통은 다양한 경로를 통하여 이루어진다. 특히 최근에는 환경의 변화로 유통경로가 다변화되는 현상이 심화하고 있다.

(1) 소비재 유통경로 유형

(1) 제조업자가 소비자에게 직접 판매하는 경우
(2) 중간에 소매상이 있는 경우
(3) 도매상과 소매상을 경로로 하는 경우
(4) 도매상, 중간상, 소매상을 경로로 하는 경우

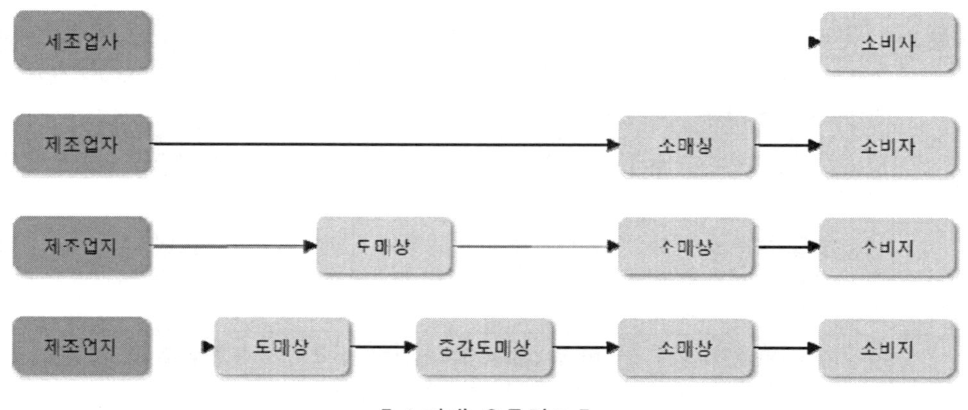

▌소비재 유통경로▐

(2) 주류 유통경로

유통경로는 서비스, 농산물, 공산품 등 상품에 따라 또는 고객의 요구 등에 따라 유통경로가 달라진다. 하지만 법적, 제도적 제한으로 전형적인 경로로 유통되는 주류 유통경로를 보면 아래 그림과 같다.

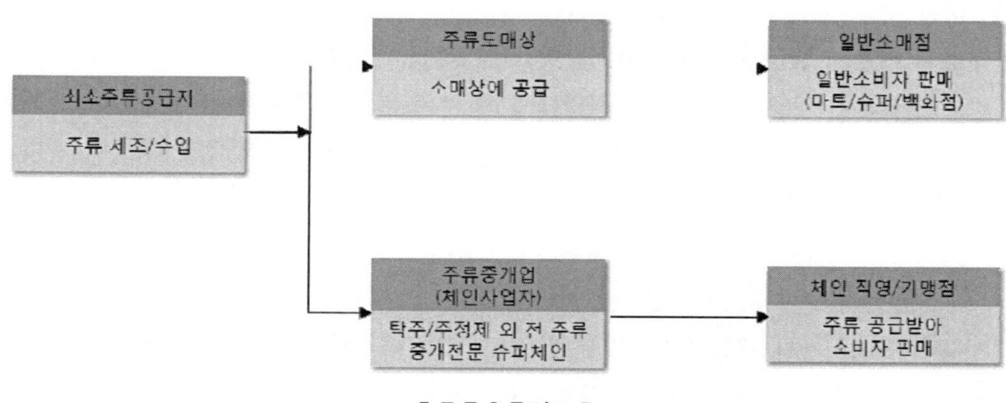

▌주류유통경로▐

2. 유통경로 조직

제조업자가 독립적인 유통업자인 도매상과 소매상을 통해 상품을 유통하는 일반적인 유통경로 조직을 전통적인 유통경로 조직이라 한다. 이에 반해 유통경로 상에서 본부 또는 중앙에서 계획된 프로그램 때문에 생산에서 소비에 이르기까지 유통 활동을 통합, 조정함으로써 유통질서를 유지하고 경쟁력을 강화하는 시스템이 수직적 유통경로 시스템이다.

1) 수직적 유통 계열화

생산자, 도매상, 소매상 등이 하나의 시스템으로 통합되는 형태를 말한다.

그림에서 볼 수 있는 수직적 유통 계열화는 생산에서 소비까지 여러 유통 활동이 체계적으로 통합, 일치, 조정되어 유통질서를 유지하고 강화하는 시스템이다. 수직적 유통 계열화는 혁신 기술 확보로 자원이나 원재료를 안정적으로 확보 가능하여 총유통비용을 절감할 수 있지만, 전문성 상실과 초기에 막대한 자금이 소요된다.

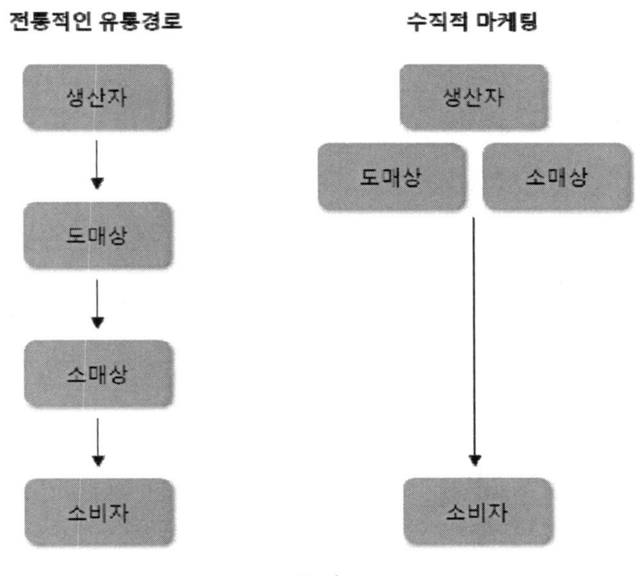

▌유통경로▐

2) 수평적 유통 계열화

같은 경로에 있는 두 개의 개별조직이 통합하는 형태를 말한다.

두 개 이상의 기업이 자원과 시스템을 결합하여 공생 공영하는 시스템을 의미한다. 생산단계에서 공동연구, 기술제휴 마케팅부문에서 유통시설의 공동사용, 프랜차이즈 시스템 도입, 공동광고 등의 형태로 연합하여 기업 간 시너지를 강화할 수 있다.

3) 유통경로 갈등

유통경로 상에서 갈등이 발생하는데 수직적 갈등은 서로 다른 단계에서 갈등을 말하고 수평적 갈등은 같은 유통경로 단계에서 구성원들의 갈등을 말한다.

(1) 목표 불일치

경로 구성원 간의 추구하는 목표 불일치로 인한 갈등으로 자원의 희소성이 원인이 된다.

(2) 지각 불일치

경로 구성원 간의 현상에 대한 지각의 차이로 갈등이 발생한다.

(3) 영역 불일치

상권, 역할에 대한 의견 차이로 발생하는 갈등을 말한다.

3. 소매업 역할

소매업은 상품의 흐름 과정에서 생산자와 소비자를 원활히 연결해주는 다양한 기능을 수행한다. 즉 소매업은 생산자와 소비자에게 장소. 시간. 소유 그리고 때로는 형태효용을 제공하며, 이러한 효용의 창출은 거래기능. 물적 유통기능 및 촉진기능을 적극적으로 수행함으로써 이루어진다. 여기서는 소비자에 대한 역할과 생산 및 공급업자에 대한 역할을 구분하여 설명하기로 한다.

1) 소매업의 소비자에 대한 기능

(1) 올바른 상품을 제공하는 역할

생산부문에서 공급되는 많은 상품 가운데 소비자에게 추천할 수 있는 품질이 우량하고 가격이 적정한 상품을 엄선하여 소비자가 안심하고 선택할 수 있는 상품을 준비하는 일이다.

(2) 적절한 상품 구색을 갖추는 역할

소매업은 소비자가 요구하는 필요에 맞추어 다양한 상품의 구색을 갖추도록 노력하여야 하며, 특히 소비 욕구의 개성화·다양화가 진전되고 있는 오늘날에서는 이러한 소매업의 역할이 더욱 중요해지고 있다.

(3) 필요한 재고를 유지하는 역할

소매업은 사회·경제적 기능의 하나로서 개개의 소비 욕구에 기민하게 대응할 수 있는 자세가 필요하고 적절한 재고의 확보·유지가 요구된다.

(4) 상품정보·유행정보·생활 정보를 제공하는 역할

소매업은 단순히 유형재(有形財)인 상품의 판매기능만을 수행하는 것이 아니고 상품정보, 유행정보, 생활 정보라는 무형(無形)의 가치도 아울러 공급해 준다.

(5) 쇼핑 장소를 제공하는 역할

소매업 종류에는 방문판매나 통신판매와 같은 무점포판매도 있지만, 아직 소매판매 대부분은 특정 위치에 점포를 차려놓고 소비자를 맞이하는 점포판매방식에 의존하고 있다. 특정 지역의 특정 지점에 점포를 설치한다는 것은 바로 그 지역의 소비자에게 적절한 쇼핑의 장소를 제공하는 것이다.

(6) 쇼핑 즐거움을 제공하는 역할

소비자는 각종 폭넓은 상품과 신뢰할 수 있는 정보의 제공을 요구하고, 접근하기 쉬운 점포의 위치 조건과 점포 내외에 있어서 즐거운 분위기를 기대하기도 한다. 따라서 소매점은 인적 요소와 물적 요소를 잘 조화·균형되게 함으로써 충실한 쇼핑환경이 되도록 노력하여야 한다.

(7) 쇼핑 편의를 제공하는 역할

소매업의 형태, 입지조건, 경영정책 등에 따라 소매업은 배달, 사후관리, 신용제공, 반품 허용, 주차시설 등의 서비스를 고객에게 제공한다. 이러한 서비스의 제공은 유료도 있으나, 고객의 편의를 도모함으로써 쇼핑의 원활화를 기할 수 있고, 소비자 관점에서 소매업의 사회적 존재 의의를 높이는 요인으로 작용하기도 한다.

(8) 구매환경 형성

소매상에 있어서는 내점한 고객의 구매 확률과 구매량을 높이는 것이 중요하다. 그러기 위해서는 고객들이 쾌적하고 즐겁게 또한 만족스러운 구매 행동을 할 수 있도록 점포 분위기나 점포 이미지 등의 구매환경을 매력적으로 조성해야 한다. 이러한 구매환경의 주요 요인들은 점포의 외관 및 내부 실내장식, 편리한 동선 배치, 기분 좋은 접객서비스 및 점원 자세, 넓고 쾌적한 매장, 주차장 및 부대시설, 예상 고객과 점포특성과의 조화 등이 지적될 수 있다.

(9) 가격 설정

소매상은 반입한 물품에 대해 적정폭의 중간이윤을 붙여 소매가격을 결정하게 된다. 이때 고객 흡인력을 높이기 위해 다른 경쟁점포보다 조금이라도 낮은 가격을 책정하는 것이 필요하다.

2) 소매업의 생산 및 공급업자에 대한 기능

(1) 판매 활동을 대신하는 역할

소매업은 소비자에 대한 판매를 전문화함으로써 생산업자나 도매업자가 각자 본연의 업무에 전념할 수 있도록 한다.

(2) 올바른 소비자 정보를 전달하는 역할

소매업은 상품에 대한 소비자의 여러 가지 요구(가격, 품질, 성능, 디자인 등)에 관한 최신 정보를 생산자나 도매업자에게 전달한다. 유통경로의 흐름으로는 소매업은 소비자에 가장 가깝게 있으며, 소비자와의 접촉이 생산업자나 다른 유통기관보다 월등히 많다. 따라서 소매업은 소비자에게 물건을 판매하는 과정에서 소비자들의 충족되지 않은 욕구를 누구보다 잘 파악할 수 있으며, 이렇게 파악된 최신 정보를 다음 구매 때나 그 밖의 접촉을 통해서 생산 및 공급업자에게 전해주는 임무를 수행한다.

(3) 물적 유통기능을 수행하는 역할

소매업은 상품의 구매 시점부터 판매 시점까지 물건을 보관하여야 하고, 이에 따르는 각종 위험과 비용을 부담해야 한다. 때에 따라서는 소매업이 운송과 설치기능을 수행하기도 하는데, 소매업의 이러한 물적 유통기능이 도매업자나 생산자의 부담을 덜어주게 되는 것이다.

(4) 금융기능을 수행하는 역할

유통과정에서 상품 흐름과는 반대 방향으로 대금 지급이 이루어지고 이 과정에서 소매기관은 금융기능을 수행하게 된다.

(5) 촉진기능을 수행하는 역할

소매업은 자신들의 판매실적을 올리기 위해 자체적으로 소비자들에게 광고와 판매촉진 활동을 하게 되는데, 이러한 활동은 간접적으로 생산 및 도매업자들의 판매촉진 활동을 도와주게 되어 그들의 노력을 덜어주는 효과가 있다.

(6) 생산 노력을 지원하는 역할

아무리 우량한 상품이 생산되어도 그것이 유통단계에서 원활하게 판매되지 않아 소비자의 수중에 도달되지 않으면 생산부문의 노력은 쓸모없게 되고 개발 비용도 낭비가 되므로, 소매업은 제조단계의 경제활동을 그들의 판매 활동이라는 과정을 통하여 지원하는 중요한 역할을 담당하고 있다.

4. 소매업 형태

소매 업태는 소매점의 형태로 어떤 종류의 소매 업태를 운영하는지에 따라서 소비자에게 보이는 이미지, 취급상품, 이익률이 달라진다. 소매 업태 구분 기준에 따라 여러 형태가 있지만, 본서에서는 법적 기준으로 대규모 점포, 준 대규모 점포로 구분하고 서술은 소비자에게 익숙한 순으로 설명한다.

1) 대규모 점포

유통산업 발전법 제2조에 정의된 "대규모 점포"는 다음의 요건을 모두 갖춘 매장을 보유한 점포의 집단을 말한다.

① 하나 또는 대통령령으로 정하는 둘 이상의 연접된 건물 안에 하나 또는 여러 개로 나누어 설치되는 매장일 것
② 상시 운영되는 매장일 것
③ 매장면적 합계가 3천 제곱미터 이상일 것

(1) 대형마트

대규모 점포 중 대형마트는 대통령령으로 정하는 용역의 제공 장소(이하 "용역의 제공 장소"라 한다)를 제외한 매장면적의 합계가 3천 제곱미터 이상인 점포의 집단으로서 식품·가전 및 생활용품을 중심으로 판매원의 도움 없이 소비자에게 소매하는 집단으로 정의하고 있다. 우리나라에서는 주로 대형마트는 식료품이나 일상용품을 중심으로 다양한 종류의 상품을 대량으로 저렴하게 판매하는 형태로 가격에 민감한 고객을 목표 고객으

로 한다. 고품질 상품의 할인, 초저가 특별기획 상품전으로 상품을 제공하려는 특징이 있다. 백화점과 비교해 보면 브랜드의 다양성이 적고 식품, 생활, 가전제품을 중심으로 판매한다.

(2) 전문점

용역의 제공 장소를 제외한 매장면적의 합계가 3천 제곱미터 이상인 점포의 집단으로서 의류, 가전 또는 가정용품 등 특정품목을 집중적, 전문적으로 특화한 점포의 집단을 말한다. 즉 하나의 상품군이나 카테고리 킬러 매장으로 특정 상품을 전문적으로 취급한다.

(3) 백화점

용역의 제공 장소를 제외한 매장면적의 합계가 3천 제곱미터 이상인 점포의 집단으로서 다양한 상품을 구매할 수 있도록 현대적 판매시설과 소비자 편익시설이 설치된 점포로서 직영의 비율이 30% 이상인 점포의 집단을 말한다. 하나의 매장에서 일괄구매와 비교구매가 가능하도록 상품을 부문으로 구성하여 직영 위주로 영업하는 대규모 점포이다. 백화점은 다양한 상품 구색으로 원스톱쇼핑과 부가적인 서비스를 제공하는 대면판매를 특징으로 한다. 대면판매는 판매원이 고객에게 직접 응대하고 판매하는 방법이다.

(4) 쇼핑센터

용역의 제공 장소를 제외한 매장면적의 합계가 3천 제곱미터 이상인 점포의 집단으로서 다수의 대규모 점포 또는 소매점포와 각종 편의시설이 일체적으로 설치된 점포로서 직영 또는 임대의 형태로 운영되는 점포의 집단이다.

(5) 복합 쇼핑몰

용역의 제공 장소를 제외한 매장면적의 합계가 3천 제곱미터 이상인 점포의 집단으로서 쇼핑, 오락 및 업무기능 등이 한곳에 집적되고 문화관광 시설의 역할을 하며 1개의 업체가 개발관리 및 운영하는 점포의 집단이다.

2) 기업형 슈퍼마켓

기업형 슈퍼마켓(Super Super Market: SSM)은 유통산업 발전법 제2조에 “준 대규모 점포”로 규정되어 있다. 같은 법에 의하면, 준 대규모 점포란 다음의 어느 하나에 해당하는 점포를 말한다.

① 대규모 점포를 경영하는 회사 또는 그 계열회사([독점규제 및 공정거래에 관한 법

률]에 따른 계열회사를 말한다)가 직영하는 점포

② [독점규제 및 공정거래에 관한 법률]에 따른 상호 출자제한 기업집단의 계열회사가 운영하는 점포

③ ① 및 ②의 회사 또는 계열회사가 운영하는 직영점형 체인사업 및 프랜차이즈형 체인사업의 형태로 운영하는 점포

직영점 형 체인사업과 프랜차이즈 형 체인사업의 점포가 준 대규모 점포로 인정되는데, "직영점 형 체인사업"은 체인 본부가 주로 소매점포를 직영하되, 가맹계약을 체결한 일부 소매점포에 대하여 상품의 공급 및 경영지도를 계속하는 형태의 체인사업을 의미하며, "프랜차이즈 형 체인사업"은 독자적인 상품 또는 판매, 경영기법을 개발한 체인 본부가 상호, 판매방법, 매장운영 및 광고방법 등을 결정하고, 가맹점이 그 결정과 지도에 따라 운영하도록 하는 형태의 체인사업이다.

3) 전통시장

전통시장이란 전통시장 및 상점가 육성을 위한 특별법 제2조 1항 자연 발생적으로 또는 사회적 경제적 필요 때문에 조성되고, 상품이나 용역의 거래가 상호 신뢰에 기초하여 주로 전통방식으로 이루어지는 장소로서 다음 요건을 모두 충족한다고 특별자치 도지사, 시장, 군수, 구청장(구청장은 자치구의 구청장을 말한다. 이하 "시장, 군수, 구청장"이라 한다)이 인정하는 곳을 말한다.

① 해당 구역 및 건물에 대통령령으로 정하는 수 이상의 점포가 밀접한 곳일 것

② 유통산업 발전법 시행령 제2조에 따른 용역제공 장소의 범위에 해당하는 점포 수가 전체 점포 수의 2분의 1 미만일 것

③ 그 밖에 대통령령으로 정하는 기준에 맞을 것이라 정의하고 있다.

4) 슈퍼마켓

마켓은 가축과 식품을 사기 위한 사람들이 집결하는 장소로 재화나 서비스가 거래되어 가격이 결정되는 장소를 말한다. 최초 미국의 슈퍼마켓은 마이클 컬렌(Michael Cullen)이 1930년 미국 뉴욕의 자메이카 지역에 창고를 개조하여 점포(상호: KING KULLEN)를 오픈한 것이 시초이다. 식품구매를 전제로 한 대형점포로, 자동차를 이용하여 쇼핑하는 상권에서 대량매입, 대량판매, 오픈진열, 셀프서비스 방식의 대규모 식품 매장이었다. 이 매장면적은 2,000㎡로 당시 일반점포의 매장면적 250㎡보다 넓어 소비자들이 슈퍼마켓이라 부르는 계기가 되었다. 슈퍼마켓은 셀프서비스를 특징으로 하는데

셀프서비스는 고객이 자유롭게 상품을 선택하여 구매 결정을 하고 출구에서 일괄계산을 하는 방식이다.

5) 편의점

편의점은 도심, 역세권 주택가 등 편리성을 중시하는 소규모 점포로서 주로 24시간 운영하며 고회전과 고 이익률을 통해 수익을 창출하는 업태이다. 편의점은 입지의 편의성, 24시간 영업으로 시간상의 편의성, 상품 구색 편의성, 소수 가족으로 운영하여 인건비를 절감하는 운영 특성이 있다. 편의점의 성공은 업체의 체인화, 물류시스템 등의 정보기반과 고객 위주 영업 등의 철저한 마케팅 역량에 따라 달라진다. 특히 미래에는 시스템에 기반을 두고 편의성을 확대하여 조직과 인력, 프랜차이즈 경쟁력을 확보한 CVS가 성공하게 될 것이다.

6) 회원제 도매클럽(MWC :Membership Wholesale Club)

회원제 도매클럽은 회원으로 가입한 고객을 대상으로 판매하는 소매업태이다. 매장의 실내장식보다는 창고형 매장으로 구성하고 박스 단위로 판매하는 것을 기본으로 매장을 구성하여 판매한다. 셀프서비스 방식을 기본으로 한다는 점에서 슈퍼마켓과 유사하나 회원 대상 고객에게 판매한다.

7) 아웃렛(Outlet)

제조업체의 이월상품, 재고품 등을 저렴한 가격으로 판매하는 의류 중심의 상설할인 매장을 아웃렛 매장이라 한다. 처음에는 제조업체 공장 근처에서 자사 상품 염가판매매장으로 출발하여 최근에는 타사제품의 이월 재고도 할인하여 판매하는 형태로 발전하였다.

8) 무점포소매상

(1) 통신판매(Direct Mail)

판매하고자 하는 상품 또는 서비스에 대한 카탈로그나 광고매체를 통하여 알리고 고객으로부터 통신수단을 통해 주문을 받은 상품을 택배회사 또는 우편 등으로 배달하는 방식으로 판매하는 소매상이다.

(2) TV홈쇼핑

① TV홈쇼핑

TV를 통해 제품 구매를 유도하는 소매방식으로, TV 광고에서 직접 주문에 관한 정보를 제공하여 주문을 받는 TV 광고방식과 홈쇼핑 채널을 이용한 주문방식이 있다.

② 직접반응광고(direct response advertising) 방식

30초에서 1분 정도의 짧은 TV 광고를 통해 간략한 상품소개와 주문전화번호를 제공하면 소비자가 무료전화를 이용하여 상품을 주문하는 방식으로 미국에서는 Infomercial 혹은 Short-form 등으로 불린다.

③ TV홈쇼핑 이점

소비자들이 점포에 직접 가지 않아도 어느 곳에서나 편리하게 주문할 수 있으며, TV 화면을 통해 직접 실연됨으로써 상품에 대한 정보와 사용법을 쉽게 알 수 있으며 가격이 10~30% 정도 저렴하다.

(3) 온 라인 쇼핑몰

인터넷이라는 가상공간(cyber-market)에서 이루어지는 모든 경제적 교환 행위 및 이를 지원하는 활동으로 정의할 수 있는데, 이를 통해 거래되는 상품은 유형의 상품뿐 아니라, 각종 소프트웨어, 서비스 등 무형 상품도 포함되며, 컴퓨터를 이용한 인터넷상에서 주문부터 결제 및 배송, 촉진 활동과 같은 마케팅까지 이루어진다.

(4) 모바일 쇼핑(mobile shopping)

휴대전화로 무선 인터넷에 접속해 쇼핑할 수 있는 서비스이다. 이용자들은 휴대전화를 이용해 이동 중에도 쇼핑할 수 있고 백화점·마트에서 상품을 살 때 인터넷쇼핑몰에 접속해 해당 상품 가격을 비교할 수도 있다. 바코드를 전송해 주면 매장에서 상품으로 교환할 수 있는 모바일 상품권으로 간편하게 선물을 주고받을 수 있다.

제2절 소비자 심리

1. 마케팅 환경변화

1) 마케팅 정의

마케팅은 개인과 조직의 목표달성을 위해 아이디어, 상품, 서비스에 관하여 상품화, 가격, 촉진, 유통을 계획하고 집행하는 과정이라고 미국마케팅학회에서 정의하고 있다. 수요를 창출하거나 유도하는 모든 활동이 마케팅이라 할 수 있다. 사람들의 의사결정 문제와 해결에 관해서 생각하면서 마케팅을 이해할 필요가 있다. 사람들의 해결해야 할 문제는 필요(NEEDS), 욕구(WANTS)라는 개념으로 구분할 수 있다. 이러한 문제를 해결하는 방법으로 자가 생산, 강탈, 교환, 구매의 방법으로 해결될 수 있다. 마케팅은 인간의 수요가 구매를 통해서 해결되는 것에서 가장 잘 이해될 수 있다. 즉 마케팅은 수요를 개발하거나 유도하여 유리하게 만드는 모든 활동이라 할 수 있다.

- MARKET(시장): 수요가 있는 장소
- DEMEND(수요): 소비자 NEEDS, WANTS를 해결하기 위한 구매력
- NEEDS(필요): 기본적 만족에 대한 결핍을 느끼는 상태
- WANTS(욕구): 소비자 NEEDS를 만족하게 할 수 있는 상품, 서비스에 대한 바람

2) 마케팅 환경변화

아래에서 볼 수 있듯이 80~90년대는 생산자 중심의 소품종 대량생산 체제로 광고와 마케팅이 불필요한 시대였다면 21세기에는 구매자 중심의 다품종 소량생산체제로 마케팅이 중요한 시대가 되었다.

구분	과거	현재
마케팅 환경	판매자 중심 시장 대량생산 및 규모의 경제	구매자 중심 시장 1; 1 마케팅 다양성 및 범위 경제
마케팅 콘셉트	상품, 서비스 제공 시장점유율	브랜드, 로열티 확보 고객점유율
마케팅 전략	고객지향 신규고객 확보 상품 중심	고객, 소비자 주도 기존고객 유지, 강화 관계중심
평가 수단	매출액	이익액

▌마케팅 환경변화▐

2. STP 전략

1) 시장세분화(market segmentation)

(1) 시장세분화(market Segmentation) 의의

① 비슷한 욕구를 가진 고객들의 집단을 세분 시장이라고 부른다. 이 시장을 여러 개의 세분 시장으로 나누는 것을 시장세분화(market Segmentation)라고 부르고, 각 세분 시장의 욕구에 맞는 상품만을 마케팅하는 그것을 세 분 시장 마케팅(Segment marketing)이라고 부른다.

② 시장은 여러 형태의 고객, 상품 및 요구로 형성되어 있으므로 마케팅 관리자는 기업의 목표를 달성하는 데 있어 어느 세분 시장이 최적의 기회가 될 수 있는가를 결정하여야 한다.

(2) 세분 시장 마케팅전략 수립 단계

① 시장세분화(market segmentation)

시장세분화를 위한 여러 가지 기준들을 복합 적용하여 프로 파일을 작성한다.

② 표적 시장 선정(targeting)

각 세분 시장의 매력도와 자사 상품 및 능력과의 적합도를 고려하여 표적 시장을 선정한다.

③ 포지셔닝(positioning)

선정된 표적 시장을 상대로 상품의 주요 특징적 이점을 개발하고 차별화 방향에 따라 마케팅 믹스를 구사하는 전략이다.

(3) 시장세분화 효과

① 마케팅 기회 발견

고객 욕구에 따라 세분된 시장은 고객이 원하는 바를 보다 분명하게 파악 기업은 더욱 쉽게 마케팅 기회를 발견할 수 있다.

② 정확한 욕구충족

세분 시장의 구분을 통해 고객 욕구에 맞게 제품을 비롯한 마케팅 믹스를 개발함으로써 그들의 욕구를 더 정확히 충족시킬 수 있다.

③ 브랜드 충성도(brand loyalty) 제고

소비자들의 욕구를 정확히 충족시킴으로써 자사의 브랜드에 대한 충성도를 높일 수 있다.

④ 경쟁우위 확보

자사의 강점을 최대로 활용할 수 있는 세분 시장에 만 자사 마케팅 노력을 투입하므로 경쟁우위를 확보할 수 있다.

⑤ 적합한 마케팅 프로그램 개발

기업은 자사 상품에 대한 시장 전략을 수립 적절히 조정하며 특정 세분 시장에 맞는 마케팅 프로그램과 소요예산을 수립할 수 있다.

(4) 시장세분화 요건

① 측정 가능성

세분 시장의 크기, 구매력, 기타 특성을 측정할 수 있어야 한다.

② 규모

세분 시장이 너무나 작아서는 안 된다. 즉 그 세분 시장만을 표적으로 마케팅 활동을 해도 이익이 발생할 수 있는 정도의 규모를 갖고 있어야 한다.

③ 접근 가능성

세분 시장에 속하는 고객들에게 효과적이고 효율적으로 접근할 수 있어야 한다. 즉 고객들이 어떤 대중매체를 주로 보는지, 또는 고객들이 주로 어느 지역에 사는지 등과 같은 정보를 알고 있어야 한다.

④ 세분 시장 내 동질성과 세분 시장 간 이질성

같은 세분 시장에 속하는 고객들끼리는 최대한 비슷하여야 하고 서로 다른 세분 시장에 속한 고객들끼리는 최대한 달라야 한다.

(5) 시장세분화 기준 변수

① 지리적 변수

㉠ 현재 소비자가 거주하는 지역 특성을 세분화 기준으로 사용하는 방법이다.
㉡ 행정구역에 따라 역사와 기후가 다르고 제반 환경적 특성이 다르므로 시장 특성을 구분 짓는 기본적인 세분화 변수이다.
㉢ 세분화 작업이 비교적 쉽고, 효율적으로 접근이 쉬우며, 적은 비용으로 측정할

수 있다.

② 인구 통계적 변수

㉠ 소비자 나이, 성별, 직업과 같이 소비자 개인 또는 소비자가 속한 가구 특성을 세분화 기준으로 활용하는 방법이다.

㉡ 시장 구분 쉬움으로써 널리 활용되는 세분화 기준이다.

③ 심리 분석적 변수

㉠ 소비자들의 개성 · 가치 · 생활방식 등 심리적 변수를 기초로 시장을 세분화하는 방법이다.

㉡ 심리 분석적 변수에 있어서 가장 유용하게 적용되어온 방법의 하나로 생활방식에 의한 세분화 방법을 들 수 있다.

④ 행동적 변수

㉠ 추구하는 편익 : 소비자들이 상품의 소비를 통하여 얻는 혜택을 의미하며 기본적인 가정으로 한 가지 품목의 상품에 대해서도 고객이 얻고자 하는 편익은 다양하다.

㉡ 사용량 : 상품이나 서비스를 구매하거나 사용하는 빈도이다.

㉢ 브랜드충성도 : 소비자가 어떤 특정 브랜드를 일관성 있게 선호하는 정도를 말하는 것으로 그 브랜드를 지속해서 구매하려는 경향이다.

㉣ 상품구매단계 : 소비자가 브랜드에 대해서 알고 있는 정보와 관심 정도, 구매의욕 정도에 따라 시장을 세분화한다.

2) 목표시장 선정(Targeting)

(1) 표적 시장 의의

일단 시장을 세분화한 다음에 발견된 세분 시장들을 여러 가지 기준으로 평가하여 가장 바람직한 한 개 또는 그 이상의 세분 시장을 찾아내야 한다. 이렇게 찾아진 세분 시장을 표적 시장이라 부른다.

(2) 세분 시장 선택

① 시장 매력도

세분 시장규모와 성장률에 있어서 높은 매력도를 갖추어야 한다.

② 시장 내 경쟁상황

특정 세분 시장 경쟁상황은 경쟁기업 포진 정도, 고객 구매력, 시장 내 영향 자들과의 교섭력 등으로 이에 대한 상대적 우위점을 가진 시장이어야 한다.

③ 자사와 적합성

특정 세분 시장이 자사 기업문화, 목표와 자원에 적합해야 한다.

(3) 표적 시장 선정

① 무차별 마케팅

무차별 마케팅전략은 소매점이 세분 시장 간의 차이를 무시하고 단일 상품이나 서비스로 전체 시장에 진출하려는 것이다. 소비자 욕구의 차이보다는 공통점에 초점을 맞추고 있다. 무차별 마케팅은 원가 면에서 경제적이다. 상품계열이 축소되어 생산, 재고, 수송비용이 절감된다. 물론 무차별 광고 프로그램으로 광고비용도 절감되며, 세분 시장에 대한 마케팅 조사와 계획도 하지 않으므로 마케팅 조사와 상품 관리비용도 절감된다.

② 차별적 마케팅

차별적 마케팅전략에 따르면 소매점은 여러 목표시장을 표적으로 하고 각각에 대해 다른 상품과 서비스를 설계한다. 상품과 마케팅을 다양화함으로써 매출액을 늘리고 각 세분 시장에서의 지위를 강화하려고 한다. 여러 세분 시장에서 더욱 강한 위치가 상품 범주에 대한 소비자 전반적인 인식을 높여 줄 수 있다. 그리고 상품이 고객 요구에 더 잘 부합함으로써 반복 구매가 더 커질 것으로 기대한다. 차별화 마케팅은 무차별 마케팅보다 더 많은 매출액을 창출하는 것이 보통이다. 그러나 이 전략은 사업 운영비용도 상대적으로 높아진다. 각 세분 시장의 요구 조건에 맞추어 상품을 수정하려면 추가로 연구개발비, 마케팅 비용 등이 소요된다.

③ 집중적 마케팅

집중적 마케팅(Concentrated Marketing)은 소매점이 자원 제약을 받을 때 특히 유용하다. 대규모 시장에서 낮은 점유율을 추구하는 대신에 한두 개 세분 시장에서 높은 점유율을 추구하는 전략이다.

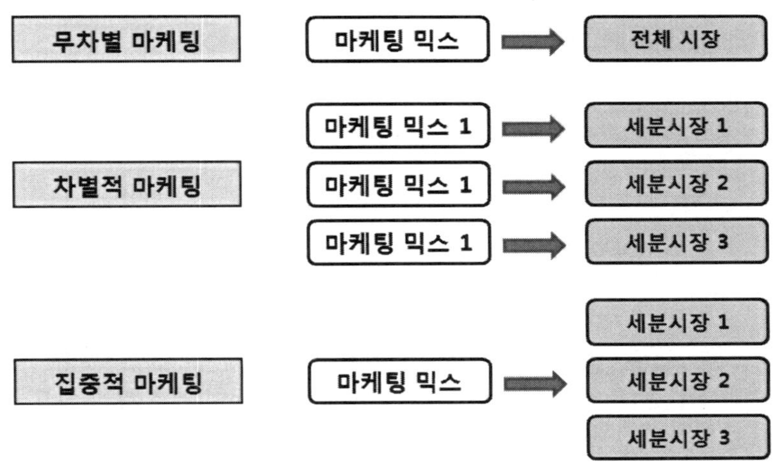

▌표적 시장 선정▐

3) 포지셔닝(Positioning)

(1) 포지셔닝 개념

상품이나 소매점의 위치(Position)란 그 상품이나 소매점이 소비자들에 의해 중요한 속성에 따라 어떻게 정의되느냐 하는 것이다. 즉, 상품이나 소매점이 경쟁 상품이나 경쟁점과 비교하여 소비자들의 마음속에 차지하게 되는 위치를 의미한다.

(2) 포지셔닝 전략

① 소매점 경영자는 특수한 상품 속성 및 소매점 특성에 따라 포지셔닝 할 수 있다.
② 상품이나 소매점이 제공하는 편익에 따라서도 포지셔닝 할 수 있다.
③ 고객의 특정 계층에 따라 포지셔닝 할 수도 있으며, 경쟁 상품이나 경쟁점과 직접 대비함으로써 포지셔닝 할 수 있다.

(3) 포지셔닝 전략 선택과 실행

① 경쟁우위 정의

소비자들은 보통 가장 큰 가치를 제공하는 상품과 서비스를 선택하게 마련이다. 따라서 소비자를 확보 · 유지하는 관건은 경쟁자보다도 소비자들의 욕구와 구매 과정을 더욱 잘 이해하고 더 많은 가치를 전달하는 데 있다. 어떤 소매점이 선택한 목표시장에 대해 더 우수한 가치를 제공하여 포지셔닝 함으로써 경쟁우위를 확보할 수 있다. 구체적으로 경쟁자보다 저가격으로 제공하거나 고가격을 정당화할 수 있는 더 많은 편익을 제공하는 것 등이다.

② 적절한 경쟁우위 선택

소매점이 여러 가지 잠재적 경쟁우위를 발견한 다음 단계로 전략 기초가 되어야 할 경쟁우위를 결정하여야 한다. 어떤 차이를, 그리고 몇 가지나 중점적으로 추진해야 할 것인가를 결정한다.

③ 선택한 포지셔닝 시장 전달

일단 위치를 설정했으면 그다음에는 목표 소비자들에게 원하는 위치를 알리고 전달하는 강력한 조처 해야 한다. 기업의 모든 마케팅믹스 노력은 위치와 전략을 지원하여야 한다. 기업 포지셔닝은 구호가 아니라 구체적 행동을 요구한다. 만약 품질과 서비스로 위치를 구축하기로 했다면 먼저 그 위치를 전달해야 한다.

(4) 포지셔닝 유형

① 상품 속성(효용)에 의한 포지셔닝

표적 소비자들이 중요하게 생각하는 상품 속성에서 자사 상품이 차별적 우위를 갖고 있음을 직접 강조하는 방법이다.

② 이미지 포지셔닝

상품이 지닌 추상적인 편익을 소구하는 전략이다.

③ 경쟁 상품에 의한 포지셔닝

소비자 마음속에 강하게 인식된 경쟁 상품에 비교하여 자사 상품의 차별점을 제시하는 방법이다.

④ 사용 상황에 의한 포지셔닝

상품이 사용될 수 있는 적절한 상황과 용도를 자사 상품과 연계시키는 방법이다.

⑤ 상품 사용자에 의한 포지셔닝

표적 시장 내의 전형적 소비자를 겨냥하여 자사 상품이 그들에게 적절한 상품이라고 소구하는 방법이다.

(5) 포지셔닝 맵(Positioning Map)

① 소비자들의 마음속에 있는 상품과 경쟁 상품의 위치를 2~3차 공간에 작성한 지도로 고객 지각으로 도표화 된 각 상표의 위치를 도표상에 나타낸 것이다.

② 소비자 욕구파악 및 이를 근거로 한 시장세분화 표적 소비자들이 원하는 이상적 상품(ideal product) 위치를 통해 소비자가 원하는 상품 특성을 파악하고 이를

통해 세분 시장을 파악하는 것이다.

③ 포지셔닝 맵을 통해 소비자들에게 지각된 각 상표의 상대적 자사 상표가 제대로 포지셔닝 되었는지 판단하는 것이다.

④ 자사의 상표들과 경쟁 관계에 있는 상표들을 분석하여 시장 경쟁구조를 파악하는 것이다.

⑤ 소비자들이 원하는 이상점과 각 상표의 상대적 위치의 분석을 통해 시장기회를 파악하는 것이다.

(6) 포지셔닝 분석방법

① 소비자 설문조사법

조사응답자의 생각, 의도, 태도 등을 파악하려는 방법으로 측정할 수 없는 자료를 질문이나 문제를 만들어서 대상자의 생각, 의도, 태도를 자료화하는 방법으로 상품의 선호도와 구매 태도를 파악하여 상품 포지셔닝을 정립하는 방법이다.

② 컨조인트 분석

어떠한 상품이나 서비스, 매장 등에 대해서 여러 가지 대안들을 만들었을 때 그 대안들에 부여하는 소비자들의 선호도를 측정하여 소비자가 각 속성(attribute)에 부여하는 상대적 중요도(relative importance)와 각 속성수준의 효용(utility; 부분 가치, part-worth)을 추정하는 분석방법이다.

3. 구매심리 과정

1) AIDMA 원칙

점포에서 상품판매는 고객의 욕구를 자극하여 이루어진다. 따라서 판매에 있어서 가장 중요한 것은 고객의 욕구를 유발케 하는 것이라 할 수 있다. 그러나 아무리 고객의 욕구를 이해하고 적합한 상품을 갖춘다 하더라도 그것만으로는 부족하다. 소비자가 상품을 구매할 때에는 처음부터 구매하기로 하는 것이 아니라 마음이 점점 변하여 구매하는 것이다.

소비자가 상품을 구매하겠다는 방향으로 마음이 움직이면 좋겠지만 그 반대의 방향으로 간다면 곤란하다. 이러한 구매심리의 변화되는 과정을 분석하면 다음과 같다. 판매는 이인삼각이라 할 수 있다. 즉, 판매원만 앞서 나가도 안되고 그렇다고 소비자가 먼저 나가도 안된다. 예를 들어 매장에 내점한 고객이 구매 결정에 이르기까지의 심리 상태를 관찰해보면 다음과 같은 심리과정을 거친다. 이것을 AIDMA 원칙이라 한다.

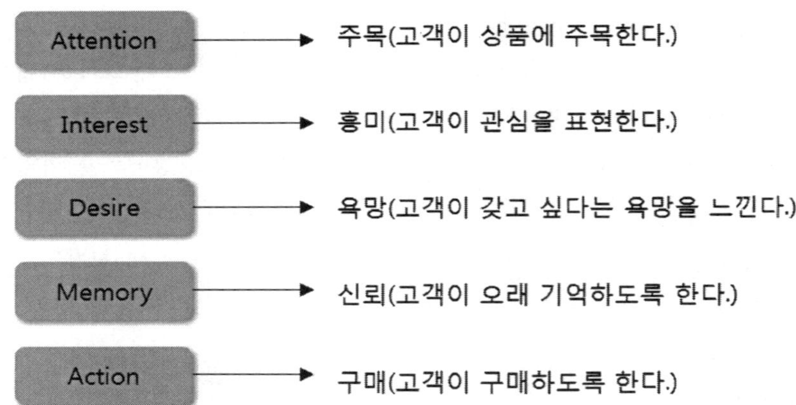

소비자가 항상 원칙의 순서에 따라 구매하는 것은 아니지만 소비자는 반드시 이러한 심리 과정을 통하여 상품을 구매한다는 것을 인식하고 이에 대응하는 방법이 효과적이다.

2) 구매심리 과정

(1) 주목

고객이 매장 안에 들어온다. 눈에 띄는 상품이 있다. 그것에 대해 알고 싶다. 조금 더 자세히 알고 싶다.

(2) 흥미

고객이 매장에서 상품이나 서비스에 관하여 흥미를 갖는다.

(3) 연상

고객이 매장에서 상품을 이리저리 보면서 상품사용 시 자기의 모습 또는 선물 받을 사람의 모습을 연상하는 단계이다.

(4) 욕망

고객이 상품에 대한 욕구가 생기는 단계이다.

(5) 비교검토

고객이 매장에서 선택하고자 하는 상품이 잘 어울리는지 더 좋은 상품은 없는지 비교검토하는 단계이다.

(6) 신뢰

고객이 비교검토 후 가장 잘 어울린다고 생각될 때 신뢰 관계가 형성된다.

(7) 구매

고객이 상품의 구매를 결정한다.

(8) 만족

고객의 욕구와 기대에 최대한 부응하여 그 결과로써 상품과 서비스의 재구매가 이루어지고 고객의 신뢰감이 연속적으로 이루어지는 상태이다.

소비자는 이와 같은 구매 심리과정을 거치는 동안에 상품을 구매하게 되는 것이다. 상품판매에 있어 고객의 심리를 이용하기 위해서는 단계마다 기회를 창출하고 그에 부응하는 응대가 필요하다.

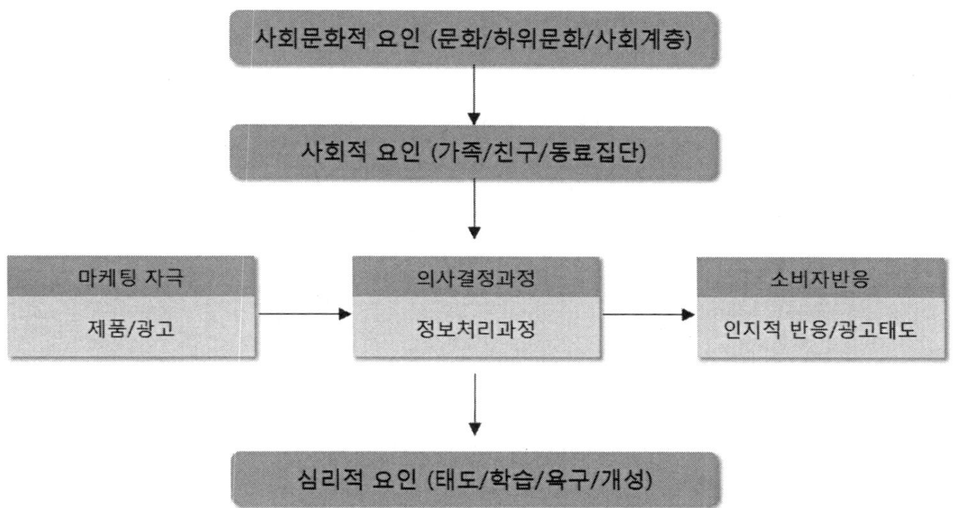

▌소비자 정보처리 모형▐

단계	구매심리	고객 행동	점포 행동
1단계	Attention (주목)	멈춘다	• 인기상품, 시즌 상품, 신상품 전개 • 고객이 매장에 들어와서 자신도 모르게 멈추게 함
2단계	Interest (흥미)	본다	• 상품이 잘 보이도록 한 진열 • 고객이 제안하는 상품을 인식하고 상품을 보도록 함
3단계	Desire (욕구)	만져본다	• 고객이 흥미를 갖고 상품을 만져보도록 함
4단계	Confidence (신뢰)	꺼낸다	• POP 및 쇼카드를 명확하게 고지 • 상품과 가격이 일치하면 구매의욕이 높아짐
5단계	Action (결정)	구매한다	• 표시물, 레이아웃이 중요함

▌고객 구매심리와 점 내 행동▐

제3절 소매 마케팅

1. 소매업 발전이론

1) 소매상 수레바퀴이론(Wheel of Retailing)

하버드 경영대학원 말콤 맥나이어 교수는 1958년 '소매업 수레바퀴'(wheel of retailing)라는 가설을 발표한다. 사회·경제적 여건이 변화됨에 따른 소매상의 진화와 발전을 설명하는 대표적인 이론이다. 이 이론에 따르면 새로운 형태의 소매점은 시장 진입 초기에는 저가격, 저 서비스, 제한적 제품 구색으로 시장에 진입한다. 그러나 점차 동일 유형의 새로운 소매점들이 진입하여 이들 사이에 경쟁이 격화되면 경쟁적 우위를 확보하기 위하여 더욱 세련된 점포 시설과 차별적 서비스의 증가로 성장기에는 고비용, 고가격, 고 서비스 소매점으로 위치가 확립된다.

이 결과 새로운 유형의 혁신적인 소매점이 저가격, 저수익, 저 서비스로 시장에 진입할 수 있는 여지를 제공하게 되고, 이 새로운 유형의 소매점 역시 위와 같은 과정을 따르게 된다는 것이다. 역사적으로 볼 때 소매점은 전문점 → 백화점 → 할인점 순으로 등장하여 이 이론이 부분적으로 입증되었지만, 후진국의 경우는 이런 모든 유형의 소매점이 동시에 또는 순서가 뒤바뀌어 도입되기도 하였다.

한계점은 신규업태의 태동과 발전에 대해 기존 업태의 반응을 무시했고, 고가격·고회전율, 저서비스 특징의 편의점(CVS)은 소매수레바퀴 가설로 설명이 어렵다.

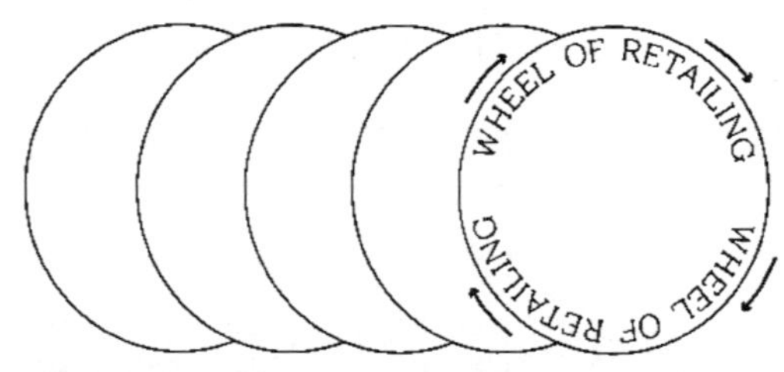

아홉 분	도입기	성장기	쇠퇴기
성격	혁신적 소매상	전통적 소매상	성숙 소매상
시장 지위	진입	성장	쇠퇴
영업 특성	• 저가격 • 최소의 서비스 • 점포시설 미비 • 제한적 상품 구색	• 고가격 • 차별적인 서비스 • 세련된 점포시설 • 다양한 상품 구색	• 고가격, 고비용, 대자본 • 고품질, 고 서비스 • 투자수익률(RIO) 감소 • 보수주의 경영

▌소매상 수레바퀴이론 변화 단계별 특징▌

2) 소매점 아코디언이론(Retail Accordion Theory)

홀랜더(S.C. Hollander) 교수가 주장한 이론으로서 소매점의 진화과정을 소매점에서 취급하는 상품 믹스로 설명한다.

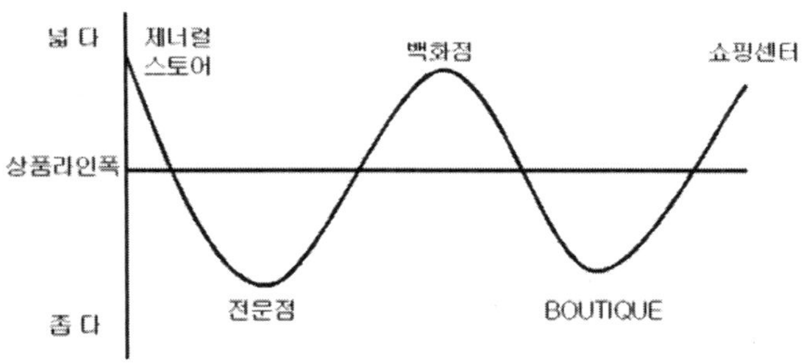

▌소매점 아코디언 이론▐

소매점은 다양한 상품 구색을 갖춘 점포로 시작하여 시간이 지남에 따라 점차 전문화된 한정된 상품계열을 취급하는 소매점 형태로 진화하며, 이는 다시 다양하고 전문적인 제품 계열을 취급하는 소매점으로 진화해 가는 것으로 보며, 그 진화과정, 즉 상품 믹스의 확대 → 수축 → 확대 과정이 아코디언과 유사하여 이름 붙여진 이론이다. 이 가설은 저관여 상품 소매 업태와 고관여 상품 소매 업태의 발전과정을 구분하지 못한 결정적인 한계를 지니고 있다.

3) 변증법적 과정이론(Dialectic Process)

헤겔의 변증법인 정(thesis)→반(antithesis)→합(synthesis)에 기초한 이론으로 소매점의 진화과정을 변증법적 유물론에 따라 해석하고 있으며 기스트(Ronald Gist)가 주장한 이론이다. 고가격, 고수익, 고 서비스, 저 회전율 등의 장점이 있는 백화점이 출현하면 이에 대응하여 저가격, 저수익, 저 서비스, 고회전율 등의 반대 장점이 있는 할인점이 나타나 백화점과 경쟁하게 되며 그 결과 백화점과 할인점의 장점이 적절한 수준으로 절충되어 새로운 형태의 소매점인 할인 백화점으로 진화해 간다는 이론으로 소매점의 진화과정을 정반합과정으로 설명한다.

4) 소매상 수명주기이론(Retail Life Cycle Theory)

소매상 수명주기이론은 제품 수명주기이론과 같이 소매점 유형이 도입기 → 성장기 → 성숙기 → 쇠퇴기의 단계를 거치게 된다는 것이다. 즉, 새로운 소매점 유형은 도입

초기에 높은 성장률과 성장 가능성을 보유하게 된다. 근래에는 소비자의 욕구 다양화와 경쟁 심화로 인해 소매점의 수명주기가 점차 단축되고 있다.

	도입기	성장기	성숙기	쇠퇴기
판매량	저	고성장	저성장	쇠퇴
이익	극소	급성장	정점	낮거나 없음
현금유입	(−)	보통	고	저
고객	혁신층	대중층	대중층	보수층
경쟁사	소수	증가	다수	감소
전략의 초점	시장 확대	시장침투	점유율 유지	생산성(비용)
마케팅 비용	고	고(비율하락)	하락	저
마케팅 초점	상품 고지	상표 애호도	상표 애호도	선택적
유통경로	확보단계	집약적(구축)	집약적(강화)	선택적
가격	고	저	최저	유지, 인상
제품	기본적	개선	차별화	불변

▌소매점 수명주기이론 단계별 특징▐

5) 소매기관 적응 행동 이론(Adaptive Theory)

소매변천원인을 환경적 변수에서 찾고 있는데 소매기관을 둘러싸고 있는 환경변화(소비자의 구매 행동, 구매 욕망, 과학기술, 환경 등)에 가장 효율적으로 적응할 수 있는 소매상만이 살아남아 번창한다. 위기상황이 발생하면 이에 적합한 새로운 소매 업태가 등장하여 이를 극복하면서 발전한다는 이론이다.

6) 진공 지대 이론(Vacuum Zone Theory)

기존의 소매 업태가 다른 유형의 소매로 변화할 때 그 빈자리, 즉 진공 지대를 새로운 형태의 소매 업태가 자리를 메운다는 이론이다. 원래의 가격과 서비스 수준을 제공하던 점포의 특색이 없어진다고 해서 진공 지대 이론이라 한다. 진공 지대 이론은 같은 시장에 소비자집단이 있다는 것을 가정하고 있다. 특정 제품 계열의 상품을 판매하는 복수의 소매점이 있고, 이들 소매점이 제공하는 서비스 정도는 각각 다른 수준에서 행해지고 있다. 서비스의 제공은 그 점포의 평균판매가격 수준에 반영되어 서비스가 고도화될수록 그만큼 가격은 높아지고, 반대로 서비스가 낮아질수록 그만큼 가격은 낮아진다. 이러한 이론을 배경으로 하여 국내에서도 가격파괴의 선두주자인 E마트 등이 유통 업태의 진공 지대를 파고드는 틈새 전략으로 출발하여 상당한 점유율을 획득하였다.

2. 소매경영 특징

오늘날 소매기업 임무는 소비자를 위하여 상품 효율을 높이고 사회적 유통비 절감을 꾀하는 것이라 할 수 있다. 이런 의미에서 소매업은 그것을 자본 수익활동을 통해 실현하고 있다.

자본 수익활동, 즉 투자 수익률은 매출이익률과 자본회전율의 상승 곱으로 결정된다. 따라서 소매기업의 영업활동은 환경에 잘 적응하면서 이러한 것들을 제어하여 이익이 있는 매출액을 신장시켜 가지 않으면 안 된다.

소매업은 제조업과는 다른 다음의 3가지 특수성이 있다.

1) 매출 수량이 많더라도 부가가치율(소매업은 총 이익률에 포함)은 변화가 없고, 따라서 제조업과 같은 탄력성은 없다.

소매업에서는 상품의 원가가 이미 고정적이며 매출액의 70%~80%를 점하고 있다. 그러나 제조업의 경우 도매가격의 대부분을 차지하는 것은 재료원가가 아니라 인건비와 투하자본 상각비이다. 그래서 매출 수량이 많으면 그것에 대한 경비는 점점 줄어들게 된다.

반대로 소매업에서는 매입에서의 한계로 인하여 상품의 원가를 대폭으로 인하하는 것이나 줄일 수 있는 원가를 대폭으로 변화시킬 수 있는 여지가 매우 적다.

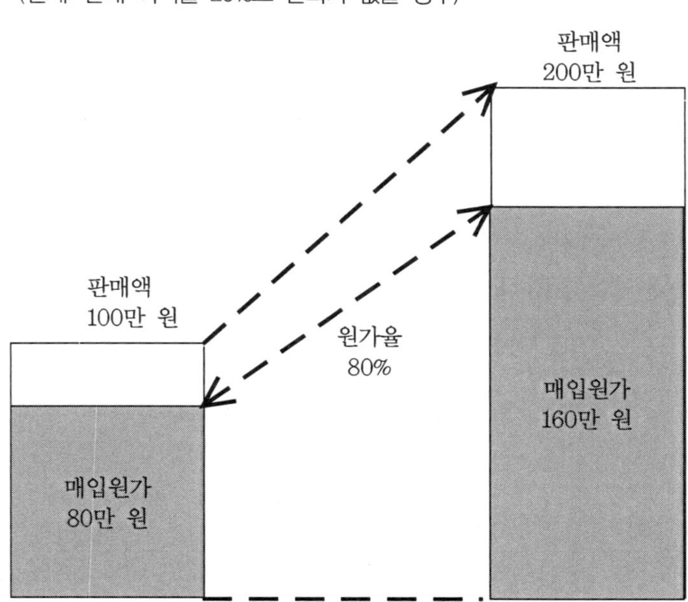

▮ 소매업 부가가치율 탄력성(예) ▮

또한, 소매원가를 어느 정도 내린다 해도 보통 경우 수량할인이 되는 것이며 이런 것은 계획적 대량매입을 통해서 다소 삭감된다. 그러나 이에는 다음 그림에서 보는 바와 같이 그 한도가 있기 마련이다.

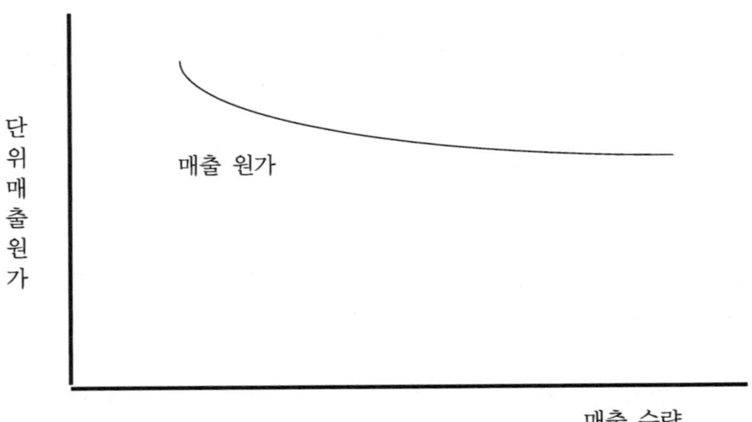

자료: 체인스토어 경영전략(31p). 이광종

▌매출 수량과 매출 원가와의 관계▐

2) 소매업은 원래 지역적 산업이라 매출 신장에는 한도가 있기 마련이다.

매출신장률에는 한도가 있어도 경비율은 그렇지 않다. 이 때문에 경비율은 체증(遞增)하고 수익은 체감(遞減)하는 경향을 보인다. 왜냐하면, 소매업 경비 대부분은 인건비 등 매출액과 직접 관계가 없는 고정비로 구성되기 때문이다. 따라서 소매업 매출을 신장시키기 위해서는 점포를 대형화하던가 아니면 새로운 시장을 개척하여 신규 점포를 계속 늘려나가야 한다. 예컨대 기존 점포의 입지가 나빠지면 신규 점포를 개설하는 것도 필요하다. 소매업에서 신규 점포 개설은 비교적 쉬운 편이다. 왜냐하면, 투하자본이 제조업과 비교하여 비교적 낮기 때문이다. 또한, 기회가 있으면 기업 확장 수단으로 합병하는 것도 필요하다. 우리나라 유통업계에서는 합병을 대형할인점 체인 확대전략의 하나로 생각하고 있다.

3) 소매업이 경영지표로 쉽게 이용할 수 있는 매출이익률은 분단지표로서 불완전하다.

소매기업 총투자이익률(ROI : Return on Investment)은

$$「\text{ROI}=\{\text{순 매출이익률}\left(\frac{\text{순매출이익액}}{\text{매출액}}\right)\} \times \{\text{총자본회전율}\left(\frac{\text{매출액}}{\text{총자본}}\right)\}」$$

이 되어 기업의 총자산 또는 사업 투자 부분의 이익이 매출이익률보다 유효하게 되는 것이다. 예를 들면 매출이익률이 높더라도 설비투자나 재고투자가 잘 이루어지지 않으면 자본회전이 나빠지고 최종 이익률도 낮아지게 된다. 즉, 매출이익률은 낮아져도 투자회전이 좋아지려면 투자액에 대한 이익률이 높아져야 한다.

이 때문에 소매업에서는 매출이익률이 가장 높은 점포라 하더라도 투자에 대한 이익률이 가장 높은 점포는 아닐 수 있다. 오히려 낮은 매출이익률의 점포라도 자본회전이 높아지면 투자에 대한 높은 이익률을 달성할 수 있다.

3. 소매 마케팅

1) 도매마케팅 의의

일반 소매기업이 수행하는 마케팅 목적은 소비자 필요와 욕구를 충족시킬 방법이나 단서를 찾아내기 위한 시장조사, 신상품 계획과 개발, 그리고 상품주기별로 가장 적절한 마케팅 믹스를 창조해내는 일에 있다고 할 수 있다. 그러나 도매 기업이 수행하는 마케팅 목표는 상품 유통 과정상 중간단계에서 생산자와 소비자, 제조기업과 소매기업 사이에 존재하는 차이를 조절하기 위해 상품을 수집하고 단위별로 나눠서 적절하게 배분하는 일에 중점을 두고 있다. 따라서 도매마케팅은 상품 중간유통을 추진하기 위한 마케팅이라 할 수 있다.

2) 소매 마케팅 의의

소매기업의 소매 마케팅은 상품 유통과정을 최종적으로 마감하기 위한 활동을 중심으로 전개된다. 소매 마케팅은 소매업에서 '고객이 무엇을 희망하는가?'이라는 데서 출발해서 그러한 것들을 조달하고 판매하고 또 그 후의 사후관리까지 포함하여 고객으로부터 시작하여 고객에서 끝난다는 판매 활동이라 할 수 있다.

즉, 소매 마케팅은 자신의 힘에 상응하는 상품, 상권 그리고 고객을 탐색하여 대응하는 일인 것이다. 따라서 소매기업 마케팅은 유통 과정상 다른 단계에 개입하는 유통 당사자들과는 강조되어야 할 역할에 있어서 분명한 차이가 있다.

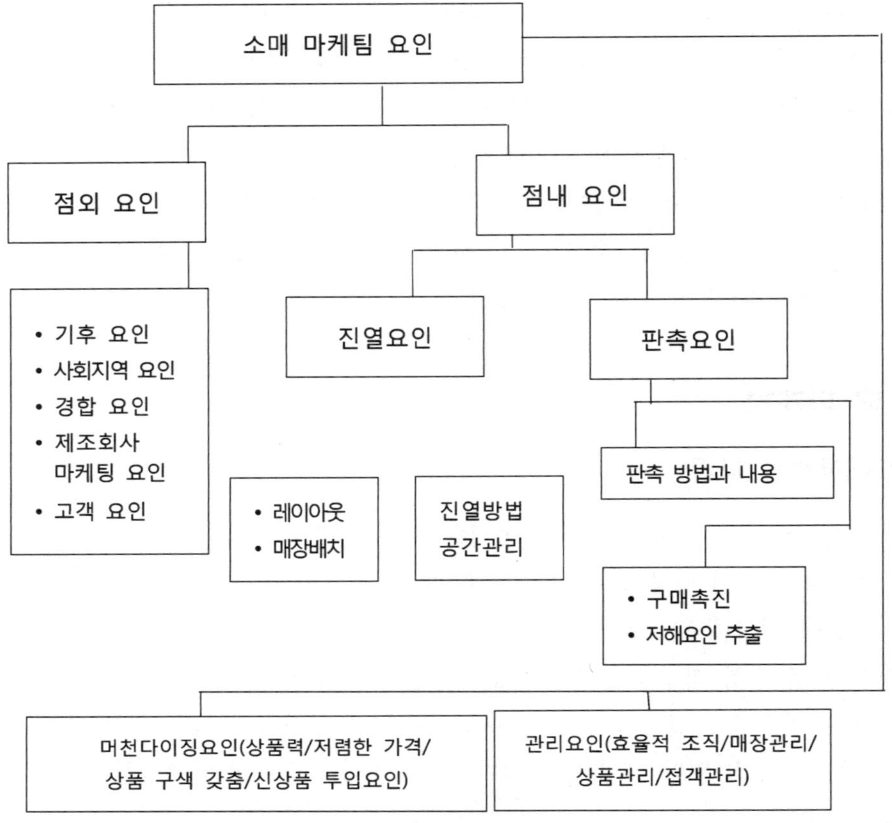

▌소매 마케팅 요인▐

3) 소매 마케팅 특징

(1) 판매 규모가 상대적으로 적다.

상품 단위당 가격은 낮으나 구색은 풍부해야 하고 매출회전율은 높아야 하므로 소비자 한 사람이 사는 구매 규모는 비교적 적다. 따라서 고정고객을 확보하기 위한 전략과 부가서비스 등 프로그램으로 고객관리에 대한 능률을 높여야 하고 소액 구매가 많아서 발생할 수 있는 재고관리 효율성 증대에 힘써야 한다.

(2) 비 계획적 구매이다.

일반적으로 소비자들은 소비빈도가 비교적 높은 생필품 · 일용품 등 상품을 구매하는 경우에는 사전 구매계획 없이 점포를 방문해서 상품을 직접 확인하고 구매하는 경향이 높다.

(3) 소비자를 유인해야 한다.

가능한 한 많은 소비자가 소매점을 방문해서 매장에 진열된 다양한 상품을 확인하고 구매할 수 있도록 해야 한다. 이를 위해서 소매기업 경영자는 이들 고객이 쉽게 점포를 방문해서 더욱 많은 상품을 구매하여 매출을 증진할 수 있도록 다양한 유인전략을 펼쳐야 한다.

(4) 제한된 목표 소비자를 대상으로 한다.

소매점이 목표로 하는 고객 범위는 대개가 특정 지역 내에서 생활하고 있는 사람들로 제한되어 있다. 즉, 소매점 상권은 한정되어 있으므로 소매기업이 수행하는 마케팅 활동은 일정한 상권 범위 내로 한정될 수밖에 없다. 따라서 소매기업과 소비자 사이에 교환되는 커뮤니케이션 밀도는 매우 높아지게 된다. 그러므로 소매기업은 자사 점포의 차별적 이미지를 창출하고 그에 합당한 고품격 소매 마케팅 활동 전개를 위해 필요한 노력을 기울여야 한다.

(5) 매력적 상품구성이 필요하다.

소매기업 마케팅은 대량 생산된 획일적인 상품을 대량으로 제안해서 판매하는 소품종 대량판매 시스템이 아니므로 어떤 특정 지역 또는 특정 상권 소비자를 대상으로 하여 목표시장을 설정할 것인지에 역점을 두어야 하고 그 지역에 적합한 상품을 세련되고 매력적으로 구색화 하는 데 중점을 두어야 한다.

(6) 취급품목 신축성을 갖는다.

물리적인 점포 규모는 한정되기 때문에 소매기업은 취급하는 상품 종류 및 수량에 대한 확대와 축소, 대체가 쉽도록 상품관리에 힘을 기울여야 한다. 이를 위해 소매기업은 지속해서 변화하는 시장변화를 조사하고 신축적으로 이에 대응하는 마케팅 활동을 적극적으로 전개해야 한다. 예를 들면 정기적으로 시장조사를 하여 소비자들의 구매행위를 파악하고 이에 대한 적절한 대응책을 마련해야 한다.

(7) 상권 형성이 중요하다.

소매기업 매출액 증감에 강력하게 영향을 미치는 것은 소비자를 얼마나 자사 점포내로 유인할 수 있는가 하는 전략이다. 그러나 소비자는 개별 점포를 먼저 선택하기보다 상품을 구매할 지역을 먼저 선택하는 때도 있으므로 점포가 속해 있는 상권 흡인력은 매우 중요하다고 하겠다.

4) 계절 변화와 고객 관심 구조

점포 마케팅 활동에 있어서 무엇보다도 중요한 것은 계절마다 대응, 즉 고객이 느끼는 계절적 요인을 빠르고 정확하게 파악하여 대응하는 일이다. 이것은 반복구매 성이 강한 일용품을 위주로 판매하는 대형할인점이나 슈퍼마켓처럼 계절상품에 의한 매장변화가 미미한 업종·업태의 경우 더욱더 중요하고 하겠다.

매력적 점포로 고객에게 다가가기 위해서는 계절이 바뀌기 전에 다가오는 계절 요인에 따른 고객 관심 구조를 심층적으로 파악하고 이에 대응하는 전략을 구사해야 한다. 계절의 변화와 이에 따른 소매점포 영업활동은 대략 다음과 같이 정리할 수 있다. 실제에 있어 자연적 계절 변화보다 고객 심리적 계절 변화는 보통 1~2개월 정도 빠르게 온다. 예를 들면 봄은 2월 중순부터, 여름은 5월 초순부터, 가을은 8월 중순부터, 겨울은 10월 하순부터 시작된다고 할 수 있다. 따라서 이 시기부터는 1~2개월 후에 다가올 계절의 계절상품이 점포에 진열되어 고객에게 선을 보여야 한다.

(1) 봄

봄은 1월에서 4월까지로 이 시기에는 겨울잠에서 깨어나 무언가 이루고 싶은 충동 또는 무엇이든지 하기만 하면 잘될 것 같은 충동으로 사람들 마음이 조금씩 들떠있는 시기이다. 따라서 이에 대응하는 소매점포 영업활동은,

첫째, 매장을 환한 봄 분위기로 연출하여 무거운 겨울철 때를 벗고 개방적인 분위기로 바꾼다.

둘째, 고 이미지 상품, 실용품을 중심으로 상품 구색을 갖춘다.

셋째, 전단 광고를 이용해 봄 관련 계절상품을 중점적으로 소구하여 판매한다.

(2) 여름

여름은 5월부터 8월 중순까지로 고객 대부분 야외로의 활동 경향이 급격히 높아져서 이른 주말부터 도시 탈출에 참여하는 등 전원생활을 추구하는 왕성한 야외활동 모습을 보여준다. 따라서 이에 대응하는 점포의 영업활동은 휴일 전날 영업에 초점이 맞추어져야 한다. 되도록 영업시간을 연장해서 밤늦게까지 문을 열어 쇼핑 편리성을 제공한다. 특히 점포 입구 주변은 시원하고 개방적인 느낌이 들 수 있도록 행사 판매 등을 억제하여 자유로운 분위기를 연출한다. 즉, 점포 전체적으로 시원한 여름 분위기를 한껏 만끽하도록 점포 환경을 쾌적하게 바꾸어 주어야 한다.

(3) 가을

가을은 8월 중순부터 10월까지로 이 시기는 여름철에 다소 소홀히 했던 가정생활에 눈을 돌리며 실생활용품에 대한 구매율이 높게 나타나는 시기이다. 이 시기는 여름철보다 상품 구매에 다소 소극적으로 되어 가격에 민감해지기 쉽다. 따라서 점포 영업활동은 실용성 위주로 하는 시즌 상품 상설매장 등을 상시 운영하고 특히 날씨가 차가워질수록 '가격'에 민감해지므로 '사면 이득'이라는 느낌이 들 수 있도록 전단, POP 등 판촉 도구로 가격 이점을 소구해야 한다.

(4) 겨울

겨울은 10월 말에서 1월경으로 이 시기에는 가을철보다도 상품구입에 더 소극적이며 가격에 아주 민감해지는 시기이다. 따라서 연중 사계절 중 가장 높은 할인율을 적용한 저 가격 정책으로 고객에 대응해야 한다. 따라서 이 시기에는 집객력을 강화하는데 초점을 맞추고 점포 입구 주변도 여름철과는 반대로 특가품 매대를 운용하는 등 방식으로 강력한 가격소구 및 적극적인 판촉활동에 나서야 한다.

계절 마케팅에 있어서 놓쳐서는 안 될 것은 '계절상품 도입은 반보 빨리!, 계절상품 철수는 반보 빠르게!'임을 기억해야 한다.

5) 음향 감성마케팅

효율적인 매장관리, 매출향상을 기대할 수 있어 더욱 효과적인 신개념 매장 음악 서비스를 제공하는 P&I(프라이드 앤 인텔리젼스)의 '뮤직 즐거운 음악으로 매장의 활기를! '뮤직 플러스 알파' 플러스 알파'(대표 은지희)가 [경향 닷컴 2009년 상반기 유망 브랜드 대상] 음악마케팅 분야에 선정되며 한 단계 도약하는 발판으로 삼았다.

프라이드 앤 인텔리젼스(www.pandi.kr)는 안정적인 매장 음악 서비스 필요성과 저작권에 대한 인식 강화 시점에 발맞추어 2008년 12월 '일본 매장 음악 서비스 신기술'을 도입하여 설립된 국내 독자 법인이다.

2006년 일본에서 개발된 본 시스템은 매장 음악 BGM에 마케팅 도구가 결합한 독특한 음악마케팅 기법이 인정받아 약 16,000여 개 매장을 보유한 편의점 등 유통기업과 패밀리레스토랑, 카페 등 서비스업을 중심으로 이용이 증가하고 있으며 특히 NEC Nexsolutions(엔이씨 넥스솔루션즈)의 사운드 인포에이션 시스템으로 선정되어 일본 대기업 사운드 네트워크 시스템으로 사용되고 있다.

최적 매장 음악과 매장 음악을 활용한 무한한 가능성을 모토로 하고 있다는 'MUSIC+α'의 특징을 살펴보면 크게 4가지로 나눌 수 있다.

첫째, 회원사 업종, 매장 위치, 고객층, 시간, 계절별 등 해당 매장만의 상황 등을 철저히 분석, '최적의 음악 콘텐츠'를 선정해 매장 분위기를 디자인한다는 것이다.

한국음악저작권협회, 한국음원제작자협회, 한국음악실연자연합회와 계약을 체결한 합법적인 음원을 현재 방송국 음악 작가로 활동 중인 최상의 '뮤직 코디네이터팀'이 최신가요, 팝, 록, JAZZ, 클래식, 국악, 힐링 뮤직 등 다양한 장르의 음악 채널들로 편성하고 있으며 특히 해외에서 저작권자의 허락을 얻은 특화된 음원까지 다수 확보하고 있어 타 업체와는 차별화된 고품격 콘텐츠를 공급한다.

둘째, 'MUSIC+α'는 고객 성향, 구매패턴 등을 분석하여 음악방송 사이에 회원사 이미지광고 혹은 로고 송 등을 반복적으로 재생하여 회원사 상표 인지도 및 콘셉트를 각인시키기 위한 홍보 도구로써 활용할 수 있다는 강점이 있다.

셋째, 매장에서 지정한 상품소개 및 각종 프로모션, 이벤트 등 안내방송을 음악 사이에 자연스럽게 편성할 수 있으며 시보, 영업시간 안내, 휴일 안내, 세일 기간 안내 등을 지정한 시간에 지정한 횟수만큼 방송이 가능하여 매장관리를 위한 툴로서 활용도 가능하다.

넷째, 'MUSIC+α'의 가장 획기적인 시도는 기업과 광고주에게 매력적이고 혁신적인 직접 광고 미디어로서 매장 음악을 활용할 수 있도록 한 점이다. P&I에서 수주한 상품광고를 회원사 매장 내 음악방송 사이에 삽입하여 방송하게 허락함으로써 매장 음악을 광고매체로 활용하여 '매체 이용료'라는 부가수익을 확보할 수 있도록 만든 시스템이다.

'MUSIC+α'는 단순한 매장 음악의 BGM 서비스만이 아닌 음악 BGM에 효율적인 매장관리 및 매출향상을 기대할 수 있는 안내방송, 광고 삽입 등 다양한 프로그램을 접목하여 홍보와 매출향상을 위한 신개념 판촉 미디어로서 매장 음악 서비스 영역을 확대하여 한 단계 업그레이드된 최상의 매장 음악 서비스를 제공하고 있다.

음악저작권 보호에 대한 사회적 인식에도 많은 변화가 있다. '저작권법'이 개정되어 불법복제 CD, P2P 서비스를 통해 내려받은 음악, PC 온라인 스트리밍 서비스를 통해 매장에서 음악을 재생하는 것은 저작권법 위법행위로 규정하였고, 최고 5년 이하의 징역 또는 5000만 원 이하의 벌금을 부과할 수 있도록 하였다.

저작권 보호에 대한 관계 당국의 강력한 단속 강화 의지와 저작권에 대한 인식 확산, 경비 절감, 관리효율을 위해 점차 매장 음악 서비스업체를 이용하는 매장이 증가하고 있다.

Chapter 01 소매 마케팅

1. 유통업의 사회·경제적 역할을 설명하시오.

유통(distribution)이란 상품을 생산자로부터 최종 소비자에게까지 전달하는 중간기능이며 모든 경제활동이다.

- 소비자에 대한 역할
  - 양질 적가의 상품을 제공한다.
  - 상품 구색을 갖춘다.
  - 필요한 재고를 보유한다.
  - 상품정보를 제공한다.
  - 쇼핑 장소를 제공한다.
  - 쇼핑 즐거움을 제공한다.
  - 쇼핑 편의성을 제공한다.
  - 부가서비스를 제공한다.
- 생산 및 공급업자에 대한 역할
  - 판매 활동을 대신해 준다.
  - 정보를 전달한다.
  - 물적 유통기능을 수행한다.
  - 금융기능을 수행한다.
  - 촉진기능을 수행한다.

2. 주요업태인 백화점, 마트, 슈퍼마켓, 편의점의 주요특징에 관해 설명하시오.

- 백화점

하나의 매장에서 일괄구매와 비교구매가 가능하도록 상품을 부문으로 구성하여 직영위주로 영업하는 대규모 점포이다. 백화점은 다양한 상품 구색으로 원스톱쇼핑과 부가적인 서비스를 제공하는 대면판매를 특징으로 한다. 대면판매는 판매원이 고객에게 직접 응대하고 판매하는 방법이다.

- 대형마트

대규모 점포 중 대형마트는 대통령령으로 정하는 용역의 제공 장소(이하 "용역의 제공 장소"라 한다)를 제외한 매장면적의 합계가 3천 제곱미터 이상인 점포의 집단으로서 식품·가전 및 생활용품을 중심으로 점원의 도움 없이 소비자에게 소매하는 집단으로 정의하고 있다.

- 슈퍼마켓

최초 미국 슈퍼마켓은 Michael Cullen이 1930년 미국 뉴욕의 자메이카 지역에 창고를 개조하여 점포(상호: KING KULLEN)를 오픈한 것이 시초이다. 식품구매를 전제로 한 대형점포로 자동차를 이용하여 쇼핑하는 상권에서 대량매입, 대량판매, 오픈진열, 셀프서비스 방식의 대규모 식품매장이었다. 이 매장 면적은 2,000㎡로 당시 일반점포 매장면적 250㎡보다 넓어 소비자들이 슈퍼마켓이라 부르는 계기가 되었다. 슈퍼마켓은 셀프서비스를 특징으로 하는데 셀프서비스는 고객이 자유롭게 상품을 선택하여 구매 결정 출구에서 계산하는 방식이다.

- 편의점

편의점은 도심, 역세권, 주택가 등 편리성을 중시하는 소규모 점포로서 24시간 운영하며 고회전과 고 이익률을 통해 수익을 창출하는 업태이다. 편의점은 입지 편의성, 24시간 영업으로 시간상 편의성, 상품 구색 편의성, 소수 가족으로 운영하여 인건비를 절감하는 운영 특성이 있다.

3. 수직적 유통 계열화에 관해 설명하시오.

대형할인점의 성장과 SSM 출점 증가로 골목상권 침해, 중소상인에게 타격을 주는 사회적인 갈등 쟁점은 지역경제·사회에 미치는 영향, 지역 자금 역외유출, 대형유통점에 대한 중소유통점 침체, 유통산업 균형발전, 고용효과, 정부 시장개입, 국민경제 기여측면으로 정리할 수 있다. 대형유통점에 의한 중소유통점의 침체 측면에서 보면 중소유통점은 대형유통점에 의해 중소유통점이 침체하고 있다고 주장한다. 반면 대형유통점은 중소유통점이 침체하고 있는 이유가 대형할인점과 같은 대형유통점의 성장에 기인하는 것은 사실이지만 그밖에도 다양한 이유가 있다고 보는 것이다.

정부에서 기업 간 동반성장을 추구하여 경제 활성화와 사회적 양극화 해소를 위하여 2010년 9월 29일 대·중소기업 동반성장 추진 대책을 발표하고 동반성장 위원회를 출범하였다. 대·중소기업 상생협력 촉진에 관한 법률 제20조에 의하면 대·중소기업 간 동반성장과 관련한 민간부문의 합의하고 동반성장 문화를 조성 및 확산을 도모하는 역할을 하는 것이다. 동반성장위원회는 사회적인 합의 정신을 기초로 한 민간위원회인데 동반성장지수의 산정 및 공표, 중소기업 적합 업종 합의 도출 및 공표, 민간부문의 동반성장 추진 기능을 하게 되는 것이다.

4. 다음 용어에 관해 설명하시오.

- 아웃렛

- 시장세분화

- 기업형 슈퍼마켓(SSM)

제1절 소비자 선택이론

소비자 선택 행동은 한계적 이성으로 평가하고 선택함으로 항상 이성적 평가, 선택하는 것은 아니다.

1. 고려 상품군

Howard and Sheth(1969)는 고려 상품군을 소비자가 인지하는 상표군 내에서 실제 구매 시 고려할 용의가 있는 상표들의 수라고 정의하였고 Campbell(1969)는 구매자가 특정 상표를 선택할 때 실제로 고려하는 상품들의 집합이라고 정의하였다. 소매점 선택의 고려 점포군은 고려 상품군의 개념에서 시작될 수 있다. Spiggle and Sewall은 고려 상품군 모델을 적용하여 점포선택 모델을 제시하였다. 고려점포는 소비자의 점포 선호를 나타내는 지표로 볼 수 있고 소비자가 인지하는 점포군 내에서 긍정적으로 평가하여 실제 구매 시 고려할 용의를 가진 점포들의 집합이다. 연구결과들에 의하면 소비자들이 점포 유형을 먼저 결정하고 점포 유형 내에서 특정 점포를 선택함으로써 점포 유형 내 경쟁을 더 치열하다고 할 수 있다.

1) 부분적 리스트 제시 효과

소비자가 많은 기억된 브랜드에서 중에서 특정 브랜드를 선택하게 되는데 기억 브랜드 감소로 고려 상품군이 감소하면 고려 상품군 내 브랜드가 선택 확률이 높아지는 효과이다. 그래서 지속적으로 고려 상품군이 되도록 하는 노력이 필요하다.

활용사례: 대표브랜드, 비교광고

2) 유인 효과

새로운 선택 대안이 도입됨에 따라 기존 대안의 매력도가 증가하는 것을 말한다. 자사 상품 라인에 새로운 브랜드가 추가되면 추가된 브랜드에 비해 기존 브랜드가 훨씬 좋아 보인다는 이론이다. 이런 점을 점포선택과 관련해서 생각하면 고려 점포군에 열등한 점포가 출점하면 기존의 점포를 선택할 확률이 높아진다는 것이다.

3) 유사성 효과

고려 상품군 내에서 특정 브랜드에 대한 평가는 그 브랜드와 비교되는 다른 브랜드에 의존하여 이루어지는 것이다. 유사성 효과는 새로운 대안이 도입되면 유사한 기존 대안의 선택 확률이 유사하지 않은 기존 대안보다 감소하는 것을 말한다. 동일 상권 내 다른 브랜드보다 자사 브랜드의 경쟁점이 출현 시 고객 선택 확률이 줄어드는 현상을 설명할 수 있다. 소비자들이 동일 브랜드를 같이 사고하고 경쟁브랜드는 다른 영역으로 이해하는 효과이다.

4) 타협 효과

선택위험 줄이기 위해 중간 수준 브랜드 선택 경향을 말한다. 선택 순간에 오류위험으로부터 보호하는 안전한 대안을 선택하는 경향을 타협 효과라 할 수 있다.

5) 구성 효과

같은 상품이라도 설명방식 달라지면 선택이 달라진다.

2. 인지적 선택과정

선택과정은 소비자 관여도 수준, 상품 종류, 상황적 요인에 따라 달라진다.

1) 보완적 모형

(1) 정보통합이론

소비자 선택과정은 선택에 영향을 미치는 속성에 대한 가중치와 속성 평가 때문에 결정된다는 이론이다.

A0= Σ WI SI
속성 가중치/속성 평가

(2) 다 속성모형

마틴 피시바인(Fishbein)이 제안한 다 속성모형은 소비자 선택 행동에서 브랜드에 대한 태도는 브랜드가 가진 여러 속성에 대한 소비자들의 신념과 가중치 역할을 하는 평가들이 결합하여 형성된다고 보고 있다. 소비자가 여러 대체적인 상품을 평가할 때 각 속성의 중요도에 따라 가중을 한 기대가치를 극대화 시켜주는 대상을 선택한다는 것이다.

A0= Σ BI EI
속성에 대한 신념/속성 평가

2) 비 보완적 모형

(1) 결합형 방법

속성 평가에 대하여 하나의 최저기준치를 정하고 속성에 대해 최저 기준 초과하는 브랜드 선택한다.

(2) 분리형 방법

대안이 한 속성에서라도 최저 기준 초과 시 선택한다.

(3) 속성별 제거 방법

가장 중요한 속성 기준치 미달 시 제거한다.

3. 선택 조정요인

1) 관여도

관여도는 어떤 대상에 대한 인식된 관련성 및 개인적 중요성 정도로 정의되고 있다.

관여도가 높은 상황에서는 좀 더 많은 상품정보가 필요하고 대안 평가에서도 신중한 선택을 하게 된다. 반면 관여도가 낮은 경우는 정보 추구 정도가 낮게 나타나며 대안의 평가도 쉽게 하려는 경향이 있다.

(1) 관여도 변수

① 상황적 관여도: 상품 특성과 구매상황 특성이 영향
② 지속적 관여도: 소비자 관심 상품
③ 반응적 관여도: 상황적, 지속적 관여도 상호작용

(2) 소비자 행동

고관여 상품에 대해서는 정보탐색, 브랜드 선호도가 높아진다.

2) 상황 요인

정보제시형식, 정보처리 부담, 시간적 부담형식에 따라 선택이 달라진다.

4. 기타 선택

1) 습관적 구매

애호도는 소비자가 어떤 한 브랜드에 만족하여 지속해서 그 브랜드만을 사는 행위를 말한다. 애호도는 막연한 반복구매와는 차별화된 개념이다. 애호도에 대한 측정은 태도와 행동을 구분하여 설명하면 행동은 어떤 구매 행동의 반복 또는 구매비율로 측정을 하고 태도는 브랜드에 대한 태도 또는 재구매 의도를 질문하여 애호도를 측정한다.

2) 충동구매

본래는 그 상품을 구매할 생각이 없었으나 광고를 보았거나 쇼핑 중에 마음이 흔들려 상품을 사는 것을 말한다.

3) 간접 비교모형

직접 비교 어려운 대안의 경우에는 선택하고자 하는 대안을 추상화한 후 전체를 평가하여 최적 대안을 선택한다.

제2절 매장 선택이론

1. 점포선택 의사결정

1) 점포선택 의사결정

소비자들이 상품 구매 시 브랜드를 선택할 때도 의사결정과정을 거치게 된다. 브랜드 선택 의사결정과 점포선택 의사결정을 비교하면 모두 선택 의사결정이라는 측면에서 같지만 선택 대상이 다르므로 다른 측면도 있다. 소비자들이 소매점 선택 시 고려하는 요소로 가격 및 품질을 비교한 상품 가치, 판매원 친절 등 고객서비스, 다양한 상품 구색, 점포 분위기 시설 등 쇼핑 편의성, 점포 이미지, 세일 광고와 판매촉진, 정보획득과 만남의 교류 등 여러 요인을 고려한다. 소매 점포선택 의사결정은 구매하고자 하는 상품이 고관여인 경우도 있고 저관여인 경우도 있다. 고관여 상품을 구매하는 경우에 점포선택의 의사결정을 심사숙고하고 중요시할 가능성이 크다. 그러나 반복 구매상품과 편의품 구매의 경우에서는 소비자들은 충동적 습관적으로 의사결정을 하는 경우가 많다. 이때에는 소비자들은 의사결정 기준을 이미 잘 알고 있고 어떤 점포가 의사결정 기준을 충족시키는지 가장 이용이 편리한 점포를 선택하게 된다. 소비자들은 구매하고자 하는 상품이나 브랜드를 미리 결정해 두고 있는 때도 있다. 이때에는 방문점포 결정은 상품, 브랜드 선택과 직접적 관련이 있다. 소비자 점포선택 의사결정은 상품 의사결정과 크게 다르지 않다. 즉 문제 인식, 정보탐색, 대안 평가 및 선택과정을 거치는데 이러한 과정은 소비자 관여수준에 따라 달라진다. 특히 소비자 합리적 평가 때문에 선택하는 의사결정이라 볼 수 있다.

2) 점포선택 의사결정과정

점포선택은 소매점 마케팅전략과 소비자 개인적, 상황적 특성의 상호작용이라 할 수 있다. 점포선택 의사결정과정은 개념적으로 소비자가 가지고 있는 점포에 대한 어떠한 평가 기준과 특정 점포에 대한 지각된 특성 간의 비교를 의미한다. 여기서 평가 기준은 점포의 다양한 측면에 관한 소비자 요구 기대를 의미한다. 결국, 소비자는 자신이 가진 평가적 기준과 점포에 대한 지각된 특성을 서로 비교하여 상품 구매를 위한 소매점을 선택한다. 소비자 점포선택 의사결정과정은 아래 그림 몬로(Monroe)와 길티난(Guiltinan) 모형에서 잘 이해할 수 있다. 이 모형에 의하면 여러 가지 점에서 점포선택은 상품 구매와 크게 다르지 않음을 알 수 있다. 소비자 특성은 쇼핑과 탐색 행동에 영향을 미치는 소비자의 일반적 행동성향으로 구성된다. 소매점은 광고나 촉진 활동과 같은 소매 믹스 변수로서 소비자 점포선택에 영향을 미칠 수 있다. 소비자 개인적 특성은 또한 점포 속성에 영향을 미칠 수 있다. 그리고 점포 이미지는 점포선택과 상품선택, 브랜드 선택에 영향을 미친다.

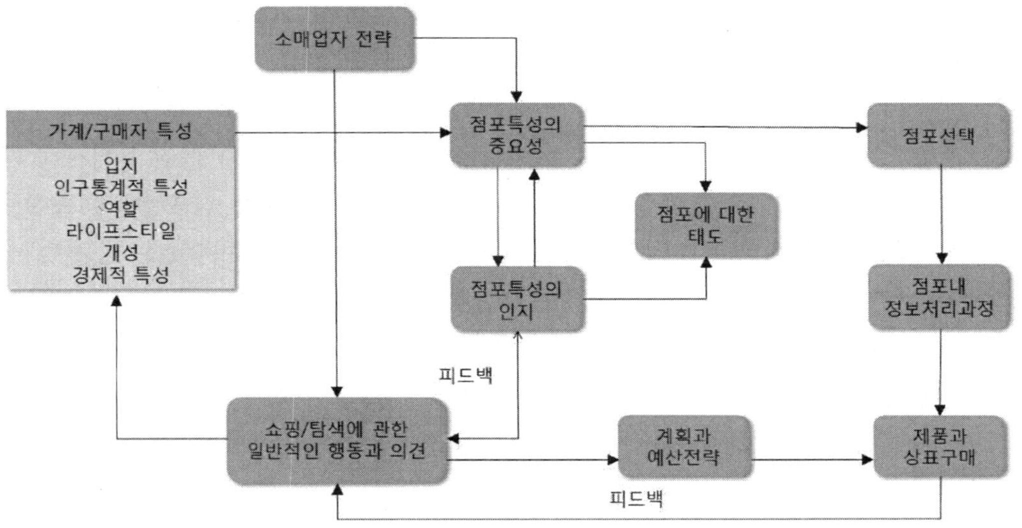

▌점포선택과정에 영향을 미치는 요인▐

소비자들은 항상 모형에 나타나 있는 프로세스 단계를 다 거치는 것은 아니다. 만일 과거 경험이 만족스럽다면 점포선택과정은 습관적인 과정이 될 것이다. 이는 소비자 의사결정을 경험 때문에 자동으로 결정하는 습관적 의사결정, 다소의 정보를 바탕으로 덜 엄격한 평가과정을 거쳐 대안을 선택하는 제한된 의사결정, 충분한 정보를 바탕으로 심사숙고한 평가를 거쳐 대안을 선택하는 확대된 의사결정으로 구분할 수 있다.

2. 점포선택 영향요인

소비자 점포선택 영향요인은 소비자가 점포를 선택하거나 평가할 때 기준이 되는 영향요인으로 점포 이미지를 구성하는 요인이라 할 수 있으며 소비자가 점포를 방문하는 동안 다양한 마케팅 자극의 경험을 통해 형성되며 이것은 소비자들이 점포를 선택하는 결정적인 요인이라 할 수 있다. 소비자 점포선택 행동은 점포 매력도 또는 소비자 흡인력에 의해 좌우되는데 다른 점포에 대한 특정 점포의 상대적인 매력도는 점포선택 기준을 구성하는 요인들의 결합 때문에 결정된다 할 수 있다. 소비자 점포선택 행동에 영향을 미치는 변수들을 어떻게 체계화할 수 있을까? 영향요인은 크게 환경적 요인, 소비자

요인, 점포 요인으로 구분할 수 있는데 이러한 요인의 영향을 받아 점포 이미지가 형성하게 된다. 점포 이미지는 몬로와 길티난의 모형에 있어서 점포에 대한 태도에 해당하는 것으로서 점포선택에 영향을 미친다.

1) 환경요인

환경변수는 소매점이라는 것을 둘러싸고 있는 환경에 적응하는 하나의 유기체라는 인식으로 도입된 변수이다. 이러한 변수로는 경제적 여건, 정치적 환경, 법률적 환경, 기술적 환경, 사회·문화적 환경 등 거시적 환경이 주목받는다. 그러나 이러한 거시적 환경변수는 장기적이고 지속적인 것이며 특정 시점에 있어서 소비자 점포선택에 중대한 영향을 미치지는 못한다. 점포선택에 더욱 직접적인 영향을 미치는 변수로는 인구 및 거리 변수와 해당 상권 경쟁구조를 들 수 있다. 인구와 거리는 소매점의 상권과 규모를 결정하는데 중요한 변수이며 소매점이 있는 지역 경쟁상황은 실질적으로 소비자들이 자신의 점포를 선택할 확률에 직접적인 영향을 미치게 된다.

2) 소비자 속성요인

소비자 속성변수는 점포선택 행동에 객관적인 점포 속성이 같음에도 불구하고 소비자 점포선택이 차별화되는 이유를 설명해주는 변수이다. 소비자 속성을 나타내는 변수들은 나이, 소득, 학력, 가족생활 주기 등 인구통계학적 변수와 라이프 스타일, 지각된 위험, 자아개념, 태도 등 심리적 변수, 그리고 점포충성도, 구매상품종류, 쇼핑 기간 등 구매관행 변수로 구분하여 생각할 수 있다.

(1) 가족생활 주기 및 가족 규모

가족생활 주기(Family life cycle. FLC)는 한 가정의 탄생 및 소멸과정을 몇 단계로 구분하며 이해한 개념으로 가족생활 주기 단계에 따라 수입. 지출, 요구 등이 다르게 되고 그 결과 선택하는 점포의 유형도 다르게 될 것이다. 또한, 가족생활 주기와 관련이 있는 가족 규모도 또한 선호점포에 영향을 미친다.

(2) 사회계층

사회계층은 유사한 가치관과 라이프 스타일을 가지고 관심과 행동에서 유사한 성향을 나타내는 개인과 가계의 집합체로서 한 사회 내에서 분류될 수 있는 비교적 영속적이고 동질적인 집단으로 정의된다. 사회계층 구분의 단일 변수로 직업이 일반적이고 교육과 소득수준을 고려한 두 가지 이상의 사회경제적 변수를 고려한 복합변수 분류방법이 있다. 분류되는 계층에 따라 소속된 준거집단의 정체성과 특정한 가치가 선택 행동에 영향을 준다.

(3) 라이프 스타일

라이프 스타일은 개인이나 가족의 가치관 때문에 나타나는 다양한 생활양식·행동 양식·사고 양식 등 생활의 모든 측면의 문화·심리적 차이를 전체적인 형태로 나타낸 말로서 최근에는 마케팅과 소비자 행동연구 분야에서 관심을 끌게 되었다. 라이프 스타일은 개인 가치관과 개성이 결합하여 이루어진다.

(4) 지각된 위험

소비자들이 점포선택 행동을 함에 있어 선택 결정에 따른 위험부담을 느끼게 되는데 이를 지각된 위험이라 한다. 지각된 위험은 점포선택에뿐만 아니라 브랜드 선택, 구매방식에도 영향을 미친다.

(5) 자아 이미지

자아 이미지 개념이란 개인이 대상. 객체로서의 자기 자신과 관련해서 가지고 있는 생각이나 느낌의 총체를 말한다. 자아 이미지 일치성은 소비자가 자기 자신을 어떻게 바라보느냐와 특정 소매점을 이용하는 전형적인 이용자들을 어떻게 바라보냐 하는 둘 사이의 일치 정도를 말한다. 소비자는 자아 이미지와 점포 이미지 간에 이미지 일치가 형성되는 경우 충성도가 높게 나타난다.

(6) 점포 충성도

점포 충성도란 소비자가 특정 점포에 대해 보이는 호의적 태도 및 습관적으로 방문하여 지속해서 상품을 구매하는 성향을 말한다.

(7) 시간 부족

시간이란 소비자에게 한정되어 마음대로 얻고 저장할 수 없다. 쇼핑이란 결국 소비자의 지각된 시간을 활용하여 이루어질 수 있는 것이며 이 지각된 시간 크기에 따라 쇼핑행동 및 점포선택 행동이 달라진다. 쇼핑활동에 할당할 수 있는 재량적 시간 양이 부족하면 부족할수록 구매에 있어서 점포선택은 편리성에 중점을 둘 수밖에 없다.

3) 점포 속성요인

소비자들이 점포를 선택할 때 고려하는 점포특성이 점포 속성변수이다. 이러한 모든 점포 속성변수는 바로 소비자들이 점포를 선택할 때 고려하는 기준이 된다.

점포선택을 할 때 소비자들이 고려하는 점포 속성은 점포가 판매하는 상품에 따라 달라진다. 예를 들면 의류를 구매할 때 점포선택 기준과 식료품을 구매할 때 점포선택 기준은 서로 달라진다. 그러나 다음과 같은 점포 속성들은 일반적으로 소비자들이 점포를 선택할 때 중요한 요인이다. 즉 입지, 상품 구색, 가격, 광고와 촉진, 판매량, 제공되는 서비스, 점포 물리적 특성, 고객 사회계층, 유형, 점포 분위기, 거래 후 서비스 등이 있다.

(1) 입지

입지란 소매점이 자리 잡은 특정 위치를 말하며 점포 입지는 소비자들의 점포선택에 많은 영향을 미친다. 소매점에 접근하려면 소비자들은 점포까지 이동을 하여야 한다. 따라서 소매점 입지를 결정하려면 소비자 공간이동 행동에 대한 사전지식이 필요하다. 소매점은 산업 특성상 주로 소비자가 직접 방문하여 소비가 이루어지는 업태이기 때문에 고객이 점포를 선택하는 결정적인 요인으로 중요성이 강조되고 있다.

(2) 상품 구색

상품 구색 폭과 깊이, 그리고 구색 질은 점포 속성 중 소비자에게 결정적인 영향을 미치는 속성의 하나이다. 어느 정도 폭과 깊이를 가진 구색을 갖추느냐는 소매점 머천다이징 결정의 핵심적 문제의 하나이다. 이는 백화점, 할인점, 슈퍼마켓 특성을 생각해보면 명백해진다. 소매점의 상품 구색 다양성, 최신 유행제품 취급 여부, 브랜드 다양성, 매장 넓이 등이 영향을 미친다.

(3) 가격

소매점에서 가격이란 판매업자로부터 받는 재화나 서비스에 대해 구매자가 지급하는 재화나 서비스의 양을 비율로 나타낸 지표 또는 소비자가 상품이나 서비스를 구매한 대가로 지급하는 금액을 말한다. 점포 선호에 있어서 가격 중요성은 상품 유형에 따라 달라진다. 예를 들면 슈퍼마켓 선호도에 있어서 가격은 중요한 변수이다. 그러나 백화점 경우에는 그렇지 아니하다. 소매점에서 가격은 하나의 속성으로 점포 가격 정보를 통하여 점포 내 브랜드 간의 가격 차이 또는 점포 전반에 브랜드 내에서 가격 차이를 구별하거나 추정하면서 구매 결정, 점포선택을 한다.

또한, 소비자 특성에 따라 가격 중요성은 달라진다. 어떤 경우에는 실제 가격보다 소비자에 의해 지급된 가격, 즉 주관적 가격이 더 소비자 행동에 많은 영향을 미친다.

(4) 광고와 촉진

광고와 촉진 역시 점포선택에 있어 중요한 변수이다. 그러나 광고와 촉진은 공정성, 도덕성에 있어 상당히 논란이 많이 되는 변수이다.

광고가 다른 촉진수단과 함께 점포선택에 영향을 미친다는 사실에는 의문 여지가 없다. 그러나 이들 영향력은 상품 성격, 소비자 특성, 점포 자체 특성에 따라 달라진다. 때로는 소매점이 통제할 수 없는 커뮤니케이션 수단인 구전 마케팅이 더 큰 영향을 미친다.

(5) 판매원

친절하고 도움을 주는 판매원은 점포선택에 있어 중요한 고려 요인 중의 하나이다. 판매원 행동은 고객에게 지각되며 고객서비스 평가, 소매점 만족, 점포 애호 및 구전 등에 영향을 미친다. 서비스 환경에서 판매원은 판매원이 제공하는 서비스를 고객이 인식하도록 의사소통을 하는 관계 매니저 역할을 하고 판매원은 고객과 좋은 관계를 형성하여 충성고객을 만드는 중요한 역할을 한다. 판매원 친절도, 판매원 용모 및 단정함, 판매원 상품지식 등이 영향을 미치는 요인이다. 전통시장과 백화점에서 구매한 경험이 있는 소비자는 누구나 판매원 친절과 지식에 있어서 상당한 차이를 느낄 것이다. 대형유통업체 사이의 경쟁이 치열해지자 경영자들은 판매원 전문성 개발에 많은 투자를 하고 있다.

(6) 서비스

서비스는 상품판매를 위해 제공되거나 판매에 부수적으로 제공되는 행위, 편익, 만족이다. 소매점에서 제공하는 서비스에는 상품반품 용이성, 배달, 운반, 소비자 신용, 편리성 등이 있다. 이와 같은 소매점에서 제공되는 서비스도 점포 이미지 중 하나의 속성 변수이다. 물론 서비스 중요성은 소비자 특성과 점포 유형에 따라 달라진다.

(7) 물리적 속성

점포 물리적 특성은 구조물 내 포함된 모든 물적 구조물 및 건물로서 그 구성요소에는 건물 외부 조각과 안내판, 건물 내부 조각, 장식물, 온도, 분위기 요인 등이 있다. 이들 여러 가지 물리적 요인은 그 자체로서도 중요하지만 다른 점포 속성에 대한 소비자 지각에도 영향을 미친다는 점에서 더욱 중요하다.

(8) 고객 사회계층, 유형

소매점에서 쇼핑하는 고객 유형과 사회계층 등이 점포선택에 영향을 미친다. 이것은 사람이 자기 이미지와 맞는 점포 이미지를 가진 점포를 선호하기 때문이다.

(9) 점포 분위기

소비자가 점포를 선택하는 데 있어 가장 중요한 결정요인 중 하나는 소비자가 그 점포에 지각하는 점포특성인 점포 이미지이다. 분위기는 일반적으로 주변 환경 특성을 나타내는 개념으로 설명되고 점포 분위기는 구매자의 구매 확률을 높이는 특별한 정서적 효과를 창출하기 위해 구매환경을 디자인하는 노력이다. 코틀러(Kotler)는 마케팅 도구로서 분위기학을 도입하면서 점포선택에 있어서 점포 분위기 중요성을 강조하고 있다. 분위기학은 구매자에게 어떤 효과를 창출하기 위한 의식적 공간 설계라고 정의하고 있다. 점포 분위기에 큰 영향을 미치는 변수에는 점포 시설, 조명, 색상 등이 있다.

(10) 판매 후 서비스

판매 후 소비자 행동은 만족 및 불만족이다. 따라서 소비자 만족을 향상하고 불만족을 해소하기 위하여 소매 경영자들은 판매 후 서비스에 많은 관심을 가져야 한다. 구매 전 사전서비스와 함께 사후서비스도 점포선택에 영향을 미치므로 반품, 교환, 수선 등 사후서비스 및 소비자 의견반영 시스템 구축이 필요하다.

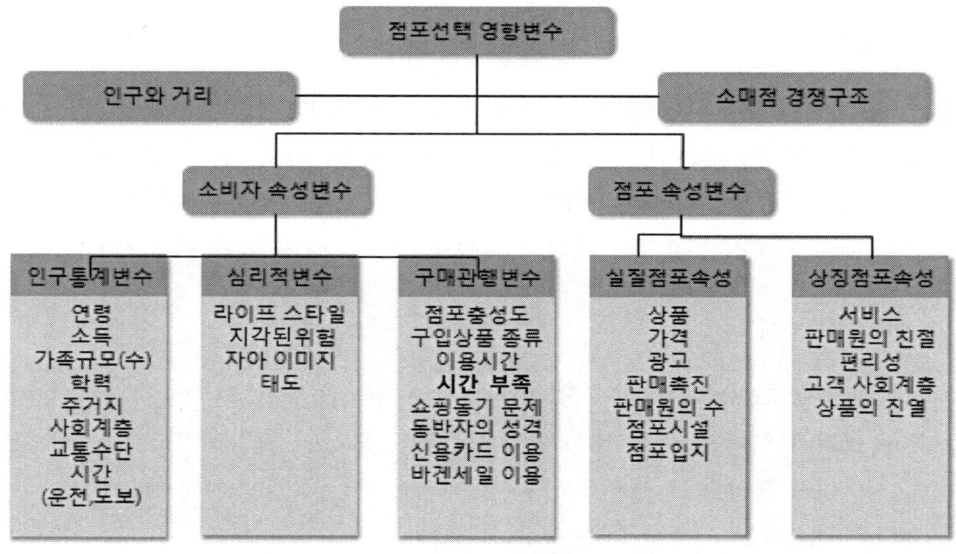

▌점포선택 영향변수▐

3. 점포 이미지

1) 점포 이미지와 점포선택

소비자가 어떤 점포를 지속해서 이용하느냐 하지 않느냐 하는 것은 소비자 평가 기준과 점포 속성에 대한 지각 즉, 전통적으로 점포 이미지라고 불리어온 소비자의 점포에 대한 전반적인 지각에 달려있다. 점포 이미지는 여러 가지로 정의될 수 있지만, 부분적으로는 기능적 질에 의하여 부분적으로는 심리적 속성에 의하여 구매자의 마음속에 어떤 점포가 정의되는 방식으로 정의하는 것이 무난할 것이다. 아래 〈그림〉에서 보면 점포선택은 소비자가 지각하고 있는 점포특성과 소비자 자신의 평가 기준과 비교하는 과정에서 일어나며 그 결과가 긍정적이면 점포를 선택하고 부정적이면 점포를 포기하고 다른 점포를 고려하게 된다는 것이다. 즉 소비자 평가 기준과 점포에 대한 지각된 특성인 점포 이미지의 비교평가 때문에 점포를 선택함으로 소매점 입장에서는 점포 이미지 관리를 해야 한다.

점포 이미지는 점포 각 속성에 의하여 형성되는데 각 속성의 중요도는 상품에 따라 달라진다. 점포에 대한 소비자 이미지는 점포에서 판매되는 가격, 상품, 서비스, 점포 분위기 등 다양한 점포 속성변수의 영향을 받으며 구매 후 만족감을 느끼고 점포에 대한 재구매 의도와 재방문 의도 등 점포 충성도를 형성하게 된다.

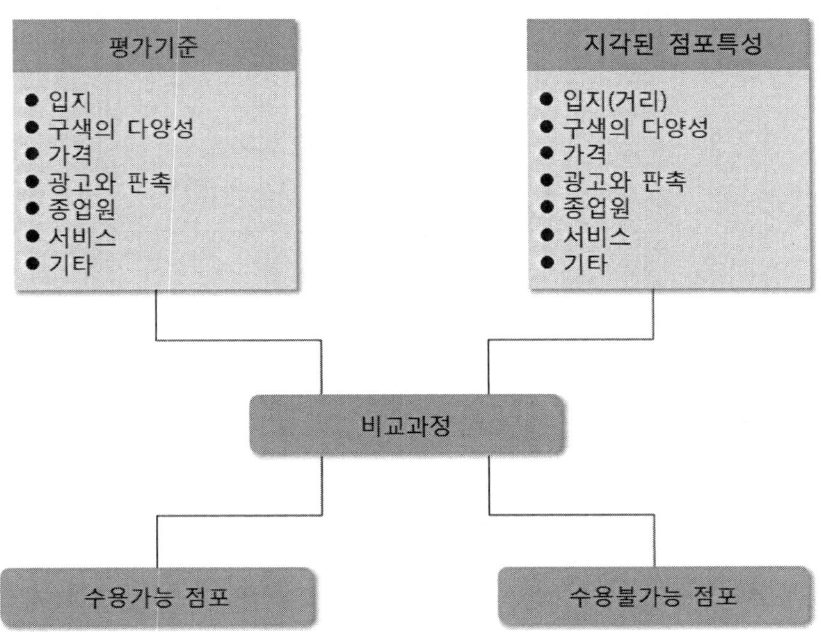

자료원: James F. Engel, David T. Kollat and Roger D. Blackwell and Paul W. Miniard, "Consumer Behaviour", 5th ed. Illinois : The Dryden Press, 1986

▌소비자 점포선택 과정▌

2) 점포 이미지 측정

점포 이미지를 측정하여 경쟁기업 점포 이미지와 비교하여 본다면 소비자 마음에 비친 소매점 상을 알 수 있게 되고 어느 변수가 경쟁기업보다 잘 평가받고 나쁘게 평가받고 있는지를 알 수 있게 된다. 따라서 경쟁 소매점과 비교한 자점의 강점과 약점을 파악할 수 있게 된다.

점포 이미지를 측정하는 방법은 사회과학과 마케팅 분야에서 널리 이용되는 총체적 측정방법과 속성별 측정방법으로 구분할 수 있다. 총체적 측정방법은 전체적 이미지를 좋고 나쁨을 측정하는 방법으로 선호도를 리커드 척도에 의해 측정한 후 이를 종합하여 2차원 공간상에 표시하는 방법과 이미지에 대한 선호도를 소비자에게 직접 질문하여 측정하는 방법으로 세분된다. 속성별 측정방법으로써 점포 이미지를 측정하는 데 쓰이는 기법은 거의 모든 태도측정기법이 활용될 수 있다. 여기에는 의미차별화법, 거트만 척도법, 다차원 척도법, 심리어법 등이 포함된다.

<table>
<tr><th colspan="2">변수</th><th>측정항목</th></tr>
<tr><td colspan="2">거리</td><td>– 점포까지 도달시간은 (　) 분이다.</td></tr>
<tr><td colspan="2">상품 구색</td><td>– 상품 구색이 다양하다.
– 최신 유행상품을 취급한다.
– 브랜드가 다양하다.
– 매장이 넓다.</td></tr>
<tr><td colspan="2">상품 카테고리 선호도</td><td>– 상품 구매 시 특정 점포에서 구매한다.
– 특정 점포에서 구매 시 많이 구매한다.
– 상품 구매 시 특정 점포에서 구매를 선호한다.</td></tr>
<tr><td rowspan="4">인지적 이미지</td><td>가격</td><td>– 일반적으로 상품가격이 저렴하다.
– 타사 상품보다 저렴하다.
– 구매한 상품에 대해 지급된 가격이 적절하다.
– PB 상품은 저렴하다.</td></tr>
<tr><td>품질</td><td>– 일반적으로 취급상품이 우수하다.
– 상품 품질이 타사보다 우수하다.
– 상품 품질이 가격대비 우수하다.</td></tr>
<tr><td>편의성</td><td>– 주차하기 쉽다.
– 방문하기 편리하다.
– 원하는 상품을 편리하게 구매할 수 있다.
– 점포 내에서 이동하기 쉽다.</td></tr>
<tr><td>점포명</td><td>– 쇼핑하고자 하면 000점포가 떠오른다.
– 점포를 선택할 때 점포명을 고려한다.
– 00점포는 이름이 잘 어울린다.</td></tr>
<tr><td>감정적 이미지</td><td>점포 분위기</td><td>– 쇼핑 분위기는 즐겁다
– 쇼핑 분위기는 편안하다.
– 상품진열이 잘 되어 있다.
– 조명, 색상, 시설 등이 고급스러운 분위기를 풍긴다.</td></tr>
</table>

자료 : 전달영외 (1999)

▮점포 이미지 측정항목▮

제3절 소비자 점포선택 행동

1. 소비자 내점 행동 모형

소비자들이 점포를 선택하는 과정 즉 소비자 내점 행동은 대략 다음과 같이 단순화할 수 있다. 일반적으로 쇼핑 욕구를 가진 소비자는 다음 3가지 형태로 구분된 점포 선택 행동 중 한 가지를 취하게 된다.

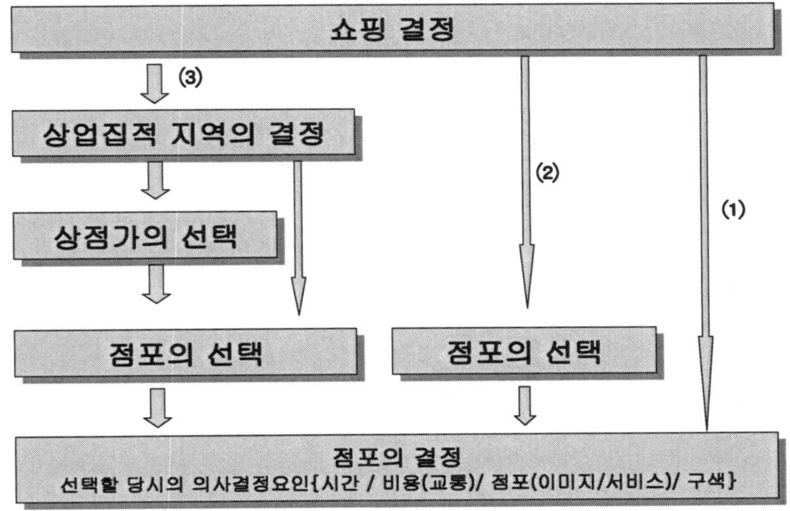

▌소비자 내점 행동 모형▌

첫째, 특정 점포에 대한 스토어 로열티(Store loyalty)를 갖는 경우이다. 이런 유형의 소비자는 직접 점포를 선택한다. (1)

둘째, 점포보다는 쇼핑지역에 대한 로열티가 있는 경우이다. 이 경우는 소비자가 선호하는 특정 쇼핑지역이 있는 상황에 해당하며 지역적 이동 경쟁이 일어난 후에 점포를 비교·평가하고 점포를 선택하는 과정을 거친다. (2)

셋째, 비록 과거 경험이 있다 해도 지역과 점포에 대한 로열티가 전혀 없거나 새로운 쇼핑과제를 지니는 상황에 해당한다. 물론 업종과 업태 그리고 쇼핑 동기에 따라 이들 행위는 달라진다. (3)

특히 할인점 경우에는 특정 점포에 대한 로열티가 강하기 때문에 첫 번째(1)의 상황에 해당하는 경우가 많다. 따라서 이들 소매기업은 점포 로열티를 제고시키기 위한 점포 이미지 고취와 점포 매력도 향상에 노력을 기울여야 한다.

2. 쇼핑 동기와 방문점포 평가

소비자가 점포를 방문하는 동기는 대략 다음 두 가지로 나뉜다.

1) 개인적인 동기

(1) 역할 수행

주부로서 역할, 가장으로서 역할 등 사회생활에서 나름대로 임무를 수행한다. 사람들은 이러한 역할 수행을 통해 자기 자신과 타인으로부터 만족을 얻는다.

(2) 기분전환

반복되는 일상생활 속에서 겪게 되는 단조로움을 벗어나 상품을 구경하고 점포를 둘러보면서 기분을 전환하기 위한 동기로 쇼핑 혹은 점포를 둘러보는 경우이다.

(3) 욕구불만 해소

욕구불만이 있는 소비자 경우 점포를 방문하여 마음에 드는 상품을 구매함으로써 이를 해소해 대리만족을 느끼려는 경우이다.

(4) 최신 추세 탐색

유행이나 새로 나온 상품 최신 경향에 대한 정보를 얻기 위하여 점포를 방문한다.

(5) 신체적 활동 필요성

운동 부족과 사회생활 분주함으로 인해 적절한 활동이 요구되는 경우 쇼핑기회로 이를 보충하는 경우이다.

(6) 판촉에 의한 점포방문

점포 측 광고 자극 및 판촉활동 결과로서 소비자들이 호기심에 이끌려 점포를 방문하기도 한다.

2) 사회적인 동기

(1) 사회경험에 대한 욕구

쇼핑을 통해 새로운 사람을 만나거나 이웃이나 친구를 만나는 등 간접적 사회적 경험을 하게 되는 점을 의미한다.

(2) 관심이나 취미가 같은 사람들끼리 만나 의사소통과 교제를 하고자 하는 동기

같은 취향을 가진 사람들끼리 만나서 자신들 취미 상품에 대하여 논의하기도 하고 소유하고 있는 상품을 소개하는 측면에서 점포를 방문한다.

(3) 사회적인 동조성에 대한 욕구

동료집단 내에서 일체감을 형성하기 위한 동기가 쇼핑하게 되는 동기가 될 수 있다. 이는 친구들이나 동료집단과 일체감 그 때문에 쇼핑하고 비슷한 점포에 방문하는 경우를 가리킨다.

(4) 개인 사회적 지위나 권위를 추구하기 위한 욕구

이는 루이뷔통 같은 명품 등을 사용함으로써 자신을 돋보이게 하고 싶은 소비자들이 이를 사기 위해 특정 점포를 찾는 경우를 가리킨다.

(5) 쇼핑 자체를 즐기기 위한 동기

그저 쇼핑 자체를 즐기기 위해 점포를 방문하여 쇼핑과정 자체를 즐기며 거기서 만족을 얻는 행위를 말한다. 이외에도 점포를 찾는 소비자 쇼핑 동기는 전체 시장을 구성하는 소비자 특성에 따라 다양하다. 따라서 이에 대응하기 위해서는 이들 소비자집단을 유사한 욕구를 가지 집단으로 세분화하여 이에 대한 적절한 대응책을 마련해야 한다.

소비자 점포 방문 동기를 파악함으로써 쇼핑 동기에 따른 시장세분화와 점포 차별화할 기회를 포착할 수 있다.

즉, 소매업자는 상품 구매동기를 이용한 차별화 전략을 추구하거나 또한 개인적 동기와 사회적 동기를 중심으로 차별화 전략을 수립할 수 있다. 만약 저가격이나 신용정책과 같이 단순히 상품과 관련된 혜택을 강조함으로써 점포 차별적 우위를 추구한다면 경쟁자에 의해 쉽게 모방할 수 있다.

반면에 상품 구매와 관련성이 적은 쇼핑 동기에 소구할 경우 그 점포만이 가질 수 있는 차별적 우위를 달성할 수 있게 된다. IT 홈쇼핑 등이 쇼핑 편의성을 제공하지만 높은 소매 매출액 점유율을 차지 못하는 현상을 이해하기 위해서는 고객이 점포를 방문하는 이유가 단순히 상품 구매를 위해서 뿐만 아니라 다양한 쇼핑 동기에 있다는 점을 유의해야 한다. 이상으로 살펴본 바와 같이 점포 방문 동기를 파악하는 행위를 마케팅에서는 세분화라고 하는데 이 세분화는 마케팅전략을 위한 기본과정이라 할 수 있다.

3. 점포선택 요인

1) 점포선택 요인

(1) 비교 쇼핑

비교 쇼핑이란 소비자가 유사한 여러 점포를 두고 나름대로 기준으로 평가하여 하나의 점포를 이용하게 되는 것을 가리킨다. 즉, 소비자 스스로가 사고자 하는 상품이나 점포를 비교해 가며 구매하는 행위를 말한다. 이 경우는 전문품과 선매품을 판매하는 백화점이나 전문점 등이 일용품 및 편의품을 판매하는 마트나 슈퍼마켓보다 훨씬 더 빈번하게 나타난다. 비교 쇼핑은 상품이나 점포에 따라 그 차이가 아주 크게 나타난다.

(2) 켈리와 스테판(Kelly and Stephenson)의 점포선택 기준

켈리와 스테판은 소비자들이 점포를 선택하는 기준을 업태와 소비자 특성에 따라 다음과 같이 구분했다.

① 점포 일반적 특성은 소매기업 인지도와 그 소매기업 점포 수 등에 의해 점포선택이 달라짐을 의미한다.
② 점포 물리적 특성은 점포 물리적 요인 예를 들면 점포 인테리어 디자인, 매장 청결성, 체크아웃 서비스 등이 점포선택에 영향을 미친다는 것이다.
③ 점포이용 편리성은 점포이용 소요시간과 주차시설 등에 따라 점포 선택 행동에 영향을 받음을 말한다.
④ 점포가 제공하는 상품 다양성이나 의존성 또는 품질에 따라서 선택하는 점포가 달라진다.
⑤ 점포가 제시하는 상품 가치의 차이를 높이는 활동, 예를 들면 판촉활동으로 특별세일을 한다든지 그 점포만의 특별한 고객관리 활동으로 인해 점포를 선택하기도 한다.

2) 점포 매력도와 점포 이미지

점포선택은 점포 매력도 또는 고객 흡인력에 의해 결정된다. 즉, 점포 이미지를 구성하는 점포 속성들의 결합 때문에 결정된다.

(1) 점포 매력도 형성과정

점포 매력도는 다음과 같은 점포 평가 기준과 지각된 점포특성 비교과정을 통해 매력도가 형성된다.

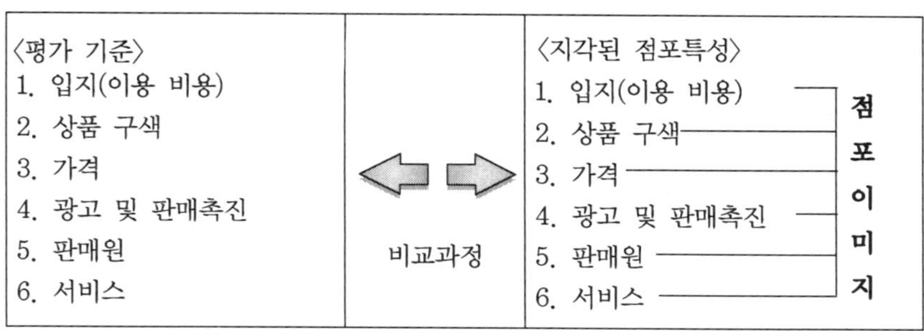

▮점포 매력도 형성과정▮

점포 매력도는 이와 같은 비교과정을 통해 매력 정도가 결정되고 평가된 매력도는 점포 이미지와 결합하여 점포 이용률에 영향을 미치게 된다. 매력도가 높은 경우 소비자는 그 점포에 방문하여 상품을 구매하게 된다. 이와 같은 과정이 지속해서 이루어지는 경우 점포에 대한 로열티가 형성되고 점포 성과에 커다란 영향을 미친다.

(2) 점포 이미지

점포 이미지란 '소비자 속성에 의해 인식된 점포 전반적인 인상'을 말한다. 이러한 이미지를 구성하는 요소는 다음의 표와 같이 객관적 속성과 주관적 속성으로 구분된다.

객관적 속성	주관적 속성
• 취급상품 구색 • 상품가격 • 서비스	• 점포 쾌적한 분위기 • 매장에서 느끼는 편의성 • 만족감

▮점포 이미지 속성▮

도표에서 객관적 속성이란 관찰 가능한 기능적 특징을 의미하며, 주관적 속성은 소비자 심리와 관련된 심리적 속성들을 의미한다. 이 같은 이미지는 점포선택에 있어 매우 중요한 역할을 한다. 특히 같은 상권 내에서 둘 이상의 경쟁점포가 존재할 때 고객이 어떤 점포를 선택할 것인가 하는 것은 전적으로 점포 이미지가 좌우한다. 예를 들어 상품 구색과 품질이라는 두 가지 속성에 따른 점포 이미지를 그려보면 다음과 같다.

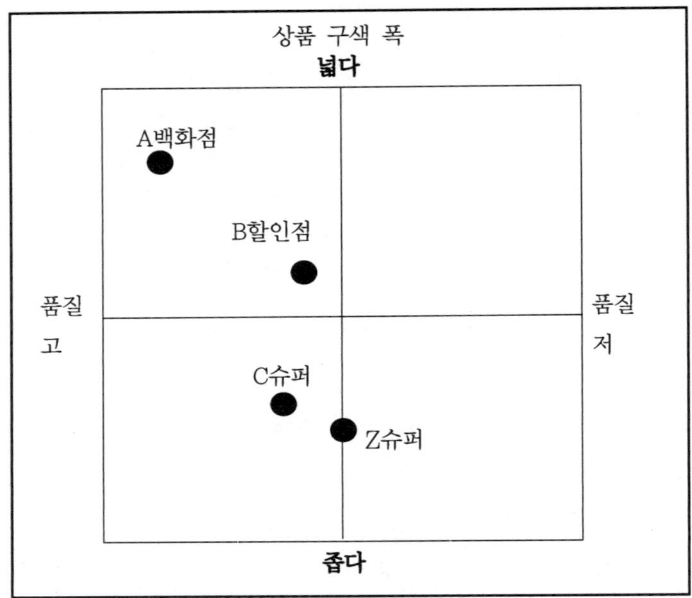

▌두 가지 속성으로 본 이미지▐

위 표에서 볼 수 있듯이 A 백화점은 상품 구색 폭이 넓고 품질 수준도 우수하다. 이에 비해 C 슈퍼마켓은 A 백화점보다 품질 수준도 떨어지고 상품 구색 폭도 좁음을 알 수 있다. Z 슈퍼마켓은 C 슈퍼마켓보다 품질도 떨어지고 상품 구색 폭도 좁음을 알 수 있다. 이 경우 다른 조건이 일정하다면 소비자 대부분은 Z 슈퍼마켓보다는 C 슈퍼마켓을 이용하게 될 것이다. 즉, 점포 이미지가 좋은 경우 소비자는 그 점포를 이용한다. 그리고 지속적인 이용을 하게 되면 소비자는 그 점포에 대해서 스토어 로열티가 형성된다.

3) 스토어 로열티

스토어 로열티란 소비자가 특정 점포에 대해 지닌 평소 이미지가 대단히 좋음에 따라 상품을 구매할 때마다 항상 그 점포를 선택하려는 경향이 두드러짐을 일컫는 것이다.

일반적으로 스토어 로열티는 다음과 같은 과정으로 형성된다.

우연한 기회에 하나의 점포에 대한 호의적인 태도가 형성된다. 다음으로 그 점포에서 쇼핑이 잦아지며 쇼핑할 때마다 호의가 축적되게 되면 그 점포와 그 점포 상품에 대해 이해하고 신뢰를 형성한다. 이러한 신뢰는 나름대로 확신과 신념을 형성하고 그 점포를 꾸준히 이용하게 된다. 이러한 과정에서 스토어 로열티가 형성된다.

기업 이미지	경영 : 경영자, 기업계열, 다각화, 전통 등 커뮤니케이션 : 기업 명, 마크, PR, 광고 등

+

점포 이미지	상품 : 품질, 구색, 가격 등 매장 : 위생상태, 조명, 디스플레이, 레이아웃 등 서비스 : 접객, 배송, 포장 등 판촉 : 전단, 판촉 용구, 캠페인 등 점포 : 입지, 점포 디자인, 점포의 규모 등

=

스토어 로열티 = 호의 축적→ 빈번한 내점→ 납득→ 신뢰→ 확신→ 신념→ 점포내점
스토어 로열티

▌스토어 로열티 형성▐

4) 차별화된 콘셉트(Concept) 만들기

상권조사, 거리 동선 조사, 경합점 조사 등 고객 구매 행동에 대한 조사와 상품 측면에서 평가한 데이터와 그리고 그 지역의 생활실태에서 얻은 각종 사실 자료를 종합적으로 분석하고 검토하여 지역에서 요구하는 문제 본질을 찾는다.

이렇게 하여 수집된 데이터를 체계적으로 정리하고 형상화해간다. 데이터가 말해주는 것을 분명히 인식하고 회사 경영이념이나 경영방침과 대조하여 「이렇게 파악할 수 있다」라는 식으로 정리한다. 바로 이것이 지역 밀착형 「차별화 요인」이다. 그다음은 이것을 근거로 하여 이렇게 되고 싶다는 바램, 즉 계획을 그린다.

「고객 요구는 이러한데 이 점포에서는 무엇을 실현할 것인가?」

(1) 점포 콘셉트 만들기

점포 콘셉트는 점포가 고객에게 줄 수 있는 최고 가치이며 동시에 구성원들을 지배하는 가치관이라고 할 수 있다. 그러므로 점포 개념은 개점 초기에만 계획하여 반영하는 것뿐만 아니라 개점 후에도 모든 구성원이 설정해 놓은 점포 콘셉트의 지속적인 실현을 위해 계속 노력을 해야 한다.

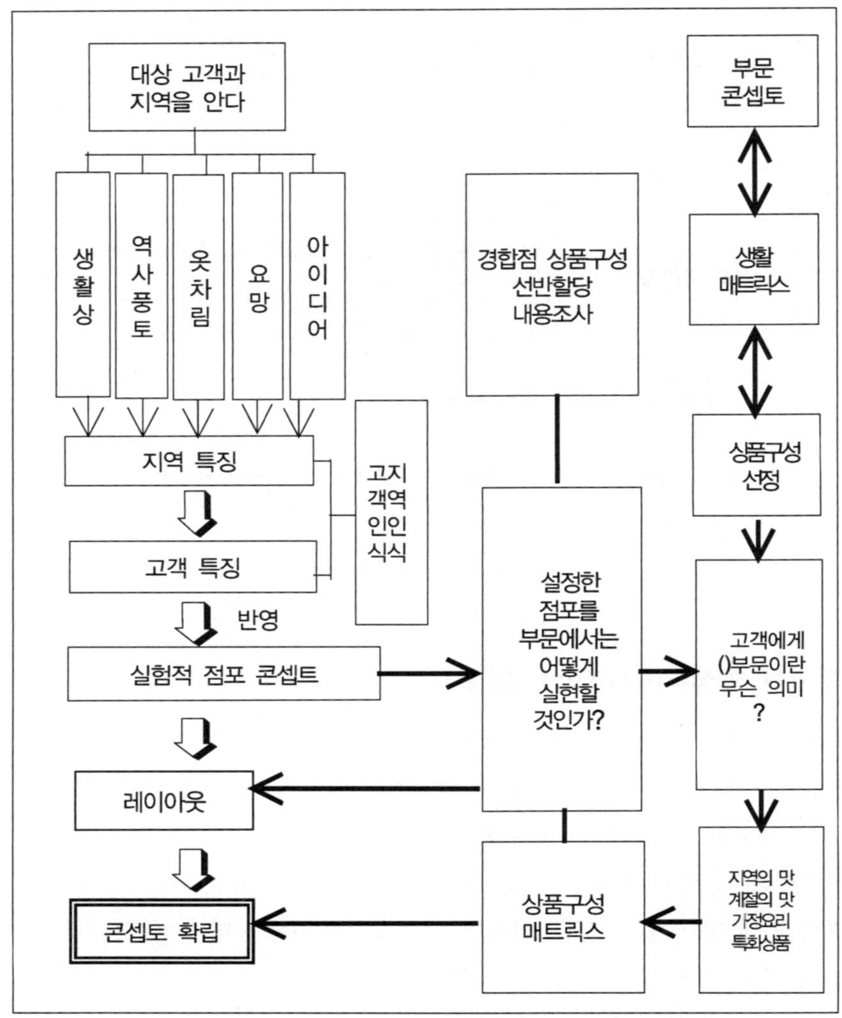

▌점포 콘셉트 만들기▐

예를 들어 '신선도 365일!'이라고 설정했다면 '농산물, 수산물, 축산물' 등 구매에서는 '산지직송, 계약재배' 따위 구매방법 관리에 치중한다. 더불어 물류에서는 '콜드 시스템' 같은 배송시스템 관리, 매장 판매에서는 선도관리를 위한 진열 쇼 케이스나 저장고 따위 '온도 관리'를 위한 시스템을 구축하고 지속해서 관리하는 것이다.

만약 '좋은 상품보다 싸게!'라는 점포 설정했다면 먼저 L.C.O 시스템(low cost operation)을 구축하여 저비용 경영이 가능하게 한다. 그다음으로 상권 내에서 항상 저가격을 유지할 수 있도록 하기 위한 시장조사 시스템을 구축하고 매입에서도 '완전매입, 계획구매' 등으로 상품원가를 낮추어야 한다. 즉 싸게 팔 수 있는 구조를 시스템화해야 계속 싸게 파는 게 가능한 것이다.

최종적으로 점포 설정하는 방법은 다음과 같다.

① 그 지역을 구체적으로 조사하여 충분히 안다.
(지역 역사·풍토·생활습관·특성을 조사하여 파악하고 경쟁사나 경합점의 취급상품, 혹은 소비자 이용 상품을 조사해서 대다수 고객 생활양식을 이해한다.)
② 점포 성격 정립과 그 이행절차 계획서를 만든다.
③ 기업 이념 방침에 따라 그 지역 특성에 맞춘 「점포」를 확립한다.
④ 파악해야 할 데이터를 정리하여 작성하고 개점 후 영업을 해 나가면서 점포 활성화에 응용하기 위한 기초자료를 만든다.

(2) 매장 연출

① 점포 콘셉트에 근거한 레이아웃 규칙을 만든다.
② 부문별 그룹별로 스토리를 갖게 하는 레이아웃 만들기를 한다.
③ 플로어 레이아웃, 그룹 레이아웃, 곤돌라 레이아웃 순으로 순서화를 도모한다.
④ 곤돌라 앤드 성격 정립, 앤드 장식연출, 앤드 활용 규칙화 등을 실험한다.
⑤ 점포에 따른 통일된 색과 색 이미지 만들기를 한다. (예, 초록색 하면 OO 마트, 노란색 하면 △△마트 하는 식)
⑥ 점포 내 표시, 매장 상품부문 표시, P.O.P 쇼 카드 등 콘셉트에 근거한 일관된 디자인을 한다.
⑦ 레이아웃 성격 정립에 의한 집기 활용을 한다.
⑧ 주력 부문인 NO 1, NO 2, NO 3 부문과 나머지 부문 유기적 유대를 고려한 레이아웃을 구상한다.

(3) 판촉 목표 설정

① 개점 목적, 점포를 알기 쉽게 광고한다.
예) "좋은 상품! 더욱 싸게"
② 고객에게 점포 이념, 상품구성 방침, 생활제안을 어필한다.
예) "풍요로운 소비생활과 가계 절약을 추구하는 OO 마트"
③ 전단 및 P. O. P 역할을 정한다.
예) 전단→ 상권 포괄률 및 내점률 증대/P.O.P→ 구매율 촉진

(4) 월별 성격 정립과 관계

① 지역 사실 모으기 데이터, 상품구성 방침을 월별 성격 설정 그래프에 집어넣는다.

② 점포 근거한 월별, 주별 판매계획을 세운다.

③ 월간/ 주간/ 일별 판매 중점상품을 부문별로 계획한다.

㉠ 월간 중점판매 계획서

㉡ 주간 중점판매 계획서

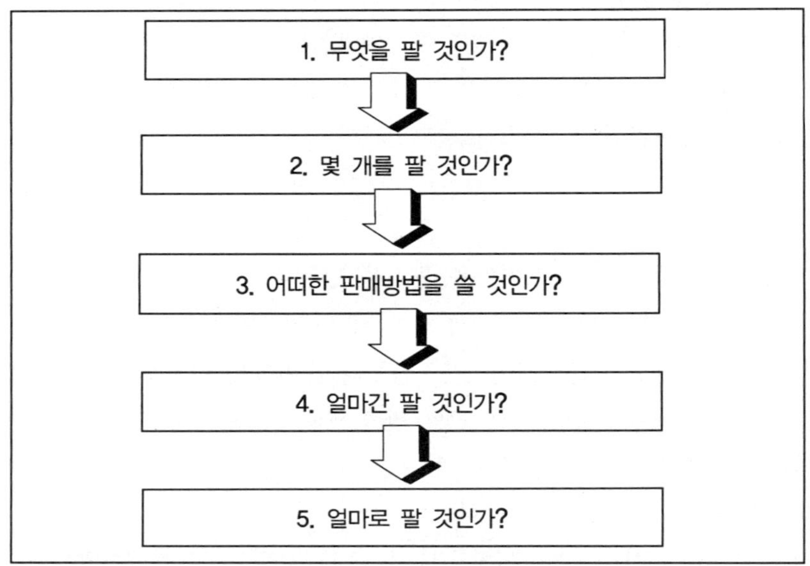

▌중점판매 상품 결정▐

(5) 시스템 구축

① 합리적인 물류 시스템을 구축하고 타 부문과 연계한다.

② 자동 발주시스템이나 발주규칙 등을 만든다.

③ 매장 담당 레벨에서 정확한 단품 데이터를 파악하여 상품구성 개선, 발주, 예측에 활용되는 시스템화를 도모한다.

④ 백룸(B/R) 재고를 줄이는 재고관리 시스템을 구축한다. 백룸(B/R)의 레이아웃을 확정하여 운용규칙을 만든다.

⑤ 상품발주 시 필요한 발주 매뉴얼을 확정한다.

(6) 인재육성 관련

① 점포 성격 정립, 레이아웃에 필요한 기술을 나열한다.

② 개점 목적 및 개장 목적과 콘셉트를 사원 한 사람 한 사람에게 모두 교육하고 모럴 업, 접객서비스 레벨 향상을 도모한다.

③ 개점·개장 전개 기술을 습득하게 한다.

(7) 배송센터와 관련

① 배송센터가 지녀야 할 기능 나열을 이 프로젝트를 통해서 낸다.
② 검수, 백룸(B/R) 활용 규칙화를 도모한다.

5) 점포 성격 만들기

점포 콘셉트 만들기 첫째는 '경영이념이다'. 일반적으로 대다수 소매기업 경영이념은 「즐겁고 쾌적한 쇼핑 장소」를 제공하는 것이다. 그러므로 신규 점포에는 근거지인 지역 주민을 위한 「즐겁고 쾌적한 쇼핑」의 광장이 되고 싶다는 경영의 꿈이 표현되어야 한다. 더불어 안락한 소비생활을 저해하고 있는 그 「무엇인가?」로부터 벗어나게 해야 한다. 그래서 지역 고객들에게 친근함을 줄 수 있는 「지역밀착형 점포」로 만들고 싶다. 바로 이것이 '지역밀착형 점포'를 전개하려고 하는 경영자와 점포 구성원 꿈이 되어야 한다. 이렇게 하기 위해서는 지역에서 철저한 사실 모으기와 각종 조사를 한다.

6) 점포 콘셉트 확립

점포 성격 만들기를 거쳐 다음은 이것을 근거로 하여 이렇게 되고 싶다는 점포 꿈과 구상을 그린다.

① 식생활이나 생활양식
② 역사, 기후, 온도
③ 옷차림, 색채 이미지
④ 고객 요구 및 사원이 낸 아이디어, 제안 등을 반영한다.

이상을 다시금 구체적으로 종합하여 정리하면 다음과 같다.

① 지역사회 맛, 생활을 소중히 여기는 점포로 만들고 싶다.
② 건강유지에 도움이 되는 재료나 정보를 제공하는 점포로 하고 싶다.
③ 손수 맛있게 만들어 먹을 수 있는 요리 소재를 파는 점포가 되고 싶다.
④ 제철 계절 맛을 언제나 맛볼 수 있는 점포로 만들고 싶다.
⑤ 생활 정보나 생활 지혜가 매장에 넘쳐흐르는 점포로 만들고 싶다.

앞에서 언급했듯이 점포 콘셉트 확립은 몇 가지 예비 콘셉트를 수립한 다음 이를 수집한 사실 모으기에 따라 분석 평가한 후에야 최종적으로 점포 콘셉트를 확립해야 한다. 그리고 점포 콘셉트 설정과 평가 도구는 점포 이미지를 분별하는 척도로써 주로 점포 시설, 고객 점포 접근 시 편의성, 제공되는 상품, 가격, 점포 종업원, 전단 광고, 점포에 대한 설문조사 및 고객 구매 행동을 조사하여 이를 구체적으로 분석·평가하는 역할을 하게 되는 것이다.

7) 점포 개발을 위한 조직 만들기

다음으로 점포 콘셉트가 최종적으로 설정되면 점포를 운영할 수 있는 구체적인 조직을 구성한다. 이 같은 조직은 점포 생산성 향상을 위한 일정 관리와 예산관리를 중심으로 다음과 같이 구성되고 그에 적합한 인적자원을 투입한다.

계획 부문	적합한 인원 구성 내용
상품 구색 계획	판매 담당자, 구매 담당자
V.M.D 계획	매장 담당자(디스플레이, 코디네이터, 레코레이터)
V.I 계획	홍보 담당자(디자이너, 카피라이터, 인쇄업자)
접객서비스 담당자	판매원, 판매원 교육 담당자
점포 관리 담당자	설비 담당자(점포 디자이너, 시공회사 집기, 설비업자)
판촉 담당자	담당자(SP 업자, 이벤트 업자)

▮점포 개발을 위한 조직계획▮

1. 점포선택 의사결정과 의사결정과정에 대해서 논의하시오.

- 점포선택 의사결정

소비자들이 상품 구매 시 브랜드를 선택할 때도 의사결정과정을 거치게 된다. 브랜드 선택 의사결정과 점포선택 의사결정을 비교하면 모두 선택 의사결정이라는 측면에서 같지만 선택 대상이 다르므로 다른 측면도 있다. 소비자들이 소매점 선택 시 고려하는 요소로 가격 및 품질을 비교한 상품 가치, 판매원 친절 등 고객서비스, 다양한 상품 구색, 점포 분위기 시설 등 쇼핑 편의성, 점포 이미지, 세일 광고와 판매촉진, 정보획득과 만남 교류 등 여러 요인을 고려한다.

- 점포선택 의사결정과정

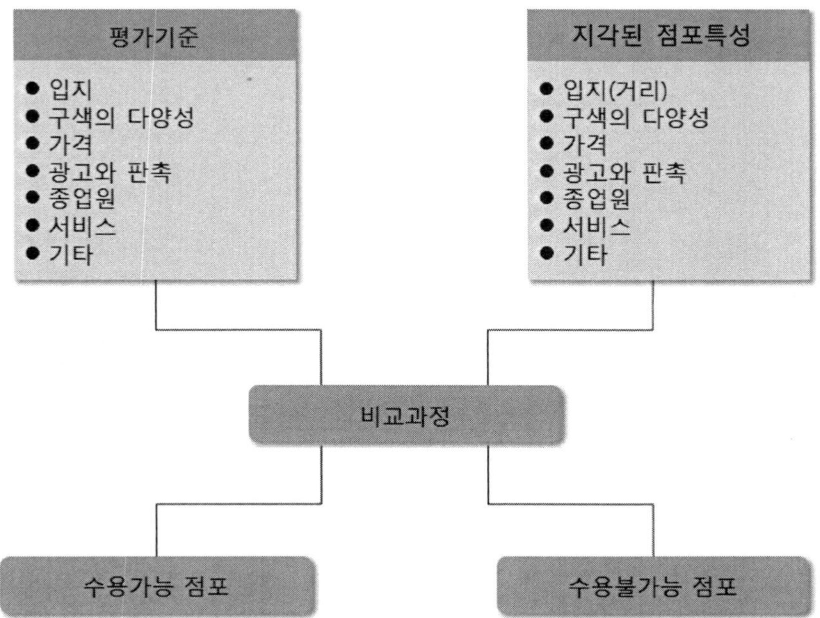

점포선택은 소매점 마케팅전략과 소비자 개인적, 상황적 특성의 상호작용이라 할 수 있다. 점포선택 의사결정과정은 개념적으로 소비자가 가지고 있는 점포에 대한 어떠한 평가 기준과 특정 점포에 대한 지각된 특성 간 비교를 의미한다. 여기서 평가 기준은 점포의 다양한 측면에 관한 소비자 요구 기대를 의미한다. 결국, 소비자는 자신이 가진 평가적 기준과 점포에 대한 지각된 특성을 서로 비교하여 상품 구매를 위한 소매점을 선택한다.

2. 다 속성모형에 관해 설명하시오.

3. 소비자 관여도에 관해 설명하시오.

4. 다음 용어에 관해 설명하시오.

- 유인 효과
- 점포 충성도
- 라이프스일

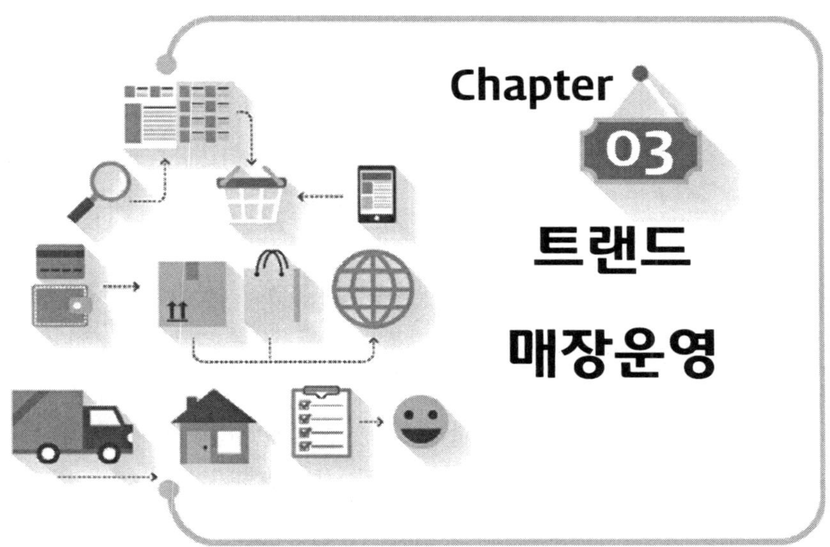

제1절 프랜차이즈 가맹점

1. 프랜차이즈 시스템 개요

1) 프랜차이즈 시스템

프랜차이즈 시스템은 프랜차이저가 프랜차이지로 하여금 자기의 상표, 서비스, 상호, 간판 그 밖의 영업표지를 사용하여 일정한 품질기준이나 영업방식에 따라 상품 또는 용역을 판매하도록 함과 아울러 이에 따른 경영 및 영업활동 등에 대한 지원. 교육과 통제를 하며 프랜차이지는 영업표지의 사용과 경영 및 영업활동 등에 대한 지원·교육의 대가로 프랜차이저에게 로열티를 지급하는 계속적인 거래관계이다.

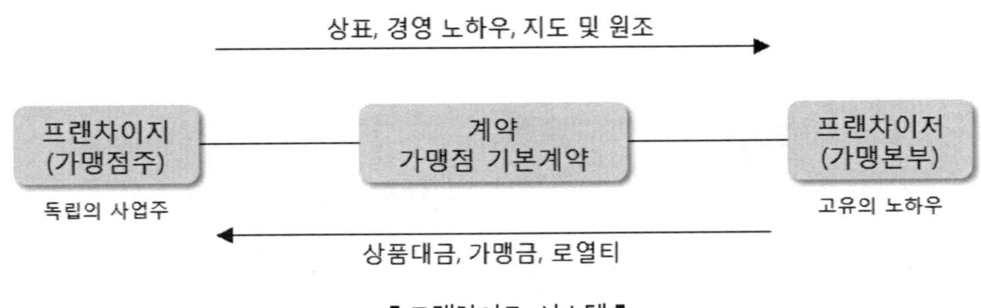

▌프랜차이즈 시스템▌

프랜차이즈는 성공을 위해서 표준화를 통한 시스템의 완성이 필요하다. 표준화의 구성요소에는 점포 규모, 점포 이미지, 매장 및 백룸의 레이아웃, 설비, 비품 등 하드웨어의 표준화가 필요하다. 가맹점포가 증가하면 새로운 표준화를 시도하기가 불가능에 가깝다. 프랜차이즈는 점포가 많아질수록 시너지 효과가 크고 오퍼레이션이 효율적으로 운영됨으로 표준화를 통한 시스템의 업그레이드가 필요하다.

2) 프랜차이즈 시스템 장점

(1) 가맹본부 전반적인 운영 비결을 즉시 사용할 수 있다.
(2) 급변하는 시장정보를 즉시 수집할 수 있다.
(3) 사업실패 위험성이 적고 경험이 없는 가맹점주도 운영이 가능하다.
(4) 본부 비결을 효율적으로 활용하여 운영할 수 있다.

구분	가맹본부	가맹점
장점	– 점포확장이 용이 – 규모 경제 실현 가능 (규모 경제, 공동마케팅 가능) – 핵심역량 집중 가능 (상품개발, 노사갈등 감소)	– 가맹본부 비결 전수로 위험이 적음 – 초기 창업비용 저렴 – 대 고객 신뢰성이 높음 – 마케팅 활동 용이
약점	– 도미넌트 출점이 아닌 경우 고비용 발생 – 시스템, 통제의 어려움 발생 – 이익 발생이 크지 않음	– 본부 실패가 가맹점에 파급 – 점포 자체 경영개선 여지 감소 – 점포특성에 맞는 탄력적 대처 곤란

▌프랜차이즈 시스템 장단점▌

3) 프랜차이즈 계약 기본 내용

(1) 프랜차이즈 계약

가맹점주가 본부로부터 상호, 상표, 사인 등의 상표권 및 경영비결을 이용할 것을 허가받고 영업운영과 관련하여 본부로부터 지도 및 지원을 받으며 이에 대하여 일정한 로열티를 지급할 것을 약정함으로써 성립되는 프랜차이즈 계약을 말한다.

(2) 가맹점주 의무

① 가맹사업의 통일성 및 가맹본부 명성을 유지하기 위한 노력
② 본부에 대한 일정 로열티를 지급
③ 가맹본부 공급계획과 소비자 수요충족에 필요한 적정재고 유지 및 상품진열
④ 가맹본부가 상품 또는 용역에 대하여 제시하는 적절한 품질기준 준수
⑤ 본부 경영지도 및 지원에 대하여 이행의무
⑥ 가맹본부가 사업자 설비와 외관, 운송수단에 대하여 제시하는 적절한 기준 준수, 취급하는 상품, 용역이나 영업활동을 변경하는 경우 가맹본부와 사전협의
⑦ 가맹계약 기간 중 가맹본부와 같은 업종을 영위하는 행위 금지
⑧ 가맹본부 영업기술이나 영업비밀 누설 금지
⑨ 가맹본부 동의를 얻지 아니한 경우 사업장 위치변경 또는 가맹점 운영권 양도 금지
⑩ 기타 계약사항 준수해야 하는 의무

(3) 가맹점주 권리

① 독립적으로 점포 경영
② 프랜차이즈 권리 사용권
③ 상표/ 경영비결/ 경영지도 및 지원

(4) 본부 준수사항

① 가맹사업 성공을 위한 노력
② 상품, 용역 품질관리와 판매기법 개발을 위한 지속적인 노력
③ 가맹사업자에 대하여 합리적인 가격과 비용에 의한 점포설비 설치, 상품 또는 용역 등 공급
④ 가맹계약 기간 중 가맹사업자의 영업지역 안에서 직영점을 설치하거나 가맹사업자와 유사한 업종 가맹점을 설치하는 행위 금지

⑤ 가맹사업자와의 대화와 협상을 통한 분쟁 해결 노력

(5) 본부 지원

① 정기적인 슈퍼바이저(SV) 점포 방문 통한 경영지도/ 교육
② 경영정보 제공
③ 상품공급(원가/ 매가 준수, 탄력적 운영/ 본부 방침)
④ 전산(발주/판매)시스템 제공
⑤ 장려금 지원
⑥ 마케팅 활동 지원(별도 계약)
⑦ 기타: 세무지도/ 재고관리/ 인력운영 컨설팅

(6) 가맹본부 정보공개서 제공 의무

① 정보공개서 등록

㉠ 가맹본부 정보공개서를 공정거래위원회에 등록하여야 한다.
㉡ 이행하지 않으면 300만 원 이하 과태료가 부과된다.
㉢ 등록하지 않은 정보공개서를 제공하여 가맹점을 모집할 때는 정보공개서 미제공에 따라 처벌된다.
㉣ 공정거래위원회는 등록한 정보공개서를 공개할 수 있다.

② 정보공개서 갱신

㉠ 가맹본부는 매 사업연도가 종료하는 날로부터 90일 이내에 정보공개서를 갱신하여야 한다.
㉡ 중요사항이 변경된 경우에는 변경된 날로부터 90일 이내에 수정하여야 한다.

■ 중요사항

① 가맹본부 임원의 법 위반 사실에 관한 사항
② 가맹사업자 부담에 관한 사항
③ 영업활동에 대한 조건 및 제한에 관한 사항
④ 교육, 훈련 프로그램에 관한 사항

③ 정보공개서 제공 의무

㉠ 가맹본부는 가맹계약 체결 전에 가맹희망자에게 반드시 공정거래위원회에 등록한 정보공개서를 제공하여야 한다.
㉡ 가맹희망자의 정보공개서 제공요청 불문하고 제공하여야 한다.

㉢ 가맹계약 체결 14일 전 혹은 최초 가맹금 수령 14일 전 정보공개서를 제공하여야 한다.
㉣ 변호사나 가맹거래사의 상담한 경우는 7일 전 제공하면 된다.
㉤ 정보공개서 미제공시 2년 이하의 징역 혹은 1억 원 이하 벌금이 부과된다.

(7) 기타 가맹사업 공정화에 관한 법

① 가맹금 예치의무

㉠ 가맹본부는 가맹사업자로 하여금 가맹금을 예치기관에 예치하여야 한다.
㉡ 개시지급금, 계약이행보증금이 대상이다.

② 허위, 과장 정보제공 금지

㉠ 가맹본부는 가맹희망자에게 정보를 제공함에 있어서 허위 또는 과장된 정보를 제공하거나 중요사항을 빠뜨려서는 안 된다.
㉡ 허위. 과장된 내용의 정보공개서를 작성해서는 안 된다.
㉢ 정보의 내용을 표시, 광고, 설명하면서 허위, 과장되어서는 안 된다.
㉣ 중요한 사항을 빠뜨려 정보공개서를 작성하거나 그 내용을 설명, 광고해서는 안 된다.

③ 예상 매출액/ 수익률

㉠ 가맹본부는 예상 매출액 제공 시 서면으로 내주어야 한다.
㉡ 가맹사업자 예상 매출액, 수익, 매출총이익, 순이익 등 장래 예상수익 상황에 관한 정보를 제공한다.
㉢ 가맹사업자 매출액, 수익, 매출이익, 순이익 등 과거 수익 상황이나 미래 수익 상황에 관한 정보를 제공한다.
㉣ 상기 정보를 제공 시에는 그 정보 산출근거가 되는 자료를 본부 사무실에 비치한다.
㉤ 가맹사업자나 가맹희망자의 요구가 있을 시 열람하도록 해야 한다.
㉥ 예상 매출액 범위는 원칙적으로 가맹희망자의 점포예정지에서 영업개시일로부터 1년간 예상되는 연간매출액의 범위를 제공하되 최고액은 최저액의 1.7배를 초과하지 않도록 해야 한다.

④ 가맹금 반환

㉠ 가맹본부가 가맹희망자에게 허위 과장된 정보를 제공하거나 중요한 사항을 빠뜨렸을 때이다.

㉡ 계약체결 시 가맹본부가 허위, 과장된 정보제공 혹은 중요한 사항 빠진 내용이 계약체결에 중대한 영향을 준 경우이다.

㉢ 가맹본부가 정당한 이유 없이 일방적으로 가맹사업을 중단한 경우이다.

㉣ 정보공개서 미교부 시이다.

㉤ 계약체결일 2개월 내지 가맹사업 중단일 2개월 이내에 반환 청구한 경우 반환하여야 한다.

㉥ 반환청구가 있는 날로부터 1개월 이내에 반환하여야 한다.

⑤ 계약서 사전교부

㉠ 가맹희망자가 가맹계약 내용을 미리 이해할 수 있도록 사전교부한다.

㉡ 가맹계약 체결일, 가맹금 최초수령일 중 빠른 날 전에 제공하여야 한다.

⑥ 영업지역 보호

㉠ 가맹계약서에 정한 가맹사업자의 영업지역을 보호한다.

㉡ 가맹사업자와 같은 업종의 자기 또는 계열회사의 직영점이나 가맹점을 가맹사업자의 영업지역 내에 설치하는 행위를 금지한다.

㉢ 심야시간대(오전 1시~6시) 매출이 저조할 경우 가맹점은 영업을 단축할 수 있다.

⑦ 점포 환경 개선 강요 금지

㉠ 프랜차이즈 가맹본부가 정당한 사유 없이 리모델링 등 점포환경개선을 강요하는 행위는 금지된다.

㉡ 점포확장과 이전이 필요할 경우 본부가 비용의 40%를 기존 점포를 유지할 경우 20%를 각각 부담해야 한다.

⑧ 위약금 부당성 판단 기준

㉠ 과중한 위약금을 부과하는 행위 등 가맹점 사업자에게 부담하는 손해배상책임을 부담시키는 행위를 금지한다.

㉡ 위약금 부당성 판단 시 고려할 기준으로 계약 목적 및 내용, 발생할 손해액 크기, 당사자 간 귀책사유 유무 및 정도, 해당 업종의 정상적인 거래 관행 등 4가지로 규정되었다.

4) 프랜차이즈 이익배분

프랜차이즈 이익 배분 방식은 발생한 이익금을 투자 주체에 따라 배분하는 방식과 상품공급을 통한 수수료를 수취하는 방식으로 구분할 수 있다〈아래 표 참조〉.

구분	GS편의점	롯데리아
가맹형태	완전가맹 위탁가맹 (가맹본부 투자)	완전가맹 (프랜차이즈 가맹점주 투자)
수익 배분	이익배분	본부상품공급 수수료 수취

▮ 프랜차이즈 이익금 분배 방식 ▮

2. 대표적 프랜차이즈 소개

1) 롯데리아

(1) 개설지역

① 시 단위 이상 지역

② 시가지 핵심상권

③ 대단위 아파트 지역 쇼핑센터 등

(2) 면적 기준

① 1층 면적 실면적 132㎡ 이상(1, 2층은 각각 99㎡ 이상)

② 별도창고 16.5㎡ 이상 필요

③ 점포 전면 7m 이상 필요

(3) 점포시설투자(백만 세별도)

구분	40평	60평	80평	100평	비고
인테리어	96	138	168	200	간판, 의자 포함
주방기기	130	130	130	130	
집기비품	40	50	60	70	
계	270	320	360	400	

자료: 롯데리아 홈페이지. 공지비용은 정책에 따라 달라질 수 있다.

(4) 계약 시 준비사항

① 가맹비 1천 5백만 원

② 교육비 2.4백만 원

③ 담보 8천만 원 이상

2) 맥도날드

(1) 지원자 자격

① 성공적인 비즈니스 경험 소유자
② 본업으로 전념할 수 있는 자

(2) 수익구조

투자금 대비 첫해 : 19-18% 현금회수 가능

(3) 투자비용

① 인수금 : 평균 6~8억(인수매장의 매출과 수익에 따라 변동 가능)
② 인수내용 : 가맹비+영업권+시설투자비(장비, 의자, 간판, 인테리어)

3) 슈퍼마켓 프랜차이즈

대형마트의 포화와 영세상인의 반발로 SSM의 출점이 위축되는 2010년 롯데슈퍼, 홈플러스, GS슈퍼 3사가 동시에 중소상인과 윈윈하는 모델로서 프랜차이즈사업에 진출하고 가맹본부인 기업형슈퍼와 가맹점주인 영세상인과의 동반 성장모델을 제시했다. 사업초기는 본사의 시스템 구현이 가능하고 효율적인 통제가 가능한 프랜차이즈형 사업을 전개하였다. 다만 유통산업 발전법의 출점과 영업규제대상에 프랜차이즈 가맹점까지 포함한 것은 영세상인 보호를 위해 유통법을 개정시킨 입법 취지에 반할 뿐만 아니라 프랜차이즈 산업의 발전에도 도움이 되지 않는 측면도 있다. 실제로 출점과 영업규제 움직임으로 2011년 점포 수 증가대비 2012년의 출점은 부진함을 아래 표에서 확인할 수 있다.

직영형 프랜차이즈 사업이라도 각사의 전략에는 세부적인 차이점이 있다. 아래 표에서 볼 수 있듯이 롯데슈퍼는 완전가맹방식이지만 홈플러스 익스프레스는 건물임차권과 임대료를 본사가 부담하는 위탁 운영가맹점으로 투자지분에 의한 이익 공유방식이라 할 수 있다.

구분	정의요약	운영현황	시장규모
직영점형	• 체인 본부가 자기자본으로 소매점포를 직접 운영하는 사업 • 체인 본부는 가맹계약을 체결한 소매점포에 대해 지속해서 상품을 공급하며 경영을 지도하는 형태	• 사업자단체: 체인스토어협회 • 주로 대기업이 직영점을 운영하고, 업무 매뉴얼 개발, 사원연수 교육 등 사업추진 • 점포수: 대형마트 424개('08년 통계청, 전국사업체 기초통계조사), SSM 696개('09년 체인스토어협회)	이마트, 홈플러스 등 25조 6,210억 원
프랜차이즈형	• 특수한 영업권으로 영업방식을 통일 및 통제하는 사업 • 체인 본부가 상호, 판매가격, 판매방법, 매장운영 및 광고 등에 관한 경영방식을 결정하고 가맹점이 그 결정과 지도에 따라 운영하도록 하는 형태	• 사업자단체: 한국프랜차이즈협회(FC), 한국편의점협회(CVS) • 운영실태: 점포 표준화 및 사원연수교육, 시스템 경영체제 유지로 신장세 지속 • 점포 수: 13,609개('08년 통계청, 전국사업체 기초통계조사)	훼미리마트 등 4조 3천억 원
임의가맹점형	• 타인자본의 점포를 체인화(조직화)하는 사업 • 체인 본부의 경영지도 때문에 가맹점의 취급품목, 영업방식을 표준화하거나 체인 본부의 경영지도로 공동구매, 공동판매, 공동시설 활용 등 사업을 수행하는 형태	• 사업자단체: 한국체인사업 협동조합 • 운영실태: 도매기능 수행 및 본부와 가맹점 간 시스템을 갖추고 있으나 미약함 • 본부: 85개, 가맹점 수: 44,450개('09년 자체 실태조사)	CS 유통, 새생활체인 등 1조 6천억 원
조합형	• 소매점 협동조합이 체인사업에 진출 • 동일업종의 소매점들이 중소기업협동조합법에 따라 협동조합을 설립하여 공동구매, 공동판매, 공동시설 활용 등 사업을 수행	• 사업자단체: 한국슈퍼마켓협동조합연합회 • 임의 가맹점과 동일. 단, 중소기업협동조합법에 따라 조합설립 인가를 받은 자들이 주류, 중소기업 면허 취득을 위해 우수체인사업자 지정을 다시 받음	KOSA마트 1천 2백억 원

자료: 박한혁(2012)

▌체인사업 형태별 현황▐

구분	롯데슈퍼	홈플러스 익스프레스
법적용 여부	가맹사업법/유통법/상생협력법	가맹사업법/유통법/상생협력법
가맹방식	수수료 수취방식/완전가맹방식	이익 배분 방식/본부경영위탁 방식
가맹본부 투자	POS(계산대 포함), 내외부 SIGN 일체	POS(계산대 포함), 내외부 SIGN 일체 건물임차/임대료는 가맹본부투자
가맹점주 투자	건물임차/월 임대료 가맹점주 부담	개점비용의 51% 미만 부담
가맹비 /거래보증금	1백만 원 /추정일 매출×15일 지급이행: 15~27백만원	가맹비 1백만 원/보증금 점별 상이/ 상품보증금 3천만 원/소모품비 7백만 원

구분	롯데슈퍼	홈플러스 익스프레스
계약 기간	5년	3년
월화원료	순매출액×1~2%	-
가맹점부담물류비	평균 3.7%(분류별 차등)	-
가맹본부 지급 장려금	4~5%(분류별 차등)	-
수익배분	없음	월매출 총이익 기준 46~42%
결재조건	5일 단위 현금결제(연체율 18%)	-
시스템사용료/기타비용	8.5만(통신회선 비)	수도 · 광열비 50% 본부 지원
간판설치	롯데슈퍼와 동일시안 본부지원설치(가맹점이란 표기만 있음)	홈플러스 익스프레스 동일시안 본부설치(가맹점이란 표기만 있음)
물류 운영	발주 후 2일 입고	발주 후 2일 입고
FC/교육/행사제안	FC 정기적 활동/입문교육 4일 현장교육 6일/직영점과 같은 행사상품 원가제공	FC 정기적 활동/오픈 개점 전문인력 일정기간지원/판매촉진지원(이익배분율 기준지원)

자료: 박한혁(2012)

▌프랜차이즈형 가맹사업 비교▐

4) 슈퍼마켓 임의가맹사업

임의가맹점은 체인 본부의 계속된 경영지도 및 체인 본부와 가맹점 간의 협업으로 가맹점의 취급품목, 영업방식 등의 표준화 사업과 공동구매, 공동판매, 공동시설활용 등 공동사업을 수행하는 형태의 체인사업이라 유통법에 정의되어 있다.

유통산업 발전법의 출점과 영업규제가 프랜차이즈형까지 포함됨으로 규제에서 자유스러운 임의가맹점 즉, 상품공급만을 중심으로 하는 사업의 전개가 효율적인 측면이 있다. 실제 자료에 의하면 롯데슈퍼는 2011년 CS유통 인수로 하모니 마트를 전개해 2012년 말 260점을 운영하고 있고, 이마트는 에브리데이라는 법인으로 2012년 사업을 추진하여 140여 점을 운영하고 있다. 홈플러스도 2012년 1호점 개점하여 사업을 진행하고 있다.

임의형 프랜차이즈는 하모니와 상품 공급점을 추진하는 롯데의 선두로 이마트, 홈플러스가 운영하고 있는데 이는 중소상인과의 상생 전략인 동시에 유통산업 발전법의 규제로부터 자유로워 향후 역할과 전망이 기대되는 사업이라 할 수 있다.

구분	롯데 상품 공급점	이마트 상품 공급점
상품공급범위	- 롯데슈퍼 취급상품	- 이마트 웹상에 공개된 상품
브랜드사용	- 롯데슈퍼 상품 공급점용 외부 사인물 시안 제공 - 롯데슈퍼 직영점과 같은 배경 이미지 사용(글씨체 포함)	- 이마트 에브리데이 상품 공급점 외부사인 시안 제공 - 간판 미설치 타입 운영
계약조건	- 계약 기간 3년 - 상권 보호 :별도협의 - 발주 한도: 최저 저온 30만 원 상온 40만 원 /일	- 계약 기간 3년 - 상권 보호:300m - 발주 한도: 최저 저온 40만 원 상온 50만 원/일
가맹점주 투자비	- 간판 1개소(점주) - 발주정산프로그램, VPN(무상대여)	- 간판 1개소, POS 2대, PDA 1(점주)
장려금	월 4천만 원 이상 발주 시 3% (금액별 차등/일부 상품 장려금 없음)	월 4천만 원 이상 발주 시 3% (금액별 차등/일부 상품 장려금 없음)
가맹본부수입	공급원가의 1~2%	공급원가의 1~2%
교육지도	집합 교육 1일, 현장 1일	현장지도
기타 가맹점주 비용	가입비 3백 /월화원료 1백 (2천 이상 발주 시 면제)	가입비 무/월화원료 1백 (2천 이상 발주 시 면제)

자료: 박한혁(2012)

▌임의형 가맹점 사업비교▐

제2절 직접 판매매장

1. 온라인 쇼핑몰

1) 온라인 유통업

온라인 유통업은 우편, 전기통신, 그 밖의 법령이 정하는 방법에 따라 재화 또는 용역의 판매에 관한 정보를 제공하고 청약으로 판매하는 것을 말한다. 소매점에서 온라인유통은 B2C(business to consumer)를 의미한다. 온라인 유통업은 상품 데이터베이스(DB) 힘과 트래픽 파워의 결합이라 할 수 있다. 즉 얼마나 많은 상품을 보유하고 얼마나 많은 사람을 자사 몰로 유입시키느냐에 달려있다.

온라인을 통한 소매는 소비자의 접근 효율성에 기반을 두고 있다. 오프라인에서는 구매한 상품을 주로 직접 가져가지만, 온라인유통은 창업비용은 저렴하지만, 쇼핑상품에 대해 배송을 해야 하므로 그에 대한 비용을 고려해야 한다. 하지만 다른 유통채널에 비해 급성장하였다.

(1) 온라인유통 성장 요인

① 저렴한 창업비용으로 수익성에 경쟁력이 있다.
② 가격 비교 사이트 등을 통하여 고객들의 비교로 경쟁력 있는 판매자는 차별화 요소이다.
③ 고객 신뢰가 확인되면 무한성장 가능성이 있다.

(2) 온라인유통 장점

① 소비자 상품선택에 많은 대안을 제공한다.
② 온라인 쇼핑은 고객이 만족감을 느낄 때까지 정보탐색이 가능하다.
③ 개인화된 서비스가 가능하다.

(3) 온라인유통 한계점

① 제공되는 상품을 직접 확인할 수 없다.
② 상품평가에 5가지 감각을 사용할 수 없다.
③ 개인적인 관심과 배려가 어렵다.
④ 다른 고객과 공유가 어렵다.
⑤ 개인정보 보호가 어렵다.
⑥ 상품 구매 즉시 받을 수 없다.

(4) 온라인 유통업 유형

온라인을 통한 비즈니스모델은 어떻게 이익을 창출하는 방식으로 구분되며 단순한 방식부터 복잡한 방식까지 다양하다. 티머스(Timmers, 1998)는 비즈니스모델을 거래에 참여하는 당사자들에게 주어지는 편익과 수입원을 중심으로 구분하였고 전자상거래 주체에 따른 분류가 일반적이다. 온라인유통에 영향을 미치는 요인은 아래 표와 같다.

모델	B2C	B2B
전자상점(e-shop)	0	
전자구매(e-procurement)		0
전자경매(e-auction)	0	0
전자쇼핑몰(e-mall)	0	0
전자 제3장터(3rd party marketplace)		0
가상커뮤니티(virtual communities)	0	0
가치사슬 통합(value chain integrator)		0
가치사슬 부가서비스(value chain service provider)		0
공동작업 플랫폼(collaboration platforms)		0
정보중개(information brokers)	0	0
신용(trust providers)		0

▌Timmers 비즈니스모델▐

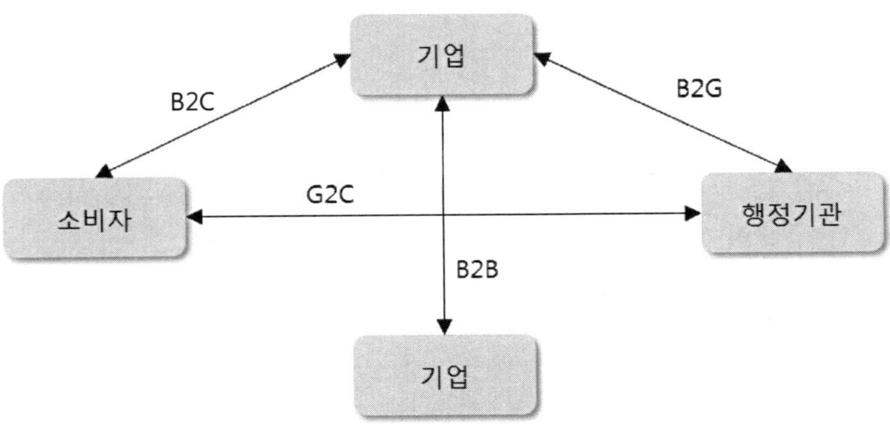

▌전자상거래 주체에 따른 분류▐

요인	내용
인터넷 접근성	고객의 원활한 인터넷 접속이 필수로 초고속 인터넷망 보급이 중요하다.
안전 우려	고객들의 안전 우려는 줄어들고 있지만, 신용카드 사고 등 이유로 소매업체 손해도 크다.
상품탐색	상품을 살펴보는 행동이 어렵다.
고객서비스	소비자의 이전 구매정보 등 정보와 고객서비스가 중요하다. 적절한 시기에 정보제공 문제에 대한 준비가 필요하다.
감각적인 정보 욕구	상품 속성에 대한 정보는 제공할 수 있지만, 감각적인 속성은 제공 어렵다. 온라인 매장 의류 반품이 오프라인 매장보다 높은 이유는 극복해야 할 과제이다.
3차원 화상확대	고객의 정확한 상품 이미지 요구를 위하여 3차원 이미지 제공과 화상확대 기술을 통하여 제공하고 있다.
개인 서비수	개인적인 맞춤형 서비스
정보보호	개개 고객에게 구체적인 정보가 제공되지만, 고객 사생활 침해는 지속해서 우려된다.
현금구매	급성장하고 있지만 10대 청소년, 어린이 신용카드 미사용 고객에게 대응방안이 요구된다.

▌온라인유통 영향요인▐

(5) 인터넷 판매금지, 제한

① 금지품목

주류, 담배, 마약류, 저작권 침해 품목, 상표권 침해 품목, 의약품, 도수 있는 안경, 모의 총포, 음란물, 안전승인 표시 없는 전기용품

② 판매제한

㉠ 총포, 건강 기능 식품, 유해 화학 물질, 의료기 : 법적 판매허가 또는 판매 신고 대상

㉡ 청소년 유해상품 : 만 19세 미만 판매금지

2) 쇼핑몰 창업방법

온라인 창업방법은 독립적 쇼핑몰 판매방식, 쇼핑몰에 입점 판매방식, 오픈마켓 판매방식으로 구분할 수 있다.

(1) 독립 쇼핑몰 판매방식

상품 경쟁력과 자금이 풍부한 경우에 독립 쇼핑몰을 운영할 수 있다. 사업 초기 비용 과다로 투자비는 증가하지만 판매수수료를 지급하지 않아도 되는 장점이 있다.

(2) 입점 판매

백화점에 일정액 수수료를 지급하고 입점하는 방식과 유사한 방식으로 판매자의 자격 조건에 따라 입점하는 방식이다. GS이숍, 롯데닷컴과 같은 인터넷쇼핑몰에 입점하여 판매하는 방식이다.

(3) 오픈 마켓 방식

옥션과 같은 인터넷상의 오픈 마켓에 판매하는 방식이다.

(4) 취급상품 결정

인터넷으로 상품을 판매 시에는 어떤 상품을 판매할 것인가에 따라 이후 판매방식과 방향이 달라질 수 있으므로 취급하고자 하는 상품 결정이 우선이다. 취급하고자 하는 상품 결정과 경쟁력이 성패를 좌우하게 되므로 판매하고자 하는 상품 결정은 신중해야 한다.

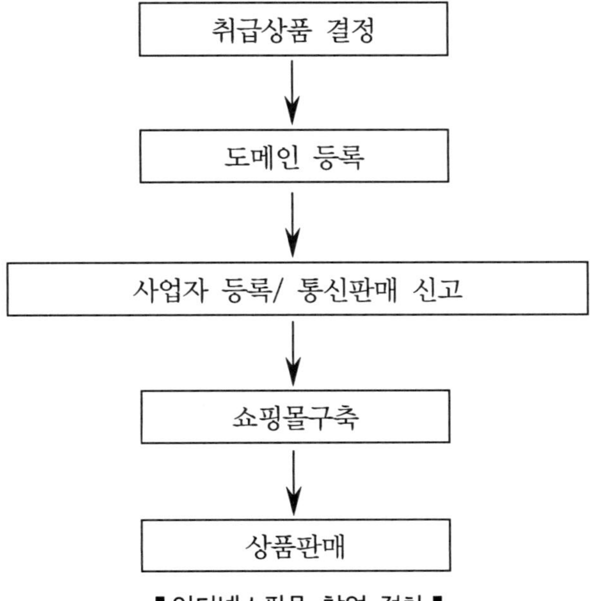

▌인터넷쇼핑몰 창업 절차▐

(5) 도메인 등록

인터넷상에서 판매하는 사업자는 도메인 등록이 필수적이다. 도메인이 회사명과 공동으로 사용된다면 소비자가 이해하기 쉽고 접근이 쉽다. 특히 도메인의 내용이 취급하고자 하는 상품과 이미지가 일치한다면 더욱 도움이 될 수 있다. 도메인은 판매상품이나 사업을 연상할 수 있고 기억하기 쉬우며 될 수 있는 대로 길지 않는 것이 좋다.

(6) 사업자 등록/ 통신판매 신고

인터넷 사업자도 일반 사업자와 마찬가지로 사업자 등록을 개설해야 한다. 인터넷 사업자는 사업자 등록 이외 통신판매업 신고를 별도로 해야 한다. 통신판매업 신고는 서울의 경우 각 구청 지역경제과에서 담당하고 있다.

(7) 쇼핑몰구축

독립 쇼핑몰구축, 입점 판매, 오픈마켓 방식 판매 등 어떻게 판매할 것인가를 결정하면 쇼핑몰의 구축방식과 비용이 달라진다. 쇼핑몰구축 후 검색 엔진 등록, 광고, 홍보의 순으로 업무를 진행한다.

▌쇼핑몰구축 프로세스▐

(8) 전자상거래시스템 구축 구성요소

① 웹서버
② 시스템
③ 트랜잭션 컨트롤을 위한 시스템
④ 로그관리를 위한 시스템
⑤ 보안시스템
⑥ 지불시스템
⑦ 인증시스템

(9) 상품판매

고객 주문요구에 상품을 포장하고 배송한다. 판매 시 중요한 사항은 신속하게 주문에 응대하는 것과 고객 요구에 적절하게 대응하는 것이다.

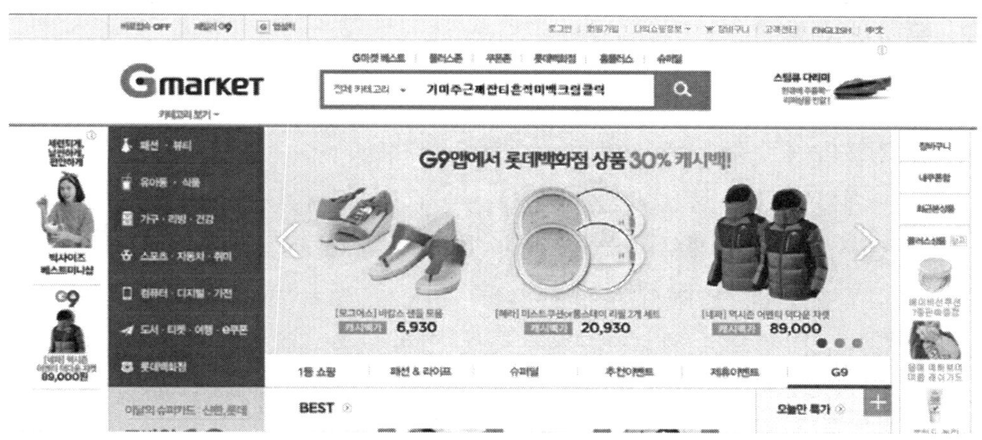

▌G마켓 사이트 사진▐

3) 옴니채널

1990년대 이후 신기술과 인터넷 발달로 인터넷 기반이 소매업을 장악할 것이라는 전망이 많았다. 그러나 실제로 전통적인 소매업체들은 수익을 증대시키고 고객에게 더 좋은 가치를 제공하기 위한 기존 오프라인 점포에 온라인을 보완하는 형태로 발전되고 있다. 이처럼 통합된 온 오프라인 채널 전략하에 고객 경험과 개별 맞춤형 서비스를 제공하는 업체만이 생존 가능한 시대가 되었다.

(1) 온·오프 통합화

소매점에서 한 가지 채널에 집중하거나 특정 소비자 채널만을 대상으로 판매하는 업체는 줄어들고 옴니채널 전략을 도입하여 많은 채널과 점포 유형을 조합하여 포트폴리오를 강화하고 있다.

구분	장점
운영 업체	- 운영 비결 통합이 가능하다. - 옴니채널 마케팅은 충성도 강화로 고객 이탈을 방지한다. - 잠재고객, 신고객 창출이 쉽다. - 잠재고객 접근으로 매출 극대화가 가능하다.
소비자 측면	- 편리성 증가 (시간/장소/쇼핑 방법) - 정보수집 다양화로 고객 선택용이

▌옴니채널 장점▐

(2) 옴니채널 서비스

① 온라인으로 산 상품을 오프라인 매장에서 자유롭게 반품할 수 있다.
② 점포의 영수증에 웹 사이트 주소를 안내한다.
③ 판매원이 상품 품절 시 온라인으로 구매 가능하다고 안내한다.
④ 웹 사이트에서 계획 중인 이벤트, 행사정보를 제공한다.
⑤ 점포에서 웹 사이트에서 사용 가능한 쿠폰을 제공한다.
⑥ 구매 영수증으로 웹 사이트에서 경품 당첨 등을 확인할 수 있다.

(3) 옴니채널에 의해 새롭게 등장한 쇼핑 패턴

① 매장 탐색 후 온라인 구매하는 쇼루밍
온라인 탐색 후 매장에서 구매하는 역 쇼루밍 같은 새로운 쇼핑 패턴이 등장하였다.

② 옴니채널 이용 증가는 소비자와 유통업체, 제조업체 모두에게 새로운 기회
㉠ 소비자 입장 : 좀 더 저렴하고 편리한 쇼핑이 가능하다.
㉡ 제조업체 : 제조업체 스스로 소비자들과 접점을 만들 기회를 확보한다.
㉢ 유통업체 : 정체되어있는 국내 유통산업에서 새로운 성장 동력을 발견하는 기회로 활용할 수 있다.

③ 한국에서 옴니채널은 백화점, 마트, 편의점 등 다양한 형태의 채널을 보유한 롯데, 신세계 등 유통 대기업들을 중심으로 새로운 옴니 서비스를 선보이는 추세이다.

〈사례〉

유통가 미래 '옴니'에 달렸다…핵심 키워드 급부상

• 시간, 공간 뛰어넘는 '편리한 쇼핑' 대세
가격 경쟁과 4차 산업혁명 기술을 도입해 온라인 마케팅을 활발히 전개하는 한편, 체험이나 오락, 휴식 기능을 갖춘 오프라인 매장 수를 선보여 고객과의 접점을 늘린다는 전략.

롯데 : '옴니해본적 옴니'라는 광고를 통해 본격적으로 옴니 서비스를 홍보

지갑이 필요 없는 모바일 결제 서비스 L페이,
원하는 시간에 원하는 곳에서 찾을 수 있는 스마트픽,
고객 매장 위치 기반, 쿠폰·정보를 제공하는 L팟,
주문 후 2시간 내 배송하는 스마트퀵서비스 등

2. 위탁경영 참여

1) 대형유통점 매장 중간관리

중간관리라고 표현할 수 있는 위탁관리는 대규모 점포 등에 입점 되어 있는 브랜드와 판매대행 계약을 체결하고 상품을 공급받아 운영하는 것을 말한다.

(1) 브랜드 매장 중간관리

입점 브랜드 본사에서 대규모 점포 등과 거래계약을 체결하고 판매 주체가 된다. 상품 출고, 반품 및 매장 간 이동은 브랜드 본사 결정에 따라 이루어지고 중간관리자는 브랜드 본사의 의사결정에 따라야 한다. 중간관리자는 브랜드 본사 상품을 약정 매장에서 브랜드 본사가 결정한 가격으로 판매한다. 브랜드 본사는 별도로 정한 수수료와 방법에 따라 중간관리 수수료를 중간관리자에게 지급한다. 매장 내의 상품과 집기 비품의 소유권은 브랜드 본사에 있다. 매장 내 집기 비품은 브랜드 본사 부담으로 설치 구매한다. (중간관리자가 부담할 수도 있다./ 계약에 따라 부담 주체 변동) 매장 운영경비는 부담 주체를 정한다. 일정 기간 재고조사/시즌 정산 장부 재고와의 차이는 브랜드 본사가 정한 방법으로 중간관리자가 부담한다.

브랜드 본사	중간관리자
임차료 관리비(창고 임차료 포함) 무인경비수수료 카드수수료 매장보험료 수도 · 광열비 홍보비	전산 관련 비품(노트북 등) 배송비 인건비 수선비(의류) 기타

▌브랜드 본사, 중간관리자 비용분담 주체 사례▐

(2) 판매장소

판매장소는 약정하고 판매상품은 브랜드 본사 상품으로 한다.

(3) 상품인계 및 검품

상품이 매장에 도착한 시점에 중간관리자가 인수한 것으로 하고 반품은 브랜드 본사의 창고에 확인이 종료된 시점을 반품으로 인정된다. 중간관리자는 상품인수 즉시 수량, 품질을 확인한 후 수량에 이상이 있으면 즉시 품질에 문제가 있는 경우 대개 24시간 이내에 통보한다.

(4) 기타 약정내용

제삼자에게 권리를 양도하거나 브랜드 본사 상품을 담보 제공하는 등은 금지된다. 판매대금을 브랜드 본사 입금 혹은 그에 관한 내용을 약정한다. 다른 상품 취급 금지한다(브랜드 본사 이외 상품). 대규모 점포는 발행 세금계산서를 제출한다.

(5) 담보

중간관리자는 거래보증금 현금 또는 보증증권 등을 제출한다(무이자). 폐점 시 정산 후 보증금 반환에 관한 규정을 약정한다.

(6) 계약 기간 및 중간관리 수수료

2년 단위(혹은 기간설정)이며 브랜드 본사는 중간관리자에게 월간 판매액 기준으로 일정률의 수수료를 정산하여 지급한다. 중간관리자는 사업자등록증을 개설한다.

판매 구분	수수료율	비고
정상 판매	12%	판매 경력 있는 판매원 T/O
행사 판매	7%	

▌정상, 행사 판매수수료 분담률 사례▐

(7) 기타 계약요인

대규모 점포의 퇴점 요청 시 계약이 해지된다는 점이 위험요인으로 작용한다.

2) 대형 브랜드 대리점 운영

대형 잡화/ 의류 브랜드의 대리점을 운영하는 경우가 이에 해당하는데 이러한 대리점 운영은 본사와의 계약조건에 따라 다르게 운영되지만, 현재 일반적으로 운영되고 있는 대리점 운영에 대하여 설명하고자 한다.

(1) 대리점 운영계약

대형 브랜드 본사와의 대리점 운영계약을 체결하여 운영한다. 대개 경우 본사가 갑이 대리점주가 을이 되어 상품판매 대리점 운영계약을 체결한다.

(2) 상품공급과 제한

상품공급은 대리점주의 주문에 따라 공급하고 판매능력, 시장성, 여신 한도액을 고려하여 공급한다. 본사 판매 및 배분계획에 따라 공급한다. 대리점주는 상품인수 즉시 검사하여 상품 하자 유무, 수량 부족 여부를 24시간 이내에 본사에 통보한다. 본사에서 공급한 상품은 외상채권을 완납하였을 경우 이전되는 것으로 한다.

상품공급 수수료는 약정한다(공급 상품별/ 품목별 약정). 대리점주가 상거래 질서를 어지럽게 하는 행위를 하는 경우 상품공급을 제한할 수 있다. 대리점주가 계약위반의 경우 상품공급이 제한된다. 대개 경우 판매실적을 근거로 본사의 상품공급이 제한되기도 한다.

(3) 상품판매 및 반품

대리점주는 본사 상품만을 판매하는 것을 원칙으로 하고 본사가 인정하지 않은 장소의 판매는 금지된다(계약 때문에 탄력 적용). 대리점주는 본사의 권장가격을 준수하고 대리점주가 판매책임을 진다. 대리점주가 별도의 합의를 통해 별도의 이익률을 약정하고 판매할 수 있다. 본사가 공급한 상품 중 정상 판매가 불가한 경우 본사의 동의로 반품할 수 있다. 계절상품은 계약에 따라 탄력 운영되며 반품도 가능하다. 계절상품 반품 시에 로스에 대한 부담은 대리점주가 진다. 상품공급/반품의 운송비는 발송 주체에 따라 부담하며 계약에 따라 탄력적으로 적용된다.

(4) 대금결제 및 보증금

대리점은 본사 상품을 판매한 후 매주(월/ 계약조건 반영) 단위로 마감 후 수수료를 제외한 후 현금으로 입금해야 한다. 상품을 일괄 수주한 경우는 3일 내 입금한다. 월 단위 재고조사 후 재고조사 결과를 반영한 로스액을 입금한다. 결제대금 지연 시 담보권을 행사한다. 대리점은 본사와 계약체결 후 브랜드 보존 및 상품판매에 대한 상권을 보호받는 것에 대한 보증금으로 약정한 금액을 무이자로 적립한다. 대리점은 계약 시 채무이행을 담보하기 위하여 부동산, 보증증권 등으로 담보를 제공한다.

(5) 판촉물 공급 및 판촉활동

판촉물 공급은 대리점주 부담으로 또는 약정으로 공급한다. 대리점이 개별적으로 광고 판촉 시 본사와 협의해야 한다. 오픈 시 필요한 제작물은 대리점 부담으로 약정하여 진행한다(약정에 의거 탄력 적용).

(6) 시설유지 및 개선

대리점은 본사의 시안에 의거 시설하도록 지정된 비품 및 점포시설 장치를 유지하여야 한다. 시설장치 노후화 시 본사 요구에 의거 보수를 요청한다. 점포시설 장치 변경은 본사와 협의하여 실시한다. 종료 시에는 대리점의 부담으로 원상복구 하여야 한다.

(7) 영업상의 의무

영업 비밀을 누설/ 자료 유출을 하여서는 아니 된다. 제삼자 채권자 등에게 상품 소유가 본사에 있음을 주지시켜야 한다. 본사는 채권 확보를 위하여 재고조사를 하며 대리점

은 협조하여야 한다. 매장 근무자 인건비는 대리점이 부담한다(판매직원 채용 약정). 본사 영업정책에 적극적으로 협조하여야 한다. 대리점은 사업자 등록상의 변경사항 발생 시 본사에 알려야 한다. 본사는 신규점 오픈 시 (상권 보호) 협의하여야 한다.

(8) 기타

대리점 계약을 제삼자 양도 금지한다(사전 협의). 본사 동의 시에도 서면으로 통보하는 것이 바람직하다. 계약해지 사유, 담보권행사 사항, 계약 기간, 기타 특약 사항을 포함하여 계약하여 운영한다.

3. 프랜차이즈 편의점 운영

1) 편의점 중간관리

편의점 본사가 임차하고 가맹점주가 위탁경영으로 매장을 운영하는 방식이다. GS25, 세븐일레븐의 중간관리 형태는 아래 표 편의점 중간관리 형태와 같다.

(단위: 만원)

항목		GS 25	세븐일레븐
투자 비용	가맹금	770(세 포함)	770(세 포함)
	상품준비금	1,200	1,400
	소모품 준비금	50	50
	시설/집기보증금	200	
	보증금	1,000	2,000
	점포임차비용	본부 부담	본부 부담
	시설/집기/인테리어	본부 지원	본부 무상지원
	합계	최소 3,220만 원	최소 4,220만 원
계약 조건	이익배분	45%	최대 40% 이익 구간별 차등
	계약 기간	2년/재계약 시 가맹비 없음	2년/재계약 시 가맹비 없음
	담보	2,000	2,000
기타	기타지원	- 전기료 지원금 50% 지원(실사용량 기준) - 미오출/배송지연 보상금 지급 - 폐기지원금 - 상품판매 장려금 - 운영비 최소보조제도 운영 (24시간 운영점)	- 영업지원금 375만 원(24시 운영) 275만 원(24시간 미운영) - 각종 장려금 (발주장려금/결품보상금 등), 상온/냉장 상품 폐기지원금

자료: 2014년 10월 홈페이지 기준. 회사정책 변경에 따라 변동될 수 있다.

▌편의점 중간관리형태▐

2) 편의점 점주 임차(자가) 운영

점주 투자비용과 수익은 편의점 본사가 달라도 대등 소이 함으로 운영 및 상표 가치 등과 운영 주 특성, 운영하고자 하는 점포 상권 특성 등을 고려하여 결정하여야 한다.

구분		세븐일레븐	GS25
점포 임차		운영 주	운영 주
계약 기간		기본 5년	기본 5년
운영 주 수익	24시간 영업	80%	80%
	24시간 미 영업	75%	별도 약정
투자비	가맹 가입비	770만 원(VAT 포함)	770만 원(VAT 포함)
	상품보증금	1,400만 원	1,200만 원
	소모품 준비금	50만 원	50만 원
	가맹 보증금	–	시설보증금 200만 원
	실내장식	운영 주	운영 주
	집기와 전산	본사	본사 /운영 주
	합계	2,220만원+인테리어+점포 임차비용	2,220만원+인테리어+점포임차 비용
기타		각종 장려금	각종 장려금
담보		5,000만 원	5,000만 원

▌편의점 점주 임차 운영 조건▐

3) 편의점 임의형 가맹점

가입과 탈퇴가 비교적 자유스러운 임의형 편의점의 대표적인 형태가 위드미이다.

구분		점주 주도	중간형	본사 주도
계약조건	매출이익	100% 운영 주 수익		
	월회비(부가세 별도)	60만 원	110만 원	150만 원
	계약 기간	2년/5년	5년	5년
	담보	1,000만 원	3,000만 원	5,000만 원
운영 주 투자	점포 임차	운영 주		
	실내장식 / 영업 장비/ 집기	운영 주	경영주 또는 본부	본부
	가맹비(VAT 포함)	550만 원(계약 종료 시 소멸)		
	상품준비금	1,600만 원		
	소모품비	50만 원		
	계	2,200만 원		

자료 : 위드미 홈페이지

▌임의형 편의점 가맹점▐

① 회원료 납부 방식 : 월회비 납부 방식이다.
② 영업시간의 자율성 : 개점시간 및 휴무 결정권이 비교적 점주 자율적이다.

4. 협동조합

1) 협동조합

협동조합은 공동으로 소유하고 민주적으로 운영되는 기업을 통해 경제적, 사회적, 문화적 필요와 욕구를 충족하기 위해 자발적으로 모인 단체이다(국제협동조합연맹의 협동조합 정체성 선언문, 1995). 협동조합은 이용자가 소유하고 통제하며 이용 규모를 기준으로 이익을 배분하는 사업체이다. 위의 정의에 따라 협동조합과 주식회사로 대표되는 자본주의 기업의 차이점을 정리하면 아래와 같다. 첫째, 목적이 다르다. 협동조합은 조합원인 이용자가 소유하는 기업이고, 조합원 공동의 편익을 충족하는 것이 목적이다. 반면 주식회사는 투자자가 소유하는 기업이고 자본을 투자한 주주 이익을 극대화하는 것이 목적이다. 협동조합은 시장에서 사업을 영위한다는 점에서 협회 조직과도 명확하게 구별된다. 둘째, 자본이 아니라 사람에 의해 조직이 통제된다. 주식회사 1주 1표와 달리 협동조합은 1인 1표다. 1인 1표는 협동조합이 소수 주주가 아니라 조합원 공동의 욕구에 부응하게 하는 장치다. 셋째, 사업이익 배당이 다르다. 협동조합은 조합원이 사업을 이용한 실적에 비례하여 잉여금을 배당한다. 주식회사처럼 보유 지분이 많은 사람이 배당을 가져가지 않는다. 예를 들어, 소비자 협동조합에서 조합원 A가 1,000만 원의 물건을 사고 B 조합원이 100만 원의 물건을 샀다면, A의 연말 배당액은 B의 10배가 된다. 두 조합원의 출자액과 배당액은 전혀 무관하다.

2) 협동조합 7대 원칙(ICA, 1995)

(1) 자발적이고 개방적인 가입

협동조합은 자발적인 조직이자 기업으로서 조합 서비스를 이용할 수 있고 조합원 책임을 다할 의지가 있는 모든 사람에게 성, 사회, 인종, 정치 및 종교 차별 없이 열려 있다.

(2) 조합원에 의한 민주적 통제

주주의 투표권이 보유 지분에 따라 정해지는 주식회사와 달리 협동조합운동은 어떤 단계에서도 1인 1표를 규칙으로 채택한다.

(3) 조합원의 경제적 참여

조합원은 똑같은 규모는 아니라도 공평하게 협동조합 자본에 참여하며 그 자본을 민주적으로 통제한다.

(4) 자율과 독립

협동조합은 조합원에 의해 통제되는 자율적이고 자조적인 조직이다.

(5) 교육, 훈련 및 홍보

협동조합은 조합원, 선출된 대표자, 경영관리자, 조합 직원에 대해 적절한 교육과 훈련을 제공한다.

(6) 협동조합 간의 협력

협동조합 활동은 자기조직 내부로 국한하지 않는다. 협동조합은 지방, 국가 및 지역, 세계 차원에서 서로 협력함으로써 조합원에게 가장 효과적으로 봉사하고 협동조합운동힘을 강화한다.

(7) 지역사회 기여

맨체스터 총회에서 추가된 새로운 원칙이다. 협동조합은 조합원 동의를 얻어 조합이 속한 지역사회의 지속 가능한 발전을 위해 노력한다.

(8) 협동조합 장점

협동조합 장점에는 10가지 정도로서 협동조합 시장 크기와 강도, 조합원끼리 아이디어 공유, 독특한 비영리 조직구조, 회원의 협동조합 소유와 통제, 다른 협동조합과의 협업이 가능한 유연한 구조, 회원책임을 제한, 이용액 배분의 자본증식구조, 순수한 이용수익 배분의 세금공제, 다른 협동조합 단체의 네트워크를 이용, 긍정적 공공이미지를 들 수 있다.

항목	주요 내용
시장 크기와 강도	협동조합은 회원 수에 따라 규모를 증가시키고 시장에서 힘을 가진다. 이를 통한 구매 및 판매, 서비스 그리고 가격에서 우위를 가져온다.
아이디어 공유	협동조합 회원은 아이디어를 공유하고, 공통의 경제적 이익을 개선할 방법을 개발한다.
비영리 조직	협동조합은 회원의 회비로 움직이는 일종의 비영리단체로서 매 회계 연도 말에 그들이 한 해 동안 수행한 사업의 양에 따라 회원들에게 이용적립을 돌려준다.
회원소유와 통제	협동조합의 구성원은 조직상 회원들에 의해 소유되고 관리 된다. 회원은 대체로 이사회에 가입하고 대부분 이사회 회원들은 조직의 구성원이어야 한다.
유연한 구조	협동조합은 다른 사업의 요구사항을 충족하기 위해 구성할 수 있다. 예를 들어, 협동조합은 여러 다른 기업연합들을 운영하거나 서로 다른 그룹의 제품시장 출시 또는 구매 할당을 할 수 있다. 이러한 단위 사업은, 협동조합 활동의 전부는 아니지만, 일부 참가하는 회원들에게 사용 비용을 공정하고 정직하게 할당한다.
유한책임	다른 기업과 마찬가지로, 협동조합은 기업 채무를 위해서 회원의 책임을 제한한다.
독특한 자본증식 구조	협동조합은 "이용액 수입 또한 이용액 배분, 이용액 배당금"의 분배를 통해 자본을 마련할 수 있는 독특한 방법을 사용한다. 오히려 주식에 대한 배당금 지급보다, 협동조합은 회원이 조합원의 실제 사용에 대한 이용배당을 지급한다.
세금공제	협동조합은 기업의 법인세를 지급하지 않고 매년의 순수한 이용수익을 분배할 수 있는 특별공제(이용배당공제)를 취하고 있다.
협동조합 이용 서비스	협동조합은 국립협동조합은행과 다른 금융기관 그리고 전국협동조합사업회와 같은 다른 협동조합단체의 네트워크를 이용하여 특별자금조달, 옵션 혜택, 유용한 정보지원, 전문가와 보험프로그램을 제공한다. 또한, 전국협동조합회계협회의 전문가를 통해 개인 회원의 협동조합세금, 회계, 금융 문제를 지속적 제공한다.
긍정적 공공이미지	협동조합은 오랜 역사가 있으므로 이용자를 위한 긍정적인 결과는 프랜차이즈 가맹사업의 잠재고객에게 도움이 된다.

자료: 이상윤 외(2012)

▌협동조합 이점▐

3) 협동조합 사례

(1) 던킨도너츠

원래 던킨(dunkin)이라는 말은 우리말로 "적시다" 즉, 과자나 빵을 적셔 먹는다는 의미로서 던킨도너츠를 던킨커피에 DUNK하여 먹는다는 의미가 있으며 이는 던킨도너츠가 던킨 커피와 어우러져 먹을 때 가장 제맛을 느낄 수 있다는 것을 뜻한다. 한손에 도넛, 다른 한 손에 커피를 들고 길가나 벤치로 향하는 모습이나 유리창너머로 커피 한잔과 도넛을 즐기는 사람들의 풍경은 이제 자연스러움을 넘어 익숙할 정도가 되었다.

던킨도너츠의 창업자 빌 로젠버그는 2차 세계대전 중 노동자들에게 간편한 음식을 제공하기 위한 필요성을 느꼈고 5,000달러를 투자해 1946년경 노동자들을 위해 새로운 점심 메뉴와 커피를 서비스하게 되었다. 당시 던킨 커피 가격은 일반 커피 가격보다 두

배가량 비쌌지만, 전체 매출의 40% 이상이 도넛과 커피였을 정도로 고객들이 질 좋은 던킨 커피를 선호했다. 사업확장을 통해 1963년에는 100개의 점포에서 천만 불의 매출을 기록했고 1970년에는 일본에 1호점을 개점하였다. 2000년도에 창립 50주년과 더불어 5,000번째 매장을 인도네시아 발리에 오픈하는 등 세계 최고의 도넛과 커피 브랜드로 세력을 확장하였다.

이러한 던킨도너츠 성공전략 중 하나가 최적의 협동조합 솔루션 개발이었다. 1972년 세계 작물 공급 감소로 세 가지 중요한 상품(밀가루, 설탕, 그리고 식용유) 가격이 2년 사이에 200%에서 400%로 급등하였다. 또한, 아랍의 석유 수출 금지는 에너지 가격을 두 배로 증가시켰다. 심각한 자원 부족 원인은 종이 그리고 플라스틱 제품 가격이 급격하게 올랐다. 더불어 매장 운영비는 많이 들어가고, 판매는 감소하는 현실에서 던킨도너츠 경영진은 가맹점 순이익을 강화하기 위해 상품들의 다양한 단기 선물거래 아이디어 개발과 가맹점과 제조업체 사이의 장기 계약을 설정하기 위해 프랜차이즈 구매 협동조합을 설립하였다.

이것을 유통 실행 프로그램(Distribution Commitment Program)이라 하였다. 그러나 제조업체들은 가맹점과의 장기 계약의 거래 서명을 요구할 수 없었고, 600여 개의 분리된 가맹점과의 협력에 따른 위험 감수를 제조업체들은 원하지 않았다. 따라서 던킨도너츠 경영진은 이 선물시장에서 미래 투자에 대한 기업 책임을 피할 수 있고 제조업체의 중요한 고민 문제를 해결하여 서로가 만족할 수 있는 제일 나은 선택이 프랜차이즈 협동조합이라는 것을 깨달았다.

1980년대 이후, 던킨도너츠 협동조합 구조는 프랜차이즈 중에서 가장 성공적이었다. 예를 들어 1997년에 3~10개의 가맹점이 그룹 단위를 형성하여 평소 개별적으로 제과 및 제빵을 만들던 것을 그룹 단위로 독립적인 주방 협동조합을 만들어 제과 및 제빵의 공급 및 매장에 직접 배달 서비스를 제공하였다. 그리고 던킨도너츠는 주방 협동조합 설립을 적극적으로 돕고 가맹점들이 그룹 단위별 협동조합 설립에 필요한 자본도 추가로 대출 지원을 하였다.

(2) 동네빵네 협동조합

서대문구 은평구의 동네빵집 11곳이 연합하여 협동조합을 설립 운영 중이다. 30~40년 된 비결을 바탕으로 대기업 프랜차이즈 제과점의 출점과 점포확장에 대응 협동조합을 설립하고 공동의 장비와 공동의 생산 설비를 갖추고 협동조합을 설립하였다. 11명의 이사가 1인 1표의 방식으로 협의체를 구성하여 운영하고 있다.

4) 협동조합 설립

협동조합기본법 제정(2012년 12월 1일)의 의의를 하나의 문구로 표현하면 "자유로운 설립"이라고 할 수 있다. 자유로운 설립은 아래와 같이 세 가지 측면에서 설명된다. 첫째, 협동조합 설립 분야가 대폭 늘어났다. 지금까지는 일차 산업 및 금융, 소비 부분에서 제한적으로 협동조합을 설립할 수 있었다. 하지만 이제는 금융 및 보험업 이외의 모든 업종에서 협동조합을 설립할 수 있게 됐다. 둘째, 협동조합 설립 기준이 대폭 낮아졌다. 기존에 설립 가능했던 협동조합도 조합원이나 출자금 등의 설립 기준이 높아 자유로운 설립이 어려웠다. 그러나 이제는 출자금 규모에 상관없이 다섯 명만 모이면 협동조합을 설립할 수 있다. 또한, 주무 부처 인가 없이 신고만으로도 설립할 수 있게 했다. 셋째, 사회적 협동조합을 설립할 수 있게 됐다. 사회적 협동조합은 세계협동조합의 역사에서도 비교적 최근에 발달한 협동조합으로, 조합원의 편익보다 사회적 목적 실현을 우선시하고, 생산자, 노동자, 소비자, 후원자 등 다양한 이해관계자로 구성된다. 사회적 협동조합은 취약 계층에 대한 사회 서비스 또는 일자리 제공, 지역사회 공헌활동을 수행하게 되어 있다. 협동조합기본법 제정으로 인해 협동조합은 앞으로 더욱 활성화할 것이다. 하지만 우리나라는 이미 세계 10위를 내다보는 경제 규모로 성장한 나라기 때문에 저개발 단계에서 협동조합을 했던 선진 협동조합과 같은 발전 경로를 따라가기는 힘들 것이다. 따라서 협동조합기본법 제정 초기에는 주로 기존 시장이 포괄하지 못한 부분에서 경제, 사회, 문화적 약자의 자생력을 강화하는 방향으로 협동조합이 활성화될 것으로 전망된다.

제3절 임대 매장관리

1. 임대 매장

임대 매장은 상업시설의 일정한 면적을 임대계약 체결하여 영업하는 매장을 말한다. 임대계약 종류로는 수수료 매장과 임대 매장으로 구분할 수 있고 점포를 임차하여 운영하는 임차인을 테넌트(tenant)라고도 한다. 임대 매장 수익은 부동산 또는 부동산상의 권리 대여로 인한 소득을 말한다.

1) 임대 매장 종류

(1) 수수료 매장

수수료 매장은 소매점 임차 시 임차인이 매출액의 일정 비율을 임대료로 지급하는 조건이다. 기본 임대료를 정하고 임차자의 추가 수익에 일정한 비율을 임차료로 수수하는 방식으로 적용되는 사례가 일반적이다. 임대인이 임차인에게 임차인의 매출액이 2,000만 원 미만일 경우 2백만 원으로 하고 그 이상일 경우 매출액의 5%를 임차료로 추가 징수한다. 이러한 계약 시 매출액이 4천만 원일 경우 수수료는 다음과 같다.

기본 임차료 2백만 원 + (추가 2,000만 원 매출×5%) = 3백만 원

▮수수료 산식▮

(2) 임대 매장

임대 매장은 임차인이 고정된 임대료를 약정하고 지급하는 조건이다. 그 외 영업경비는 임대인과 임차인의 사전 협의 때문에 결정할 수 있다.

2) 임대 매장 수익률

(1) 수익률

투자금액이 2억일 경우 70~80% 정도를 전셋값으로 추정하고 1억 6천만 원을 기준으로 3:7 등의 일정한 비중으로 보증금과 월세 비중을 정한다. 이러한 임차매장의 수익률 공식은 아래와 같다.

$$\text{수익률} = \frac{(\text{연간 임차료}-\text{대출이자})}{\text{투자금액} - \text{임대보증금}} \times 100$$

(2) 수익률 예시

자산 금액 : 6억 원
은행대출 : 2억 원
보 증 금 : 2억 원, 월세 200만 원
투자금액 : 2억 원
월 이 자 : 2억 원×연 7%/12
월 수 일 : 2백만 원–이자
연수익률 : 5%

(3) 임차건물 가치 추정

① 건물 신축 연도를 기준으로 가치 추정

② 보증금과 월세를 기준으로 가치 추정

보증금 6천만 원 월세 50만 원이면 환산 보증금 5천만 원에 보증금 6천만 원 더해 1억 1천만 원을 기준으로 전세 비중을 고려하여 가치가 추정된다.

③ 지역적 가중치를 고려한다.

대상 지역이 활성화될 수 있는 지역인지 아니면 쇠퇴하는 지역인지 고려가 필요하다.

④ 도로변/ 역세권 가중치를 고려한다.

(4) 상품별 원가율에 의한 관리

상품별 표준원가를 산정하여 수수료, 임대료를 산정할 수 있다.

3) 임대 매장 M/D

(1) 키 테넌트 유치

키 테넌트는 상가, 쇼핑센터, 백화점에서 고객을 흡입할 수 있는 핵심 점포를 말한다. 영화관, 성형외과, 미용실 등 키 테넌트 종류도 입지에 따라 다양하다. 키 테넌트 역할은 고객유치 및 수익률 상승에 지대한 임무를 수행한다. 특히 멀티 플렉스 영화관 경우표 예매와 상영시간 대기 등으로 상대적으로 고객쇼핑시간이 많아 주변 매장에 역할이 지대하여 유치하는 전략 수단으로 많이 이용되고 있다.

(2) 테넌트 M/D 사례

테넌트 유치 여부에 따라 전체 매장 효율에 영향력이 크므로 상권과 입지분석에 의한 테넌트 유치가 필요하다.

M/D	비고
영화관	영화관 고객 증가, 상권 형성 기대
아웃 도어	주 5일 근무시행으로 등산고객 증가 /판매 급증
성형, 미용	전문직 여성 증가/ 미용 관심 증가

▌테넌트 사례▐

2. 상가건물 임대차 보호법

1) 입법 목적

상가건물 임대차에서 일반적으로 사회적, 경제적 약자인 임차인을 보호함으로써 임차인들의 경제생활 안정을 도모하기 위하여 민법에 대한 특례를 규정하는 목적으로 제정되었다.

2) 보호 대상과 범위

지역	보호 보증금액
서울특별시	4억 원 이하
수도권 과밀억제지역(서울시 제외)	3억 원 이하
광역시(과밀억제권역과 군 지역 제외), 안산시, 용인시, 김포시, 광주시	2억 4천만 원 이하
기타지역	1억 8천만 원 이하

* 만약 보증금 1억 원, 월세 50만 원이면 : 1억 원 + (50만 원 × 100) = 1억 5천만 원

자료: 국세청

▌보호 보증금 범위▐

사업자 등록이 되는 건물과 임대차 목적물의 주된 부분을 영업용으로 사용하는 경우 보호 대상이 된다.

3) 소액 보증금 최우선 변제 요건

- 경매개시결정 등기 전에 대항 요건을 갖춘 임차인
  (건물 인도와 사업자 등록 신청 완료 임차인)
- 보증금이 소액에 해당하는 임차인
- 배당요구 종기일까지 배당요구를 한 임차인
- 정당한 임차인

지역	보증금액	최우선 변제금액
서울특별시	5천만 원 이하	1,500만 원
수도권 과밀억제지역(서울시 제외)	4천 5백만 원 이하	1,350만 원
광역시(과밀억제권역과 군 지역 제외), 안산시, 용인시, 김포시, 광주시	3천만 원 이하	900만 원
기타지역	2천 5백만 원 이하	750만 원

*소액임차인의 최우선 변제권은 임대건물 가액의 3/1 범위 내에서 보증금 중 일정액의 범위 내에서 인정된다.

▌최우선 변제대상 보증금▐

4) 기타

(1) 법률상 임대차 최단기간은 1년이며 최장기간은 민법이 보장하고 있는 20년이다. 임대인은 임차인의 정당한 계약 갱신요구를 정당한 이유 없이 거절할 수 없고, 임차인의 계약갱신 요구권은 최초의 임대차 기간을 포함하여 5년을 초과하지 않는 범위 내에서 행사할 수 있다.

- 차임 또는 보증금은 증감을 청구할 수 있지만, 증액이 있고 난 뒤 1년 이내에는 하지 못하며 9% 이상을 증액할 수 없다.

(2) 보증금 전부 또는 일부를 월 단위의 차임으로 전환 시 1년에 15%를 초과할 수 없다.

(3) 상가 임차인 계약갱신 요구권

상가임차권 5년 보장이 인정되려면 상가건물 임대차보호법이 적용되는 상가를 임차해야 하고 임차인이 계약갱신 요구를 적절한 시기에 해야 한다. 현재 서울은 환산 보증금 4억 원까지 상임법이 적용된다. 따라서 환산 보증금이 4억 원을 초과하면 5년 보장과는 거리가 멀고 계약 기간을 장기적으로 해야만 보장된다. 환산 보증금 계산방법은 월세(부가세 제외)에 100을 곱한 금액에 보증금을 더하는 방법으로 계산한다. 상임법이 적용된다고 무조건 임차 기간 5년이 보장되지는 않는다. 계약 기간을 1년으로 정했다면 계약만료 6개월 전부터 1개월 사이에 임대인에게 임대차 계약에 대한 갱신을 요구하는 의사 표시가 매번 필요하다.

1. 프랜차이즈 가맹본부 정보공개서 제공 의무란 무엇인가?

- 가맹본부의 정보공개서 제공 의무
  - 가맹본부는 가맹계약 체결 전에 가맹희망자에게 반드시 공정거래위원회에 등록한 정보공개서를 제공하여야 한다.
  - 가맹희망자의 정보공개서 제공요청 불문하고 제공하여야 한다.
  - 가맹계약 체결 14일 전 혹은 최초 가맹금 수령 14일 전 정보공개서를 제공하여야 한다.
  - 변호사나 가맹거래사의 상담한 경우는 7일 전 제공하면 된다.
  - 정보공개서 미제공시 2년 이하의 징역 혹은 1억 원 이하 벌금이 부과된다.

2. 프랜차이즈 형태별 정의는 무엇인가?

〈체인사업 형태별 현황〉

구분	정의요약
직영점형	· 체인 본부가 자기자본으로 소매점포를 직접 운영하는 사업 · 체인 본부는 가맹계약을 체결한 소매점포에 대해 지속해서 상품을 공급하며 경영을 지도하는 형태
프랜차이즈형	· 특수한 영업권으로 영업방식을 통일 및 통제하는 사업 · 체인 본부가 상호, 판매가격, 판매방법, 매장운영 및 광고 등에 관한 경영방식을 결정하고, 가맹점으로 하여금 그 결정과 지도에 따라 운영하도록 하는 형태
임의가맹점형	· 타인자본의 점포를 체인화(조직화)하는 사업 · 체인 본부의 경영지도로 가맹점의 취급품목, 영업방식을 표준화하거나 체인 본부의 경영지도로 공동구매, 공동판매, 공동시설 활용 등 사업을 수행하는 형태
조합형	· 소매점 협동조합이 체인사업에 진출 · 동일업종의 소매점들이 중소기업협동조합법에 따라 협동조합을 설립하여 공동구매, 공동판매, 공동시설 활용 등 사업을 수행

3. 협동조합 장점은 무엇인가?

협동조합 장점에는 10가지 정도로서 협동조합 시장 크기와 강도, 조합원끼리의 아이디어 공유, 독특한 비영리 조직구조, 회원의 협동조합 소유와 통제, 다른 협동조합과의 협업이 가능한 유연한 구조, 회원책임을 제한, 이용액 배분의 자본증식구조, 순수한 이용수의 배분의 세금공제, 다른 협동조합 단체의 네트워크를 이용, 긍정적 공공이미지를 들 수 있다.

4. 다음 용어에 관해 설명하시오.

- 정보공개서

- 위탁경영

- 상가건물 임대차보호법

PART 02

점포만들기

제1절 업종 선택

1. 미션과 비전

1) 미션 기능

(1) 미션 정의

조직이나 개인의 존재 이유를 알려주는 기능을 한다. 조직 구성원들에게 조직의 존재 필요성에 대한 신념을 갖게 한다. 그리하여 조직 외부인들에게 이 조직이 필요하다는 인식을 심어줌으로써 지원을 얻어낸다.

(2) 미션 사례

HP: 인류발전과 복지에 기술적으로 이바지하는 것
Mckinsey: 기업과 정부가 더욱더 성공적 일을 하도록 도움을 주는 것
Wal-Mart: 일반 대중들에게 부자들과 똑같은 물건을 살 기회를 제공하는 것
Walt Disney: 사람들을 행복하게 하는 것

2) 비전 기능

비전은 나아갈 방향에 대한 가장 강력한 커뮤니케이션이며 미래상을 중심으로 힘을 결집한다. 비전은 활력을 불어넣어 주고 성공적 변화를 창출하는 원동력이며 현실에 안주하지 않고 도전을 가능하게 한다.

3) 비전 설정 시 고려사항

–상상성: 성공 시점의 큰 그림을 나타낼 수 있어야 한다.
–장기성: 이해관계자의 장기적 관심사에 호소할 수 있어야 한다.
–가시성: 현실적이고 도달 가능한 목표를 내포하고 있어야 한다.
–집중성: 의사결정의 명확한 지침으로 제공될 수 있어야 한다.
–유연성: 개인 노력을 충분히 허용하여야 한다.
–전달성: 최대 3분 이내에 쉽게 전달될 수 있어야 한다.

4) 비전 설정

(1) WANT/ HAVE 매트릭스 작성

비전 설정에 앞서 원하는 것과 가지고 있는 것에 대한 매트릭스 작성을 통하여 현상을 분석하는 것이 필요하다. 매장 창업 시 이미 가지고 있는 것(want & have)이 있는가 하면 원하지만, 아직 가지고 있지 않은 것(want & don't have) 그리고 원하지 않는데도 이미 가지고 있는 것(don't want & have)과 원하지도 않고 갖고 있지도 않은 것(don't want & don't have)도 있다. 이러한 것들을 하나의 표로 작성해보고 창업 시 의사결정 방향을 설정하는 것이 매우 유용하다 할 수 있다.

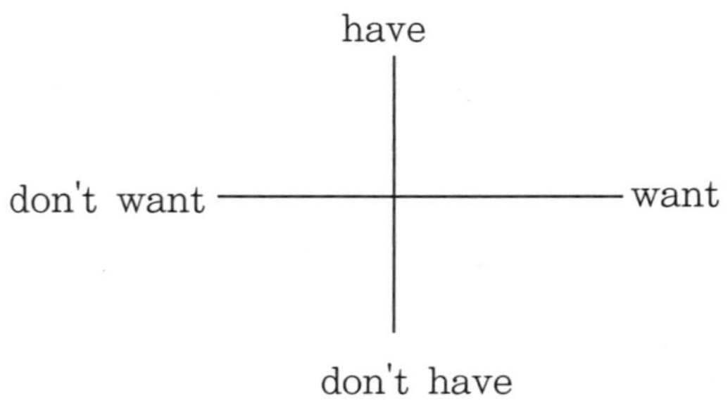

(2) 비전 설정

비전은 3~5년에 달성 가능한 장기전략으로 이해하고 수립 공유하여 추진해야 한다.

항목	구성요소	비고
시한	– 비전 달성일 예: 2020년 12월 31일	– 타당성과 명확한 기한 설정
목적	– 꿈, 구성원에게 강력한 영향력, 궁극적 목표를 이해할 수 있도록 설정	– 성취감, 자부심 느끼는 비전 – 미션과 연계되고 실현하고 싶은 가치 함축
계량적 목표	– 매출액 000 달성 – 출점점포 00점 달성 – 구성원 수 000명	– 현재와 미래 연결 – 미션과 연계되는 계량적 목표

▌비전 설정▐

2. 미션과 연관된 업종 선택

우리가 무엇을 하고 싶은가 혹은 자신이 가장 잘할 수 있는 것은 무슨 일인가 이러한 질문을 스스로 하면서 인생의 장기적 목표와 그에 어울리는 직업과 일을 선택하는 것이 중요하다. 장기적인 목표를 달성하기 위하여 20대에는 30대에는 그리고 50대에는 어떤 일을 할 것인가를 10년 주기로 장기적인 계획을 수립하고 실천하는 것이 필요하다. 이러한 장기적인 목표인 비전이 있어야 1년 목표도 설정되고 월간 주간 계획도 수립되는 것이다. 우리는 이러한 월간 장기적인 목표하에서 매일 매일 선택을 하면서 의사결정을 한다. 그중에서도 특히 직업에 대한 선택이 우리에게 중요한 문제이다. 어떤 선택을 하느냐에 따라서 삶이 달라지기 때문이다. 이러한 중요한 선택에 직면했을 때 어떠한 의사결정을 하는 것이 효율적인지 접근방법이 다양하지만 PROACT 접근방법을 소개하고자 한다.

PROACT는 의사결정의 8요소로 구성된 용어라 할 수 있다. 즉 선택해야 할 문제(problem), 목표(objectives), 대안(alternatives), 결과(consequence), 절충(trade offs), 불확실성(uncertainty), 위험 감수(risk tolerance), 관련된 의사결정(linked decisions)을 말한다. 업종을 선택해서 결정하면 그에 따른 책임도 함께 져야 하므로 심사숙고한 의사결정이 필요하다.

1) 올바른 문제 인식

– 새로운 시각에서 업종 선택을 바라본다.
– 업종 선택이라는 의사결정 문제를 기회로 전환한다.
– 선택 업종을 직업의식으로 정확하게 정의한다.
– 시간을 충분하게 가진다.

2) 목표 구체화

- 업종 선택과 관련된 관심사를 열거한다.
- 관심 사항을 목표로 연관시킨다.
- 목적과 수단을 분리하여 생각한다.
- 목표 의미를 명확하게 한다.
- 자신의 관심 영역이 목표에 반영되어 있는지 확인한다.

3) 대안

- 한정된 대안에 집착하지 않아야 한다.
- 자유롭게 생각하고 큰 꿈을 세운다.
- 경험으로 배우고 객관적 의견을 수렴한다.
- 평가는 나중에 하고 지속적 대안을 구한다.

4) 결과예측

- 미래 자신의 모습을 그려본다.
- 설정된 대안에 각각 예상된 결과를 자유롭게 그려본다.
- 확실하게 경쟁력이 없는 대안은 제거한다.
- 남은 대안으로 결과를 평가한다.

5) 절충

- 경쟁력 없는 대안을 가려낸다.
- 경쟁력 없는 대안 제거 후에도 대등한 대안을 절충한다.

6) 불확실성

- 불확실성도 극복한다.
- 위험분석으로 불확실성을 파악한다.

7) 위험 감수

위험과 만족을 고려하여 최종안을 선택한다.

8) 관련된 의사결정

- 미래 가능성을 함께 판단한다.

- 연관된 결정을 미리 계획한다.
- 차선책도 준비한다.
- 장기적으로 바라본다.

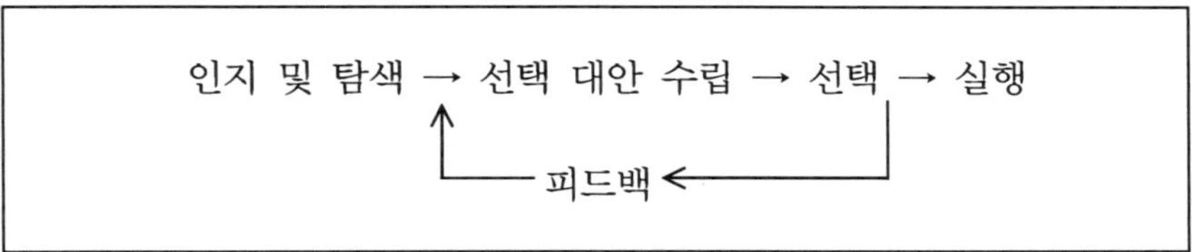

▌H. A. Simon 의사결정모형▐

3. 상인 정신

1) 상인

상인이란 형식적으로는 기업의 법률관계에서 발생하는 권리 의무의 귀속 주체를 말하고 실질적으로는 기업 활동을 영위하는 주체라고 할 수 있다. 기업은 그 자체로는 권리능력이 없으므로 기업 관계에서의 권리 의무의 귀속 주체를 결정해야 하는데 그 주체로서 형식적 의미의 상인개념이 필요하게 된다.

(1) 당연상인

자기명의로 상행위를 하는 자를 당연상인이라 한다(상법 제4조).

■ 자기명의

자기가 그 상행위에서 생기는 권리 의무의 귀속 주체가 된다는 의미이다. 이는 자기가 손익 귀속의 주체가 된다는 의미로 사용되는 자기의 계산과는 구별되는 개념이다.

■ 상행위

법률상 상행위라고 규정되어 있는 것을 말하는데, 여기에는 상법 제46조에 열거되어 있는 기본적 상행위와 신탁법 또는 담보부사채신탁법에 규정되어 있는 특별법상의 상행위가 있다. 그중 기본적 상행위가 중요한데 그 개념 요소로는 영업성과 기업성이 요구된다. 영업성이란 영리를 목적으로 동종행위를 반복하는 것을 의미하며 이는 다시 영리성, 계속성, 그리고 영업 의사의 대외적 인식 가능성 등 세 가지 요소로 구성된다. 또한 영업성이 인정되는 경우에도 오로지 임금을 받을 목적으로 물건을 제조하거나 노무에 종사하는 행위는 기업성이 없어 상행위로 인정되지 아니한다.

(2) 의제 상인

의제 상인이란 상인적 설비와 상인적 방법을 개념 요소로 하여 정의되는 상인을 말한다. 상법과 특별법(신탁법, 담보부사채신탁법)에는 기본적 상행위를 비롯하여 상행위 내용이 한정적으로 열거되어 있으므로 당연상인의 개념만으로는 발전하는 기업법률 관계에 적응하지 못할 우려가 있다. 이런 점에서 상인의 범위, 나아가 상법의 적용 범위를 확대하기 위하여 의제 상인의 개념이 필요한 것이다. 상법상의 의제 상인으로 설비상인과 민사회사가 있다. 유의할 것은 의제 상인이 되기 위해서는 법률상 상행위로 열거되지 않은 준상행위를 하되 반드시 이를 영업으로 하여야 한다는 점이다. 의제 상인도 당연히 자기명의로 영업활동을 수행하여야 한다.

(3) 소상인

자본금이 1,000만 원 미만인 상인으로서 회사가 아닌 자를 소상인이라 한다(상법 시행규칙 2조). 여기서 자본금은 회사법상의 자본금과는 달리 단순히 영업재산의 현재 가격을 뜻하는 것으로 보아야 할 것이다. 소상인에 대해서는 지배인, 상호, 상업장부, 상업등기에 관한 상법규정을 적용하지 않는데 이는 소상인의 영업 규모에 비추어 볼 때 이러한 규정의 적용을 강제하는 것이 타당하지 않기 때문이다. 상법 제9조에서 적용하지 아니한다는 것은 소상인이 그러한 제도를 이용하지 못한다는 것이 아니라 소상인이 이를 이용할 의무가 없고 또 설령 이를 이용할 때도 상법상의 보호를 받지 못한다는 의미이다.

2) 실행하는 상인 근성

미래는 경쟁이 계속 치열해질 것이며 경쟁 속에서 발전하느냐 도태하느냐는 마음가짐에 달려있다. 생존하기 위해서는 효과적이고 효율적으로 일을 해야 하며 이것이 바로 발전으로 이루어진다. 환경과 기술의 변화 및 고객의 라이프 스타일 변화에 주목하고 유연하게 대응하여 고객의 욕구를 파악하고 발굴하기 위해 노력해야 한다. 적극적인 도전정신을 발휘하고 기본에 충실하여 방침을 결정하고 실행하는 시스템을 유지하는 근성이 필요하다.

[샘 월튼 상인 정신]

① 자신의 사업에 전념하여라.
② 이익을 모든 동료와 공유하고 동료를 동반자로 대우하라.
③ 동반자들에게 동기부여를 하라.
④ 가능한 모든 정보를 동반자들에게 전달하라.

⑤ 동료들이 경영을 위해 하는 모든 일에 감사하라.
⑥ 자신이 하는 사업의 성공을 축하하라.
⑦ 구성원 모든 사람 의견을 경청하라.
⑧ 고객 기대를 넘어서라.
⑨ 비용을 경쟁자보다 낮게 하도록 노력하라.
⑩ 흐름을 거슬러 올라가라.

제2절 상권분석

1. 입지 개요

입지는 영업할 장소를 말하며 상권과 밀접한 관계가 있다. 산업별 입지 구분은 상업입지, 산업입지, 공장입지, 농업입지, 주택입지 등으로 구분된다. 특정 소매점 입지는 점포 위치가 사업 여건에 얼마나 적합한지를 말한다.

1) 상업입지

상업입지의 입지조건은 매출 수익성에 영향을 미치는 요인을 중심으로 입지를 평가한다. 상업입지 평가요인으로 지역적 요인과 개별적 요인으로 구분할 수 있다.

상업입지 지역 요인	상업입지 개별요인
• 배후지 및 고객 양과 질 • 고객 교통수단과 접근성 (퇴근 시간에 만나는 지역) • 영업 종류 및 경쟁 상태 • 해당 지역 경영자 창의와 자력 • 번영 정도 및 성쇠 상태 (상업용지 비율 2% 미만/권리금이 높은 지역) • 토지이용에 대한 공법상 규제 정도	• 전면 너비, 획지 형상, 면적, 기반 (도로와 접한 입지/ 다면 노출 입지) • 고저, 기타 전면 가로와 관계 • 번화가에의 접근성 • 고객 통행패턴 및 적합성 (왼쪽으로 도는 입지) • 인접 부동산 등 주변 상점, 부동산 상태

▮상업입지요인▮

2) 도심 입지

(1) 도시 발달

1925년 "the growth of the city"에서 미국 시카고의 실태조사를 통하여 대도시의 성장은 도시의 외연적 확대를 수반하며 그 확대 과정은 5 지대로 형성된 동심원상 형태로 설명하고 있다.

① 중심업무지구(CBD; Central Business District)

② 점이 지대

중심업무지구를 둘러싸고 있으며 이곳은 중심지에 있던 업무시설이나 경공업이 들어와 주거환경을 악화시키는 지역이다. 이 지역의 내부는 공장지대, 외부지역은 주거지역으로 이 지역을 점이 지대라 하며 여기에는 저급주택 혹은 불량주택(Slum)(공유지의 무단거주자인 squatter와 다른 점) 등이 형성되기도 한다.

③ 노동자 주택지대

점이 지대로부터 이주해온 노동자들의 주거지역이다. 이 지역은 공장에 출퇴근하는 노동자 혹은 이민 2세들이 주로 거주하는 지역이다.

④ 중·고급 주택지역

여기는 중류 이상의 단독주택 혹은 아파트가 형성되며 점이 지대 중에서 교통여건이 양호하거나 접근성이 좋은 지역에 위성도시 혹은 부도심이 형성된다.

⑤ 통근자 지대

이 지역은 도시의 경계선을 넘어 승용차로 30~60분가량 통근 범위 내에 있다. 위성도시 혹은 베드타운(Bed-town)을 이룬다.

각 지대를 내측과 외측으로 나눌 때 내측은 외측 지역으로 침입함으로써 지역을 확대하는 경향이 있다. 도시 성장의 확대 과정은 침입과 점이 과정뿐만 아니라 집중화(Concentration)와 분산화(Decentralization)이다. 이처럼 도시의 일부 지역이 집중 또는 분산체계(Centralized or decentralized system)로 재편되는 과정을 볼 수 있다. 도시 변화는 사회조직 혹은 인간의 형태에 따라 변화될 수도 있다. 도시 확대는 개인과 집단을 거주지별, 직업별로 분화, 재배치시킨다. 도시 성장은 이동성을 확대한다.

(2) 도심 입지

전통적으로 형성된 도심 상업지역으로 계획적인 신도시와는 다르게 복잡하게 조성되어 있다는 특징이 있다.

■ 도심지 특징

① 대중교통이 발달하여 있고 지가가 높다.
② 상업발달로 유입인구가 많다.
③ 고층건물과 과밀화된 상업지역이다.
④ 중심지로 이동에 심각한 교통난이 있다.
⑤ 행정기관, 금융기관, 백화점, 고급음식점 등이 밀집되어 있다.

(3) 중심지

도로를 따라 이동하면 어떤 규칙을 가지고 발달하는 것을 볼 수 있다. 큰 도시들과의 거리는 길고 작은 도시 간의 거리는 짧은 규칙성을 발견된다. 크리스 탈러(Walter Christaller)는 도시들을 연구하는 가운데 이와 같은 현상을 발견하고 중심지이론을 정립하였다. 중심지이론은 마을이나 점포 규모와 공간적 배열 상태를 설명해주고 있다.

중심지 : 주변 지역에 재화와 용역을 공급하는 기능
최소요구치 : 중심지 기능이 유지되기 위한 최소한의 수요, 인구수
성립 조건 : 최소요구치가 재화의 도달 범위 내에 있어야 한다.

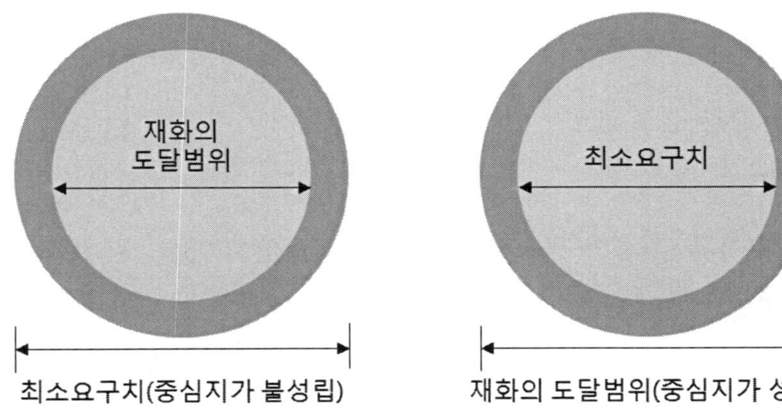

▌최소요구치와 재화의 도달 범위 간의 관계▐

3) 점포 종류와 입지

(1) 입지유형별 점포

① 공간 균배 원리

경쟁점포들은 상호경쟁을 통하여 공간을 서로 균등히 배분하여 입지한다는 이론이다.

② 집심성 점포

배후지의 중심부에 입지하며 재화의 도달 범위가 긴 상품을 주로 취급한다. 백화점, 고급음식점, 보석가게, 고급의류점, 대형서점, 영화관 등이 있다.

③ 집재성 점포

업무의 연계성이 크고 상호 대체성이 큰 점포끼리 한곳에 입지한다. 가구점, 중고서점, 전자제품, 관공서 등이 있다.

④ 산재성 점포

배후지가 작으므로 분산입지 하는 것이 유리하며 재화의 도달거리가 짧은 상품을 주로 취급한다. 미용실, 세탁소, 대중목욕탕, 소매점포 등이 있다.

⑤ 국부적 집중성 점포

어떤 특정 지역에 동업종끼리 국부적 중심지에 입지하여야 유리하다. 건축 자재점, 조명기구점, 가구점 등이 있다.

⑥ 배후지가 넓고 수요탄력성이 크면 분산 입지한다.

(2) 상품에 따른 점포 종류

① 편의품점

일상 생활필수품을 판매하는 점포를 말한다.

② 선매품점

고객이 상품가격, 스타일, 품질 등을 여러 상점과 비교하여 구매하는 것을 말하며 선매품점이란 그러한 상품을 주로 판매하는 점포를 말한다.

③ 전문품점

고객이 특수한 매력을 찾으려 하며 구매를 위한 노력을 아끼지 않고 가격수준도 높으며 유명브랜드를 갖춘 점포를 말한다.

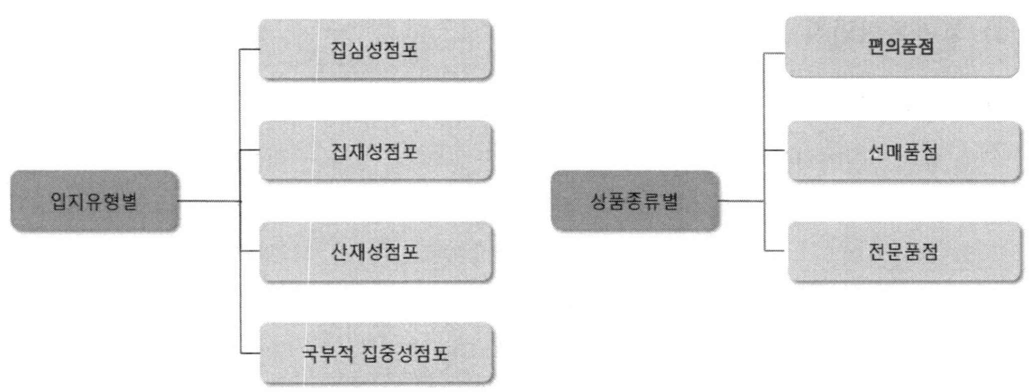

▮입지 상품 종류에 따른 분류▮

2. 도심 입지와 노면독립입지

1) 도심 입지(중심상업지역: CBDs)

중심상업지역은 전통적인 도심 상업지역이며 계획성보다는 무계획성으로 인하여 밀집된 것이 특징이다. 다양한 상업활동으로 인해 많은 사람을 유인하며 접근성이 높은 지역이다. 지가(地價)와 임대료가 비싸다. 대중교통의 중심지이고 도보 통행량이 많다. 또한, 교통이 혼잡하다. 건물의 고층화, 과밀화로 토지이용이 집약적이다.

2) 상업입지

상업활동이 이루어지는 장소 또는 그 범위를 말하는 것으로 요즈음에는 상권이나 시장의 세력권과 관련해서 파악하게 되어 그 의미가 확대되었다. 그리고 관광사업 등에 대해서는 관광입지라고 해서 별개로 받아들이는 경우가 많다. 상업입지 대상은 도매업에서 소매업까지 백화점, 대형 슈퍼마켓에서 구멍가게까지 다양하다. 상품현물을 취급하지 않는 보험업, 증권업, 광고업이나 공적 성격의 거래소 또 각종 대리점의 입지도 포함한다. 상업입지 조건은 그 땅의 사회적·경제적 성격, 상업 집적(集積)상태, 배후지의 인구와 경제력, 소비자의 생활상태, 교통편의, 자연적·기후적 조건, 장래의 개발 계획 등이다. 입지의 좋고 나쁨에 따라 이용자, 구매자의 행동의향이 직접 좌우될 뿐 아니라 그 지역의 성쇠에도 영향을 주므로 적정한 배치가 필요하다. 또 입지조건은 시간에 따라 변하므로 현재 상황만이 아니라 장래를 예견해서 선정해야 한다.

3) 노면독립입지

(1) 개념 및 의의

① 노면독립입지란 여러 업종의 점포가 한곳에 모여 있는 군집(群集)입지와 달리, 전혀 점포가 없는 곳에 독립하여 점포를 운영하는 형태이다.

② 독립지역은 다른 소매업체들과는 지리적으로 떨어진 지역이며 통상적으로 독립지역에 있는 소매점은 다른 소매업체들과 고객을 공유하지 않는다.

③ 노면 독립입지는 다른 소매업체와 연결되지 않는 입지이다. 창고클럽 등 대형 소매업체와 전문점이 종종 독립입지에 자리 잡는다.

(2) 노면독립입지에 적합한 업종

① 다른 업체와 비교우위에 있는 확실한 기술력을 보유하고 있는 전문성이 있는 업종이 적합하다.

② 다른 업체와 비교하여 뛰어난 마케팅력을 보유하고 있으며 충분히 능력을 발휘할 자신이 있는 업종이 적합하다.

③ 대규모 자본을 투자하여 다른 업체와 확실한 비교우위를 설정하여 고객 스스로 찾아올 수 있도록 할 수 있는 서비스와 시설 규모가 갖춰진 업종이 적합하다.

④ 할인점이나 회원제 창고점처럼 저비용·저가격 정책을 펴야 하는 경우 적합하다.

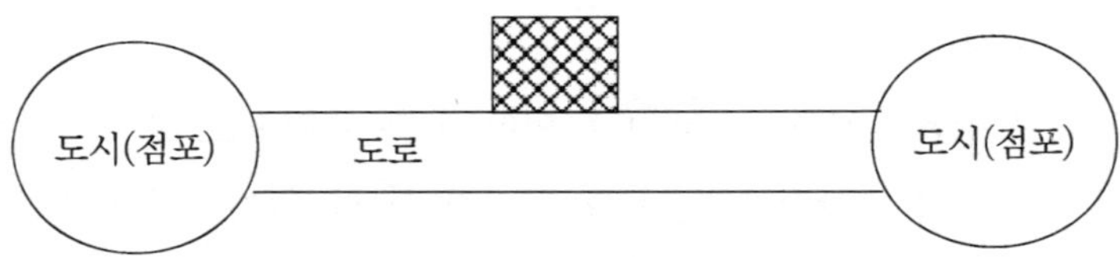

(3) 장점

① 임대료가 저렴하다.

② 가시성이 크다.

③ 직접적인 경쟁업체가 없다.

④ 주차 공간이 넓다.

⑤ 점포확장이 쉽다.

⑥ 고객을 위한 편의성이 크다.

⑦ 영업시간, 간판, 상품에 대한 규제가 적다.

(4) 단점

① 고객특성은 오직 그 점포만을 생각하고 방문하기 때문에 고객유치가 곤란하다.
② 다른 점포와 시너지 효과를 얻기 어렵다.
③ 고객을 지속해서 유인하기 위해서는 가격, 홍보, 상품, 서비스 등을 차별화해야 하므로 비용적인 측면에서 증가한다.

(5) 노면독립입지 선택

① 독자적 상권개척 경우

점포 신설 지역에서 창업 품목이나 업종에 대해 새로운 경영환경을 창조하고 고객층을 새로 형성시키기 위한 공격적 마케팅전략을 수립하여 확장 위주 경영계획을 추진하여야 한다.

② 기존 상권에 진입하는 경우

이미 형성되어 있는 상권의 분위기에 적절히 대응하고 고객 기호와 요구에 적응하기 위한 마케팅을 통해 기존 고객을 신설 점포로 흡인하는 전략이 중심이 되므로 신설 점포 차별성을 부각하기 위한 점포 면적, 점포 간 거리는 물론 광고, 홍보전략도 달라야 한다.

3. 상권

1) 상권

상권은 상업상 영업행위를 하는 공간 범위로 소매점에서 상권은 한 점포가 고객을 집객할 수 있는 지역의 범위를 말한다. 그러므로 상권은 점포 취급상품에 대한 구매력을 추정하고 점포 예상 매출 근거를 제공하며 마케팅 활동 범위를 결정하는 중요한 역할을 한다. 상권 분류방법 중 점포와 이동 거리 및 구매력에 따라 전체 고객거주지 분석을 통하여 60~65%가 거주하는 범위를 1차 상권, 30%가 거주하는 범위를 2차 상권, 5~10%가 거주하는 범위를 3차 상권으로 구분할 수 있다. 상권분석은 미래 잠재수요를 반영하는 예상 매출액 추정, 고객지향 마케팅전략 수립, 입지전략을 전개하는 데 필수적이다.

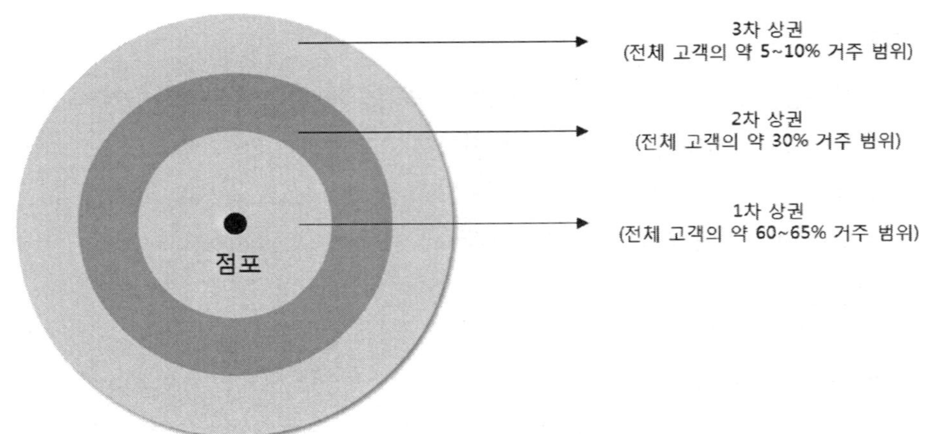

구분	1차 상권	2차 상권	3차 상권
점포	소매점 매출 또는 고객 수 60~65% 정도 이상을 점유하는 고객 거주 범위	1차 상권 외곽으로 매출 또는 고객 수 30% 정도 이상을 점유하는 고객 거주 범위	2차 상권 외곽으로 매출 또는 고객 수 5~10% 정도 이상을 점유하는 고객 거주 범위

▮상권 범위 설정▮

(1) 상권 설정 방법

① 산이나 하천 등 지형의 형태에 따라 거주 장애 지역을 고려, 고객 거주 범위를 예상하여 설정한다.

② 교통조건을 고려, 도보상권, 버스상권, 지하철상권 등을 예상하여 설정한다.

③ 상권 경쟁 관계를 고려하여 상권 경계가 되는 지점을 결정한다.

④ 방문(현장)조사, 통행조사 등을 실시, 실제로 구매하러 오는 범위를 파악하여 결정한다. 방문/ 현장조사의 방법을 통하여 상권을 결정하는 것이 일반적인 방법이다.

구분	항목	세부내용
입지분석	시장 환경 시장잠재력	– 교통인구 – 소매업 현황, 주변 경쟁상황 – 건물 입지와 건물 내 입지 현황
상권분석	유동객 상권데이터	– 통행량 조사 – 상권 내 거주자 분석 – 상권 내 이용고객 조사
경쟁분석	경합	– 매장면적/ 매출액 조사 – 취급상품/ 가격 정책
고객조사	구매 동향	– 소비자 구매 행동 – 소비자 라이프 스타일

구분	항목	세부내용
점포조사	점포 환경	– 점포 전면 길이 – 전면 도로 사정 – 점두 사용 가능 정도(후방 공간 사용) – 상가 노후 정도 – 전기 인입 용량 – 점포 불법 여부 – 점포 처분 가능성
매출추정	점포매출 투자회수	– 시장조사, 경쟁분석을 통한 추정 – 모델점 분석을 통한 추정 – 투자 회수 기간 점검 – 기대 수익률 분석 – 매매가격, 임차료, 권리금 수준 – 주변 점포 임차료, 과거 임차료

▌상권 현장 조사 사항▌

(2) 구체적 상권분석 방법

① 기술적 방법

㉠ 체크리스트 방법

상권에 영향을 미치는 요인들인 상권 내 입지특성, 고객특성, 경쟁구조를 조사하여 평가를 통하여 시장잠재력을 측정하는 방법이다. 체크리스트 방법은 이해하기 쉽고 비용이 저렴한 장점이 있지만, 주관적인 분석이 될 수 있다.

㉡ 유추법

신규 점포 매출추정 시 자사의 점포 중 신규점 입지와 비슷한 경쟁 및 점포 특성을 반영하여 매출액을 측정하는 방법이다.

② 규범적 모형

㉠ 중심지이론

이동 거리가 점포선택에 큰 영향을 미치는 점이 고려되는 것이다. 점포와 근접한 지역에 가장 고객이 많고 거리가 멀어질수록 고객이 감소하는 것을 실증하여 확인할 수도 있다. 거리가 멀어질수록 고객이 감소하는 것을 거리소멸 효과라 하며 이는 지리적으로 가까울수록 점포를 많이 선택한다는 것을 말해주는 것이다. 거주지를 통한 상권분석 방법의 대표적인 것은 소비자 분포기법이다. 애플봄(W. Applebaum)은 1966년에 고객들의 실제 분석 데이터를 기준으로 거주지, 매출액, 구매품목을 활용하여 1차 상권과 2차 상권의 범위를 구분하는 소비자 분포 조사를 하여 상권분석을 하였다(Customer spotting map).

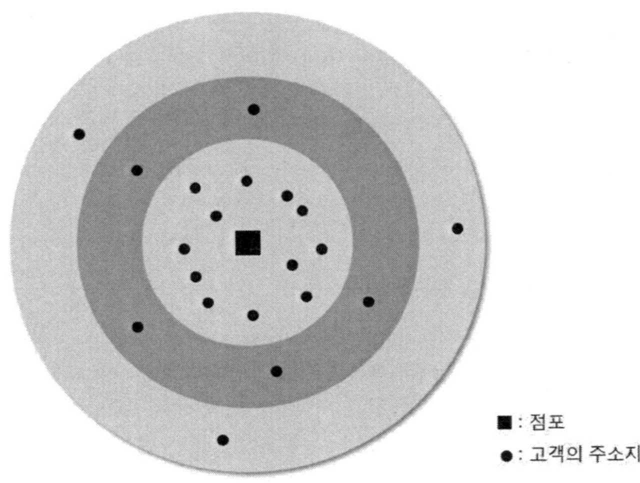

▌고객거주지 분포▐

㉡ 소매중력 법칙

거리와 거주지 내 인구를 고려한 이론이다. 레일리(W. J. Reilly)는 1929년에 만유인력의 법칙을 원용하여 도시 세력권이나 점포 상권을 측정할 수 있는 소매중력 법칙을 도출했다. 두 경쟁적인 도시가 도시 중간에 있는 소규모 도시로부터 흡입력은 인구에 비례하고 각 도시와 중간 도시 간의 거리 자승에 반비례한다는 이론이다. 소매업 중력 법칙에 의하면 많은 인구 도시가 매력도가 있어 원거리 고객들도 흡인한다는 것이다. 또한, 핵심적 사항으로 상가들 사이 집적이 상가 매력도를 증가시키는 경향을 보이는 것으로 두 상가 경계는 두 상가 중심 간의 거리와 크기에 의해 결정된다는 이론이다.

레일리의 법칙은 인구가 많은 대도시 (A)와 인구가 적은 소도시 (B), 그리고 도시 중간에 있는 중간지점 (C) 도시가 존재한다고 가정한다. 상업시설이 없는 중간지점에 거주하고 있는 사람들이 대도시와 소도시로 어느 정도의 비율로 각각 흡인되는지를 설명한다. 이 두 도시로 흘러가는 도시 (C)의 소매판매량 비율은 "도시 A와 도시 B의 인구에 비례하고, 도시 A와 도시 B까지의 거리 제곱에 반비례한다."

$$\frac{Ba}{Bb} = \left(\frac{Pa}{Pb}\right)\left(\frac{Db}{Da}\right)^2$$

Ba: A 도시 상권영역

Bb: B 도시 상권영역

Pa: A 도시 인구

Pb: B 도시 인구

Da: A 도시와 분기점까지 거리

Db: B 도시와 분기점까지 거리

▌레일리 이론 상권공식▐

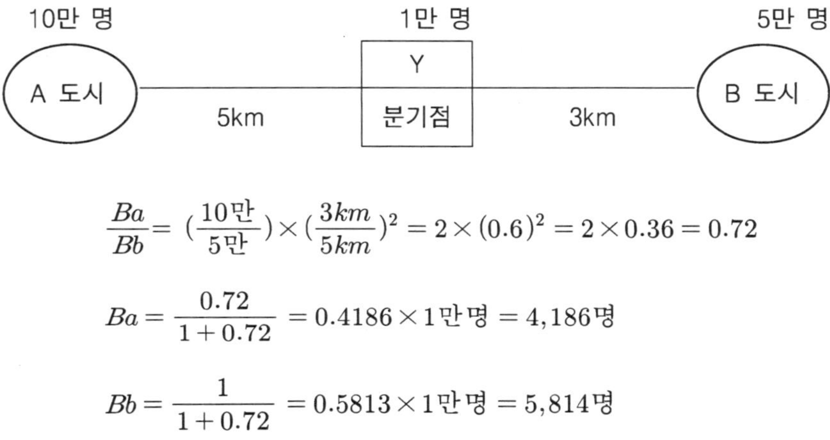

$$\frac{Ba}{Bb} = (\frac{10만}{5만}) \times (\frac{3km}{5km})^2 = 2 \times (0.6)^2 = 2 \times 0.36 = 0.72$$

$$Ba = \frac{0.72}{1+0.72} = 0.4186 \times 1만명 = 4,186명$$

$$Bb = \frac{1}{1+0.72} = 0.5813 \times 1만명 = 5,814명$$

▌레일리 소매인력 법칙 상권▐

(3) Huff 모형

점포 크기와 시간과 거리를 고려하여 점포 선택확률이 결정된다는 것이다. 허프는 상권 크기를 거주지에서 점포까지 교통 시간을 고려하여 모형을 제시하였다. 허프(Huff) 모형은 거리가 가깝고 매장면적이 큰 점포가 더 큰 효용을 가져온다는 것이다. 즉, 효용의 상대적 크기를 상업 집적의 면적 규모와 거리에 따라 결정된다는 모델이다. 소비자들은 한 점포 이상을 방문할 수 있고 특정 점포방문은 고려된 모든 점포 중에서 효용이 가장 높은 점포 선택확률로 다음과 같이 표현된다.

$$P_{ij} = \frac{\frac{S_i}{T_{ij}^{\lambda}}}{\sum_{k=1}^{j} \frac{S_i}{T_{ij}^{\lambda}}}$$

P_{ij} : 거주지구 i에 거주하는 소비자가 점포 j에 구매하러 갈 확률

S_j : 점포 j의 규모 또는 특정 상품계열에 충당되는 매장면적

T_{ij} : 소비자 거주지구 i로부터 점포 j까지 소요시간이나 거리

n : 점포 수

λ : 점포를 방문하는 데 걸리는 소요시간이 쇼핑에 어느 정도 영향을 주는지를 나타내는 매개변수

사례로 설명하면 Y 지역에서 거주하는 소비자가 A, B, C 세 곳의 쇼핑센터로 가는데 걸리는 시간을 각각 10분, 15분, 15분이라고 가정한다. 각 쇼핑센터의 매장면적을 A는 4,000㎡, B는 1,000㎡, C는 5,000㎡라고 할 때 Y 지역의 소비자가 세 곳의 쇼핑센터에 가는 확률은 다음과 같이 산출된다. 여기서 λ의 값을 편의상 1로 하였다.

【허프모델 사례】

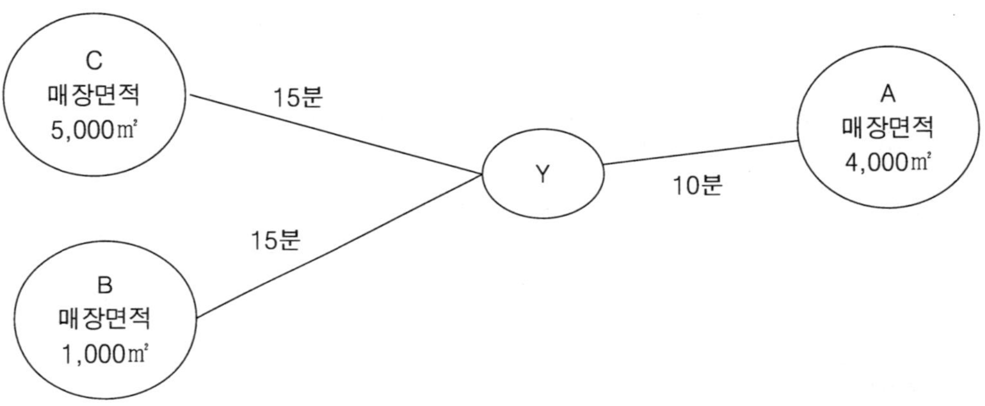

- A로 가는 확률 = $P_{ac} = \dfrac{\frac{4}{10}}{\frac{5}{15}+\frac{4}{10}+\frac{1}{15}} = 0.500 = 50\%$

- B로 가는 확률 = $P_{ad} = \dfrac{\frac{1}{15}}{\frac{5}{15}+\frac{4}{10}+\frac{1}{15}} = 0.08 = 8\%$

- C로 가는 확률 = $P_{ab} = \dfrac{\frac{5}{15}}{\frac{5}{15}+\frac{4}{10}+\frac{1}{15}} = 0.417 = 42\%$

산출한 값에 의하면, 쇼핑센터 A로 가는 확률은 50%, B로 가는 확률은 8%, C로 가는 확률은 42%가 되며 순서는 A > C > B가 된다.

2) 상권 구매력

상권이 설정되면 다음 단계로 구매력을 추정한다. 구매력은 점포 규모를 결정하는 요소가 되며 구매력 추정 방법은 아래와 같다.

(1) 구매력지수(BPI : buying power index)

구매력지수는 상권 구매력을 측정하는 지표이다. 이 지수는 인구, 소매 매출액, 유효소득을 이용하여 산출한다. 이 지수가 높을수록 상권 구매력이 높다. 이 지수는 특정 가격에 판매되는 상품 판매 잠재력을 예측하는데 매우 유용하게 활용할 수 있다.

$$\text{BPI} = (\text{인구} \times 0.2) + (\text{소매 매출액} \times 0.3) + (\text{유효소득} \times 0.5)$$

이를 보다 현실적으로 적용하면 인구가중치 대신 점포 목표 고객의 인구가중치를, 총소매 매출 가중치 대신에 자사와 유사한 점포매출 가중치를 이용하여 BPI를 산출해야 한다.

사례로 목표시장이 40~50세이고 유효 구매소득이 5,000만 원으로 가정할 때 점포의 BPI는 다음과 같다. 가중치는 그 소매업종의 매출 예측에 대한 기여도에 따라 연령에 0.5, 유효구매소득에 0.3, 매출에 0.2의 가중치를 구하여 산출한 것이다.

$$\text{BPI} = 0.5 \times \frac{\text{상권 지역의 } 40-50\text{세 인구}}{\text{전체 } 40-50\text{세 인구}}$$

$$+ 0.3 \times \frac{\text{상권 지역 소득 5,000만 원 이상인 가구 수}}{\text{5,000만 원 이상인 가구 수}}$$

$$+ 0.2 \times \frac{\text{상권 지역 내동일 소매업종 총매출액}}{\text{동일 소매업종 총매출}}$$

(2) 판매활동지수(SAI: sales activity index)

판매활동지수는 다른 지역과 비교하여 특정 지역 내의 1인당 소매 매출액을 나타내는 지표이다. 이 지수가 높다는 것은 그 지역의 비거주자에 의한 구매가 많다는 것을 의미한다. 그러나 이 지수를 100% 신뢰할 수는 없다. 높은 수치가 비거주자의 구매력, 특정 기업체의 대량구매, 소수 거주자의 대량구매 등의 영향을 받고 있는지도 모르기 때문이다.

$$\text{SAI} = \frac{\text{총 소매 매출액 중 상권 지역 비율}}{\text{총 인구 중 상권지역 비율}}$$

(3) 소매포화지수(RSI; retail saturation index)

소매포화지수는 특정 시장 내에서 주어진 상품계열에 대한 점포 면적 당 잠재적인 매출액을 나타내는 지표이다. 이것은 상권분석에서 중요하게 여기는 소비자 수요와 경쟁 공급량을 포함하고 있다. 근본적으로 이 지수는 특정 상권 내의 소비 능력과 판매능력을 의미한다.

$$\text{RSI} = \frac{(\text{지역 해당 상품 소비자수}) \times (\text{지역 해당 상품 소비자 지출액})}{\text{상권 지역 내의 해당 상품에 할당되는 총 점포면적}}$$

RSI가 낮으면 상권 지역의 수요에 비해 점포 수가 많다는 것을 의미하고, RSI가 높으면 상권 지역은 입지로 매력도가 높다는 것을 의미한다.

구매력지수가 아무리 높다고 하더라도 이미 상권 내 경쟁 강도가 높다면 점포 입지로 부적합하며 반면에 구매력지수가 낮다고 하더라도 그 지역 내의 경쟁 강도가 낮은 수준이라면 적합한 입지라고 할 수 있다.

(4) 시장확장 잠재력(MEP: market expansion potential)

시장확장 잠재력은 특정 상권 매력도를 분석하는 방법이다. 현재 시장 상황을 반영하는 것이 소매포화지수이기 때문에 기존 점포가 소비자 욕구를 만족시키지 못하고 있다면 많은 점포가 존재할지라도 경쟁력을 보유하고 있는 점포 출점이 가능하다. 상권 지역 내 점포 상품 구색이나 서비스, 가격 등에 만족하지 못하는 소비자들은 다른 지역으로 쇼핑하러 나가기 때문에 경쟁력을 보유하고 있는 점포에서는 신규 점포를 출점하여 외부지역으로 쇼핑하러 유출되는 소비자들을 끌어들일 수 있다.

시장확장 잠재력 산출방법은 외부지역에서 쇼핑 정도를 이용할 수 있고, 이는 외부지역에서 해당 상권 거주자들이 구매한 금액으로 산출한다.

소매포화지수(RIS)	시장확장 잠재력 (MEP) 고	시장확장 잠재력 (MEP) 저
고	현재 경쟁은 낮고 시장 확장력이 높은 곳	현재 경쟁은 낮고 시장 확장력도 낮은 곳
저	현재 경쟁은 높고 시장 확장력도 높은 곳	현재 경쟁은 높고 시장 확장력은 낮은 곳

▌시장확장 잠재력과 소매포화지수 매트릭스 분석▐

3) 상권 수명주기

사람이나 상품에 수명주기가 존재하는 것처럼 상권도 수명주기가 있고 업종 수명주기가 있다. 따라서 상권 분석할 경우 상권 수명주기와 상권 내 업종 수명주기를 고려한 분석이 필요하다.

(1) 성장 상권

상권은 고정된 것이 아니라 유동적이므로 향후 도시계획, 재개발, 재건축, 관공서 및 대학, 아파트 입주, 전철 개통 등 환경요인에 의해 변화한다.
상권 성장 요인은 아래와 같다.

① 아파트 입주 시작
② 전철역 신설(반경 200m 이내)
③ 버스정류장/ 건널목 신설
④ 대학, 관공서 이동
⑤ 상업지역으로 변경
⑥ 도보, 주차 편리성
⑦ 지역 최대 주차, 편의성
⑧ 독립적인 상권으로 유출이 어려운 상권

(2) 쇠퇴상권

재개발 시작, 주변 지역에 신도시 개발, 대학, 관공서 등 이전은 상권이 쇠퇴하는 결과를 초래할 수 있다. 특히 상권 쇠퇴 원인은 아래와 같다.

① 주변 통행인구가 감소한다.
② 번성하는 점포가 없다.
③ 빈 점포가 많아지고 있다.
④ 같은 업종이 출점 후 빈번한 폐점이 있다.

제3절 입지 선정

1. 입지 선정 의의

1) 입지와 입지 선정

입지(location)는 주택, 공장, 점포 등이 있는 장소로서 점적 개념이다. 상권분석이 공간적인 면(面)적인 분석이라고 한다면, 입지분석은 점(点)적 분석이라고 할 수 있다. 입지 선정은 입지 주체가 추구하는 입지조건을 갖춘 토지를 발견하는 것으로 동적 개념이며 공간적 개념을 말하며 또 주어진 부동산에 관한 적정한 용도를 결정하는 것도 이에 해당한다. 입지 선정 시 업종과의 부합성을 반드시 검토하여야 하는데 일반적으로 좋은 입지라고 보는 것도 업종과 부합되지 않으면 나쁜 입지가 된다. 입지 선정이 잘못되면 경영 관리상 노력 낭비를 가져와 사업실패를 초래하게 되므로 입지는 사업 성패를 결정하는 중요한 변수로 작용하게 된다.

2) 입지조건 구성요소

(1) 인구

인구는 그 지역 행정 인구를 가리킨다. '중심지이론'에 의하면 거리의 흡입력은 인구와 매장면적 합계에 의해 결정된다. 거리의 흡입력도 인구에 비례해서 커지므로 더욱 넓은 면적을 가진 매장일수록 점포 운영에 적당한 인구를 유도할 수 있다.

(2) 교통수단

교통수단은 고객이 점포까지 오기 위한 도로망 및 전철, 버스 등을 말한다. '더욱 쉽게, 빠르게 도착 가능한 곳일수록 내점률이 높아진다.'라는 중심지이론에 따라 교통수단이 편리할수록 고객 흡입력이 높아진다.

(3) 상업 중심성

상업 중심성은 인구와 그 지역 내 점포의 매장면적에 좌우된다. 같은 조건을 가지고 있을 때 점포 면적의 합계가 5천 평인 상권보다 1만 평인 상권이 흡입력이 더 높다고 할 수 있다. 따라서 그 상권 인구도 주변 지역 일부를 포함하여 더욱더 크게 형성된다.

3) 소매입지이론(R. L. Nelson)

넬슨은 점포가 최대 이익을 창출하는 장소에 자리 잡기 위한 8가지 원칙을 제시하였다.

(1) 넬슨 이론 개념

넬슨은 소매인력 법칙을 보완하여 매장면적과 거리 외 점포의 물리적 속성에 해당하는 다른 요인도 흡인력에 영향을 미치고 있다고 보았다.

(2) 넬슨(R.L Nelson) 입지 선정 8가지 평가방법

	구 분	내 용
①	잠재력	- 현재 관할 상권 내에서 취급하는 상품, 점포 또는 유통단지의 수익성 확보 가능성
②	접근 가능성	- 관할 상권에 있는 고객을 자점으로 끌어들일 가능성
③	성장 가능성	- 인구증가 또는 소득수준 향상으로 시장규모 또는 자점 또는 유통단지의 매출액이 성장할 가능성
④	중간 저지성	- 기존 점포 또는 유통단지가 고객과의 중간에 위치하여 기존 점포로 접근하는 고객을 중간에서 차단할 수 있는 정도
⑤	누적적 흡인력	- 점포가 많이 몰려있어 고객을 끌어들일 가능성 - 사무실, 학교, 문화시설 등이 인접해 있어 고객을 끌어들일 가능성
⑥	양립성	- 상호 보완관계가 있는 점포가 있어 고객이 흡입될 가능성
⑦	경쟁 회피성	- 경쟁점 입지, 규모, 형태 등을 고려하여 자점이 기존 점포와의 경쟁에서 우위를 확보할 가능성 - 장래 경쟁점이 신규 입점함으로써 자점에 미칠 영향 정도
⑧	경제성	- 입지 가격 및 비용 등으로 인한 수익성 및 생산성 정도

▮입지 선정 8가지 평가방법▮

4) 상업지 입지조건

(1) 사회적·경제적 조건

① 배후지 및 고객 양과 질

배후지를 상권 또는 시장 지역이라고도 하며 상업활동은 고객을 상대로 하므로 그들이 존재하는 배후지가 가장 중요하다. 따라서 인구 밀도와 지역 면적이 크고, 고객 소득수준이 높아야 유리하다.

② 고객 교통수단과 접근성

상점가는 고객 교통인구가 많은 곳이 좋다. 교통인구는 단순한 통과인구가 아닌 고객 인구여야 한다. 배후지가 아무리 잘 발달하여 있고 소득이 높다 하더라도 교통수단이 발달하여 있지 않으면 고객을 흡인할 수 없으므로 접근성이 나빠서 불리할 수 있다.

③ 번영 정도

당해 지역이 지역 사이클로 볼 때 어떤 국면에 있으며 현재 얼마나 번영하고 있는가를 살펴야 한다. 당해 지역의 지가 수준, 임대료 수준, 매출액, 교통량, 입지 경쟁 등 상태를 파악하면 이를 알 수 있다.

(2) 물리적 조건

① 가로 구조

동서로 된 가로는 서쪽이 유리, 커브를 이룬 가로의 경우는 내부 쪽이 유리, 역이나 정류장 등을 향한 가로는 우측이 유리, 비탈길의 경우에는 하부가 유리하다. 다만 업종에 따라 다를 수 있다.

② 가로 길이

가로 길이가 500m 이상 직선인 경우는 상가로서 유리한 위치가 못되지만, 100m 이내에서 끊어지는 경우도 불리하다.

③ 일일 교통인구

5,000~6,000명 정도, 보행인구 + 자동차 인구 = 약 10,000~12,000명

④ 접면 너비(바깥 길이)

상품 전시를 위하여 될 수 있는 대로 가로와 접한 폭인 바깥 길이가 넓은 것이 유리하며 가로 폭은 지나치게 넓지도 좁지도 않은 것이 유리하다.

⑤ 지반 고저

주거지는 가로보다 낮으면 마이너스 요인이 되고, 상업지는 가로보다 높으면 마이너스 요인이 된다.

5) 주거지 입지조건

(1) 주거지 자연조건

① 지형

남동은 트이고 완만한 경사, 북서쪽은 차가운 계절풍을 막아주는 산·숲이 좋다. 또 앞이 낮고 뒤가 높은 곳이 좋다.

② 지세

언덕바지나 절벽 밑은 붕괴 위험이 있고, 바람받이가 되며, 그늘이 지기 쉬워

불리하고, 우뚝 솟은 봉우리는 바람받이가 되어 나쁘고 움푹 파여 들어간 소형 분지도 나쁘다.

③ 토지 성질과 지질, 지반의 상태

집터는 생땅(生地)이, 지질은 습도를 알맞게 보존할 수 있는 점토와 모래흙이 적당히 섞인 토양이 좋다.

④ 기상 조건

풍향, 강수량, 일조 시간, 기온과 습도 변화 파악은 주택 쾌적성을 좌우한다.

(2) 사회적·행정적 조건

① 공해, 위험, 혐오시설 여부

공해, 위험시설(변전소, 가스탱크 등), 혐오시설(오물 처리장, 쓰레기 처리장 등), 공장 인접지, 공항, 고속도로, 철도, 번화가 등 인접지는 주거지 조건에 부적합하다.

② 도로, 교통여건

도로 및 교통 접근성을 고려하여야 한다.

③ 공공시설 정비 상태

교육시설, 의료시설, 문화시설, 구매시설, 스포츠시설, 가스공급 처리시설 여부, 주차문제, 전파장애 등을 고려해야 한다.

④ 공법상 규제 상태

각종 공법상 규제를 고려한다.

⑤ 지역 사회적 환경

거주자 지위, 직업, 소득, 연령 등을 고려한다.

6) 공업 입지조건

(1) 시장지향형 입지

① 부패성이 심한 제품, 신선도 유지가 필요한 상품인 경우이다.
② 중량이나 부피가 늘어나는 산업, 교통비용을 절감해야 하는 경우이다.
③ 재고 확보가 필요한 상품, 소비자와의 접촉이 많이 필요한 상품인 경우이다.
④ 원료가 단순·동일하고 무게가 무거우며, 생산에 필요한 원료가 복잡한 상품인 경우이다.

(2) 원료지향형 입지

① 원료 생산지에 자리 잡아 생산 활동을 하는 산업을 말한다.
② 특정한 장소에서만 생산되는 원료인 편재 원료를 많이 사용하는 공장에 적절하다.
③ 총비용 가운데 수송비가 절대적으로 많은 비중을 차지한다.
④ 중량 감소 산업(시멘트, 제련 공업 등)과 부패하기 쉬운 원료 물품을 생산하는 공장(통조림, 냉동 공업 등)은 원료 산지에 자리 잡아야 한다.

(3) 노동지향형 입지

① 수송비와 노동비 절약이 균등한 비용 곡선상의 최소 노동비 지점에 위치한다.
② 전자, 인쇄, 출판업, 섬유, 신발, 합판업 등에 적절하다.

2. 도·소매 입지

1) 입지 중요성

소매점은 '입지산업'이라고 할 만큼 입지조건이 중요한 전략적 결정요인이며 위치에 따라 매출이나 이익이 좌우되기 때문에 점의 위치는 사의 성공 여부에 중요한 역할을 한다. 기업이 일단 점포 입지를 결정하게 되면 입지 변경을 하기 쉽지 않고 부적합한 입지로 인한 불이익을 극복하기 어렵다. 또한, 막대한 투자를 장기적으로 하여야 하므로 선정되는 입지는 최대한 투자수익률과 이익을 보장해 줄 수 있어야 한다. 유통시설 입지 결정은 입지조건에 따라 유통전략 믹스상의 다른 요인들에도 큰 영향을 준다. 예를 들면 업무 중심지와 같이 사무실이 많은 도심지에 자리 잡은 소매점 경우, 주말에 보행자 통행량이 줄어들어 부부가 공동으로 결정하여 구매하는 품목, 예컨대 가전제품과 같은 상품은 취급할 수 없게 된다. 소매에 대해 논의를 할 때 신규 점포의 입지선택을 강조해 왔지만, 그 문제는 훨씬 더 크다. 한 시기에는 좋았던 장소라도 점차 좋지 않게(혹은 오히려 더 좋게) 되는 수가 있다. 입지가 현재의 기대를 만족하게 하고 있는지, 그리고 미래의 목적에도 부합될 수 있는 것인지 결정하기 위해서는 자주, 그리고 정기적으로 평가되어야 한다. 입지의 효용은 영원한 것이 아니다. 한 시기의 좋았던 장소라도 시간이 흐름에 따라 나빠질 수 있다. 전형적으로 상점은 3단계 수명주기(상승 → 절정 → 쇠퇴)를 보인다. 상승과 쇠퇴 단계는 매우 가파르거나 혹은 완만하게 되고, 절정 단계는 길게 혹은 짧게 지속할 수도 있다. 그러므로 소매업자들은 항상 입지 문제에 부딪히게 된다. 입지의 중요성은 아무리 강조해도 지나치지 않다. 좋은 점포를 구하려면 상권 전체의 특성을 파악해야 하고, 상권 전체의 특성을 파악하고 난 후에 개개 점포의 입지조건을 분석하여 입지의 좋고 나쁨을 가려야 한다.

2) 입지 선정 시 고려 요인

(1) 도시 상권 내 소비자 인구 및 성격

필수 평가요소로는 지역 상권 내 소비자 수, 직업, 연령(연령층), 소득·구매력, 세대 구성원, 주택 소유율, 차량 보유 등 인구통계학적·경제적 분석 상황을 고려하여야 한다. 중요한 선정요인으로는 도시 상권 내 소비자 구매습관, 구매 행동특성 등을 고려한다.

(2) 도시 발전성

인구나 소득증가지역, 교통정비가 발전하는 지역 등인지 살펴본다. 도시산업 형태와 성질도 밀접한 관계가 있으므로 검토가 필요하다.

(3) 도시 교통상황

교통망, 도시 상권 동향 등은 커다란 선정요인이 된다. 교외형 대규모 소매점, 쇼핑센터 등 광역상권 대상의 상업시설은 해당 도시 내부 근접성뿐만 아니라 근린지역 접근 편리성이 입지상 중요한 요인이 된다.

(4) 도시 상업경쟁 상황

소매점 총수나 업종·업태를 검토한다. 도시 간 경쟁은 다른 도시 상업 집적 간 경쟁상황을 검토한다. 도시 내 경쟁은 출점할 해당 점포와 같은 업태의 수와 그 영업 동향 등을 파악한다.

(5) 도시의 법제 규제 매장면적, 영업일, 영업시간 등 영업과 관련된 법규 제도를 살펴보아야 한다.

(6) 기후, 문화성, 토지가격 등도 도시 선정요인이 된다.

(7) 상업지구, 주택지구, 교육지구, 등 지구의 성격 외에 토지가격, 법 규제 등도 입지 선정에 관계하는 요인이다.

3) 입지 선정 기준

(1) 안정성

안정성은 사업장의 투자 규모와 수익성과의 관계이다. 사업장의 입지적 여건이 아무리 좋아 보여도 개점에 필요한 투자비용이 수익성을 능가하면 창업은 아무런 의미가 없어진다. 간혹 기업은 전시장 개념의 시범 점포(Antenna Shop)를 설치할 때 수익성을 고려하지 않고 기업 이미지 제고만을 위하여 매장을 개점하는 때도 있는데 일반적으로 창업 최대 목표는 수익성을 극대화하여 사업을 안정적으로 유지하고 이로 인한 부 창출을 이루어내는 것이다. 중심상권의 비싼 임대 매장에서 단가가 낮거나 영업이익이 작은 아이템을 적용하게 되면 고객 유입은 많을지 모르나 한정된 점포 좌석으로 인한 회전이 원활히 이루어지지 않으므로 수익성이 투자비보다 현저히 낮은 결과를 낳을 것이다. 안정적인 영업활동은 투자비와 비교해서 적정 수준 이윤이 발생할 때 지속적인 마케팅전략과 영업전략이 유효하며 사업장도 활기를 유지할 수 있을 것이다. 안정성과 관련된 또 다른 요인 중 하나가 사업 아이템선정에 관한 문제이다. 안정성은 말뜻 그대로 수익성이나 사업 아이템이 장기적으로 안정적인 궤도를 유지하는 것을 의미한다. 안정성을 유지할 수 있는 사업장을 찾기 위한 노력은 예비 창업자가 입지 선정과 상권분석 과정에 얼마나 충실히 임했는지 아닌지로 판가름 날 것이다.

(2) 균형성

균형성은 주변 경쟁점과의 균형에 관한 문제이다. 예비 창업자가 선택을 고려하고 있는 사업장 입지여건이 그 상권 내에 있는 유사 점포와의 경쟁에서 우위를 차지할 수 있는 기본적인 여건을 갖추기 위한 조건을 말한다. 비교 점포와 균형성을 측정하기 위한 기준으로는 점포 규모, 실내장식 상태, 메뉴 가격, 고객 접근성 정도 등을 가장 기본적인 비교사항으로 꼽을 수 있다. 동일 상권 내에서 유사한 업종 아이템으로 창업을 고려할 때 경쟁점과의 점포 규모는 고객 흡인요인에 직접적인 영향요소로 작용한다. 비슷한 규모와 조건으로 경쟁력을 갖기 위해서는 더욱 쾌적하고 편리한 업종에 따라서는 개인 프라이버시를 지켜줄 수 있는 구조 등을 갖춘 점포가 고객에게 인기가 있을 수밖에 없다. 고객으로서는 될 수 있는 대로 메뉴 가격이 저렴할 때 더욱더 호의적일 것이다. 그러나 이와 같은 조건에서 경쟁력을 갖고 있다고 하더라도 고객이 쉽게 발견하고 접근할 수 있는 위치와 주차장 설치 여부 및 점포 전면 구조 형태, 고객이 쉽게 접근할 수 있는 동선 등 요인이 경쟁점포와 균형성에 있어서 우위를 점할 수 있는 우선적 요인임을 기억해야 한다.

(3) 조화성

조화성은 예비 창업자가 선택한 아이템과 주변 상권과의 조화를 말한다. 대체로 상권 형성 형태를 살펴보면 유사한 업종이 집중적으로 형성되어 상권을 이루고 있는 것을 볼 수 있다. 이와 같은 현상은 고객을 유도하기 위한 전략 중 하나이며 고객으로서는 선택 폭이 그만큼 넓어짐으로써 되도록 필요한 상권이 형성된 곳으로 몰릴 수밖에 없을 것이다. 그러나 때에 따라서는 선택한 사업 아이템이 형성된 상권과 전혀 이질적이지만 독점적으로 영업을 운영하여 호황을 누리는 업종도 있을 수 있으며 상권 외곽에 위치하여 고객에게 주목을 받을 만한 업종도 있다. 업종 아이템이 가진 특성에 따라서 특이하게 나타날 수 있는 경우로 대부분 업종은 유사한 업종이 집중적으로 형성된 곳에서 경쟁력을 가질 수 있다. 예비 창업자가 입지 선정 및 상권분석과 관련한 조화성 부분에서 가장 주의를 기울여야 할 창업 전략은 차별화 전략이다. 유사 업종이 집중적으로 형성된 상권 내에서 고객 관심을 유도할 방법은 메뉴, 서비스, 이벤트 및 모든 영업활동과 관련된 부분에서 차별화될 수 있는 아이템을 구축하는 것이다. 갈수록 치열해지는 창업 현장에서 고객 관심을 집중시킬 수 있는 나만의 아이템을 하나둘 정도 갖고 있으므로 인하여 상권 내에 있는 경쟁점과의 차별화에 성공할 수 있을 때 창업 성공도 보장받을 수 있을 것이다.

4) 입지 선정 시 조사내용

(1) 인구 및 세대수 : 현재 인구, 인구 증감을 분석한다.
(2) 전입 및 전출을 분석한다.
(3) 연령분포 및 가구 형태 분포(아파트, 단독주택, 연립/다세대)를 조사한다.
(4) 유동인구(성별, 나이별, 시간대별, 요일별)를 조사한다.
(5) 소득수준, 학력 수준, 직업 분포 : 도시가계 연보(통계청), 해당 구청에 알아본다.
(6) 통행 차량(통행량, 시간대, 노선 수, 종류), 차량 종류 체크는 해당 점포 시계성 문제 때문이다.
(7) 경쟁 점포(계층, 가격, 매장, 장단점)를 조사한다.
(8) 주간 상권, 야간상권, 고정 상권, 유동 상권을 조사한다.
(9) 상권 전망(확대 또는 축소, 개발정보, 신축 또는 철거)을 조사한다.
(10) 고객 동선을 조사한다.
(11) 지하철역이나 버스정류장과의 거리를 측정한다.
(12) 공공시설 접근성, 학교, 극장, 관공서, 시장(할인점, 쇼핑센터), 금융기관 등 분포를 조사한다.
(13) 분석 결과를 판정한다.

5) 좋은 입지 구성요소

(1) 좋은 입지 전제 조건

① 점포 입지를 먼저 선택하고 그 입지에 맞는 업종을 선택하는 것이 현실적이다.
② 상권 선택은 장기적인 안목이 필요하다.
③ 업종에 맞는 상권 선택이 중요하다.
④ 점포 자체 영업능력도 중요하지만, 전체 시장 영업능력도 중요하다.

⑤ 상권 내에서 영업전략(저렴한 가격, 우수한 상품, 친절함 등)이 중요하다.

(2) 입지선택 시 좋은 입지

① 유동인구가 많은 곳은 매출이나 수익성이 빨리 산출될 수 있는 곳이다.

② 배후지가 넓고 소득수준이 높은 곳은 판매상품의 고객 단가(1명이 팔아주는 평균가격)가 높아 마케팅 측면으로 수익산출이 나올 수 있다.

③ 일반 판매업종의 경우 역, 극장, 정류장 등 사람들이 많이 몰리는 동선에 있는 점포는 예비 통행고객들이 많아 언제나 점포를 인식할 수 있다.

④ 상권 중심통로에 위치하여 퇴근길 동선에 있는 상점이 유리하다.

⑤ 인근 상인들 표정이 밝은 곳은 상권이 형성되어 매출이나 수익성이 높기 때문이다.

⑥ 금융기관, 대형유통시설로 가는 길목에 위치하는 것이 유리하다.

⑦ 담배나 복권을 같이 팔 수 있는 곳이면 더욱 좋다.

⑧ 대형 즉석음식점(맥도널드 등) 주변은 젊은 층이 많이 오는 곳이므로 유리하다.

⑨ 권리금이 있는 점포는 초보 창업자나 사업하는 사람은 쉽게 접근할 수 있는 곳이다. 다만, 거품이 존재하는지 반드시 점검해야 한다.

⑩ 자금이 부족하다고 안 좋은 입지에 점포를 얻는 것보다는 점포의 크기를 줄이더라도 목이 좋은 곳을 선택하는 것이 유리하다.

⑪ 대형건축물의 경우, 반드시 넓은 주차시설이 있어야 한다.

⑫ 거주지에서 사업장으로 이동시간이 30분 이내인 곳으로 점포가 위치해야 통제하기가 쉽고 시간 낭비를 덜 할 수 있다.

6) 입지 대안 평가 기준

(1) 유사 업종 밀집성은 유사하고 상호보완적인 점포들이 무리 지어 있다면 고객을 유인하기에 쉽다는 설명이다. 다만 너무 많은 점포가 밀집되어 있으면 오히려 고객유인을 저해하는 요인이 된다.

(2) 입지 경제성은 점포의 입지를 결정할 때 점포 생산성과 성장 잠재성을 고려하여 초기 투입비용과 비교한 후 일정수준 경제성이 확보되어야 점포 입지가 쉽다는 설명이다.

(3) 보충 가능성 원칙은 유사하거나 상호보완적인 상품, 또는 관계를 맺고 있는 점포가 인접해 있으면 고객을 공유할 가능성이 커져 고객을 유인할 수 있다는 점을 설명하는 개념이다.

(4) 접근 가능성은 어떤 위치에 도달하는데 소요되는 시간적·경제적·거리상·심리적

부담과 관련되는 개념이다. 접근성은 점포로의 진입과 퇴출 용이성을 의미한다. 접근성을 평가하려면 도로구조, 도로상태, 주도로로의 진입과 퇴출, 교통량과 흐름, 가시도, 장애물 등은 물론 심리적으로 느끼는 불편함 등을 고려해야 한다.

3. 소매 입지 선정

1) 소매 입지 선정 절차

(1) 일반적으로 입지 선정은 지역(region) → 상권(trade area) → 특정 입지(site) 단계적 분석을 거쳐 결정된다.
(2) 거시적 입지분석으로 주민과 소매점과 대체적인 상권을 평가한다.
(3) 상점 내 어떠한 유형의 입지에 출점할 것인지를 결정한다.
(4) 단독입지인지 집합입지인지 입지 유형을 선정한다.
(5) 선정된 입지 유형 내 부지를 선택한다.

2) 특정 입지(출점부지) 선정

(1) 잠재적인 상권이 규정되면 소비자의 접근 가능성, 교통량, 상권 인구 규모와 분포, 수입, 경제적 안전성, 경쟁 등 요인에 의해 선택 가능한 점포 입지가 선정된다. 소매점포 입지(retail site)란 소매업을 하는 소매점포의 구체적인 지리적 위치를 의미한다.
(2) 점포 입지 가치는 점포들에 대한 선호와 입지 근처에 고객들의 자유로운 이동을 방해하는 자연적 또는 인위적 장벽 존재 여부에 영향을 받는다. 소매업 입지는 소매점 표적 세분 시장에 도달하는 데 결정적 역할을 한다.
(3) 점포 입지 대안으로는 다른 소매점들과 지리적으로 격리된 독립입지(isolated site)와 지리적으로 인접하거나 밀집된 군집입지(clustered site) 등이 있다.
(4) 일반적으로 의류, 구두, 가구 등 선매품을 판매하는 점포들은 군집입지에 위치하여야 하나 전문품을 판매하는 점포는 독립입지에 위치하여도 매출에 큰 영향을 받지 않는다.

3) 소매점포 입지평가 시 고려해야 할 사항

(1) 보행객 통행량

통행인 수, 통행인 유형을 평가한다.

(2) 차량통행량

차량통행 대수, 차종, 교통 밀집 정도를 고려한다.

(3) 주차시설

주차장 수, 점포와의 거리, 종업원 주차 가능성을 살펴본다.

(4) 교통

대중교통수단 이용 가능성, 주요 도로와 접근성, 상품배달 용이성이 우수한지 알아본다.

(5) 점유조건

소유 또는 임대조건, 운영유지비, 세금, 도시계획 관련 여부를 살펴본다.

(6) 상권잠재력

시장규모, 향후 상권 발전 가능성을 평가한다.

(7) 특정 용지

시각성, 입지 내 위치, 대지와 건물의 크기와 모양 및 조건과 사용 연수를 조사한다.

(8) 기타

상권내 점포 수와 규모, 자점과의 유사성, 소매 구조상 균형 정도를 파악한다.

4) 유통 집적시설에 유리한 입지조건

(1) 핵점포 존재

언제든지 누구나 찾아오기 때문에 고객 집객력이 높다.

(2) 간선 도로망

교외를 왕래하는 자동차 고객을 대상으로 하는 상업입지 지역으로 주로 쇼핑센터를 중심으로 주말이나 휴일에 특히 번성하는 지역이다.

(3) 교외 지역

교외 지역은 인구가 충분하고 앞으로도 인구증가가 예상된다.

(4) 지역 최대 주차장

대형 주차장은 자동차 쇼핑 시대 편의를 제공한다.

(5) 독립상권의 성격

독립상권이라면 구매력이 다른 상권으로 유출되기 어려우므로 유리한 조건을 갖고 있다.

(6) 점포 부족 상태

점포가 부족한 상태라면 소비자가 대형 유통시설 출점을 기대하고 있다.

5) 출점을 위한 입지평가방법

(1) 주먹구구식 방법(rules of thumb)

경영자의 지금까지의 경험이나 주관적인 사업 능력에 의존하는 방법을 말한다.

(2) 체크리스트 방법(check-list)

특정 입지에서의 매출과 비용에 영향을 주는 요인들을 체크리스트를 만들어 살펴보는 방법을 말한다.

(3) 판매 잠재력의 변이를 모델화하여 살펴보는 방법

역사적 성과, 그 점포의 상권 특성, 지역 내에서의 경쟁 수준 등을 분석하는 것이다.

6) 점포선정 고려 요인

(1) 추정된 영업거래량(매출액)이다.

(2) 취급상품 종류와 고객 구매습관이다.

(3) 고객 통행량

교통계수(traffic coefficient), 시간당·주당 고객의 통행량 및 통행의 유형이다.

(4) 경쟁자들과 타 점포들에 관련된 위치이다.

(5) 접근성

대중교통시설, 점포와 거리, 교통혼잡, 점포 위치, 가시도, 도로 폭 등이다.

(6) 자본투자에서 얻어지는 수익

설비와 장치, 재고, 임대료 등이다.

(7) 부지 유용성이다.

(8) 소매점 판로에 저해되는 부지 특성 유무

매연, 먼지, 혐오시설, 낡은 인접 건물 등이다.

7) 입지 매력도 평가 원칙

(1) 고객차단 원칙(principle of intercept)

입지가 고객이 특정 지역에서 다른 지역으로 이동할 때에 고객이 점포를 방문하도록 하는 입지적 특성이 얼마나 되는지를 평가하는 것이다.

(2) 동반유인 원칙(principle of cumulative attraction)

유사하거나 보충적인 소매업들이 군집하고 있는 경우가 분산되어 있거나 독립된 경우보다 더 큰 유인 잠재력을 가질 수 있다는 원칙이다.

(3) 보충 가능성 원칙(principle of compatibility)

두 개의 사업이 고객을 서로 교환할 수 있는 정도를 의미하는데 이 원칙에 의하면 인접한 지역에 있는 사업 간에 양립 가능성이 클수록 점포 매출액이 높아진다.

(4) 점포 밀집 원칙(principle of store congestion)

동반유인이나 보충 가능성과는 반대로 지나치게 유사한 점포나 보충할 수 있는 점포들이 밀집되어 있어서 고객유인 효과를 감소시키는 현상을 의미한다.

(5) 접근 가능성 원칙(principle of accessibility)

고객 관점에서 점포를 방문할 수 있는 심리적, 물리적 특성을 의미하는데 지리적으로 인접해 있거나, 교통이 편리하거나, 시간 소요가 적으면 점포매출이 증대된다는 원칙이다.

4. 입지 영향 인자

1) 인구통계학적 특성

배후인구의 통계적 특성을 파악하는데 가구, 인구, 가구당 인구, 나이별 구조를 파악한다. 이를 파악하기 위해서는 시·구 통계연보를 시청이나 구청 동사무소에서 구해야 한다. 통계연보로 나이별·남녀별·지역별·가구별 인구 등을 파악할 수 있다. 또한, 도·소매업 조사보고서, 서비스업 조사보고서 등에서는 지역주민들의 생활상을 파악할 수 있다. 주거형태의 구조를 분석해 보면 같은 소득일지라도 아파트 지역이 주택지역보다 소비성향이 1.2배 가량 높다. 아파트는 집적도가 높으며 인구가 많고 편리성을 추구하는 집단이다.

2) 라이프 스타일(Life style)

최근에는 마케팅과 소비자 행동연구 분야에서 관심을 끌게 되었다. 그 이유는 시장세분화에 있어서 인구통계학적 분류 외에 소비자 심리적 측면을 고려할 필요가 있기 때문이며 나아가서는 상품의 새로운 의미 부여, 신상품 개발 등에서도 소비자의 잠재적 요구를 파악할 필요가 있기 때문이다. 즉, 소비자 행동을 결정하는 주체가 소비자로서 합리적인 경제원칙에 따라 행동할 뿐만 아니라 주체성을 가지고 자신의 생활을 설계하는 생활자로서 의식을 갖는다는 것을 전제로 성립한 것이다.

라이프 스타일은 개인이나 가족의 가치관 때문에 나타나는 다양한 생활양식·행동 양식·사고 양식 등 생활의 모든 측면의 문화·심리적 차이를 전체적인 형태로 나타낸 말로서 최근에는 마케팅과 소비자 행동연구 분야에서 관심을 끌게 되었다. 라이프 스타일이란 "소비자가 그러한 자금과 시간을 어떻게 소비하는가(활동), 자신의 환경 내에서 무엇에 관심을 두고 있는가(관심), 자신과 주변 환경에 관하여 어떠한 의견을 갖고 있는가(의견)의 측면에서 묘사되는 생활양식"으로 정의된다. 라이프 스타일 특성은 인구 통계적 특성과는 달리 연구자의 조사목적에 따라 다른 차원에서 측정되어야 한다.

따라서 나이 또는 소득, 직업과 같이 표준적으로 고정된 차원이 없으며 라이프 스타일을 반영해 주는 AIO의 목록을 직관적으로 개발하여 적용하거나 소비자의 구매목록을 확인하여 라이프 스타일을 추론함으로써 측정될 수 있다.

AIO분석(Activity, Interest, Opinion)이란 나이나 성별, 소득, 직업 등 같은 인구통계적 집단 내 속한 사람들도 서로 다른 정신·심리적 특성이 있을 수 있다는 정신·심리적 특성을 기초로 시장을 나누는 것을 말한다. 라이프 스타일은 흔히 활동(Activity)과 관심(Interest), 의견(Opinion)을 기준으로 분류되는데 그 머리글자를 따서 AIO분석이라고 한다. 즉, 소비자가 어떻게 시간 보내고 어떤 일을 중시하며 어떤 견해를 갖고 있는가를 척도로 나타내어 수치화하는 것이다.

활동(Activity)	관심(Interest)	의견(Opinion)
일	가정	자기 자신
취미	친구	사회문제
공동체 활동	이웃	정치
쇼핑	유행	경제
레저	음식	상품
스포츠	매체	문화

▌AIO 분석▐

3) 접근성 분석

(1) 적응형 입지

도보자의 접근성을 우선 고려하여 도보자가 접근하기 쉬운 출입구, 시설물, 계단, 가시성 등이 좋아야 한다. 출입구도 자동문이나 회전문은 좋지 않다. 대부분 도보객은 버스나 택시, 지하철을 이용하므로 이들 교통시설물과 근접하면 좋다. 도심 최적 입지는 차 없는 거리이며 도심 점포는 주차장이 없어도 된다. 굳이 투자 효율성이 떨어지는 주차장을 둔다면 건물 뒤편에 위치하는 것이 좋은데 우선 도보객이 접근하기 쉬워야 하기 때문이다.

(2) 목적형 입지

특정 주제에 따라 고객이 유입되므로 차량이 접근하기 쉬워야 한다. 주도로에서 접근하기 쉽고 주차장이 크고 편리성이 있어야 하며 주차관리원도 두어야 한다. 또 주차장 위치는 건물 앞쪽에 있어야 이용자 편리성이 높다.

(3) 생활형 입지

지역주민이 주로 이용하는 식당이므로 도보나 차량을 모두 흡수할 수 있어야 한다. 주차시설도 갖추고 도보객 접근도 유리한 지역에 출점해야 한다. 고객 흡인이 쉽도록 점포 입구나 건널목 상태, 고객 주요 유동 방향 등을 반드시 확인해야 한다.

4) 경쟁상황 파악

상권 내 업종별 점포 수, 업종비율, 업종별·층별 분포를 파악한다. 업종별 분류는 판매업종과 서비스업종으로 구분할 수 있는데, 판매업종은 식품류, 신변잡화류, 의류, 가정 용품류, 문화용품류, 레포츠용품류, 가전·가구류로 구분하고 서비스업종은 외식 서비스, 유흥서비스, 레저·오락서비스, 문화서비스, 교육서비스, 의료서비스, 근린서비스로 나눌 수 있다. 경쟁 소매업체와 경쟁을 시작하기 전에 경쟁상황을 파악하기 위하여 동일 상권 내의 업종별 점포 수, 업종비율, 업종별 층별 분포도 등을 상세하게 파악하여야 한다. 판매업종과 서비스업종 구조를 파악한다. 판매업종이 많을수록 유동성이 높으며 패스트푸드 점포가 유망하다. 또한, 판매업종이 다수이면 판매업종을 출점하는 것이 유리하다. 서비스업종이 많으면 서비스업을 택하는 것도 좋다. 건물 각층 구성비에 따라 상권이 좋고 나쁨을 판단할 수 있으므로 건물 층별 점포구성을 조사·분석하여야 한다. 입점하고 있는 브랜드를 분석한다. 우리나라 소비자는 브랜드 선호도가 높으므로 유명브랜드가 많이 입점하여 있으면 좋은 입지이다.

5) 시너지 효과 고려

동종업종이 집적되어 있으면 초기투자비가 많이 든다. 경쟁점포가 출점하더라도 매출이 민감하게 변하지 않으며 소비자는 바가지를 쓸 염려를 하지 않는다. 또 구색이 다양해서 선택 폭이 넓어지는 장점이 있다. 동종업종 집적을 고려한 입지 선정 유사 업종(테크노마트, 논현동 가구의 거리) 집객력을 고려하여 선정한다. 판매업종이 집중된 명동이나 백화점, 할인점에 외식업을 출점하면 시너지 효과를 최대한 확보할 수 있다. 서비스업종이 집중된 음식점이나 유흥 위락단지, 숙박업, 학원, 극장 등 같은 업종끼리 집중되면 시너지 효과가 극대화된다. 특정 시설에 의존하는 입지를 선택한다. 호텔, 백화점, 시장, 대형사무실, 대형상가, 대형 복합빌딩 등 바로 옆이나 아니면 영향권에서 벗어난 지역에 입점해야 한다. 그러나 소매점 판매업은 될 수 있는 대로 피하는 것이 좋다. 소비자들은 대형할인점 등 대형 시설물을 좋아하고 사이버 시장이 급속히 증가하고 있으며 재고가 부담되고 점포는 과포화 상태이기 때문이다.

6) 소비자 상권이용 형태

소비자는 대형 지향성을 갖고 있어 동일업종인 점포가 나란히 여러 개 밀집되어 있으면 대형점포를 선택하게 된다. 고객은 평탄하거나 아래쪽을 선호하며 충동구매를 많이 한다. 또 눈높이에 맞아야 한다. 심리에 민감하며 자동문이나 회전문, 점포를 가리는 나무는 좋아하지 않는다. 또한, 전면 길이가 긴 점포를 선호하고 안쪽으로 길쭉한 점포는 상대적으로 선호도가 낮으며 도로변에 면한 길이와 점포 안쪽의 길이는 3 : 2 정도의 비율이 좋다. 고객은 비 역류성으로 비(非)변화지역에서 변화지역으로 이동한다. 고객은 동질적이다. 점포에 같은 부류가 오는 것을 좋아한다. 표적을 명확히 정해야 한다. 아파트는 대형 50평 이상보다는 30평 이하 지역의 소비성향이 1.2배 정도 높다. 특히 아파트 상가는 소형 아파트일 때 영업이 잘된다.

7) 법정 조건 체크

(1) 용도지역

이들 지역은 건축이 가능한 지역이 있고 전혀 불가능한 지역이 있으며 지방자치단체의 조례에 따라 가부가 결정되는 것도 있다. 자세한 세부내용은 구청에 문의하면 최신 정보를 얻을 수 있다. 또한 학교시설지구(고등학교 이하)에서는 50m까지가 절대 정화구역, 200m까지는 상대 정화구역이다.

(2) 건폐율과 용적률

건폐율이란 건물을 땅바닥에 앉히는 면적비를 말한다. 용적률이란 땅 대비 총 건축 가능 평수를 말한다. 용도지역에 따라서 건폐율과 용적률은 많은 차이가 있으므로 유의해야 한다.

8) 성장성 분석

출점 예정인 입지가 미래에 어떻게 될 것인가는 아주 중요하다. 이런 변화에 대해서는 구체적인 확인이 필요하다. 단기변화는 1년 내 시행되는 것을 중기변화는 3년 이내에 장기변화는 3년 이상으로 분류할 수 있다. 적어도 음식점을 창업하기 위해서는 1년 이내에 변화해야 한다. 아파트단지 내 상가나 인근 상업지역에 출점해도 신중해야 한다. 아파트 단지는 입주개시 후 적어도 3년 길게는 10년이 되어야 안정될 수 있다.

5. 출점전략

점포를 어디에 어떠한 방식으로 출점하느냐는 소매점이 입지산업이고 한번 결정 시 변경이 어렵고 장기간 투자자금이 소요됨으로 전략적 의사결정이 필요하다. 출점방식은 소매업 업태, 규모, 출점방식에 따라 다르지만, 소매점 의사결정은 아래 그림과 같다.

1) 출점방식

(1) 자사 소유 건물에 의한 출점
(2) 임차 출점
(3) 프랜차이즈 출점

2) 출점전략

(1) 도미넌트 출점

다점포전략 수립 시 한 지역에 도미넌트 출점방식이 소매점에 장점이 많을 수 있다. 거리가 떨어진 점포는 인력운영도 쉽지 않지만 불필요한 경비를 발생시킬 수 있다. 특정 지역에서 성공했다고 다른 지역에서도 성공한다고 볼 수 없다. 몇 개의 상권을 가지고 있으면 모든 지역에서 동시에 성공하기는 어렵다.

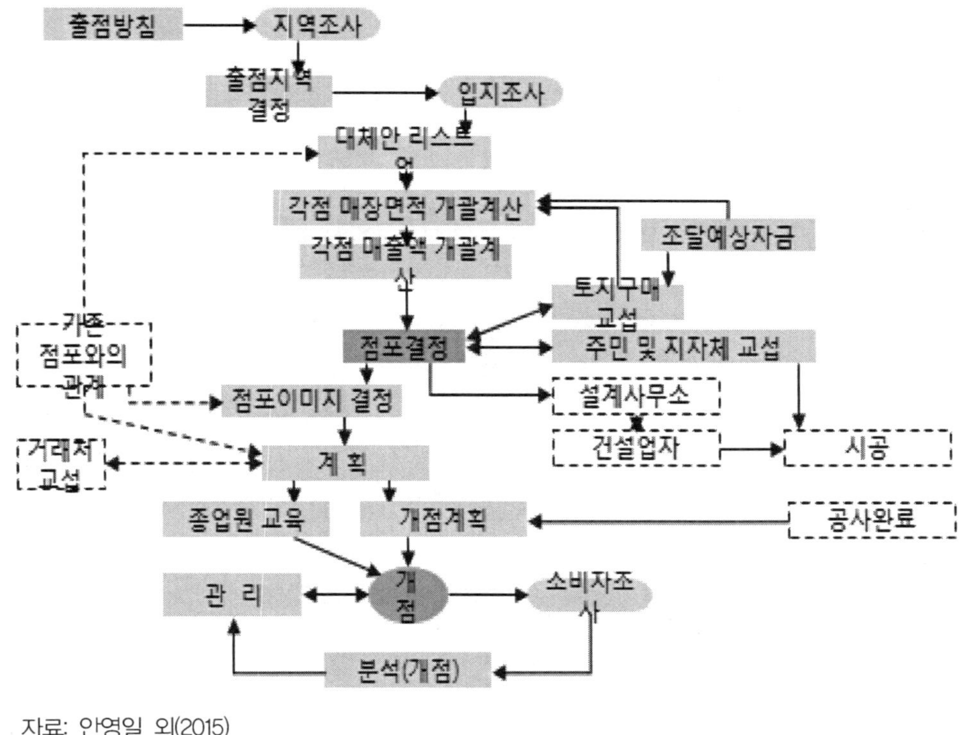

자료: 안영일 외(2015)

▮ 출점 의사결정과정 ▮

(2) 다각화 출점

기존 사업영역과는 다른 새로운 사업영역에 진출하는 전략이다.

(3) 비즈니스 환경

비즈니스 환경은 최고 경영자가 의사결정을 내려야 할 때 고려해야 하는 외부 요인을 말한다. 이곳에 자리 잡아야 하는지 저곳에 자리 잡아야 하는지 판단은 그 기업 총 매출과 기업 운명에 지대한 영향을 주기 때문에 최고 경영자의 신중한 판단이 요구된다. 일반적인 환경요인은 기후나 지형 같은 자연적인 조건과 정치, 경제, 사회, 문화, 기술, 국제 환경으로 나눌 수 있다. 구체적 환경요인은 경쟁업체, 소비자, 유통업체, 공급업체 등과 같이 조직 활동과 밀접한 관련을 맺고 있는 기업 이해 당사자들로 구성되어 있다.

1. 입지 선정 시나리오 작성
- 거주지 부근의 2~3km 내 상권표시
- 상권력의 파악

2. 아이템 및 자금에 맞는 후보의 상권 · 입지 선정
- 점포 정보의 습득
- 업종별 핵심키워드 및 입지전략 등의 숙지
- 상권입지의 단계별 입지전략의 숙지

3. 상권분석 및 입지조건에 대한 분석
- 상권분석 : 응집도/점포의 수/대형편의시설의 유무
- 입지조건의 분석 : 핵점포/주동선에 대한 접근성 및 가시성의 기준

4. 상권의 입지조건 분석도 작성
- 점포를 기준으로 반경 500m 내 상권지도를 작성
- 상권의 입지조건 분석도의 작성 : 핵점포 표기

5. 예상매출액의 추정 및 사업타당성에 대한 분석
- 사례비교법 매출액의 추정/투자대비 수익률의 분석
- 사업타당성의 분석

6. A급 점포 개발
- A급 점포의 판별 : 입지수준 및 권리금의 종합적인 비교

7. 계약 체결
- 점포권리의 양도계약 : 점포주 및 매수자
- 점포임대차의 계약 : 건물주 및 매수자

자료: 안영일 외(2015)

▌출점점포 선정 프로세스▐

연습문제

Chapter 04 상권분석

1. 입지와 상권의 의미를 토론하자.

입지는 영업할 장소를 말하며 상권과 밀접한 관계가 있다. 산업별 입지 구분은 상업입지, 산업입지, 공장입지, 농업입지, 주택입지 등으로 구분된다. 특정 소매점 입지는 점포 위치가 사업 여건에 얼마나 적합한지를 말한다.

상권은 상업상 영업행위를 하는 공간 범위로 소매점에서 상권은 한 점포가 고객을 집객할 수 있는 지역 범위를 말한다. 그러므로 상권은 점포 취급상품에 대한 구매력을 추정하고, 점포 예상 매출 근거를 제공하며 마케팅 활동 범위를 결정하는 중요한 역할을 한다. 상권 분류방법 중 점포와의 이동 거리 및 구매력에 따라 전체 고객의 거주지 분석을 통하여 60~65%가 거주하는 범위를 1차 상권, 30%가 거주하는 범위를 2차 상권, 5~10%가 거주하는 범위를 3차 상권으로 구분할 수 있다. 상권분석은 미래 잠재수요를 반영하는 예상 매출액 추정, 고객지향 마케팅전략 수립, 상권분석은 입지전략을 전개하는 데 필요하다.

2. 소매중력 법칙에 관해 설명하시오.

거리와 인구를 고려한 이론이다. 레일리(W. J. Reilly)는 1929년에 만유인력의 법칙을 원용하여 도시 세력권이나 점포 상권을 측정할 수 있는 소매중력 법칙을 도출했다. 두 경쟁적인 도시가 도시 중간에 있는 소규모 도시로부터 흡입력은 인구에 비례하고 각 도시와 중간 도시 간의 거리 자승에 반비례한다는 이론이다. 소매업 중력 법칙에 의하면 많은 인구의 도시가 매력도가 있어 원거리 고객들도 흡인한다는 것이다. 또한, 핵심적인 사항으로 상가들 사이의 집적이 상가 매력도를 증가시키는 경향을 보이는 것으로 두 상가 경계는 두 상가 중심 간 거리와 크기에 의해 결정된다는 주장이다.

〈레일리의 소매인력 법칙 상권〉

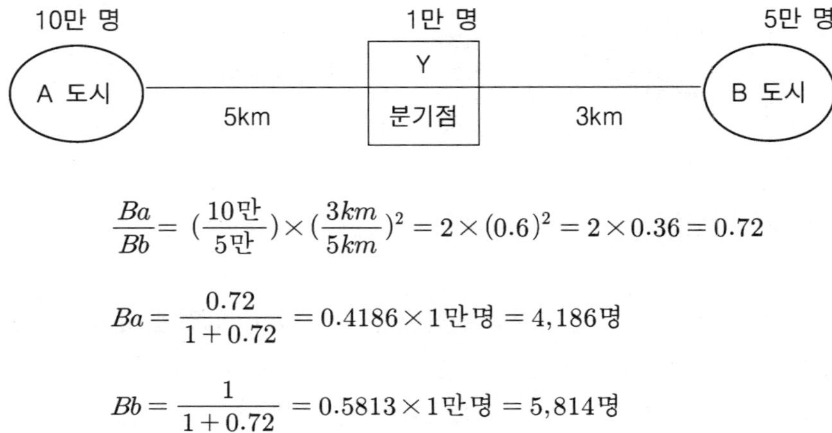

$$\frac{Ba}{Bb} = (\frac{10만}{5만}) \times (\frac{3km}{5km})^2 = 2 \times (0.6)^2 = 2 \times 0.36 = 0.72$$

$$Ba = \frac{0.72}{1 + 0.72} = 0.4186 \times 1만명 = 4,186명$$

$$Bb = \frac{1}{1 + 0.72} = 0.5813 \times 1만명 = 5,814명$$

3\. 도미넌트 출점방식은 무엇인가?

다점포전략 수립 시 한 지역에 도미넌트 출점방식이 소매점에 장점이 많을 수 있다. 거리가 떨어진 점포는 인력운영도 쉽지 않지만 불필요한 경비를 발생시킬 수 있다. 특정 지역에서 성공했다고 다른 지역에서도 성공한다고 볼 수 없다. 몇 개의 상권을 가지고 있으면 모든 지역에서 동시에 성공하기는 어렵다. 그러므로 철저한 분석과 준비가 필요하다.

4\. 다음 용어에 관해 설명하시오.

- 당연상인

- 1차 상권

- Huff 모형

제1절 점포구성

1. 점포구성

점포는 매장과 후방으로 구성된다. 점포 구성은 고객들이 점포 내에서 효율적으로 이동하고, 상품을 쇼핑하고, 점포특성이 반영되는 구성을 하여야 한다. 점포를 구성하는 방법, 배치 방법을 레이아웃이라 한다. 레이아웃은 소매점에 입점한 고객으로 하여금 매장을 빠짐없이 돌아볼 수 있게 하는 것이 가장 큰 목적이다. 즉 입점한 고객이 매장 전체를 돌아볼 수 있고 소매점 상품을 쇼핑하고, 쇼핑 후 만족감을 간직할 수 있는 매장을 만드는 것이 레이아웃 목적이라 할 수 있다.

■ 점포구성 요소

① 목표 고객에게 소구하는 상품구성
② 고객에게 부합하는 가격 정책
③ 점포 입지 편리성
④ 점포 외부 이미지

⑤ 매장배치 편리성

⑥ 적절한 점포 내부 실내장식

⑦ 매장 분위기

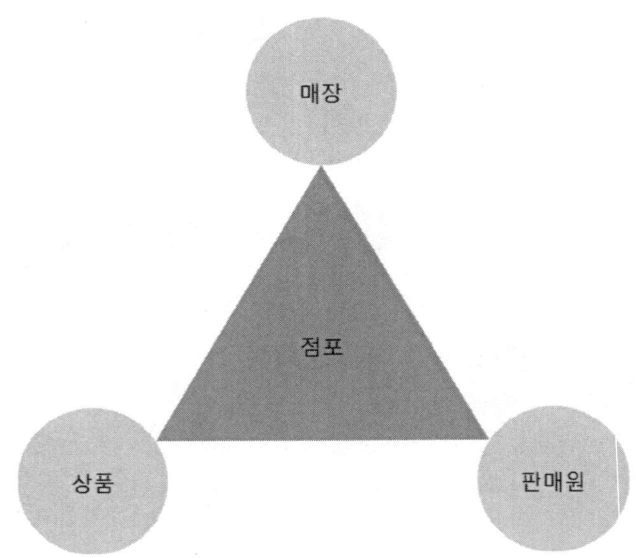

▌점포 기본요소▐

■ 점포 디자인 요소

① 점포 외장

점두, 출입구 결정, 건물 높이, 건물 외벽

② 점포 내부 실내장식

벽면, 바닥, 조명, 통로, 집기, 비품,

③ 진열

구색, 카트, POP, 간판, 포스터, 게시판

④ 레이아웃

상품배치, 고객 동선, 후방, 작업장, 휴게 공간

항목	용도
고객 존	고객용 출입구, 통로 계단
상품 존	상품매입, 보관 장소
직원 존	사무실
매장 존	매장
후방 존	지원시설

▌레이아웃 기능 및 용도별 분류▐

매장 레이아웃 기본적인 전제 사항으로는 시선이 집중되는 건물 외관과 매장 기능과 편의 시설 기능이 적절하게 조합되어야 한다. 동일 기능을 집중하여 배치하고 고객 출입구와 서비스 기능을 분리하여 운영하는 것이 기본이다. 그리고 비상대피계획을 사전에 수립하는 재해대책도 함께 고려되어야 한다.

1) 매장

매장은 상품을 진열해 놓고 판매하는 장소이며 아래와 같은 기능을 한다.

(1) 매장은 고객을 위하여 존재한다.

① 고객이 상품을 만나는 장소이다.
② 고객이 상품을 선택하고 의사 결정하여 구매하는 장소이다.
③ 대형소매점에서 심장이라 할 수 있다.

(2) 수익을 실현하는 장소이다.

① 경영 능력이 발휘되는 장소이다.
② 상품, 서비스, 용역이 금전으로 전환되는 장소이다.
③ 업적측정은 매장성과에 의해서 나타난다.
④ 상품이나 비품, 설비가 최상의 상태로 보존, 유지되어야 한다.

(3) 고객의 정보를 경청할 수 있는 장소이다.

① 고객 욕구를 매장에서 파악해야 한다.
② 매장에서 조사한 결과를 곧바로 보고되어야 한다.
③ 매장에서 입수한 정보에 의해 개선 및 개량을 실행함으로써 더 좋은 점포를 만들 수 있다.
매장은 연 면적 대비 매장 비율이 60~70%가 적절하며 통로는 순 매장면적에서 20~30%가 점유되는 것이 실제로 적용되고 있다.

(4) 매장 내 고객 행동특성

① 똑바로 앞으로 나가려고 한다.
② 좁은 통로보다 넓은 통로를 선호한다.
③ 좌측통행 경향이 강하다.
④ 벽면을 따라서 가려 한다.
⑤ 최단거리 동선을 선호한다.

⑥ 평균 보행속도는 1m/초이다.
⑦ 단조로운 통로를 회피한다.
⑧ 상품을 자유롭게 만져보고 싶어서 한다.

2) 후방

점포 매장 이외의 부문을 말한다. 작업장, 기계실, 창고, 사무실, 휴게실 등이다. 후방 면적은 매장면적의 20~30% 이하가 적당하다.

2. 점포구성 기술

점포구성은 매장 전체가 전망이 좋고 고객이 알기 쉬운 매장이어야 한다. 특히 탄력성이 있고 넓고 연속성이 있는 매장 공간구성이 필요하다. 그리고 바닥의 레벨 차가 없는 등 세심한 배려가 중요시된다.

1) 동선 결정

점포 동선은 점포 내 고객 유입 이동 동선을 말한다. 동선은 직선으로 유도되어야 한다. 직선형이란 구부러져 있지 않은 상태를 말하고 평평하고 짧지 않아야 한다. 점포 동선은 주 동선, 보조 동선, 순환 동선으로 구분된다.

(1) 주 동선

점포 입구에서 반대편까지 동선으로 점포 입구에서 고객을 매장으로 유도하는 고객 동선을 말한다. 고객 흐름을 원만하게 하고 전 매장이 보이도록 구성해야 한다. 주 동선은 소매점 매장에서 가장 넓은 동선이면서 가능한 한 직선이어야 한다. 주 동선은 역 ㄷ자형 동선이 효율적이다.

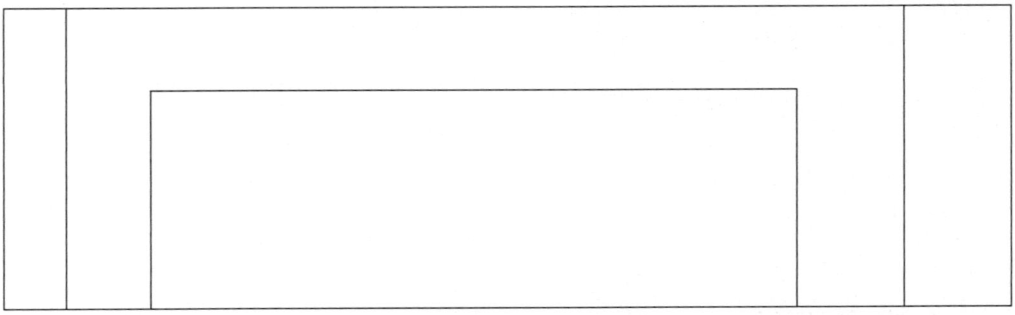

▌주 동선 역 ㄷ 자형▐

(2) 보조 동선

매장 중앙을 중심으로 횡으로 가로지르는 동선을 말한다. 보조 동선은 상품 구분, 주 통로를 보조하여 원만한 고객 흐름을 유도한다.

(3) 순환 동선

집기와 집기 사이 동선으로 고객들이 상품을 쇼핑하는 동선을 말한다.

구분		동선 폭	근거
주동선	대형점포 (300평 이상)	240	진열대 사이 섬진열후 양방향 120cm 가능
	중형점 (100평~300평 미만)	180	양쪽 매대에 사람이 쇼핑해도 지나갈 수 있는 동선 (1인 60cm, 3인 180cm)
	소형점 (50평 미만)	120	1인 쇼핑 1인 지나갈 수 있는 동선
보조동선	중형점 (100평~300평 미만)	120	1인 쇼핑 1인 지나가는 동선
	소형점 (50평 미만)	90	측면쇼핑 1인 지나가는 최소 동선
계산대 앞	중형점 (100평~300평 미만)	240	포스 앞, 엔드 앞 동선은 주동선 보다 60cm 넓게
	소형점 (50평 미만)	180	

*1인 동선 60cm는 임산부가 쇼핑 카트 이동 가능 동선으로 필요 수치임

▮동선 폭▮

2) 출입구 결정

입구는 넓어야 하고 고객유인을 할 수 있어야 한다. 문턱은 거리와 같은 높이에 있어야 할 것이다. 고객 밀집과 혼잡을 피하고자 문이 두 개 정도 있는 것이 바람직하다. 문은 쉽게 접근할 수 있어야 하고 실제로 문이 고객들에게 방해물 같이 여겨지므로 이를 없애고 에어 커튼을 설치하기도 한다. 회전식 문을 사용하느냐 문제는 점포 규모 비용을 감수하겠다는 의사결정 문제이다.

항목	내용	비고
출입구 수	주 출입구를 만드는 것이 중요 될 수 있으면 출입구 수 늘리지 않도록 한다.	
주차장과 출입구 고려	건물 뒤에 주차하고 정면으로 돌아와서 입구는 곤란하다. 주차장을 고려한 출입구 설정이 필요하다.	
보행자 우선 출입구	대중교통, 보행자의 입장에서 출입구를 고려한다.	

▮출입구 설정 시 고려사항▮

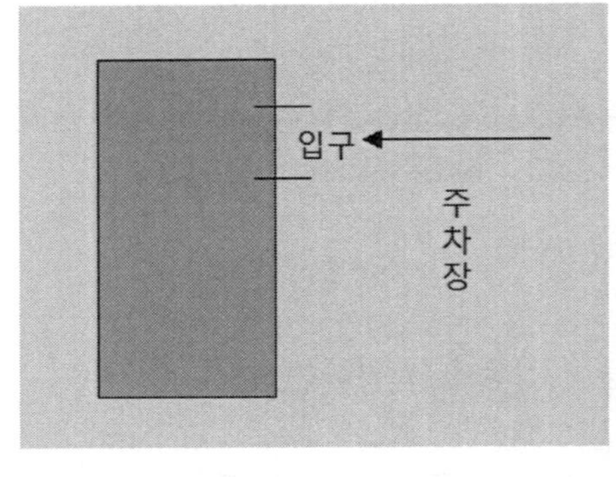

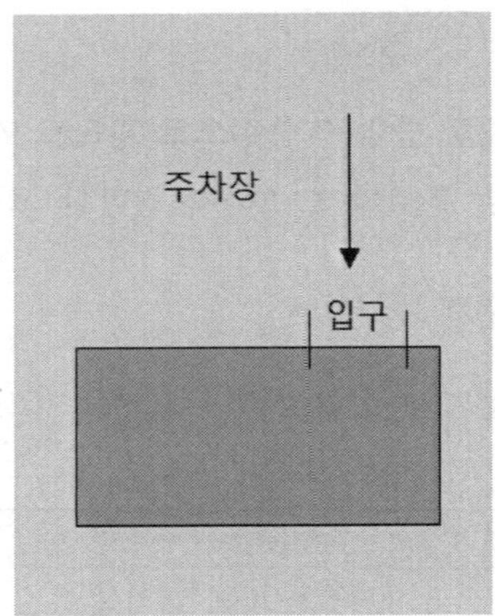

▮출입구 좋은 사례▮

3) 점포구성 기본개념

고객 입장에서 쇼핑하기에 편리하도록 보기 쉽고, 걷기 쉽고, 선택하기 쉬운 매장으로 구성한다.

(1) 보기 쉬운 매장: 상품이 잘 보이고 눈에 잘 띄도록 한다.
(2) 걷기 쉬운 매장: 전 매장을 구석구석 돌 수 있도록 한다.
(3) 선택하기 쉬운 매장: 비교하여 결정할 수 있도록 한다.

주통로와 보조통로를 명확하게 구분하여 주통로든 보조통로든 고객을 구석구석까지 회유 하도록 하여 매장 전체를 유효하게 사용하도록 효율을 높힌다. 집기배열은 모두 일직선으로 하여 매장 내 모든 선이 일직선이 되어 고객이 자연스럽게 움직이도록 한다. 슈퍼매장의 경우 생식품과 공산품의 적절한 조화를 이루도록 하여 매장 동선의 흐름을 자연스럽게 한다.

4) 점포 레이아웃 유형

소매점의 레이아웃 유형은 그리드형, 자유통행형, 귀갑형이 있다. 소매점 레이아웃은 매출과 점포운영이 효율적이 되도록 설계되어야 한다.

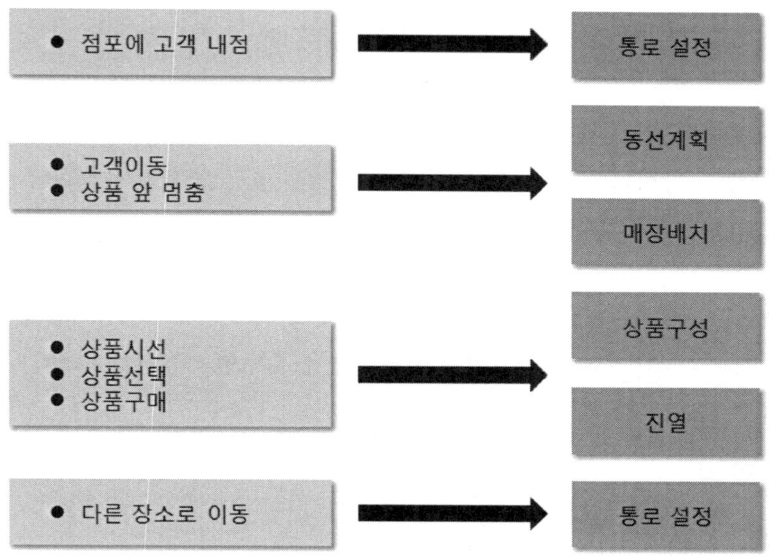

▌점포 레이아웃 개념▐

(1) 그리드형

슈퍼마켓, 편의점 소매점에서 가장 기본적으로 적용되는 점포 레이아웃 형태는 계산대나 고정물이 일렬로 배정되는 GRID형 구성방식을 주로 사용한다. 주동선, 보조동선, 순환통로, 설비표준화로 비용이 절감되고 고객 컨트롤이 가능하며 상품진열면적이 넓고 공간 활용이 효율적이기 때문이다. 실제 점포 레이아웃은 구성하고자 하는 점포 특성을 잘 반영하여 고객에게 효율적인 매장 구성을 하는 것이다.

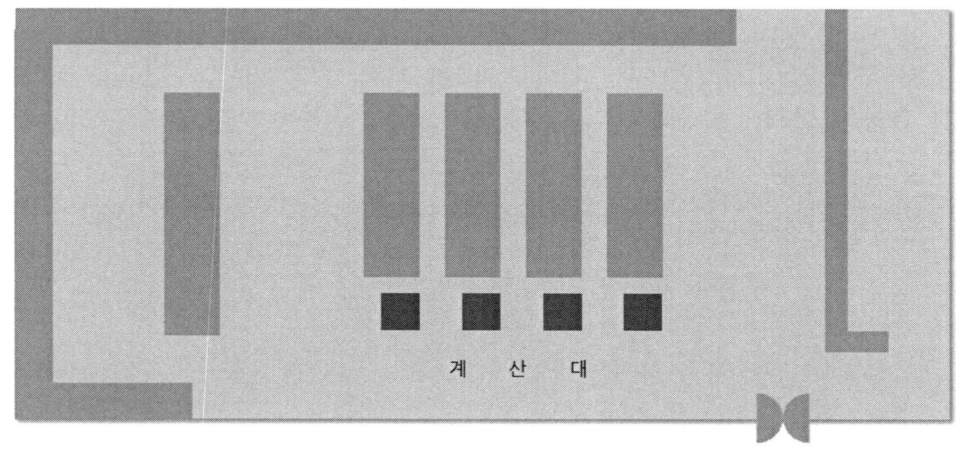

자료원: Lusch, Dunne and Gebhardt, Retail marketing 2nd., 1993.

▌Grid형 매장구성▐

(2) 자유형

매장 집기, 쇼 케이스, 계산대 등 매장 배치가 자유롭게 배치되는 형태로 매장 형태에 적절하게 구성되는 점포 구성 방식이다. 자유형은 슈퍼마켓, 편의점보다는 백화점이나 전문점 매장배치 방식이다. 고객의 자유로운 쇼핑과 충동구매를 유도하는 장점이 있고 점포진열 공간이 적어 투자비용이 증가하는 매장 구성 형태이다.

(3) 귀갑형

고급 상품 매장, 전문점에서 사용하는 유형으로 의류상품에 적합한 매장 구성 형태이다.

3. M/D 조닝

1) 조닝(Zoning)

조닝이란 점포 레이아웃 안에서 상품 특성을 그룹핑하고 용도별 연관성을 생각하여 상품군을 어디에 배치할 것인지 정하고 상권, 입지특성을 고려하여 상품군의 면적을 효율적으로 배분하는 것을 말한다.

고객 쇼핑 편리를 위하여 상품 그룹핑과 진열 순서를 결정해야 한다. 그리고 고객 구매 트랜드 변화를 반영하며 상권 특성에 맞추어 최종 조닝을 결정해야 한다.

(1) 입지, 상권분석에 근거

① 도심형, 도농형 고려
② 주거, 역세권 고려
③ 유연성 고려

(2) 효율성 고려

① 진열 효율, 진열 동선 반영
② 후방, LOSS 등을 고려

(3) 인접성 진열

① 상품 그룹핑, 동시 구매율 반영
② 상품전개 위치(상품 속성 반영)

2) 식품매장 배치 원칙

식품에서 비식품으로 순환되도록 상품순서를 전개하고 매장 입구로부터 전 매장을 볼 수 있게 하려고 점포 벽부에 신선식품을 주로 배치한다.

점포의 입구는 변화를 테마로 하는 상품을 배치하여 고객들에게 계절 변화 및 유행 변화를 표현한다. 식품 경우 신선식품과 가공식품의 연계성에 의거 배치 순서를 결정한다. 핵 상품배치를 통한 고객 유입하도록 한다.

(1) 인접 진열

고객 구매 성향을 파악 동시 구매가 많이 이루어지는 상품군 진열을 연계하여 진열한다.

① 슈퍼마켓 일반적인 인접 진열

㉠ 냉장–야채(두채류, 엽채류), 낙농–음료
㉡ 조미료류(장류, 식용유)–야채(두채류, 엽채류)
㉢ 일반 식품(즉석식품, 통조림)–면과자(라면, 스낵) 인접 진열
㉣ 대용식(빵, 씨리얼)–우유 인접 진열
㉤ 건어/건과–주류
㉥ 세탁세제–주방 주거 세제–주방용품
㉦ 헤어–위생–구강–생리–화장지
㉧ 일상/ 생활 점두 인접 배치

② 슈퍼마켓 POS 앞

㉠ 로스율이 높은 카테고리 상품(일상시즌상품/ 면도기)
㉡ 충동구매 빈도가 높은 상품(껌, 초코 캔디)
㉢ 노출 필요 카테고리(의약외품)

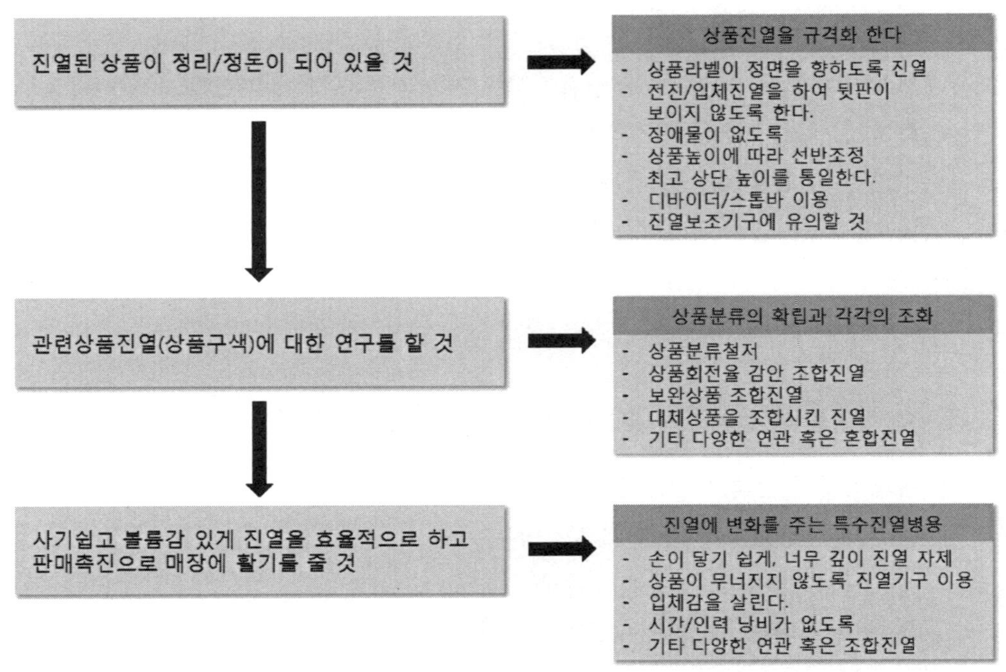

▌진열 요령▌

(2) 유연성 적용 진열

① 인구 구성비

㉠ 유아 상권

10세 미만 인구 구성비가 높은 상권

강세상품: 스낵, 어묵 맛살, 햄 소세지

㉡ 학생 상권

10대 인구 구성비가 높은 상권

강세상품: 쿠키, 초코 캔디, 우유, 요구르트

㉢ 노령상권

60대 이상 인구 구성비가 높은 상권

강세상품: 주류, 음료, 스낵, 봉지면

㉣ 20대 여성 상권

20대 여성 구성비가 높은 상권

강세상품: 음료, 커피, 차, 즉석식품

② 소득수준

부동산 시세, 지역 소득세 수준 고려

4. LAY-OUT 사례 : 슈퍼마켓 상품군별 배치

1) 생식품

(1) 생식품 위치는 주 동선에 배치한다.

(2) 기본개념인 보기 쉽고, 걷기 쉽고, 선택하기 쉬운 구성으로 쇼핑하기에 편리하게 한다.

(3) 주 동선에 생식품을 진열하는 이유

① 매일 먹는 상품으로 소비빈도가 높은 상품이기 때문이다.

② 고객 방문 목적 중 90% 정도가 생식품 구매에 있기 때문이다.

(4) 대면매장과 셀프 매장의 명확하게 구분한다.

① 대면 매대: 단기간에 대량판매하고자 하는 상품이나 주력 상품진열을 배치한다.

② 셀프 매대: 셀프 매대는 구색 강화하여 지속적 판매에 중점을 두고 배치한다.

2) 공산품

(1) 개념

① 주 동선(야채 코너 옆) 옆에 양념, 조미료 진열

② 계산대 가까운 곳에 깨지기 쉽고, 무거운 것 배치하여 쇼핑 후 마지막으로 쇼핑하도록 한다.

③ 전체 상품군 중 치즈, 우유, 낙농 상품, 냉장해야 하는 상품 등은 주 동선과 쇼케이스에 진열하고 일반 그로서리 상품은 앤드 매대를 제외하고는 대부분 중앙에 진열한다.

(2) 앤드 매대의 끝 선은 일직선이 되도록 한다.

(3) 주 동선과 보조 동선을 명확히 구분한다.

(4) 냉동식품은 한곳에 밀집하여 선은 일직선이 되도록 한다.

(5) 행사상품은 주 동선 인접하여 고객 통행을 방해하지 않는 크기로 운영한다.

(6) 행사하거나 수수료 코너 상품의 진열 매대 설정도 주 동선을 막아서는 안 되며 매대 선은 일직선이 되어야 한다.

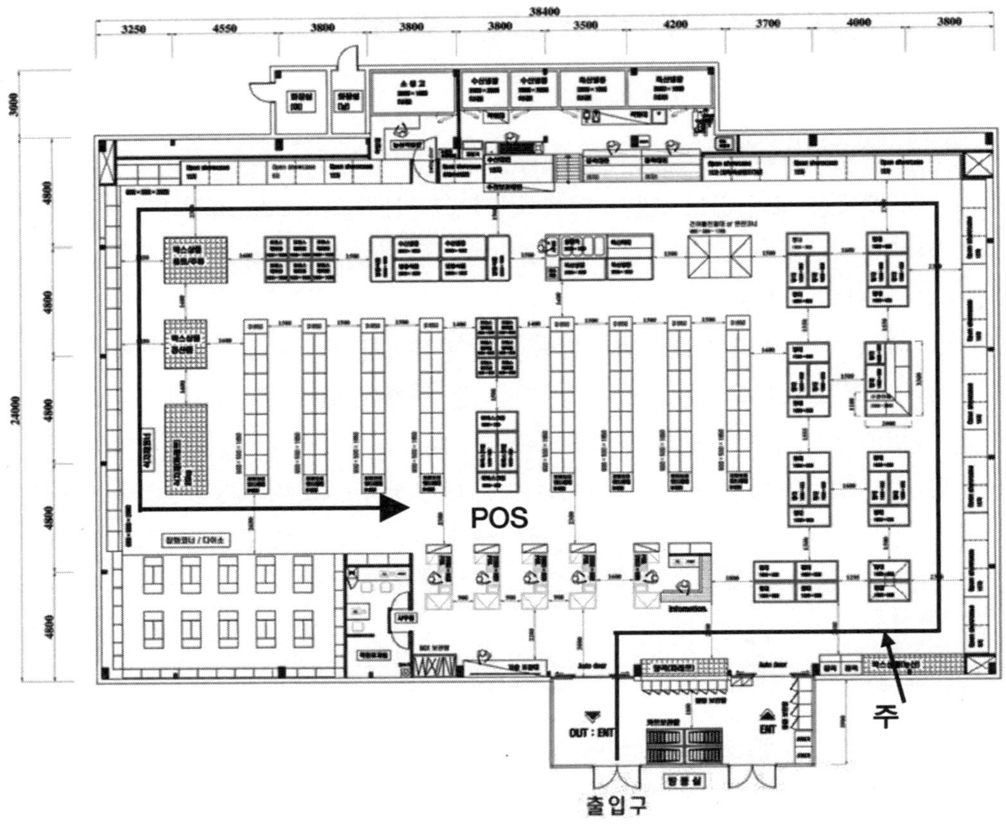

▌슈퍼마켓 그리스형 lay-out 사례▐

■ 도면 보는 방법

레이아웃과 시설 배치계획은 도면을 이용하여 실시한다. 이때 건축, 시설 사항을 빠짐없이 정확하게 기재하여야 하는데 한정된 도면에 표현하기는 어려움이 있다. 약자와 표시기호는 이러한 어려움을 해소하면서 계획을 잘 설명할 수 있다.

구분	세부내용
방위표	– 정면도와 배치표 등의 도면은 통상 '북'을 위로 표시한다. – 영문자 N이 북쪽, 오른쪽이 동쪽, 왼쪽이 서쪽이다.
척도	– 도면을 표현하기 위해서는 일정한 비율의 크기로 조절하는데 크기의 비율이 척도이다. – 1/100은 100분의 1의 척도 표시이다.
치수선	– 도면 각 부분의 길이를 나타내는 선과 치수이다. – 치수의 단위는 mm을 주로 사용한다.
약자	– L: 길이 H: 높이 W: 폭 THK: 두께 A: 면적 D: 지름 R: 반지름 (Φ)

▌도면 표시기호▐

제2절 건축 공사

1. 점포건축

건축은 골조공사와 마감 공사로 구분된다. 하지만 소매점 건축공사는 골조 완료, 바닥 공사 완료, 그리고 인테리어 및 준공 청소로 그 특성이 다르다. 본서에서는 구조공사는 생략하고 내부 인테리어 공사와 시설, 설비 공사로 구분하여 기술한다. 잘 계획된 점포는 고객을 유입시키고 입점고객 이동이 쉽게 설계되어야 한다. 고객 쇼핑 시 즐거운 분위기를 조성하고 경제적 운영과 유지를 하여 현재 및 예측 가능한 장래 판매 및 판매 보조활동에 필요한 적당한 공간을 제공하는 점포여야 한다.

잘 계획된 점포는 합리적인 가격에 판매와 차별화된 M/D만큼 이익증대에 필수적인 것이다. 경험에 의하면 효과적 점포계획은 계획이 미비한 점포보다 10~100% 판매량이 많다는 것이 증명된다. 결국, 훌륭한 설계에 더 많은 이익이 남는다는 점은 모든 소매업에 타당한 것이다. 점포건축은 실내외 실내장식, 진열, 레이아웃과 함께 매장 디자인을 결정하는 요소로써 소매점 성공과 실패의 중요한 요소이다.

2. 내부 인테리어

고객이 어떤 이유로 점포를 방문하든지 내부 인테리어는 호감을 주는 것이어야 한다. 고객의 점포에 대한 이미지는 고객을 수용할 수 있는 입구나 점두, 건물 높이, 조명, 적절한 높이의 천장, 화려한 인테리어 등에 의해 가능하다. 바닥이나 벽, 벽면의 장식, 점포의 설비와 비품, 실내조명, 엘리베이터, 에스컬레이터 등도 인테리어로 생각해야 한다.

1) 인테리어 공사

바닥은 고객과 집기 및 설비를 지탱하는 부분이다. 마모가 심하므로 보행을 위한 수평성에 민감하고 하중과 충격에 잘 견뎌야 한다. 바닥 마감재에는 목재, 대리석, 코르크 등과 같은 50가지 이상의 재료가 있다. 이는 목적에 따라 쓰임새가 달라진다. 예를 들면 전문점은 다른 잡화매장과는 바닥을 다른 인테리어로 한다. 바닥공사의 시공순서는 바닥정리, 바닥완충재 설치, 콘크리트 타설, 미장, 양생의 순서로 공사한다.

요즘에는 일반적으로 종래에 써오던 나무 바닥보다는 내구성이나 매력 등 이유로 대리석, 타일에 의한 장식을 널리 사용하고 있다. 타일 자재로는 자기질 타일, 도기질 타일, 석기질 타일이 있다. 청소 후 청결함이 유지되고 고객들에게 고급스러운 분위기의 양질의 바닥재질이면 더욱 좋다. 천장은 처짐이나 낙하에 대한 구조적인 안전성이 보장되어야 한다. 벽과 천장 도장은 매력, 경제성, 점포경영자 선호에 의해 결정된다. 많은 경제적인 점포들은 대부분 시멘트 벽면이나 콘크리트 벽에 페인트를 직접 칠하지만 이러한 점포도 어떤 곳은 나무 판넬, 재생벽돌, 플라스틱 도장으로 마감한다. 자재의 높은 원가는 장기적으로 사용하여 유지비 절감에 의해 상쇄되기도 함으로 전략적 선택이 필요하다. 훌륭한 디자인이나 대형사진 등이 벽장식과 안내판에 이용되는 것은 바로 현대적인 컬러의 발전을 보여주는 것이다. 점포내부 컬러는 점포를 더욱 매력적으로 만들고 특수상품 판매에 도움이 된다. 컬러의 조화는 개성을 강조하고 조명 비용을 절감시킨다.

2) 전기 소방공사

전기 소방공사는 전기공사, 정보통신공사, 소방시설 공사로 구분한다.

(1) 전기공사

전기공사는 전기사업법 제2조 제16호에 따른 전기설비, 전력 사용 장소에서 전력을 이용하기 위한 전기설비, 전기에 의한 신호표시 등을 설치 유지 보수하는 공사와 이에 따른 부대공사이다.

(2) 정보통신공사

정보 통신 설비의 설치와 유지 보수에 관한 공사와 이에 따른 부대공사이다.

(3) 소방시설

소방시설이란 건축물의 화재 시에 작동하는 소화설비, 경보설비, 피난설비, 소방용수설비를 총칭하는 것으로 모든 소방대상물은 소방법에 따라 소방시설의 설치 및 유지관리를 엄격하게 규제받고 있다.

(4) CCTV

폐쇄회로 텔레비전, 영상감시를 통하여 사람 또는 시설물에 대한 안전사고를 예방하고 위험사태 발생 시 응급 대처함으로써 인명 및 재산에 대한 손실 예방을 목적으로 하는 시스템 공사이다.

3) 조명설치

효율적인 조명은 판매, 비 판매 활동에 필수적이다. 소매점 조명은 매장별로 밝기와 조명기구를 차별화하여 상품력을 강화해 그 결과 매출을 증진하는 역할을 한다. 조명설치 비용과 영업 경제성에 대한 고려가 가장 기본적인 것이지만 그중에서 소매업자는 조명이 어떻게 점포 내부를 향상하고 고객 구매의욕을 증가시키며 종업원 생산성을 향상하고 고객 선택을 쉽게 하고 상품회전율을 증가시키고 도난을 감소시키고 판매하는 상품과 조명이 조화를 이루고 전시의 효과를 증가시키는 것에 대해 흥미를 느껴야 한다. 즉 조명을 효과적인 판매수단으로 생각해야 한다. 소매점에서 사용하는 조명기구는 아래 표에서 볼 수 있듯이 매장은 EL 램프를 주로 이용하고 진열장은 할로겐램프를 이용하는 추세이다.

광원	명칭	형태	적용
EL램프	안정기 내장형 램프	전구식 삼파장 램프	백열등 대체
FL램프	직관형 형광램프	1자형 형광등으로 램프, 안정기 분리	사무 공간
할로겐 램프	할로겐 램프	전구 안에 할로겐 물질주입	진열장
NH램프	나트륨 램프	전구형	옥외조명

▌주요 조명기구▐

점포 조도의 측정은 일반적으로 바닥에서 85cm 위치에서 측정하고 점두, 점내, 쇼 케이스, 벽면 조도를 측정하여 관리한다.

항목	조도(룩스)	비고
점두	800	매장 상황에 따라 탄력 적용 /매장별 탄력 적용
점내	400	
쇼 윈도	1,000-800	
쇼 케이스	600	
벽면	700-800	

▌소매점 적정조도▐

4) 건축 준공 및 임시 사용

건축물에 대한 허가를 취득하면 관할 구청, 시청에서 받은 건축허가증으로 공사를 시작하여 마무리되면 준공검사를 신청한다. 준공검사는 정화조필증 등 기타 서류를 건축사무소에서 준비하여 제출 후 심사를 거치면 사용검사 필증이 취득되고 그 후 건축물 관리대장과 등기가 완료된다. 건물주는 건축공사를 완료한 후 사용하고자 할 때는 공사 감리자가 작성한 감리 완료 보고서 및 공사 완료 도서를 첨부하여 허가권자에게 사용 승인

신청을 한다. 허가권자는 접수한 날로부터 7일 이내에 사용 승인을 위한 검사를 하고 합격한 건축물에 대해서 사용 승인서를 내준다. 사용 승인서를 받은 후가 아니면 상품 입고 등 건축물을 사용할 수 없다.

구분	서류	비고
건축사	– 사용검사 신청서 – 건축도서 – 건축사 현장조사서 – 건축물 관리대장 – 개발행위 준공필증(개발행위시)	건축사접수
감리자	– 감리 보고서(허가대상 건축물)	
시공자	– 정화조 준공필증 – 가스설치 확인서(가스 필증) – 통신설비 준공 – 엘리베이터 필증 – 기타(도로명 주소) – 소방, 전기공사검사 실시 확인서	

▮준공검사 신청서류▮

3. 설비

점포 내부 형태와 그 효율성은 대체로 비품이나 설비에 의해 좌우된다. 비품과 설비는 종종 혼용되는데 비품이라는 말은 상품 판매, 전시, 저장, 상품보호를 위해 사용되는 내구재를 말하며 설비는 엘리베이터, 에스컬레이터, POS, 차량 등을 말하며 판매활동을 용이하게 하는 데 사용된다.

1) 설비

판매업무를 쉽게 할 수 있도록 여러 가지 설비가 필요하다. 점포에서 특수하게 사용되는 종류의 설비 형태 및 양은 필요한 조건에 따라 다를 것이다. 예를 들어 식료품점에서 저울은 과일, 야채를 판매하는데 필수적으로 필요하다. 판매하는 단위에 따라 도량형 설비가 요구된다.

2) 기존 점포인수 시 건축/ 시설 파악

(1) 전용면적(실평수), 점포 전면 길이 파악
(2) 바닥, 천장 레벨 또는 현장 특이 사항
(3) 전기(배전함), 소방시설(소화전), 에어컨
(4) 지원시설(사무실, 휴게실, 탈의실 등) 확인
(5) 전용면적 내 기타 부대시설조사
(6) 저장고 및 작업장 확인
(7) 불법건축물 및 기타사항 체크

(8) 매출/ 객수/ 객단가 데이터 접수
(9) 대·중분류별 볼륨 조사 및 특화 M/D 파악
(10) 특정/ 수수료 코너 확인
(11) 담배 등 인허가 사항
(12) 집기 현황(업체 집기 등)
(13) 동선과 실측
(14) 경쟁점 분석 : 대·소형매장 점포구성 및 영업형태

4. 공정관리

공정관리는 주요공정의 시작과 완료 시점을 관리하고 공정단계별 연관 관계를 확인하고 공정률을 표기하여 관리한다. 아래 표는 소매점 오픈 공정을 예로 작성하였다.

항목/일정	D-30~D-10	D-9~D-4	D-3~D
시설/인테리어/집기	- 매장 실측 - 건축시설 공사/MD 레이아웃 확정	- 시설공사 완료 - 간판 설치	- 시설 테스트 - POS 설치 - 청소
지원/인허가	- 임대차 계약 완료 - 인허가 신청 - 인원 채용	- 시설집기 반입 - 소모품 입고 - 인허가 완료 - 직원 교육	- 개점인력 충원
상품	- 상품계획	- 행사 계획 - 오픈 입고상품 확정	- 상품 입고

▌소매점 매장 오픈 주요 공정▌

5. 소매점 인허가

1) 기타 식품판매업

매장면적이 300㎡ 이상에서 식품을 판매하는 영업을 하는 자는 기타 식품판매업 신고를 하여야 한다.

2) 축산물 판매업

축산물 판매업은 각 관할 자치구에 판매업 신고를 하여야 한다.

(1) 구비서류 (본인)

신분증, 건강진단결과 사본(보건증), 위생교육필증, 시설 내역 및 배치도

3) 담배소매인 지정서

(1) 개요

담배 경우 구내 소매인과 일반 소매인이 있으며 일반 소매인의 경우 거리 제한(50m)이 있으며 구내 경우는 매장면적 100㎡ 이상이어야 한다. 담당기관은 구청이며 담배 관련 업체에서 실사한다.

(2) 구비서류

소매인 지정신청서, 임대차 계약서 및 사용대차 계약서, 점포 약도

4) 휴게음식점

식품접객업소에는 휴게 음식, 일반음식, 단란주점, 유흥주점 4가지 종류가 있으며 이 업종에 종사하는 모든 종사자는 위생교육을 받고 건강진단 수첩(보건증)을 소지하여야 한다.

구분	영업내용	행정절차
휴게음식점	음식류를 조리, 판매하는 영업(음주 행위가 허용되지 않음) 주로 다류를 조리, 판매하는 다방, 제과, 패스트푸드점 등 신고	신고
일반음식점	음식류를 조리, 판매하는 영업(부수적으로 음주행위가 허용)	신고
단란주점	주로 주류를 조리, 판매하는 영업 손님이 노래를 부르는 행위가 허용되는 영업	허가
유흥주점	주로 주류를 조리, 판매하는 영업 유흥종사자 고용, 유흥시설 설치 허용	허가

▌식품접객업 업종 분류▐

5) 기타 인허가

인허가명	관할기관	구비서류	비고
양곡소매업	구청 산업과	– 양곡소매업신고서 – 임(전)대차 계약서 – 점포약도	– 20키로 미만 포장곡 판매시 신고불필요
쓰레기봉투 소매	관할 동사무소	– 사업자등록증 – 인감증명서 – 계약서 – 보증보험 – 대표자 사진	– 보증인을 세울 경우 보증인 인감증명 필요 – 소요기간 7일

▌기타 인허가 ▐

제3절 투자비 및 수익 예상

1. 매장 평당 투자금액

소매점 개설 시 자산에 대한 자금 운용이 바로 투자이다. 투자비 중 고정자산에 투자하는 것이 고정투자로서 점포 개설이나 증축을 할 때 이와 관련된 결정을 전략적인 관점에서 할 필요가 있다. 특히 투자금액을 평당으로 환산하여 계산하는 것이 투자를 평가하는 방법으로 자주 사용된다. 점포 오픈 시 고정투자에 대한 합리적인 의사결정이 기업 성패를 가늠하는 중요한 전략적인 포인트가 되는데 이러한 고정투자의 합리성 평가가 중요하다. 주요 고정투자 결정과 관련되는 투자효율평가 문제는 아래와 같다.

1) 토지 확보

취급할 상품에 의해 소요 매장면적을 결정하며 이를 전제로 이에 필요한 후방부문의 면적 및 건축법상의 건폐율 등을 고려하여 부지 크기를 결정하는데 이 부지를 반드시 확보해야만 한다. 일반적으로 토지가격이 비싼 곳은 토지 앞을 지나다니는 유동객이 많음을 반영한다. 그런데 대형점 경우에는 상권 흐름을 바꿀 수 있을 정도로 매력성을 지니고 있으므로 대형점포가 입점 되면 주변 지역은 가격이 상승된다. 그러면 토지 평가익이 증대되고 차입금에 대한 담보력을 증대시켜 준다. 그러므로 가능한 한 자가 토지를 구매하는 것이 좋은데 임차를 하면 소요 자본은 절약되나 이러한 투자이익을 얻기는 어렵다.

2) 적정 매장면적당 매출액 추정

적정 매장 규모와 판매액 추정은 구매력에 의한 방법, 유사지역 비교 등으로 추정하는데 구매력에 의한 매장면적과 판매액을 추정할 수 있다.

$$\text{적정면적} = \frac{\text{상권내 입점가능 세대수} \times \text{세대당 월평균 지출액}}{\text{월평당 매출 목표}}$$

3) 평당 투자자본 추정

토지, 건물, 집기와 비품, 상품 및 운영자금을 포함하여 투자된 자산대비 매장 면적당 자산액은 아래와 같이 계산된다.

(1) 최대 부지 내 연건평 수 계산

연건평수 = 부지면적 × 건폐율 × 층수

(2) 총건축비 추정

총건축비 = 부지면적 × 건폐율 × 층수 × 평당건축비

(3) 매장면적

매장면적 = 연건평수 × 매장사용률

(4) 매장면적당 건축비

$$\text{매장면적당건축비} = \frac{\text{총건축비}}{\text{매장면적}} = \frac{\text{평당건축비}}{\text{매장면적사용률}}$$

만약 평당 건축비가 80만 원, 매장면적사용률 80%로 가정하면 매장면적당 100만 원이 된다. 이와 마찬가지로 계산하여 집기, 비품류 등도 매장면적당 100만 원이 필요하다고 본다.

2. 적정면적 결정

1) 적정면적

평당 투자액을 500만 원으로 토지 이외 자산에의 투자분을 310~350만 원으로 보면 토지에 투자할 한도액은 150~190만 원이다. 그런데 이는 매장면적당 지가이므로 이를 다음과 같은 식에 의해 부지면적 당 지가로 환산해야 한다.

$$\text{매장면적 당 지가} = \frac{\text{부지면적 당 지가}}{\text{건폐율} \times \text{층수} \times \text{매장사용률}}$$

건폐율이 80%, 매장사용률을 80%, 층수를 단층으로 한다면 매장면적 당 지가가 최고한도 200만 원이라 할 때 부지면적 당 지가는 130만 원 정도가 된다. 이는 곧 130만 원 이하의 토지밖에는 채산성이 없음을 나타낸다. 따라서 만약 이보다 지가가 높으면 기타 조건이 같다고 할 때 당연히 층수를 높이지 않으면 안 된다.

2) 건폐율/ 용적률 계산

건폐율과 용적률은 한 필지의 토지 위에 건축할 수 있는 건축물의 면적을 말하는 것으

로 전국 토지는 하나의 용도지역을 가지고 있는데 그 용도지역은 국토 계획 및 이용에 관한 법률로 정해져 있다. 건폐율이란 한 필지의 토지 위에 건축할 수 있는 건축물의 바닥 면적이다. 100평의 토지가 건폐율 50%에 해당한다면 토지에 건축할 수 있는 바닥 면적은 50평을 넘어서는 안된다는 의미이다. 용적률은 한 필지의 토지에 건축할 수 있는 건축물의 연면적의 합계를 말한다. 100평의 토지가 용적율 200%라면 그 토지에 건축물의 연면적이 200평을 넘어서는 안된다(층수는 1층의 바닥면적에 따라 달라진다).

세분 용도	건폐율(%)	용적률(%)
중심상업지역	90%	400-1500%
일반상업지역	80%	300-1300%
근린상업지역	70%	200-900%
유통상업지역	80%	200-1100%

▮상업지역 건폐율/ 용적률▮

3. 임차료 한도

소매점포는 가능한 구매하는 것이 좋으나 불가피하게 매장을 임차할 수밖에 없을 때의 임차료 한도액은 다음과 같이 계산된다.

$$\text{평당 임차료한도} = \text{평당 매출총이익액} \times \text{매출총이익 대 임차료율}$$

$$\text{평당 매출총이익액} = \text{평당 판매액} \times \text{매출총이익률}$$

$$\text{매출총이익 대 임차료율} = \frac{\text{지급임차료} + \text{감가상각비}}{\text{매출총이익액}}$$

평당 매출액이 400만 원 매출총이익률이 20%라면 평당 매출총이익액은 80만 원이 되며 지급 임차료와 임차건물 감가상각비를 포함한 금액의 매출총이익액에 대한 비율이 12%라면 평당으로 이는 9만 6천 원이 그 한도가 된다.

일반적으로 소매점에서 월 임대료는 월 평균 매출액의 5% 정도로 일 매출액의 1.5배 정도가 적당하다 할 수 있다. 평수, 권리금, 하루평균 매출 등 점포특성에 따라 다르므로 일률적으로 말하기는 어렵지만 하루평균 매출액의 비율로 임차료를 평가할 수 있다.

4. 상가 권리금

로드 숍의 임차매장 운영 시에는 권리금을 사실상 인정해야 한다. 권리금이란 임대차 목적물인 상가건물에서 영업하는 자 또는 영업을 하려는 자가 영업시설, 비품, 거래처, 신용, 영업 비결, 상가건물 위치에 따른 영업상 이점 등 유형, 무형의 재산적 가치의 양도 또는 이용 대가로서 임대인, 임차인에게 보증금과 차임 이외에 지급하는 금전 등 대가를 말한다. 권리금에는 영업 권리금과 시설 권리금으로 구성될 수 있으며 속칭 바닥 권리금이라는 것도 존재할 수 있으나 본서에서는 영업적/ 시설적 측면에서 권리금인 영업권에 한정하여 설명하고자 한다. 영업권이란 특정 소매점이 동종 소매점보다 높은 초과 수익력을 가지고 있는 경우에 이를 화폐 금액으로 인식하는 것이다. 권리금은 거래사례, 수익자료, 시장조사 등을 통하여 권리금이 적정한지 평가가 필요하다.

1) 영업 권리금

미래에 예상되는 수익에 대해서 점포 매도자가 매수자에게 부담시키는 것이 권리금이라 할 수 있다. 보통의 경우 권리금은 연간 예상수익을 부과시키는 때도 있다. 특히 무형 자산에 권리금은 수익 환원을 검토하여 권리금 평가가 필요하다.

예) 월간 300만 원 예상수익이 나는 점포의 인수 시 3천 6백만 원 지급하였다면 영업 권리금으로 3천 6백만 원 지급한 것이 됩니다. 보통 1년 수익을 기준으로 영업 권리금을 인정하는 사례가 많다.

2) 시설 권리금

권리금 중에서 가장 일반적으로 인정되는 것이 시설에 대한 권리금이다. 창업 당시에 실내장식, 간판, 내부 실내장식 시설비용에 대해서 인수할 시 시설 권리금이 일반적으로 발생한다. 시설비용에 대한 금액에서 매도자와 매수자가 어느 정도 인정해야 하는지는 상호 협의 때문에 가감되는 것이다. 하지만 시설과 비품은 원가를 고려하여 감가상각비를 적용하여 산정하는 것이 필수이고 원가 적용이 곤란한 경우에는 거래사례 등을 통하여 평가할 수 있다. 동일업종으로 창업 시는 감가상각만 어느 정도 고려하여 매수자는 시설 권리금을 고려하지만 다른 업종으로 창업 시는 기존 시설을 철거해야 하므로 바닥 권리금을 주는 그것 같은 경우가 된다.

실무적으로는 영업 권리금과 시설 권리금을 구분할 수는 없지만, 매도인과 매수자가 상호 합의를 통하여 결정하는 것이다.

3) 권리금 분쟁 예방

권리금은 양도 양수 결정 시 중요한 요소이기도 하지만 건물주 변경 등으로 임차인이 보호받지 못하는 상황이 발생할 수 있다. 상가임대차 보호법에서 환산 보증금 (보증금+

월세×100) 4억 원 이하만 5년 계약 기간을 보장하고 그 이상은 보장되지 않아 건물주 변경 시 상가임대차 보호법에 따른 보호를 받지 못한다. 이점은 법제화 등을 검토 중이지만 시행되고 있지 않으므로 분쟁 소지가 있어 임차인이 피해 볼 수 있는 소지가 많다.

4) 기존 점포인수 시 투자 측면 고려사항

(1) 등기부등본, 건축물대장을 통하여 권리 관계 파악
(2) 건물 용도 / 건물주와 직접계약
(3) 채권 확보 대책
(4) 권리금과 임대료는 주변 시세 대비 적정 여부 파악
(5) 기존 점포 경우 소비자 반응

5. 투자 수익 예상

1) 이익산정

(1) 투자수익률(ROI, Return on Investment)

자본이란 경영을 하기 위하여 투자된 자본으로서 재무상태표 차변의 합계, 즉 총자산 또는 대변의 부채 및 자본의 합계가 이에 해당한다. 총자본이익률이란 투자함으로 인하여 증가하는 연평균 이익을 최초 투자액 또는 평균 투자액으로 나눈 값이다. 이러한 ROI 기법은 듀퐁사에서 개발하여 1930년대부터 사용되기 시작하였고 기업 목표를 투자수익률로 하여 이를 결정하는 재무요인을 체계적으로 관리하는 방법이다.

$$총자본이익률 = \frac{이익}{총자본} \times 100$$

(단위: 천원)

항목		금액
이익금/ 이익률		30,000/ 15%
투자금액		100,000,000
연간 이익	1년 차	10,000
	2년 차	20,000

▌총자본이익률▌

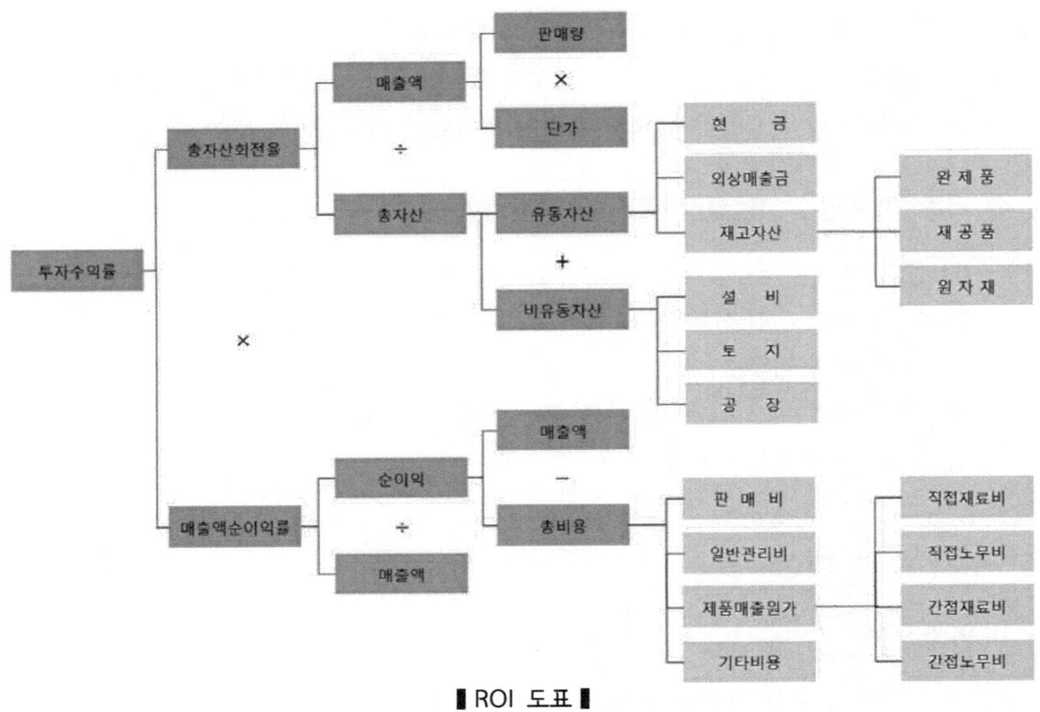

▌ROI 도표▌

(2) 필요 경비에 의한 이익 추정

경영상의 필요 경비에 의한 이익을 추정하는 방법이 있다. 이 방법에 따른 이익은 다음과 같은 산식으로 계산한다.

$$\text{목표이익(세금공제전)} = \frac{(\text{배당금} + \text{임원상여금} + \text{내부유보})}{(1 - \text{세율})}$$

배당금, 임원상여금은 과거 실적 추이나 업계 수준, 혹은 경영자 방침 등을 고려하여 산정한다. 내부유보는 장래 투자에 대비한 기대이익, 재무구조 개선을 위한 정책으로 확보해야 할 이익, 혹은 장기차입금 상환원금으로 산정한다.

(3) 이익 추정 유용성

투자 결정 시 이익산정을 통한 의사결정은 투자대상의 이익을 기준으로 설정한 이익률보다 높으면 투자 결정을 하는 방법이다.

2) 손익분기점 추정

영업활동에 손익분기점을 파악하는 것이 영업활동의 이익을 계상하는 실질적인 방안이 될 수 있다. 우선 영업을 하는 데 필요로 하는 경비 중에는 매출 증감에는 관계없이 일정하게 나가는 비용이 있다. 인건비, 월세 등으로 이를 고정비라 한다. 이에 반해 매출 증감에 비례하여 증감되는 비용이 있다. 매출 원가나 포장비, 발송비 같은 것으로 변동비라 한다. 고정비와 변동비가 결정되면 손익분기점을 추정할 수 있다.

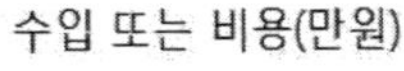

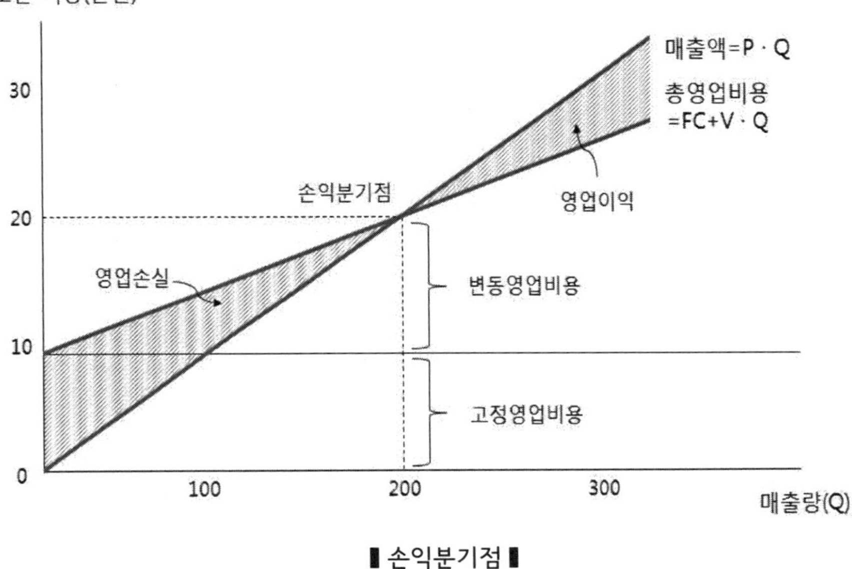

▌손익분기점▐

그림과 같이 먼저 가로축에 매출액을 세로축에 경비 또는 매출총이익을 놓는다. 매출이 하나도 없는 0의 상태에도 고정비는 드는 것이니 이것을 정한다. 이 위에다가 매출액 상승에 따라 비례하여 증가하는 비용선을 그려 넣는다. 매출액 선과 총비용 선이 교차하는 점이 손익분기점이다.

$$\text{손익분기점매출액} = \frac{\text{고정비}}{(1 - \text{변동비}/\text{매출액})}$$

각 항목의 실제 금액이 다음 표와 같다고 할 때 그 수치를 활용하면 손익분기점은

$$\frac{16{,}000(\text{천원})}{1 - 0.79(\text{변동비율})} = 76{,}190(\text{천원})$$

(단위: 천원)

항목	금액	비고
매출액 매출 원가 총이익	100,000 70,000 30,000	
고정비 변동비	16,000 79,000	변동비율 79%
이익	5,000	

▌손익 계산서▐

적어도 76,190(천원) 이상은 실현해야만 되는 것이다.

손익분기점을 이용하여 목표하는 이익을 달성하는 데 필요한 매출 목표를 구할 수 있다.

$$\frac{\text{고정비} + \text{목표이익}}{1 - \text{변동비율}}$$

목표하고자 하는 이익 5천 원을 목표이익이라 한다면

$$\frac{16{,}000(\text{천원}) + 5{,}000(\text{천원})}{1 - 0.79} = 100{,}000(\text{천원})\text{이 된다.}$$

3) 투자회수기간

(1) 투자회수기간

투자회수기간이란 투자에 소요되는 비용을 회수하는데 걸리는 기간을 말하며 보통 연간 단위로 표시한다. 투자 결정 시 경제성을 평가하기 위해서 현금흐름 추정은 기본적인 사항이다. 현금흐름은 = 현금유입-현금유출로 계산하는데 투자금액이 투자 시점에서 현금지출로 계산된다. 현금 흐름성에서 유입과 유출로 단순 계산하여 투자에 든 비용을 회수하는데 걸리는 기간을 연 단위로 나타내는 지표이다.

$$\text{투자회수기간} = \frac{\text{투자금액}}{\text{현금유입액}}$$

항목		투자 안 A	투자 안 B
회수 기간		4	4
투자금액		1억	1억
현금유입	1년	30,000,000	15,000,000
	2년	20,000,000	20,000,000
	3년	40,000.000	35,000,000
	4년	20,000,000	40,000,000
	합계	110,000,000	110,000,000

▮ 투자회수기간 ▮

투자 안 A 안과 B 안 모두 회수 기간은 4년으로 같다. 하지만 대안 투자 결정 시 투자자는 초기 많은 현금유입이 있는 A 안을 선호한다.

(2) 투자회수기간 평가 장·단점

① 유용성

㉠ 계산방법이 간단하여 이해하기 쉽다. 그러나 투자 안에서 단순하게 계산과 이해하기 쉽다고 투자회수기간법만 고려하여 투자 안을 결정해서는 안 된다.

㉡ 운영자에게 투자 위험에 대한 정보를 제공한다는 점이다.

㉢ 수익성이 점포 가치에 관계되는 것이지만 더욱 중요한 점은 현금보유를 중심으로 한 유동성이다. 투자회수기간법은 유동성을 간접적으로 보여준다는 점에서 유용하다. 투자 대안 중에서 투자회수기간이 짧을수록 투자 점포의 유동성이 높아진다.

㉣ 현금이 부족한 점포 입장에서는 투자회수기간이 빠른 것이 가장 중요함으로 투지회수기간법이 유용한 방법이다.

② 단점

㉠ 투자회수기간법은 투자회수기간 이후 현금흐름을 고려하지 않고 있다.

㉡ 화폐 투입 시 가치와 투자회수 시 가치가 다른데 이점을 고려하지 않고 계산한다는 문제점이 있다.

연습문제 Chapter 05 점포구성

1. 고객 동선 종류와 의미에 대하여 정리하시오.

점포 동선은 점포 내 고객 유입 이동 동선을 말한다. 동선은 직선으로 유도되어야 한다. 직선형이란 구부러져 있지 않은 상태를 말하고 평평하고 짧지 않아야 한다. 점포 동선은 주동선, 보조동선, 순환동선으로 구분된다.

- 주동선 : 점포 입구에서 반대편까지 동선으로 점포 입구에서 고객을 매장으로 유도하는 고객 동선을 말한다. 고객 흐름을 원만하게 하고 전 매장이 보이도록 구성해야 한다. 주동선은 소매점 매장에서 가장 넓은 동선이면서 가능한 한 직선이어야 한다.

- 보조동선: 매장 중앙을 중심으로 횡으로 가로지르는 동선을 말한다. 보조동선은 상품 구분, 주 통로를 보조하여 원만한 고객 흐름을 유도한다.

- 순환동선: 집기와 집기 사이 동선으로 고객들이 상품을 쇼핑하는 동선을 말한다.

2. 투자수익률(ROI, Return on Investment)의 의미는 무엇인가?

자본이란 경영하기 위하여 투자된 자본으로서 재무상태표의 차변 합계, 즉 총자산 또는 대변의 부채 및 자본의 합계인 총자본이 이에 해당한다. 경영 활동은 자본이익률을 통해서 수익을 예상할 수 있다. 자본이익률이란 투자 안으로 인하여 증가하는 연평균 이익을 최초 투자액 또는 평균 투자액으로 나눈 값이다. 이러한 ROI 기법은 듀퐁사에서 개발하여 1930년대부터 사용되기 시작하였고 기업 목표를 투자수익률로 하여 이를 결정하는 재무요인을 체계적으로 관리하는 방법이다.

3. 손익분기점 추정 의미는 무엇인가?

영업활동에 손익분기점을 파악하는 것이 영업활동 이익을 계상하는 실질적인 방안이 될 수 있다. 손익분기점 실제적 계산 예를 통하여 이익을 추정한다.

우선 영업을 하는 데 필요로 하는 경비 중에는 매출 증감에는 관계없이 일정하게 나가는 비용이 있다. 인건비, 월세 등으로 이를 고정비라 한다. 에에 반해 매출 증감에 비례하여 증감되는 비용이 있다. 매출 원가나 포장비, 발송비 같은 것으로 변동비라 한다. 손익분기점을 결정하는 데는 무엇보다도 이 고정비와 변동비를 찾아내어 분류하는 것이 중요하다. 고정비와 변동비가 결정되면 손익분기점을 추정할 수 있다.

4. 다음 용어에 관해 설명하시오.

- 그리드 형 매장

- 조닝(ZONING)

- 영업 권리금

Chapter 06 매장오픈

제1절 사업자 개설

1. 사업자등록

1) 사업자등록증

신규로 사업을 개설하는 자가 사업장 관할 세무서에 등록하는 것이다. 신규사업자는 소매점 개설 전이라도 등록할 수 있다.

2) 기재사항

지정된 서식으로 기록하여 제출하면 된다.

3) 사업자등록 시 점검사항

(1) 과세업종인지 면세업종인지 확인한다.

부가가치세가 과세하는 사업은 과세사업자 등록을 면제되는 사업은 면세사업자 등록을 한다. 과세사업과 면세사업을 겸업할 때에는 과세사업자 등록만 한다.

(2) 동업사업 경우 관련 증빙서류를 제출한다.

2인 이상의 사업자가 공동으로 사업을 하는 경우 이 중 1인을 대표자로 선정한다. 공동으로 하는 사업임을 증명할 수 있는 동업계약서 등 서류를 제출하여야 한다.

(3) 자금출처 조사에 대비한 입증자료를 사전에 준비한다.
미등록 시 불이익을 받지 않도록 사전 준비가 필요하다.

(4) 주류는 판매신고자만이 판매할 수 있으므로 주류판매 신고번호를 같이 받아야 한다.

4) 사업자등록증 교부절차

사업자등록 신청을 받은 당해 사업장의 소관 세무서장은 그 신청내용을 조사하여 사업자 인적사항 등이 기재된 사업자등록증을 신청일로부터 3일 이내에 교부한다.

신청내용이 조사한 사실과 다른 경우 조사한 사실에 의하여 교부하되 교부기간은 연장된다.

5) 사업자등록증 종류 및 등록번호

일반 사업자 설립은 절차가 간단하고 비용이 저렴하다. 그리고 사업이익에 관여하지 않는다. 반면에 사업 규모가 커지면 한계가 있고 사업실패 시 사업자 책임 범위가 넓다. 법인사업자는 설립등기를 해야 하고 최소 자본금 5,000만 원 규정이 폐지되었지만, 자본금이 필요하고 등록세를 내야 한다. 그리고 법적 절차에 의해 회계처리를 해야 한다.

구분	000 -	00	-0000 -	0
일반 사업자	지방청 세무서 구분코드	-	6000-9999	
간이 과세자		-	0001-5999	
면세 사업자		90-99		
법인 사업자		81-85		

▮사업자등록증 종류 및 등록번호▮

6) 사업자등록증 정정

다음 사유가 발생하면 사업자등록증 정정신고를 하여야 한다.

사업자등록 정정	재발급기한
– 상호를 변경하는 때	신청일 당일
– 통신판매사업자가 사이버몰의 명칭 또는 인터넷 도메인 이름을 변경하거나 폐업하는 때	
– 법인 또는 1 거주자로 보는 법인 아닌 단체의 대표자를 변경하는 때	신청일로부터 3일 이내
– 사업 종류를 변경	
– 사업장 이전	
– 사업자 변경	
– 공동사업자 구성원 변경 및 출자 지분 변경	

▌사업자등록증 정정▐

7) 부가가치세 면세

(1) 미가공 식료품 및 국산 비식용 미가공 농, 축, 수, 임산물
(2) 주택, 부수 토지 임대용역
(3) 교육용역
(4) 토지공급
(5) 금융, 보험용역
(6) 우표, 인지, 증지, 복권과 공중전화
(7) 특정한 제조 담배
(8) 종교, 자산, 학술, 구호 기타 공익단체가 공급하는 일정한 재화 또는 용역
(9) 국가 등이 공급하는 재화, 용역

[별지 제73호 서식]

접수번호	-	법인설립신고 및 사업자등록신청서		처리기간 7(14)일
인적사항	법인명(단체명)		승인법인 고유번호 (폐업당시 사업자등록번호)	
	대 표 자		주 민 등 록 번 호	-
	사업장(단체) 소재지		전화번호	
	E-Mail 주 소		*비밀번호 (기재요령 참조)	

법인현황

법인등록번호	-	자본금	만원	사업연도	월 일~ 월 일

법 인 성 격 (해당란에 ○표)

내국법인						외국법인			지점 (내국법인의 경우)		
영리일반	영리외투	비영리	국가지방자치	법인으로 보는 단체: 승인법인	법인으로 보는 단체: 기타	지점	연락사무소	기타	여	부	본점사업자 등록번호

조합법인 해당여부		공익법인					외국·외투법인	국적	투자비율
여	부	해당여부	사업유형	주무부처명	출연자산여부				
		여 / 부			여	부			

사업장현황

사 업 의 종 류

주업태	주종목	주업종 코드	부업태	부종목	부업종 코드	사업(수익사업) 개시일
						년 월 일

사업장 구분		사업장을 빌려준 사람		사업장 사용료	
자가	타가	성명 (법인명)	주민(법인사업자)등록번호	전세(보증)금	월세
				만원	만원

특별소비세				주류면허			부가가치세 해당 여부	
제조	판매	장소	유흥	면허번호	면허신청		여	부
					여	부		

법인세법 제109조 및 제111조의 규정에 의하여 법인설립신고 및 사업자등록을 신청합니다.

년 월 일

신청인 (서명 또는 인)

세무서장 귀하

구비서류	수수료
1. 등기부등본 1부 2. 정관 1부 3. 개시대차대조표 1부 4. 사업허가증(해당 법인에 한함) 또는 설립허가증 사본(비영리법인에 한함) 5. 주주 또는 출자자명세서 6. 지점등기부 등본 또는 국내사업장의 사업영위내용을 입증할 수 있는 서류 (외국법인에 한함) 7. 조세협약에 의하여 국내사업장에 해당되지 아니한 경우에는 그 사유를 첨부하여 사업자등록신청만 할 수 있습니다. * 기재요령 : 비밀번호는 E-Mail 주소와는 관계없는 것으로 4자리 숫자로 기재하여야 하며, 전자민원 서비스제공시 본인 여부를 확인하기 위한 것이므로 반드시 기억하고 계시기 바랍니다.	없음

▌사업자등록증 서식▐

2. 임대차 계약 체결

소매점 운영을 위해서는 매장 확보가 필수적인 사항이다. 사업자등록 개설 시 매장 임대차 계약서가 요구된다. 이러한 계약서 작성은 중요하다. 계약서라는 것은 당사자 간의 합의를 문서로 표현한 것으로 분쟁이 발생하면 근간이 되기 때문이다. 계약은 법률행위 근본이며 이에 의하여 작성되는 문서, 즉 계약서는 법률행위 증표로서 법률적 효과 발생 기초이다. 계약서 작성은 간단한 것부터 복잡한 것에 이르기까지 여러 가지가 있지만 어떤 상황에서도 그 원칙만은 공통적이라 할 수 있다.

1) 계약을 체결할 때에는 먼저 계약 상대방이 본 계약 당사자인지 확인, 계약 내용, 계약 성립 연월일 그리고 계약 당사자 서명 날인 항목을 필요로 한다. 계약 내용으로서는 계약 목적, 이행조건, 이행기일, 불이행의 경우 조치 사항 등을 분명히 해야 한다. 계약에 관한 법률 규정은 당사자 간에 특약이 없는 경우에만 적용되는 것이 원칙이다.
2) 서명에는 자필 이외도 고무인 등에 의하여 성명을 나타내는 기명방법이 있다. 기명에는 날인이 필요하다. 또, 대리인이 계약서의 작성 시에 대리인 서명은 본인 성명을 썼을 때는 서명, 본인과의 관계에서 일정한 권한이 있고 인장을 보관하고 있는 경우에는 기명과 같이 날인이 있으면 될 것이다. 특히 대리인 경우에는 대리권이 정말 있는지 계약 당사자에게 확인하여야 한다.
3) 계약서는 될 수 있는 한 상대방과 함께 작성하여야 하며 본인이 직접 서명토록 하여야 한다.
4) 법인인 경우 일부 항목을 제외하고는 상대방이 개인이면 있어서 계약서 작성방법을 같이(또는 공통으로) 적용할 수 있다고 본다.
5) 상대방이 법인인 경우에만 해당하는 특별한 주의사항
   ① 계약서상의 법인 대표자(대리 이사, 이사장 등)가 계약을 체결할 수 있는 대표권을 가졌는지 아닌지는 확인하여야 한다.
   ② 특히 사업자등록증에 의해서 확인하여야 한다.
6) 상대방(법인)이 채무를 부담하는 사항이 계약서에 기재될 경우 법률과 정관에 규정되어 있는 절차에 따라 총회, 총대회 또는 이사회 결의를 얻었는지 아닌지를 확인하여야 한다.
7) 계약을 위반하면 거래 대금의 10%를 몰수당하거나 손해 본다는 것이 사회적인 통념으로 이해가 필요하다.
8) 계약 진행에 있어 불이익을 당하지 않기 위해서는 동시이행 관계에 있는 자신 의무

를 이행 제공하는 정도에 관해 충분하게 숙지해야 할 필요가 있다.

9) 임대차 계약서 기재사항

거래 당사자 인적사항, 물건 표시, 계약일, 거래금액 및 그 지급일자 등 지급에 관한 사항, 물건 인도일시, 권리 이전 내용, 계약조건이나 기한이 있는 경우 그 조건 또는 기한, 기타 약정내용을 작성하여야 한다.

제2절 세무관리

1. 부가가치세

1) 정의

(1) 부가가치란 매출금에서 매입금액의 차이로 가치의 순 증가분을 말한다.

(2) 부가가치세란 부가가치에 부과되는 거래세를 말한다. 생산 및 유통단계에서 생성되는 부가가치에 대하여 부과되는 조세이다.

부가가치세 = (매출금액 − 매입금액) × 부가가치세율(통상적 10%)

▌사례▌

A가 생산 제품을 B에게 1,000원에 판매하고 B는 C에게 1,200원에 판매한 경우

사업자 A	부가가치 1,000	공급가액 1,000원
사업자 B	부가가치 200	공급가액 1,200원

2) 과세대상

(1) 부가가치세의 과세대상은 재화, 용역 공급이다

(2) 용역은 대가를 받는 것을 요건으로 규정하고 있다.

과세대상	공급자	과세. 면세구분	과세 여부
(1) 재화 공급 (2) 용역 공급	사업자	과세재화. 용역	○
		면세재화. 용역	×
	비 사업자	과세재화. 용역	×
		면세재화. 용역	×
(3) 재화 수입	재화 수입자	과세재화	○
		면세재화	×

▌과세대상▌

3) 납세의무자

(1) 사업상 독립적으로 재화, 용역을 공급하는 자

(2) 사업자 개념

① 영리 목적 여부 관계없이 사업상 독립적으로 재화. 용역을 공급하는 자
(개인사업자, 영리법인, 국가, 지방자치단체도 납세의무 있다)

② 사업성
(사업자등록증 여부와 관계없이 사업성 있으면 과세)

③ 독립성
(인적 또는 물적 독립성 필요)

(3) 사업자 분류

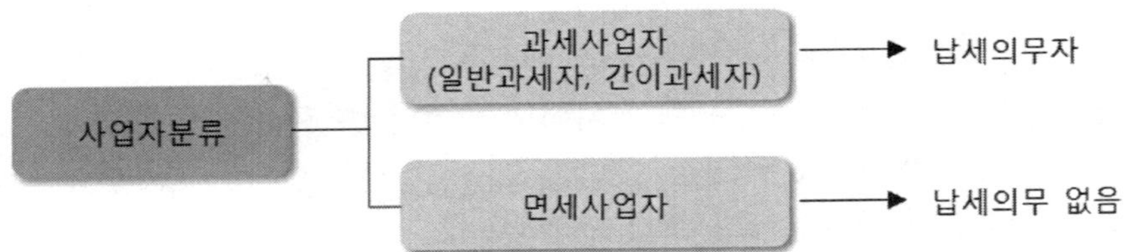

구분	일반 사업자	간이 사업자	면세사업자
부가가치세 과세	○	○	×
연간매출액	4800만 원 초과	4800만 원 미만	면세매출 전체
부가가치세 세율	10%	2~4%	-
세금계산서	발행	불가	발행
신고 기간	7월, 1월	1월	1월
사업	도소매, 제조, 음식업, 임대업, 서비스업	일반사업자와 동일	곡물, 농산물판매

▌사업자 구분▐

4) 과세기간 및 신고 납부 기간

구분	과세기간		납부 기간
1기	예정	1.1-3.31	4.1-4.25
	확정	4.1-6.30	7.1-7.25
2기	예정	7.1-9.30	10.1-10.25
	확정	10.1-12.31	익년 1.1-1.25

▌과세기간 및 신고 납부 기간▐

5) 부가가치세 계산

(1) 매출세액 − 매입세액 = 납부세액

(2) 매입세액 − 매출세액 = 환급세액

사업개시일이 각 과세기간 종료일에 가까운 경우에는 매출액보다 매입액이 많으므로 환급세액이 발생하며 이러한 경우에 세무서의 환급확인 조사가 있을 수 있다. 매입세액은 자기 사업을 위해 사용하였거나 사용된 재화 또는 용역에 대한 세액이다.

6) 공제되지 않는 매입세액

(1) 세금계산서를 받지 아니하거나 매입처별 세금계산서 합계표를 제출하지 않은 경우 매입세액

(2) 세금계산서 상 필수적 기재사항 전부 또는 일부 누락하거나 내용이 사실과 다른 경우 매입세액

(3) 매입처별 합계표상 거래처 등록번호 또는 공급가액 기재가 부실한 때 매입세액

(4) 사업과 직접 관계없는 지출에 대한 매입세액

(5) 비영업용 승용차 구입 및 유지에 관한 매입세액

(6) 접대비 및 이와 유사한 비용의 지출에 관련된 매입세액

(7) 사업자등록 신청 전 매입세액

(8) 면세사업과 관련된 매입세액

7) 부가가치세 환급

부가가치세 신고 시 납부세액이 음수인 경우를 환급세액이라 하며 그 금액을 납세자에게 돌려주는 것을 말한다. 납세지 관할 세무서는 각 과세 기간별로 환급세액을 확정신고한 사업자에게 확정 신고 기한이 지난 30일 이내에 환급하여야 한다.

구분	환급대상	환급기간	비고
조기 환급	• 사업설비를 신설취득, 확장 시	• 신고 기간 경과 후 15일 이내	• 투자자원에 의의가 있는 경우
일반 환급	• 조기환급 대상이 아닌 경우로 매입세액이 매출세액보다 큰 경우	• 각 과세 기간별 확정 신고 기간 경과 후 30일 이내	

▌부가가치세 환급 절차▐

8) 가산세

(1) 등록 불성실 가산세 : 사업자 미등록시는 공급가액의 1/100 의 가산세가 부과된다.

(2) 세금계산서를 기한내 교부하지 않거나 매입처별 세금계산서 합계표를 제출하지 않을 때는 미교부, 미제출한 공급가액이 1/100에 해당하는 세금계산서 미교부, 세금계산서 합계표 미제출 가산세가 부과된다.

(3) 신고 기한 내에 신고하지 않거나 신고하여야 할 납부세액에 신고금액이 미달한 경우, 그 미달세액의 10/100에 해당하는 신고 납부 불성실 가산세가 부과된다.

2. 근로소득세

1) 근로소득 정의

(1) 근로소득이란 근로자가 고용계약으로 근로를 제공하고 그 대가로서 받는 급여, 수당, 상여금 등의 급여를 말한다.

(2) 고용 관계를 기초로 지급되면 그 명칭이나 지급방법 여하에 불구하고 근로소득이 된다.

(3) 퇴직함으로 받는 소득으로서 퇴직소득에 속하지 않는 소득이 해당한다.

근로소득금액 = 총급여액(비과세 소득 제외) - 근로소득 공제

총급여	근로소득공제
500만 원 이하	총급여액×70%
500만 원 초과–1,500만 원 이하	350만 원+(총급여–500만 원)×40%
1,500만 원 초과–4,500만 원 이하	750만 원+(총급여–1,500만 원)×15%
4,500만 원 초과–1억 이하	1,200만 원+(총급여–4,500만 원)×5%
1억 초과	1,475만 원+(총급여–1억 원)×2%

▌근로자 근로소득공제▐

2) 갑종근로소득세(갑근세) 산출 내역

(1) 일용근로자 경우는 하루 급여액에서 100,000원을 제외한 금액에 10% 세율을 곱하여 계산한 금액에서 근로소득 세액공제 45%를 한 후의 금액을 원천징수하여 내면 모든 납세절차가 끝나게 된다.

(2) 월급자 경우에는 매월 급여지급 시 간이세액표에 의해 소득세를 내고, 다음 연도 2월분 급여를 지급할 때 기본세율을 적용하여 연말정산을 하게 된다.

(3) 연말정산이란 1년간 지급한 급여총액에 대해 내야 할 소득세를 계산하여 매월 원천징수한 소득세의 합계금액과 비교하여 남거나 모자라는 세액을 돌려주거나 공제하는 절차를 말한다.

(4) 다음 급여는 비과세되어 근로소득세 산정 소득에 포함되지 않는다.

항목	비고
직장 유니폼	전액 비과세
자가운전 보조금 벽지 수당	월 20만 원 한도 비과세
식대	월 10만 원 한도 비과세 / 식사는 전액 비과세
학자금	본인 업무와 관련된 학자금 비과세/ 자녀 학자금은 근로소득으로 간주

▌비과세 근로소득▐

구분	원천징수	연말정산	확정 신고
상용근로	간이세액표에 따라 원천징수	다음연도 2월분 지급 시 연말정산	다음연도 5월 확정 신고 (근로소득만 있는 경우 확정 신고 불필요)
일용근로	원천징수 (분리과세)	–	–

▌근로소득 과세방법▐

3. 종합소득세

1) 정의

개인을 납세의무자로 하고 소득을 과세대상으로 부과하는 조세를 말한다. 사업소득, 근로소득, 배당소득, 이자소득, 부동산임대소득, 일시 재산소득, 기타소득을 합산하여 종합소득금액으로 신고한다.

종합소득 과세표준 = 종합소득금액 – 소득공제

산출세액 = 종합소득 과세표준 × 기본세율

2) 신고와 납부

신고 기간은 종합소득세액이 확정되면, 종합소득세 신고 기간인 익년 5월 1일~5월 31일까지 주소지 담당세무서에 자진신고 납부하여야 한다. 수정신고는 신고 후 기재사항이 착오가 발견된 경우에는 수정신고하고 자진납부하여야 한다.

3) 소득세 과세방법

기장 과세는 각종 소득금액은 기장을 하고 그 기장된 장부에 의해 세액이 계산된다. 추계과세는 기장을 하지 않거나 하였어도 그 장부에 의해 소득금액을 계산할 수 없을 때는 수입금액에 표준소득률을 곱하여 소득금액을 산출한다.

4) 세액 계산구조

(1) 총수입금액 - 필요 경비 = 소득금액
(2) 소득금액 - 종합소득공제 = 과세표준
(3) 과세표준 × 기본세율 = 소득산출세액
(4) 산출세액 - (세액공제+ 감면세액) = 결정세액
(5) 결정세액 - 이미 납부한 세액(중간예납) = 최종납부세액
(6) 종합소득공제
㉠ 기본공제: 본인, 배우자, 부양가족
㉡ 추가공제: 경로우대, 장애인 등

구분		종류
인적공제	기본공제	본인 공제, 배우자 공제, 부양가족 공제
	추가공제	장애인 공제, 경로 우대자 공제, 부녀자 공제, 자녀 양육비 공제, 출산, 입양 공제
	다자녀 추가공제	자녀가 2인 :100만 원 다자녀 : 100+(자녀-2명)×200만 원
특별공제	근로소득이 있는 자	항목별 공제 또는 표준공제 중 택일 *항목별 공제: 보험료, 의료비, 교육비, 주택자금, 기부금 공제
	근로소득이 없는 자	기부금 공제 및 표준공제 중복적용
연금공제		연금보험료 공제, 연금저축 공제
기타공제		신용카드 등 사용금액에 대한 소득공제 소기업. 소상공인 공제부금 공제 우리사주조합에 대한 출연금의 소득공제

▮종합소득공제 구조▮

5) 필요 경비

(1) 매출원가: 구매 판매한 상품에 대한 매입가격과 부대비용
(2) 사용인 급료: 당해 사업자의 배우자, 부양가족이 그 거주자의 사업에 직접 종사하고 있는 경우 사용인으로 본다.(단, 급여지급이 통장으로 입증)
(3) 사업용 자산비용: 관리비, 임대료, 수선료
(4) 건강보험료, 재고자산 평가손, 대손금, 체육비, 기부금, 접대비

6) 종합소득세율(누진과세)

과세표준	세율
1,200만 원 이하	6%
1,200만 원 초과 – 4,600만 원 이하	15%
4,600만 원 초과 - 8,800만 원 이하	24%
8,800만 원 초과 - 1억 5천만 원 이하	35%
1억5천만 원 초과	38%

▌종합소득세 누진 과세율▐

7) 자산소득

이자소득, 배당소득, 부동산 임대소득을 자산소득이라 한다. 이것은 부부 단위로 과세함으로 부부 중 소득이 많은 주된 소득자의 소득에 합산된다.

8) 소득세 신고유형

구분	외부조정신고	자기조정신고	간이소득신고	추계신고
대상자	연간매출 5억 이상 점포	연간매출 3억 이상 5억 미만	연간매출 3억 미만	장부 없이 신고자
신고 방법	세무사 세무조정을 거쳐 신고	납세자 스스로 조정하여 신고	수입지출 등 간이 서식 신고	표준소득률에 의해 신고
신고 서류	신고서 외부조정 계산서 재무제표기타 서류	신고서 자기 조정 계산서 재무제표기타	신고서 간이소득 금액 계산서	신고서
기타	외부조정 않을시 무신고 가산세 20% 적용		조정신고 해도 무방	

▌소득세 신고유형▐

9) 소득세 산정 내역

(1) 연간 총수입－필요 경비(매출원가＋일반관리비＋영업외비용)－이월결손금
= 소득금액

(2) 소득금액－종합소득공제 = 과세표준

4. 세금계산서

세금계산서는 부가가치세 전가, 매입세액 공제, 거래 상호 대사, 송장, 영수증, 청구서 기능, 기장의무 이행 기능이 있다.

1) 세금계산서 종류

구분		발급 증빙
과세사업자	일반과세	세금계산서
	간이과세	영수증
면세사업자		계산서

▮ 세금계산서 종류 ▮

(1) 세금계산서 발급 대상

사업자가 재화 또는 용역을 공급하는 경우에는 세금계산서를 공급받는 자에게 발급하여야 한다. 세관장은 수입되는 재화에 대하여 부가가치세를 징수할 때에는 수입된 재화에 대한 세금계산서를 수입하는 자에게 발급하여야 한다. 사업자는 세금계산서를 2매 작성하여 1매를 공급받는 자에게 발급하고 1매를 보관한다. 세금계산서를 발급한 경우 예정. 확정 신고 시 매출처별 세금계산서 합계표를 제출하여야 한다.

(2) 세금계산서 작성 사항

① 2매 작성(공급자용 / 공급받는 자용)

구분	내용
필요적 기재사항	− 공급하는 사업자의 등록번호와 성명 또는 명칭 − 공급받는 자의 등록번호 − 공급가액과 부가가치세 − 작성연월일
임의적 기재사항	− 공급하는 자의 주소 − 공급받는 자의 상호, 성명, 주소 − 공급품목 − 단가와 수량 − 공급연월일 등 필요적 기재사항 이외의 기타사항

▮ 세금계산서 작성 사항 ▮

② 영수증

교부대상: 간이과세자, 영수증 교부대상 사업자

2) 세금계산서 발급 의무자

세금계산서 교부의무자는 등록한 사업자, 전자세금계산서 발급은 법인사업자와 직전 연도 사업장별 재화 및 용역의 공급가액의 합계액이 10억 이상인 개인사업자는 반드시 전자세금계산서를 발급하여야 한다. 의무 발급 대상자 이외의 사업자도 전자세금계산서 발급할 수 있고 전자세금계산서를 발급하였을 때에는 발급일의 다음 날까지 전자세금계산서 발급명세를 국세청장에게 보내야 한다.

5. 소매점 주요 세금과 공과금

구분	관할청	명칭	과세기간 및 내용	신고/납부기한
국세	주소지 세무서	종합소득세	1/1-12/31	익년 5월
	사업장 세무서	부가가치세	상하반기	반기 경과 후 25일
지방세	주소지 지자체	주민세	종합소득세 10%	익년 5월
	사업장 지자체	주민세	매년 8/1일 기준	8월
	사업장 지자체	각종 면허세	매년 1/1일 기준	1월
	사업장 지자체	사업소세	100평 초과 시	매년 7월
4대 보흠	건강보험공단	건강보험(4.70%)	사용자: 2.385% 종업원: 2.385%	매월
	연금관리공단	국민연금(9.00%)	사용자: 4.50% 종업원: 4.50%	매월
	근로복지공단	고용보험(1.15%)	사용자: 0.70% 종업원: 0.45%	매년 3/31
		산재보험(0.80%)	사용자: 0.80%	

▮소매점 주요 세금과 공과금▮

제3절 오픈 점검 및 매장변경

1. 오픈 전 점검사항

1) 상권 및 입지조사는 완료하였는가?
2) 상권 인구, 주거, 연령구성비 등 인구통계학적 분석은 했는가?
3) 경쟁점에 대해 조사는 했는가?
4) 소매점 이외 상업시설에 대한 파악
5) 상권입지 및 방문고객의 교통수단 파악
6) 영업전략 수립
7) 상권 내 소매점포에서 자점의 포지셔닝 파악
8) 주력 판매상품과 상품구성
9) 핵심고객 파악
10) 영업시간 및 휴일 결정
11) 점포 규모 /시설계획
12) 점포 명칭
13) 간판, 실내장식, 유니폼 등 사인 결정
14) 예상 하루 매출. 오픈 매출 설정
15) 인건비 등 비용계획
16) 손익계획수립
17) 투자비 및 자금조달계획 수립
18) 점포 레이아웃 결정(시설 설비/포스)
19) 집기 · 시설 계획
20) 인원 구성
21) 상품구성 및 판매가격 결정
22) 상품 입고
23) 각종 인허가
24) 개점일 결정

2. 오픈일 점검사항

1) 시설 설비

(1) 간판, 사인 전원 확인

(2) 영업시간 및 매장 고지물 부착 확인
(3) 우산꽂이
(4) 개점 축하 화분 위치
(5) 입구 매트 설치
(6) BGM 시간대에 맞게 선곡
(7) 점 내 온도
(8) 화장실 시설
(9) 공사 흔적 제거

2) 상품 및 판매상품

판매상품, 행사상품 준비 확인, 판매상품 가격표 부착 확인한다.

3) 창고관리

상품 적재

4) 비품

명찰, 유니폼

5) 기타

오픈 인사, 오픈으로 혼란방지(주차/ 소음)

3. 매장변경

소매점에서 일정한 주기로 매장 효율을 개선하기 위하여 실적이 부진한 상품군과 품목을 철수하고 신상품과 고효율이 예상되는 상품을 입점하는 매장개선 작업을 M/D개편이라 한다.

1) M/D 개편 필요성

(1) 정기적 시즌 매장 효율 분석 대응
(2) 매장 효율 부진
(3) 경쟁점 출현으로 매장개선 요구

2) M/D 개편 개편절차

(1) 매장 재구성 방향 설정
(2) 현재 매장 효율 분석/ 평가
(3) 매장개편 안 수립
(4) 매장개편 후 효율 추정
(5) 인테리어 공사, 집기 준비
(6) 매장개편 실시
(7) 매장개편 후 효율 평가

3) 매장개편 주기

(1) 봄 시즌 변경: S/S M/D 개편(2월)
(2) 가을 시즌 변경: F/W M/D 개편(8월)
(3) 수시 변경

4. 구체적 매장변경 방안

1) 평가 매출액 산정

매장변경을 위해서는 현재 매장 매출실적에 대한 공정하고 신뢰성이 있는 평가가 선행되어야 한다. 공정한 평가 개념은 기준 정확성을 말한다. 유사한 상품 혹은 품목이라도 매장 장소에 따라서 매출이 달라짐으로 이에 대한 고려가 필요하다. 신뢰성은 매출이 정확하게 평가되기 위해서 매출 자체 신뢰성이 확보되어야 한다. 경쟁이 되는 상품군이나 품목 매출이 순수하게 매장에서 발생하였는지 행사장의 매출인지 아니면 기업체 특수판매 매출인지에 따라서 신뢰성 정도가 달라짐으로 이에 대한 고려가 필요하다.

(1) 공정성 확보를 위한 매장 가중치 고려

매장개편 기준이 되는 매출액 공정성을 확보하기 위하여 매장이나 판매 집기 등급을 정하여 매장 매출액에 가중치를 고려하여 평가 매출을 산출할 수 있다.

평가상품군 (품목)	매장 위치등급 (집기등급)	매출액	가중치	평가매출	효율순위	비고
A	C	100	1.2	120	1	A등급은 매장의 등급이 A
B	B	90	1.1	99	3	
C	A	110	1	110	2	

*매장등급 기준 예 : 등급은 탄력적으로 적용(매장/ 매출 상황 고려)
A등급: 매장 전체에서 우선으로 선호되는 30% 비율
B등급: 매장 전체에서 차선으로 선호되는 50% 비율
C등급: 매장 전체에서 마지막 20% 비율

▌매출실적 및 가중치 예▐

(2) 신뢰성 확보를 위한 매출액 평가방식 사전 공유

매장 매출액이 비교되는 상품군과 품목의 매출액이 순수하게 정상적인 매출인지 아니면 다른 특수요인이 있는지에 따라서 평가되어야 한다.

예) 정상매출은 100% 반영하고 행사매출액은 50% 반영하고 기타 특수한 매출액은 반영하지 않는다. (조건은 변동 가능)

상품 (품목)	정상매출	가중치	행사매출	가중치	평가매출	평가순위
A	150	100	150	0.5	225	1
B	130	100	170	0.5	215	3
C	120	100	200	0.5	220	2

▌신뢰성 확보를 위한 매출액 평가방식▐

이러한 방법으로 매장의 효율 평가 매출액을 산출할 수 있다.

(3) 평가매출 = (정상매출 × 매장등급 가중치)+(행사매출 × 행사매출 가중치)

반영비율이나 조건은 매장운영자의 주/객관적 기준으로 탄력적인 운영이 가능하며 사전 공유를 통하여 신뢰성과 공정성이 확보되면 매장 효율을 개선할 방안이 될 것이다.

2) 매장변경 후 효율 예상

상품군(품목)	변경 전			변경 후			증감		
	매출액	단위당 매출액	이익금	매출액	단위당 매출액	이익금	매출액	단위당 매출액	이익금
A									
B									
C									
합계									

▌매장변경 후 효율 예상▌

Chapter 01 매장오픈

1. 부가가치세 의미와 납세의무자란 무엇인가?

① 부가가치란 매출금에서 매입금액의 차이로 가치의 순 증가분을 말한다.
② 부가가치세란 부가가치에 부과되는 거래세를 말한다. 생산 및 유통단계에서 생성되는 부가가치에 대하여 부과되는 조세이다.

부가가치세 = (매출금액 − 매입금액) × 부가가치세율(통상적 10%)

③ 납세의무자
사업상 독립적으로 재화, 용역을 공급하는자.

2. 오픈 전 점검사항에 관하여 기술하시오.

3. M/D 개편절차 및 개편 주기를 설명하시오.

4. 다음 용어에 관해 설명하시오.

– 사업자등록증

– 부가가치세

– 종합소득세

PART 03

공감하는 판매관리

제1절 상품구성

1. 상품구성

상품이란 물리적 속성 집합으로 교환대상이 되는 물품인 전통적 상품 의미와 다르게 최근에는 소비자 편익, 만족, 효용, 욕구를 충족하는 수단으로 구매하는 물품을 의미한다. 상품은 물리적 상품, 서비스, 이벤트, 아이디어 또는 이들 조합을 말한다. 상품은 소매점에서 가장 핵심적인 요소라 할 수 있다.

1) 상품분류

상품분류는 소비자가 구매하는데 합리적 수준으로 상호 대체가 가능하다고 생각하는 아이템별로 상품을 구별하여 명칭을 부여하고 체계적으로 규정하는 것이다. 특히 소매점에서는 한정된 점포에서 취급하여야 할 상품을 결정하여야 해서 상품분류가 중요한 요소이다. 상품에 대한 분류는 목적별, 구매관습, 가격 등 상품을 식별하기 위한 기준으로 분류한다. 상품분류는 소매점 발주, 판매, 진열, 인력운영 등 점포 운영 기본이다.

(1) 상품체계

소매점 상품을 중심으로 상품분류는 대분류, 중분류, 소분류로 구분하고 중분류가 중심이 되고 있다. 상품분류는 판매관리, 재고관리, 이익관리가 쉽도록 중분류 단위를 중심으로 시행하고 매장 구성 등 상품구성에 활용은 소분류까지 실시한다. 소매점 일반적인 상품분류는 아래와 같이 구분할 수 있다.

대분류	중분류	세부 상품
잡화	신변잡화	핸드백, 구두, 보석
	화장품	화장품, 향수
의류	여성	정장, 격식 없는
	남성	정장, 아웃도어
신선식품	야채	엽채, 과채
	과일	시즌과일, 수입
	수산	활어, 선어, 냉동수산
	축산	우육, 돈육, 계육
가공식품	즉석/캔	스프, 통조림, 병통조림
	제과	스낵, 초코렛, 캔디
	면	라면, 당면, 소면
	조미료	간장, 된장, 조미료, 소금
	커피/음료	생수, 탄산음료, 차, 커피
	주류	맥주, 소주, 양주
비식품	일용잡화	세제, 화장지
	담배	담배
	위생용품	화장품, 생리대
	유아	유아용품, 면도기
냉동/냉장	냉장	우유, 계란, 두부, 콩나물
	냉동	아이스크림, 만두
가정용품	전기	냉장고, 세탁기
	전자	TV, 핸드폰

(2) 표준상품분류

표준상품분류는 공통으로 상품 코드를 관리하는 방법으로 국제적으로 일반화되고 있다. 구체적으로 전 세계에서 사용하는 유럽상품코드(European article number)와 미국, 캐나다에서 사용하는 북미상품코드가 있다. 유럽상품코드(EAN)는 국제적으로 코드체계가 표준화되었으며 유통업체 POS 시스템이나 제조업체 물류관리 등에 공통으로 사용되고 있다. 일반적으로 자릿수는 13자리이고 단축형은 8자리로 사용하고 있다. 표준

상품코드는 소매점 POS 시스템과 연동되어 판매 시 매출액과 재고관리를 가능하게 되어 있다는 점에서 편리하고 효율적이다.

① 국가코드: 첫 세 자리가 국가코드이다. 대한민국은 880이다.
② 제조업체코드: 4자리가 제조업체의 식별번호로 한국유통물류진흥원에서 제조, 판매상품에 고유부여를 부여한다.
③ 상품코드: 제조업체에서 취급하는 상품에 부여하는 코드이다.
④ 체크숫자: 마지막 한자리는 판독오류 방지를 위해 만들어진 코드이다.

예)

880	0000	00000	0
국가	제조업체	품목	체크숫자

(3) 소비자 관점 상품분류

① 편의품, 선매품, 전문품

소비자가 특정 상품을 쇼핑할 때 이러한 단품 구매의 경우에도 쇼핑 패턴은 상품에 따라 다르다. 예를 들어 남성복과 여성복의 쇼핑 행동상의 유사성은 남성복과 가공식품의 쇼핑 행동상의 유사성보다는 클 것이다. 이러한 쇼핑 패턴 상 유사성 크기에 근거하여 상품을 분류하는 시도가 오랫동안 이어져 왔다. 이 분류법 중에서 가장 유명한 것이 코플란드가 제창한 분류법이다. 이 분류법에 의하면 소비재는 편의품, 선매품, 전문품으로 분류된다. 편의품, 선매품, 그리고 전문품의 정의로서 자주 인용되는 것은 코플란드의 고전적 정식화를 참고로 하여 미국마케팅협회 정의위원회가 결정한 것이다. 그것에 따르면 세 종류의 상품 카테고리는 소비자 쇼핑 행동에 따라 아래 표와 같이 정의되어 있다.

카테고리	정의	상품 예
편의품 (convenience goods)	구매빈도가 높고, 상품이 즉시 인도되며, 상품 비교나 구매에 최소한 노력만을 지불하려는 상품	담배, 음료, 가공식품 등
선매품 (shopping goods)	소비자가 선택과 구매 과정에서 적합성, 품질, 가격, 스타일 등을 비교하는 것이 특징인 상품	가구, 여성복, 자동차
전문품 (speciality goods)	많은 구매자가 특별한 구매 노력을 기울이고 독창적인 특징이나 브랜드를 가진 상품	보석, 사진기기, 취미용품

▮ 편의품, 선매품, 전문품 정의 ▮

② 탐색성향에 의한 분류

편의품과 선매품 구분은 주로 탐색성향에 근거한다. 탐색성향이란 소비자가 쇼핑할 때 상품이나 점포를 찾는 노력의 정도를 말한다. 일반적으로 편의품은 탐색성향이 낮고 선매품은 높다.

③ 선호 강도와 선호도 형성 시점에 의한 분류

편의품과 전문품은 선호 강도에 의해 구분된다. 일반적으로 편의품에 대한 선호 강도가 약하고 전문품에 대한 선호 강도는 강하다. 선매품 경우에도 선호 강도는 강하다. 하지만 선호도가 형성되는 방식이 전문품과 다르다. 전문품 경우 선호도는 쇼핑 전에 형성되는 경우가 많다. 광고 등과 같은 사전정보나 구매경험에 의해 소비자가 특정 상품에 대한 선호를 형성한다. 선매품 경우에는 선호도가 쇼핑 전에 형성되는 것이 아니라 쇼핑 도중에 형성된다. 여러 점포를 둘러보며 어떤 상품이 있는지 정보를 수집하고 비교하는 과정에서 서서히 선호도가 형성된다.

(4) 소매점 주 취급 상품

소매점은 업태에 따라 다르지만, 마트와 슈퍼마켓은 식품, 잡화, 가정용품이 중심이 된다. 취급상품 중 상품의 특별한 관리가 요구되는 신선식품의 상품 특성과 보관방법을 중심으로 이해하는 것이 실무적으로 도움이 될 수 있다.

소매점 특히 슈퍼마켓, 마트에서 취급하는 대표적 상품인 과일과 야채를 통상적으로 신선식품이라 한다.

품명	좋은 상품 특성	보관방법/주요산지
사과	– 껍질의 색상이 밝고 탄력감이 있는 상품 – 껍질이 얇고 과즙이 많으며 단맛이 좋은 상품	–1도~4도/ 경북
배	– 신선하며 껍질 색깔이 맑아 보이는 상품 – 크고 껍질이 얇고 과즙이 풍부한 상품	–1도~0도/ 전남
포도	– 송이가 크고 포도알이 굵고 신선해 보이는 상품 – 포도알과 알 사이가 밀착되고 과즙이 많은 상품	–1~0도/ 경기
참외	– 모양과 크기가 고르고 표피가 깨끗하고 윤기 있는 상품 – 육질이 희고 아삭아삭한 상품	5도~7도/ 경북
밀감	– 크기는 중간 정도로 모양이 고른 상품 – 신맛이 적었지만 단맛이 좋은 상품	3도~5도/ 제주
토마토	– 완숙계 토마토 경우 80% 이상 분홍색 등 고유 특성대로 착색이 된 상품 – 표면이 갈라짐이 없으며 꼭지가 신선한 상품	8~12도/ 전남
딸기	– 크기와 모양이 균일하고 꼭지가 싱싱한 상품 – 과육이 단단하고 독특한 향기가 강하며 당도가 높은 상품	0도/ 충남
수박	– 꼭지 줄기에 털이 있고 줄무늬가 선명하고 싱싱해 보이는 상품 – 두드려 보았을 때 울려 퍼지는 느낌이 드는 상품	7 ~10도/ 경남, 전북

▮주요 과일▮

품목	좋은 상품 특성	비고
고추	- 매끈하고 짙은 녹색을 띠며 두꺼우면서 연한 상품 - 홍고추는 착색과 크기가 균일한 상품	4 ~10도
오이	- 색깔이 선명하며 크기와 모양이 균일한 상품 - 육질은 단단하고 속 씨가 적은 상품	10~12도
양파	- 크기와 모양이 균일하고 표피가 윤택한 상품 - 중간크기로 모양이 둥글고 신선해 보이며 밑 부분이 볼록한 상품	0도
마늘	- 표피가 담갈색 또는 담적색이며 쪽수가 적고 단단해 보이는 상품 - 구의 외형이 둥글고 고유의 매운맛이 강한 상품	0도
무우	- 크고 균일하며 모양이 바르고 흠이 없으며 신선한 상품 - 외관이 윤택하며 육질이 치밀하고 연한 상품	0도
배추	- 모양이 좋고 알 속이 꽉 채워져 겉잎 버림이 적은 상품 - 뿌리와 겉잎이 잘 제거되고 단단한 느낌이 있는 상품	0도
감자	- 모양과 크기가 고르며 색택이 양호하고 신선해 보이는 상품 - 씨눈이 얕고 적게 분포되어 있으며 싹이 나지 않은 상품	3~6도
대파	- 잎은 끝부분까지 녹색이며 탄력이 있어 보이는 상품 - 줄기는 흰색 부분이 많고 마른 잎이 없는 상품	0도

▌주요 야채▌

(5) 백화점 상품구성 사례(신세계 강남점)

층	본관	신관	비고
11	S GARDEN	전문식당가	2019년 08월 기준
10	아동	아동, 란제리	
9	생활(가구/ 홈패션)	생활(가전/ 키친웨어)	
8	스포츠, 이벤트홀	진, 스트리트 캐주얼, 란제리	
7	골프, 아웃도어	남성 정장, 남성 캐주얼	
6	남성 부틱	남성 컨템포러리	
5	여성 클래식	영 캐주얼, 핸드백	
4	여성 컨템포러리	슈즈	
3	인터내셔널 디자이너	럭셔리 워치, 주얼리	
2	해외유명브랜드	해외유명브랜드, 화장품	
1	화장품, 해외유명브랜드, 잡화	신세계 센트럴 터미널	
지하1	푸드 마켓 , 푸드홀	파미에스트리트	

▌백화점 상품구성 사례▌

2) 유통업체 전략상품

(1) PB상품

유통업체가 자체 개발한 브랜드 상품을 말한다. PB 상품은 가격 경쟁력 및 이익금 확보가 가능하고 안정적으로 상품공급이 가능하다. 그리고 고객에게 저렴한 가격에 고품질 상품을 지속해서 공급할 수 있다는 장점이 있다.

PB상품 개발은 아래 표에서 볼 수 있듯이 두부, 우유 등 생활밀착형 상품을 차별화된 용량과 가격으로 개발하여 NB 대비 매출을 증가시키는데 이바지한다. 진보된 PB상품은 제조관여를 통한 유통업체의 차별화된 상품개발 노하우를 활용하여 판매력이 부족한 중소기업을 발굴하여 상품을 개발하고 고객조사를 통한 고객 불만 요소를 해결하는 상품 등으로 다변화하고 있다.

구분	유통업체 PB	제조업체 상품(NB)
개발주체	유통업자	제조업체
개발방법	주문자 상표부착 방식으로 제조 (특정 유통업체 판매 목적)	제조업체가 전 소비자 대상 제조
장점	저렴한 가격과 고 이익률 유지 가능/ 합리적인 가격과 품질 유지 가능	높은 인지도
단점	낮은 지명도 반품불가에 따른 재고부담 증가	저 이익률

▌유통업체 PB와 제조업체 상품 구분▐

업체명	브랜드	상품
이마트	해피 초이스 등	일상, 생활용품
롯데	초이스L, SAVE	신선식품, 가공식품
홈플러스	좋은 상품	가공식품, 생활용품

▌유통업체 PB 상품 현황▐

㉠ PB 상품 운영 목적

㉠ 이익률 향상

PB 상품은 제조비용 중 광고선전비 등과 같은 비용을 절감할 수 있고 또한 무반품, 무장려금 등의 조건으로 NB보다 좋은 원가를 확보할 수 있어서 더 많은 이익을 보장하게 한다.

㉡ 고객 충성도 증가

차별화된 PB 상품으로 고객들은 해당 상품을 구매하기 위하여 더욱 특정 유통업체를 의존하게 된다.

㉢ 경쟁 차별화

PB 상품으로 경쟁점으로부터 차별화가 가능하다.

▌PB 상품 롯데마트 전단 2010년 12월▐

(2) 해외 아웃소싱 상품

해외에서 생산된 상품으로 유통업체에서 수입하여 판매하는 상품을 말한다. 국내 상품에 비하여 고 이익과 경쟁사와 차별화를 목적으로 해외 아웃소싱을 진행하고 있다.

① 가격 경쟁력

협력업체를 통하여 매입하던 상품을 유통업체에서 글로벌 소싱을 하게 될 경우 20~40% 이상의 상품가격 인하요인이 있기 때문에 글로벌 소싱 상품은 확대되고 있다.

② 상품 차별화

차별화된 상품 소싱으로 유통업체만의 상품확보, 중간유통단계를 생략한 해외 직소싱은 이익률과 수익을 개선한다.

2. 상품관리

1) 상품구성

(1) 상품믹스/상품라인

상품구성(믹스)은 유통업체에서 판매되는 상품계열과 아이템의 모든 상품을 말하며 상품라인은 상품믹스 중 특정한 기준에 따른 상품들의 집합을 말한다. 유사한 기능, 동일한 유통경로, 일정한 가격대의 유사한 상품들의 집합을 상품라인이라 한다.

(2) 상품구성(믹스)

소매점에서 판매하는 상품 집합을 말하며 여기에는 상품라인과 품목이 포함되는 개념이다.

① 상품 품목

가격, 크기, 기타 속성에 따라 확실하게 구분되는 단위 상품을 말한다.

② 상품 라인(line)

점포에서 취급하는 상품군이 많으면 다양성이 있는 것으로 일반적으로 백화점이 취급하는 상품 다양성이 대형마트에 비교할 때 다양하다고 할 수 있다.

③ 상품 폭(width)

소매점에서 취급하는 비중복 상품라인의 다양성을 말한다. 편의점에서는 소수의 라인만 취급하지만 슈퍼마켓에서는 한 상품에 여러 브랜드를 취급하는 경우이다.

④ 상품 깊이(depth)

소매점에서 동일한 라인 내 이용 가능한 대체 품목 수로 재고유지단위(SKU: stock keeping unit)를 말한다. 재고유지단위는 상품 품목과 관련이 있다.

(3) 상품구성 결정

소매점에서 상품구성은 매장면적, 시장규모, 상품에 투자할 자금 등에 따라 다르게 결정된다. 상품구성의 최종 결정은 한정된 매장을 고려하여 목표 고객에 적합한 상품구성 계획을 하여야 한다. 특히 업태에 따라 상품구성의 폭을 결정하는 요소가 다르다. 특히 창업하는 소매점포에서 상품구성은 면적과 투자액 한계로 상품 폭과 깊이를 조절해야 한다.

2) 상품 구색

(1) 업태 특성에 맞는 상품 구색

슈퍼마켓은 매일 필요로 하는 식재료와 보통의 생활용품을 취급하는 매장으로 그에 걸맞은 구색이 필요하다.

(2) 중복 상품은 상품믹스를 통해 제거

① 고객들은 중복 상품이 많으면 상품을 선택하기 힘들어 한다. 점포에서 적합한 상품을 선정하여 진열 면적을 넓혀 자신 있게 추천하는 것이 효율적이다.

② 품목 수가 줄어들면 1품목 당 발주량/ 진열량/ 판매량이 늘어나 효율이 증가되어 이익개선에 도움이 될 수 있다.

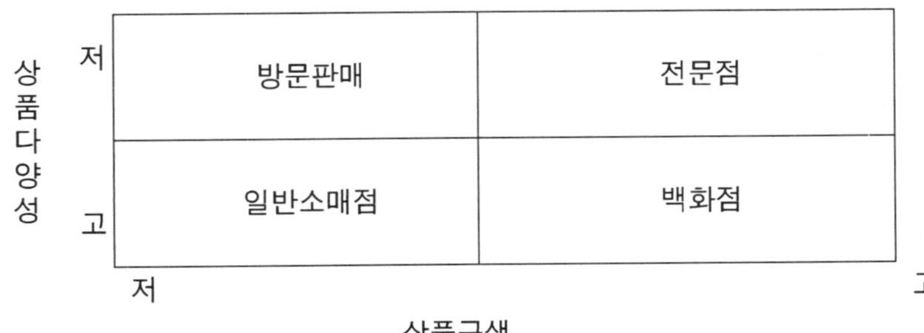

자료원: Ghosh, Retail management 2nd, 1994.

▌상품 다양성과 구색에 따른 구분▐

3) 상품 품질

상품 품질은 상품 및 서비스 영역을 포함하는 것으로 상품 유용성 및 사용 목적에 적합한 소비자 욕구를 만족하게 하는 상품관리를 말한다. 국제표준화기구(ISO)는 품질을 상품이나 서비스가 지닌 명시적 혹은 묵시적 요구를 만족하게 할 수 있는 능력을 갖추고 있는 특성 및 특성 전체라고 정의하고 있다. 소비자 관점에서 품질은 고객 욕구를 만족시키기 위해 사용되는 상품 고유의 성질이나 성능 전체를 의미하며 상품 고유 속성뿐만 아니라 상품을 사용함으로써 기대될 수 있는 유용함이나 가치를 포함하는 주관적 평가를 의미한다(이원준 외, 2009).

(1) 선도관리

농식품 품질을 최종 소비자인 일반 고객이나 생산자가 스스로 측정하는 것은 어려운 문제이다. 특히 농산물은 공산품과 달리 가공되지 않거나 가공 정도가 매우 낮은 상태로 유통되는 경우가 많고 실제 취식 등 경험이나 소비하기 이전인 현장에서 파악하기는 어려운 점이 있다.

농식품 품질은 식품 안전성, 영양성, 가치 및 기능성, 생산과정 관련성, 감각 자극성으로 구분되는데 가장 중요한 요소는 안전성이라 할 수 있다. 이런 점으로 소매점에서 안전에 중점을 두는 상품 선도관리는 중요한 과제이다.

식품에서는 선도관리로 상품에 대한 품질관리가 되어야 한다.

① 부득이 재고가 많아 이를 처리하고자 할 때 선도가 저하되기 전에 저렴한 가격으로 판매하여 고객에게 기쁨을 제공하고 판촉활동으로 인정받는 것이 효과적이다.

② 식품매장에서 냉장고는 저장고가 아니다. 냉장고는 선도유지를 위해 일시적으로 보관하는 장소로 냉장고를 과신하지 말고 팔림세 및 판매예측에 기초하여 적정 발주를 해야 한다.

③ 특히 셀프 상품이 성공하기 위해서는 고객의 품질에 대한 신뢰가 절대적이다.

(2) 전사적 품질관리(TQC; Total Quality Control)

효율적이고 효과적 품질관리를 위하여 상품 구매에서 판매 후 서비스 영역까지 소매점 전반 업무에 참여와 협력을 바탕으로 관리하는 방안이다.

(3) 상품 검품 업무

소매점에서 판매하는 상품의 품질관리 업무를 상품 검품이라 할 수 있다. 검품 업무에는 상품에 대한 검품, 상품 발주점검, 전표관리, 가격표 발행 및 관리 등이 주요 검품 항목이라 할 수 있다.

구분	주요확인 사항	비고
법규 위반	품질표시 미표시	
	중요한 표시, 광고 사항 미표시 및 허위 점검	
	수입상품 관련 사항	
상품 검품	위생 점검	
	상품 불량	
	반 출입 관리	

▌상품 검품 주요 업무▐

3. 머천다이징(M/D)

소매점에서 마케팅 목표 달성하기 위한 상품과 서비스를 가장 효과적인 장소, 시기, 가격, 수량을 제공하는 일에 관한 계획과 관리를 머천다이징이라 한다. 실무적인 측면에서는 매입관리를 머천다이징으로 보기도 한다.

1) 머천다이징(M/D)

소매점에서 수익을 목적으로 고객이 원하는 상품을 매입하여 판매하는 활동을 머천다이징이라 할 수 있다. 고객 관점에서 소매점 이용 시 어떤 상품을 구매하는지와 관련된 정책을 수립하고 결정하는 일이 머천다이징이라 한다. 취급하는 상품 가격대, 상품 품질, 취급상품 다양성, 구색 갖춤, 판매가격 결정을 포함한 계획과 관리를 머천다이징이라고 한다. 소비 환경이 판매자 위주 시장에서 구매자 위주 시장으로 변경되고 시장세분화에 따른 목표 고객이 차별화되고 개별화되어 그에 부응하는 마케팅이 중요한 변수가 되었다. 이러한 환경에서 소매점이 지속 가능한 성장을 위하여 상품계획과 판매가격 결정 등 머천다이징은 소매점 성장의 가장 중요한 요소가 되었다. 그리고 상품화 계획은 소비자에게 브랜드와 가치로 인식되고 있다.

(1) 브랜드 자산

고객이 특정 브랜드에 대해 호감을 느끼게 됨으로써 그 브랜드 상품의 가치가 증진된 부분을 브랜드 자산이라고 한다. 서비스 시장에서 브랜드는 일반적으로 상품 브랜드와 달리 개별 상품별 연상보다는 기업 또는 점포 수준에서 연상이 소비자 선택에 더욱 큰 영향을 미친다는 특성이 있다. 상표 가치를 구성하는 요소와 개념은 이견은 있지만, 브랜드에 대한 소비자 지식구조를 기반으로 브랜드 인지도, 브랜드 연상, 지각된 품질, 브랜드 충성도, 그리고 기타 독점적 자산으로 상표 가치 구성요소를 설명하는 Aaker의 주장이 가장 일반적이다(서용구 외, 2006).

(2) 소매점 브랜드 자산

미국마케팅협회의 브랜드 정의에 의하면 브랜드는 소매업체 상품과 서비스를 말하며 경쟁자 상품과 서비스로부터 차별화시키는 것을 말한다. 즉 소매업체의 브랜드 자산은 경쟁업체들보다 특정 소매점 마케팅 활동에 대한 고객들의 호의적 반응이라 할 수 있다.

2) 매입조건

상품판매 계획에 의해 확정된 상품을 확보하는 것이 매입이고 효율적인 매입을 위하여 시기, 방법, 가격, 협력업체 결정이 중요한 사항이다. 이러한 매입계획을 수립하기 위하여 사전에 수요예측을 하고 분석하는 절차가 필요하다.

(1) 매입계획

현재 취급하고 있는 상품과 새로운 상품 매입을 계획하는 것으로 판매계획과 재고관리계획과 연동하여 실시한다.

① 매입업체 선정

소매점에서 매입은 상품을 협력업체(벤더), 제조업체, 수입업체 등으로부터 공급받는다. 편의점에서는 주로 편의점 본부가 일괄 구입하여 물류센터에서 공급하는 방식으로 운영되고 슈퍼마켓 경우에는 대리점이나 제조업체로부터 공급받는데 최근에는 회사형 체인업체로부터 본부에서 공급받는 방식이 증가하고 있다. 대형할인점과 백화점은 독자적인 매입방식에 의해서 상품계획을 시행한다. 대부분 소매점에서는 주로 협력업체로부터 공급받아 판매함으로 업체 선정이 중요하다.

② 매입업체 평가

소매점에 상품을 공급하는 협력업체 평가의 주요 항목으로는 협력업체 상품, 가격 경쟁력, 판촉, 기타 서비스 등이 기준이 된다. 이러한 항목 이외에도 대표자 능력, 협력업체 자체 자산, 협력업체 영업사원 능력 등이 협력업체 평가에 영향을 미친다. 장기적인 거래를 위해서는 평가항목과 별도로 협력업체 이력관리가 필요하다.

항목	평가 기준
상품	– 취급상품 적절성 – 공급 가능성 : 협력업체 수량, 상품 공급능력 – 대응 능력 : 환경변화 대응 – 유통 능력 : 독점권, 발주 편리성
가격 경쟁력	– 공급받는 가격 경쟁력 – 판매가격 탄력성
판촉	– 판매촉진 보조 (협력사원, 프리미엄)
기타 서비스	– 재무적 서비스 (결제 조건) – 부대 서비스

▮매입업체 평가 기준▮

③ 매입조건 결정

소매점 매입방식은 여러 가지로 구분 가능한데 실제 우리나라에서는 직매입, 판매분매입, 특정매입의 형태가 주로 이루어지고 있다.

(2) 매입조건

① 직매입

소매점에서 직접 현금 또는 그에 상응하는 대금을 지급하고 매입하여 소매점 책임으로 판매하는 방식이다. 상품을 소매점에서 매입하는 가장 기본적인 방법으로 위험은 증가하지만, 차별화와 수익성을 창출할 수 있는 매입 방법이다.

㉠ 협력업체에 매입상품대금을 일괄적으로 지급하는 조건이다.

㉡ 상품을 인도 시점부터 소유권이 취득되고 재고관리 부담도 소매점에서 책임진다.

㉢ 반품은 상대방 책임에 의한 불량품, 주문 이외 상품, 상거래 관습에 따라 인정되는 상품과 상대방 요청이 있는 경우에 가능하다.

㉣ 직매입조건을 고려할 때는 전문성이 있는 구매전문가가 있는지다. 상품을 선별하고 과거 실적을 기본으로 계획구매가 가능한 전문가 부족으로 직매입이 소매점에서 활성화되지 않고 있다.

㉤ 식품, 가전 상품 경우에는 백화점, 마트, 슈퍼마켓에서 직매입방식으로 주로 운영되고 있다.

㉥ 협력업체로부터 직접 매입하여 판매하는데 예측이 어렵고 전문성 부족으로 소매업체에서 직매입이 어려운 조건으로 인식되고 있다.

② 판매분 매입

협력업체 상품을 소매점 책임으로 판매하고 판매액에 따라서만 상품대금을 지급하는 매입조건이다. 소매점에서 재고관리가 곤란한 상품과 판매에 특별한 기능을 필요로 하는 상품에 대해 매출이 발생한 상품에 한해서 소매점에서 매입하는 방식이다. 매출 발생한 상품만 매입 확정하고 재고관리 및 판매는 협력업체에서 실시한다.

③ 특정매입(위탁매입)

백화점 등 대형소매점에서 주로 이용되는 매입 방법으로 상품은 소매점에서 관리하고 판매대금은 판매분에 한해서 지급하는 위탁판매 방식이다. 소매점에서 일정 기간에 상품을 판매한 후 사전에 결정된 일정 비율의 수수료를 공제하고 지급하는 방식이다. 재고는 협력업체에 반품하는 조건이다. 소매점 입장에서 수요예측이 어려운 상품에 대해 위험을 협력업체에서 감수하는 조건으로 이용된다.

④ 하도급 거래

하도급 적용 대상 거래는 제조 하도급, 수리 하도급, 건설 하도급, 용역 하도급으로 구분하는데 물품 판매, 물품 제조, 물품 수리, 건설에 해당하는 제조 하도급이 소매업과 밀접한 관련이 있다. 소매점에서 판매하고자 하는 완제품의 제조를 위탁하는 경우와 위탁받은 사업자가 자체 개발한 신제품을 위탁사업자 승인으로 제조하는 경우 하도급 거래가 된다.

대기업과 거래하는 중소기업 지위가 열악한 점을 고려하여 대등한 지위에서 상호보완하며 균형 있게 발전할 수 있도록 하도급 거래행위에 규제행위가 1985년부터 시행되고 있다. 원사업자인 대기업과 주로 수급사업자인 중소기업과의 거래에 많은 시간과 비용을 필요로 하는 현행 소송제도 한계를 보완하여 균형적인 발전을 도모하는 것이다.

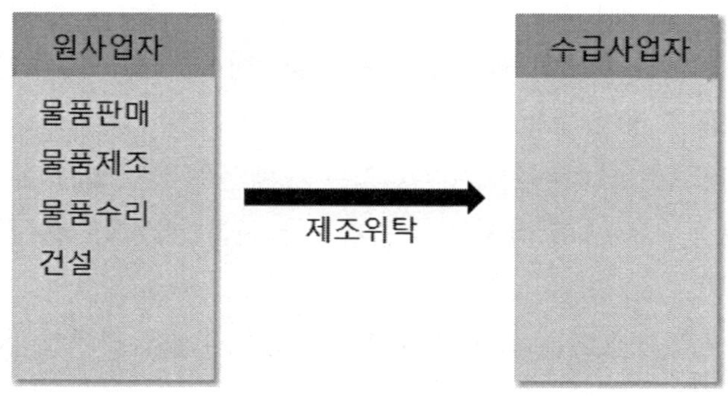

▌제조 하도급▐

4. 슈퍼마켓 분류별 상품관리

1) 상품분류

고객 입장에서 보다 사기 쉬운 매장으로 상품분류하고 관리한다.

(1) 공산품

매일 필요로 하는 식재료와 일상생활을 위한 구색을 갖추는 것이 필요하다.

중복되는 상품으로 취급하는 아이템이 늘어 날 수 있으므로 상품 믹스를 통해 중복되는 상품을 제거해야 한다. 공산품은 이익률은 낮지만, 사람의 손이 작게 가며 할인/ 폐기가 적어 실제로 가장 이익이 많이 나는 상품이다.

■ 공산품 경비 절감 및 효율적 운영 포인트

① 상품 믹스를 통해 중복 상품 제거 및 상품별 충분한 진열공간 확보한다.
② 대량진열 판매를 한다.
③ 효율적 운반 도구 및 작업 도구를 활용한다.

과자류는 타 상품군과 달리 충동구매를 유도하는 것이 효율적이다.

(2) 농산품

슈퍼마켓 입구에 농산물이 진열되듯이 농산물은 특히 슈퍼마켓에서는 얼굴로 선도가 좋아야 한다. 진열방법, 위치, 제공 방법에 따라 판매량이 크게 변하므로 적합한 판매기법, 진열기법을 연구해야 한다. 농산물 중 회전이 빠른 5~6개 품목을 저렴하게 제공하는 것이 바람직하다. 특히 쉽게 시들어버리는 엽채류를 저렴하게 판매하는 것이 고객을 증가시키는 방법이 된다.

파격적인 가격으로 제공하면 주변에 화제가 되는 유효한 판촉수단이 된다.

① 진열 페이스를 충분히 확보하여 대량 판매한다.
② 적극적으로 시식 판매한다.
③ 되도록 낱개 판매하는 것도 좋은 방법이다.

연중 같은 가격으로 판매하는 것이 이상적 방법이다. 농산물은 시세에 따라 가격이 변하지만 시세 변화를 고려하지 않고 같은 가격으로 판매하면 일시적으로 손해가 될 수 있지만, 해당 상품은 물론이고 점포에 대한 품질과 가격에 신뢰감이 조성된다.

■ 주의사항

① 묶음 단위로 판매하는 방법도 있지만, 소분으로 낱개 단위로 진열하여 싸다는 이미지를 제공하면 좋다.

② 평대에서 대량 판매할 때는 같은 상품을 쇼 케이스에 이중 진열하지 않는다. 이중 진열시 고객 혼란과 로스로 연결될 수 있다.

③ 농산물이 살아있다는 인식을 주기 위해서 소생고 또는 냉장 쇼 케이스에 진열해서는 안 되는 상품이 있다.

(3) 축수산품

축산은 품질이 일정해야 하며 이를 위해서는 협력업체 적극적 협조가 필요하다. 수산은 선도가 매우 중요하며 제철 상품을 적시에 공급해서 판매해야 한다.

축산물과 수산물은 상품 특성을 살린 조리 방법이나 제안형 판매방법을 활용하는 것이 효과적이다.

① 계절상품, 제철 상품에 대해 적절한 정보를 제공한다.

② 동일한 품목을 다양하게 즐길 요리방법을 제공한다.

③ 연관 진열 및 새롭고 창의적 진열기법을 마련한다.
셀프 매대가 성공하기 위해서는 고객 신뢰를 얻어야 한다.

④ 손질해서 상품화된 상품은 변형되어 고객들이 선도를 확인하기 어려우며 또한 정확한 부위 및 등급을 알 수 없다.

⑤ 해당 상품 품목/등급/용도 등을 정확하게 전달하여야 하며 최고 품질과 선도를 유지해야 하므로 일시적인 손실을 고려하더라도 당일 진열상품은 당일 완판하는 것이 원칙이다.

⑥ 빨리 판매하고 싶은 상품일수록 고객 손이 쉽게 가는 곳에 두는 것이 효과적이고 상품 가치를 돋보이게 하는 전문적 기술이 필요하다.

(4) 일배/조리식품

① 일배

냉동상품은 소매점에서 편리한 상품으로 충분한 구색을 갖추어 판매하는 것이 필요하다. 당일 입고한 상품은 당일 완판하는 것이 고객들에게도 매장운영을 위해서도 효율적이다. 이를 위해서는 상품 믹스를 통하여 중복 상품을 제거하고 상품별 진열 면적이 늘어나 눈에 잘 보여야 효과적이다.

② 조리식품

핵가족화, 고령화 확산 및 편의성을 추구하는 고객들이 늘어남에 따라 계속해서 조리식품이 중요해지고 있다. 조리 식품을 직접 만들어 판매하는 것은 효율적이지 못하다. 점포 작업장에서 바로 굽거나 바로 튀겨서 판매하는 상품 위주로 작업을 하고 대부분 상품은 전문업체로부터 납품받고 점포에서는 판매에 집중하는 것이 효율적이다.

③ 보관방법

냉동/냉장을 요하는 상품은 보관관리가 특별히 중요하다.

종류	온도기준	내용
냉장	0~10도	냉동보관을 금지한다.
냉동	−18도 이하	해동 후 재냉동되는 사례가 발생하면 안 된다.
상온	15~25도	건 냉소 보관상품은 냉장고 보관을 권장한다.

▮상품별 보관기준▮

㉠ 법적 냉장보관 표시 상품은 반드시 냉장 보관해야 한다.

㉡ 주기적인 온도 관리(체크)를 해야 한다.

구분	상품	비고
냉장	농산물(과일/채소), 축산, 수산, 조리식품, 베이커리.	후방 재고도 소생 냉장고 운영
냉동	냉동식품	

▮냉장/냉동 보관상품▮

2) 테마별 상품분류

(1) 중점판매 상품

① 고객이 가장 많이 찾는 상품으로 상시 진열과 품절 방지가 필요한 상품을 말한다.

② 진열량을 증가시켜 매출을 증대시키는 상품이다.

③ 엔드, 대량 진열하여 판매한다.

④ 셀프 매장에서 하단에 진열하여 판매한다.

⑤ 상시 결품 방지를 위하여 노력해야 하는 상품이다.

⑥ 중점 판매상품(소매점)이다.

가공식품	일상용품	농산물	즉석식품
라면, 조미료, 음료	세제, 생리대	과일, 야채, 건어물	치즈, 버터, 아이스크림

▮중점 판매상품▮

(2) 이익 상품

① 훼이싱을 넓혀 고객 눈에 잘 보이게 한다.
② 상품 특성을 나타내는 POP 쇼 카드를 부착하여 판매한다.
③ 유리한 진열 위치를 선정하여 돋보이는 눈높이 진열로 판매량을 늘린다.

(3) 보여주는 상품

① 이익액이 높아 육성해야 할 상품으로 POP/시식판매로 판매를 촉진한다.
② 보여주는 상품이므로 눈높이보다 위쪽에 진열한다.

(4) 구색 상품

① 판매량은 적으나 다른 상품으로 대체할 수 없는 상품이다.
② 진열량을 감소시킨다.
③ 판매 원인분석 및 대안 설정이 필요한 상품이다.

(5) 로스리더 상품

고객 확보를 목적으로 평소 판매가격보다 저렴한 가격으로 판매하는 상품을 말한다. 행사상품도 이익 폭을 줄여 로스를 보더라도 그것을 리더로 해 다른 것을 판다는 의미에서 로스리더 상품이라고 볼 수 있다. 로스리더 상품으로는 고객들에게 잘 알려진 상품을 자주 이용한다.

구분	정의	행사 전 가격	행사가격	행사 종료 후
로스리더 행사상품	프로모션 등을 통한 행사상품	1,000	500	1,000

▮로스리더 상품▮

(6) 대용량 상품

대용량으로 고객에게 편리성을 제공하고 도매가로 제공함으로써 경쟁사와 차별화 가능한 상품을 말한다. 고회전이면서 중량이 많이 나가는 상품으로 매장 입구나 상품 매대 하단에 보관을 주로 하는 상품이다.

대용량 가능 상품 예: 과일, 세제, 음료, 조미료, 화장지 등

(7) 대량진열판매 상품

① 소비자 요구 상품을 가장 잘 보이는 곳에 이해할만한 가격에 진열한다.
② 판매 수량이 많아지면 원가절감이 가능하다.
③ 1회 발주량이 증가하여 발주 횟수가 감소하고 비용이 절감된다.
④ 검품이나 진열 작업이 편리하고 매장 생산성이 높아진다.

제2절 상품진열

1. 상품진열

판매방법에 따라 매출이 달라진다. 소매점에서는 고객이 상품을 쉽게 구매할 수 있도록 효율적 진열이 요구된다. 진열은 상품을 보기 쉽고 선택하기 쉬운 진열이어야 한다. 진열이 불량하면 고객이 구매할 상품을 찾기 어렵고 판매상품을 알리기 어려워 판매촉진기능이 약화한다.

1) 진열조건 및 진열 원칙

항목	내용
진열상품	어느 상품을 진열할 것인가(M/D 계획)
진열량	어느 정도 진열할 것인가(매출과 재고파악)
진열 훼이싱	상품 어느 면을 보일까(상품선택 포인트)
진열 위치	어디에 진열할까?
진열 형태	어떤 형태로 진열할까?

상품진열

- 일반진열 : 오픈진열, 영업시간중 보충진열, 마감시간 진열 등
- 연관진열 : 상품과 상품, 매대와 매대 사이의 연결
- 행사진열 : 행사엔드, 행사상품 진열

▌진열조건 및 진열 원칙▐

(1) 진열 원칙

① 시각, 청각, 후각을 활용하여 보기 쉽고 선택하기 쉬운 진열을 한다.
② 관련 상품을 연관 진열하고 고객 흥미를 유도하는 진열을 해야 한다
③ 연관 진열은 단순하고 단순하게 하여야 한다.
④ 엔드 매대로 상품 흐름을 만든다.
⑤ 매장 입구는 구매빈도가 높은 상품, 매장 안쪽은 낮은 상품을 진열한다.
⑥ 저 회전상품과 고가 상품은 최소 진열한다.
⑦ 골든 존에 고객 니즈가 가장 높은 상품을 진열한다.

보여주는 진열	선택하기 쉬운 진열
– 진열된 상품 전면이 보이는 진열을 한다. – 매대 바닥과 뒷면이 보이지 않도록 진열한다. – 디바이더, 스톱바, 후크 등을 사용하여 보기 좋게 진열한다.	– 판매원에게 질문하지 않고 선택 가능한 진열을 한다. – 고객입장에서 분류를 적용한 진열을 한다. – 보완상품, 연결 상품을 조합하여 진열한다.

▮진열 원칙▮

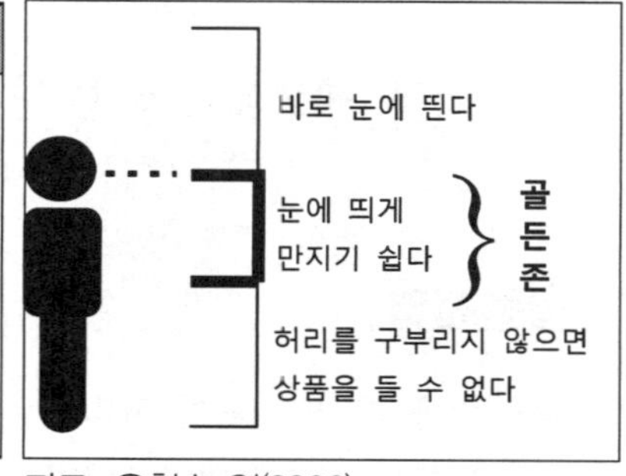

자료: 유철수 역(2006)

▮골든 존▮

(2) 행사매대 진열 원칙

고객 주 동선을 침범해서 진열해서는 안 된다. 고객 동선 확보해야 한다.

(3) 오픈진열

오픈 전 매장 내 상품이 전진진열 되는 것을 원칙으로 하고 결품 상품은 고지되는 것이 필요하다. 오픈진열 시 우선순위는 결품상품, 결품우려 상품, 행사상품, 고회전상품, 저회전 상품 순으로 진열한다.

2) 소매점 진열방법

(1) 상품별 분류진열

같은 종류 상품을 세로로 진열하는 종 진열방법과 가로로 진열하는 횡 진열방법이 있다. 종 진열을 중심으로 진열하는데 이는 고객 시선을 고려하여 보기 쉽고 선택하기 편리한 진열방법이다. 소매점에서 주로 횡 진열을 원칙으로 하고 1 모듈(module)에 하나의 단품이 반 이상일 경우 종 진열로 보강하는 것이 좋다.

선반 할당표(Plan-O-Gram) 관리하는 품목은 POG를 우선 적용하고 동선과 관계없이 좌에서 우 측으로 진열하는 것이 원칙이다.

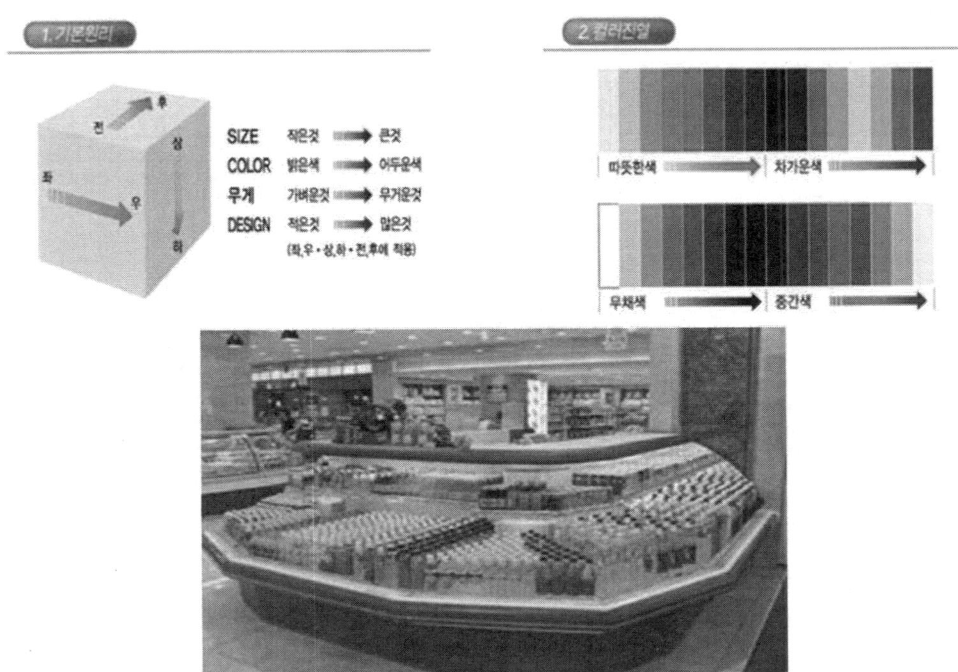

▌식품 컬러 별 진열▐

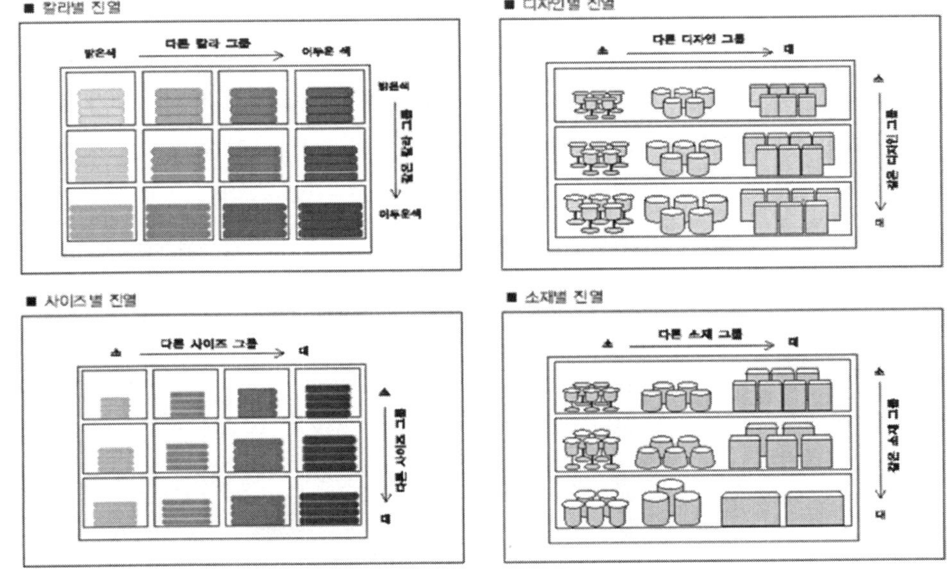

상품은 선반 높이의 2/3 정도 진열하여 고객이 꺼내어 보기쉽도록 한다

▌가정용품 컬러/사이즈별 진열▐

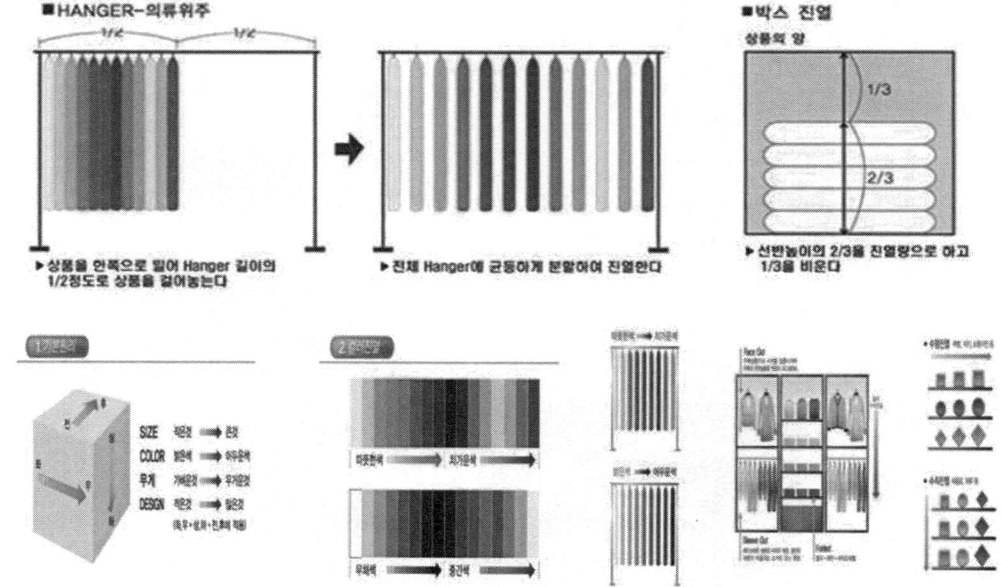

▌의류 정수관리/컬러별 진열▐

(2) 곤돌라/쇼 케이스 진열

셀프 서비스 판매방식 소매점에서 소비자가 상품을 직접 선택할 수 있도록 곤돌라 혹은 쇼 케이스를 이용한 진열 방식이다. 곤돌라 진열에서 고객 눈높이에 맞는 골든 라인 위치가 중요하고 상품 특성에 맞는 집기 선반 단 조절로 소비자에게 효율적으로 소구하는 방안이 필요하다. 곤돌라 쇼 케이스에서 좌에서 우측으로 저가격에서 고가격으로 진열하고 하단에서 상단으로도 저가격에서 고가격으로 진열하는 것을 원칙으로 한다.

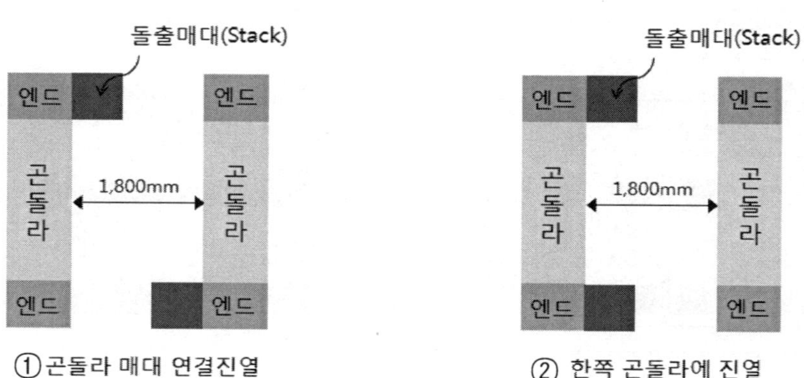

① 곤돌라 매대 연결진열　　② 한쪽 곤돌라에 진열

▌좋은 사례▐

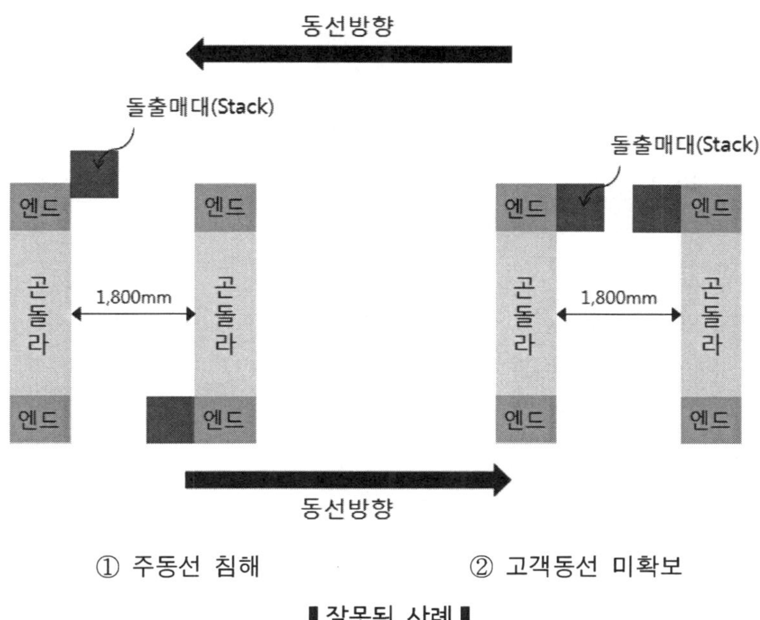

① 주동선 침해　　　　② 고객동선 미확보

▌잘못된 사례▐

곤돌라에 돌출 운영은 적합하고 적절한 위치에 운영해야 한다. 돌출 매대 운영 시 고객 진행 방향을 고려하여 마주 보는 위치에 운영해야 한다.

<table>
<tr><th>구분</th><th>취급 상품군</th><th>집기의 단</th><th>높이 기준 상품</th></tr>
<tr><td rowspan="2">쇼 케이스</td><td>주류</td><td rowspan="2">5단</td><td>1단: 1.6L 2단 : 500ml병
3단: 소주 360ml
4단: 캔맥주 500ml
5단: 캔맥주 355ml</td></tr>
<tr><td>음료</td><td>1단, 2단: 1.8l
3단: 500ml 음료
4단: 250ml 음료 5단: 비타 500</td></tr>
<tr><td rowspan="3">매대</td><td>간장, 식용유, 식초, 비식품</td><td>5단</td><td>1단, 2단: 1.8l
3단,4단: 900ml
5단: 맛간장</td></tr>
<tr><td>고추장, 된장, 조미료, 케첩</td><td>6단</td><td>단 간격 동일유지 (탄력 적용)</td></tr>
<tr><td>즉석식품</td><td>7단</td><td>단 간격 동일유지</td></tr>
</table>

*매장의 크기, 집기의 치수에 따라 탄력적 적용

▌판매용 집기 높이▐

(3) 엔드 진열

① 엔드는 고객을 유인하고 대량판매가 가능하고 고객에게 점포 인기상품 노출이 가능한 역할을 한다.
② 엔드는 새로운 상품, 판매주력상품을 선정하여 매출을 증진하는 것이어야 한다.
③ 대량으로 진열된 엔드 매대 장점
㉠ 대량진열을 통해필요로 하는 것을 고객이 쉽게 발견하게 할 수 있다.
㉡ 판매 수량이 많아짐으로 이익이 증가된다.
㉢ 작업 효율성이 증대된다.
④ 앤드 진열시 점검사항
㉠ 시즌에 적합한 상품인가
㉡ 대량 판매가 가능한 상품인가
㉢ 광고상품, 신상품, 인기상품인가를 점검하여야 한다.

(4) 아일랜드 진열

매장에 독립적으로 평대에 진열하는 방식이다. 신상품, 행사상품 효율적 소구를 위하여 매장 빈 공간에 독립적으로 진열하는 방식이다. 대량진열이 가능하여 특매상품, 중점판매 상품진열 시 평대를 활용하여 아일랜드에 진열한다. 필요에 따라 자유로운 장소이동이 가능하고 대량 적재가 가능하다는 장점이 있다.

(5) 후크(HOOK) 진열

후크를 이용하여 진열하는 상품은 가볍거나 얇은 상품으로 상품 포장에 구멍이 있어서 진열하는 방식이다. 대표적인 후크 진열상품으로는 칫솔, 면도기, 건전지 등이 있다.

3) 비주얼 머천다이징(VMD)

상품의 시각적 표현 전략을 비주얼 머천다이징(VMD)이라고 한다.

(1) VM 기본원칙

① 보기 쉬운 VM으로 상품을 보이는 것과는 다른 개념이다.
② 잡기 쉬운 연출로 선택하기 쉬운 VM이어야 한다.
③ 가격을 잘 표시하여 상품계획과 판촉계획에 도움이 되어야 한다.
④ VM에 사용되는 상품은 적은 양으로 분위기를 조성한다.
⑤ 고객의 골든 라인을 고려한 VM을 실시한다.

VP visual presentation	PP point of sale presentation	IP item presentation
시선 집중 포인트	상품 특징 소구 포인트	상품 진열 공간
상품이미지, 테마연출표현	주력상품 판매촉진	상품을 고르기 쉽고, 사기 쉽게 분류 진열
고객 시선이 처음 닿는 곳 – 매장중앙/점두 테이블	동선에서 보았을 때 효과적인 곳 – 테이블 상단/벽면 상단/집기류 상판	제반 집기 – 선반/쇼케이스/행거

▮비주얼 머천다이징(VMD) 종류▮

(2) VMD 사례

① VP/PP/IP 구분

② VP

컬러 코디네이트

동일색상의 코디네이트

유사색상의 코디네이트

대비색상의 코디네이트

무채색상의 코디네이트

③ PP

④ IP

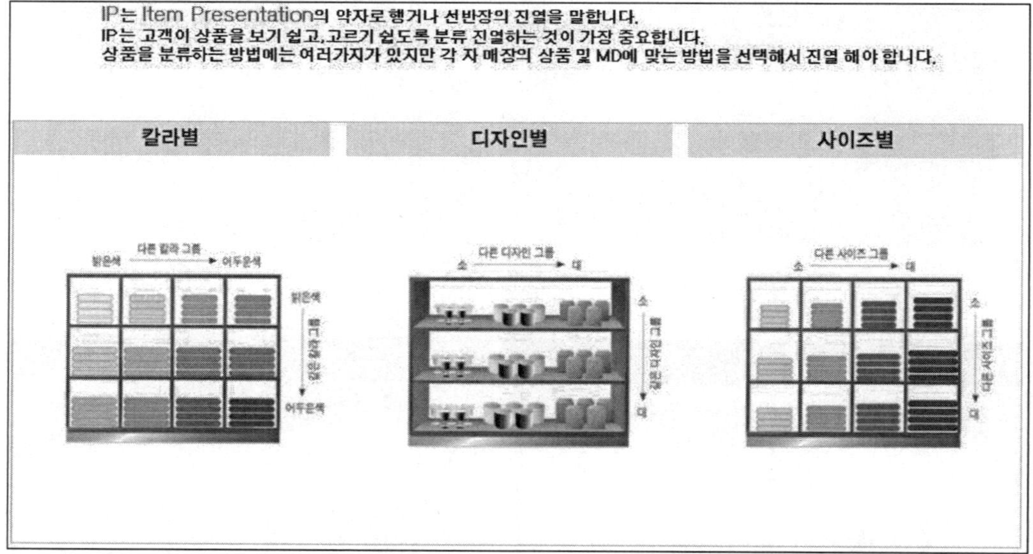

2. 훼이싱 관리

훼이싱은 동일 품목 진열대에서 고객에게 보이는 진열 열수를 말한다. 진열량은 팔림세에 의하여 진열한다. 월간 판매량이 A 품목이 50개 B 품목이 30개 C 품목이 20개 판매된다면 기본적인 진열량은 5:3:2의 비율로 진열하여 회전율이 비슷하게 만드는 것이다. 진열량을 효율적으로 관리하려는 방법으로 소매점에서는 진열 페이스를 진열 플랜오 그램인 피오지를 통하여 표준 진열도를 작성한다.

1) 선반할당표: 피오지(P-O-G) 관리 절차

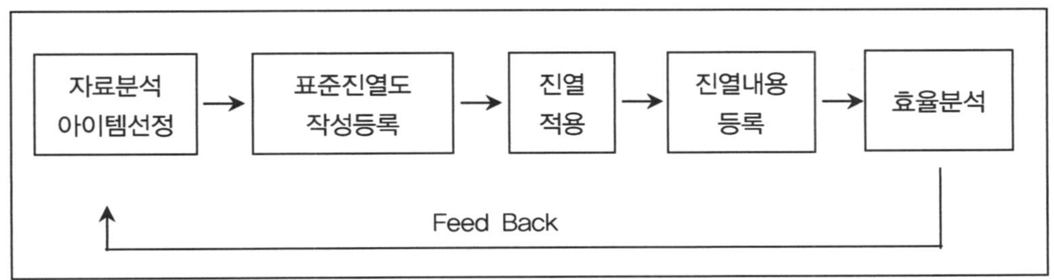

▌피오지(P-O-G) 관리 절차▐

(1) 자료분석 아이템 선정

① 운영 안 작성, 교육
② ABC 자료 분석
③ 유형별 아이템 선정
④ 퇴출 상품 처리 방안

(2) 표준진열도 작성 등록

① 표준진열도 작성
② 전산 등록

(3) 진열 적용

① 진열유형 선정
② 진열개선

(4) 진열내용 등록

진열내용 전산 등록

(5) 효율 분석

① 자료 분석
② 표준화 작업 진행
③ 사후관리

진열대 번호	진열 줄 수	상품코드	상품명	진열 수량

▌진열 플랜 오 그램 예▐

항목	내용	비고
상품 이동	훼이싱이 정해지면 옆으로 상품을 이동하여 진열해서는 안 된다.	판매되더라도 상품보충 시 까지 자리를 비워 둔다.
빈 공간 활용	정해진 위치에 진열하고 매대 빈공간이 발생 시에도 자리를 준수한다.	연관된 상품 진열이 아니면 효과 없다.
상품 품질	양질 저가 상품을 판다는 이미지가 형성되도록 해야 한다.	섬세한 배려로 상품관리를 한다.

▌진열도 관리 사항▐

2) 선반할당표: 피오지(P-O-G: plan-O-Gram)

(1) 피오지 효과

① 매출 및 이익증대

② 표준 LAY-OUT 설정

③ 노동생산성 향상으로 인적 효율 개선

④ 취급상품 표준화

(2) 훼이싱(Facing)과 매출

① 훼이싱 수와 매출 상관관계

훼이싱 수가 증가하면 매출도 증가한다. 그 효과는 지속해서 정비례하는 것은 아니고 어느 단계를 지나면 감소함으로 최대 매출 효과를 내는 훼이싱 수와 취급상품을 적절하게 조합해야 한다.

② 팔고 싶은 상품이나 팔리는 상품은 훼이싱 수를 확대하고 보이는 상품이나 저회전 상품은 압축하여 훼이싱을 한다.

③ 훼이싱 결정요소

판매량 → 이익률 → 전략적 요소 → 인지도 → 신상품

3) 결품관리

매장의 진열공간에 상품이 없는 경우를 관리하여 상품이 진열될 수 있도록 프로세스 관리한다. 상품 다양성이 증가함에 따라 결품 가능성이 증가해 고객불만을 초래하고 일시적인 점포 충성도를 저해할 수 있다.

(1) 매장에 재고가 없는 상품을 말한다.

(2) 매장과 후방에 재고가 없는 상품으로 구분하여 관리한다.

(3) 결품 리스트 및 원인분석 관리한다.

① 판매매장 결품을 일자별로 체크하여 반영되도록 한다.
② 결품 쇼 카드를 부착하여 고객에게도 알린다.
③ 원인
미진열/ 상품 취급중단/ 미입고/ 매출급등으로 매진 등 구분하여 관리한다.

진열준비 중입니다	품절상품입니다

▮진열준비 중/ 품절안내 쇼 카드▮

결품은 여러 가지 원인에 의해 발생하고 소매점에 치명적인 영향을 미칠 수도 있다. 이러한 결과는 소비자들에게 부정적인 반응으로 나타날 수 있기 때문이다. 결품에 대한 소비자 반응 유형을 파악하여 대처할 필요가 있다. 소비자 반응 중 점포전환은 소매점에 부정적인 영향을 미치게 되므로 특히 관리가 필요하다.

구분	소비자 반응	내용
대체 상품 구매	아이템 전환	동일 브랜드 내 다른 상품 구매
	카테고리 전환	다른 카테고리 대체 상품 구매
	브랜드 전환	동일 상품 카테고리 다른 브랜드 구매
대체상품 미구매	점포전환	동일 아이템 구매 다른 점포 이용
	구매 연기	동일 점포 구매 연기
	상품 구매 취소	의도한 구매를 취소하거나 오랜 기간 연기

▮결품에 대한 소비자 반응▮

(4) 결품 방지 대책을 수립한다.

① 매대 진열공간을 비워두지 않도록 한다.
② 결품 빈도가 높은 상품을 직원들에게 공유한다.
③ 훼이싱이 잘 시행되고 있는지 점검하고 관리한다.
④ 과거 판매 데이터를 근간으로 매출을 예측하여 발주한다.
⑤ 행사상품, 광고상품 준비를 사전에 실시한다.

제3절 단품관리와 수명주기별 상품관리

1. 단품관리

1) 단품관리(Unit Control) 개요

(1) 단품(price of goods)

하나하나씩 별개로 독립되어 있어 저마다 개체성을 가진 상품 또는 어떤 규격이나 무늬, 소재, 가격 등 분류에 있어 더는 세분화가 이루어질 수 없는 단계에까지 이른 상품을 말한다.

(2) 단품관리(Unit Control)

상품을 품목, 단위별 수량관리를 통해 더는 분류할 수 없는 데까지 최소 단위로 분류해서 그 단위 품목을 결정하는 방식이다.

(3) 단품관리 필요성

고객 니즈 및 불만을 파악해서 점포매출과 이익을 확대하는 가장 중요한 업무로서 정확한 상품군 구성 개념과 유지관리 및 개선에 대한 이해가 필요하다.

(4) 단품관리 기대효과

① 매장 효율성 향상

상품 하나하나가 관리되므로 인기상품이나 재고비용이 발생하는 비인기상품들을 자연스럽게 구분하여 제거해 나갈 수 있다.

② 품절(결품) 방지

상품이 팔리는 것에 따라 매대 할당이 이루어지므로 자연적으로 품절로 인한 손실(loss) 방지가 가능하다.

③ 적정 매장면적 관리에 따른 생산성 향상

품목별로 진열 면적이 어느 정도인지 계산이 가능해짐에 따라 부문별로 진열 면적 할당이 가능해지고 매장면적 관리와 매장활용 생산성이 향상한다.

④ 책임소재 명확성

개별 단품관리가 가능해짐에 따라 단품별 매출액 기여도 증감에 따른 책임소재가 명확해진다.

2) 단품관리 활용과 방법

(1) 단품관리 활용

고객이 만족하는 고객지향 점포 운영을 위해서는 사장상품을 제거한 매장공간에 다른 점포 인기상품이나 새롭게 주목받는 인기상품을 전진 배치하고 이익기여도가 낮은 상품을 제거하여야 한다. 매출이 저조하거나 회전율이 낮고 이익률이 적은 상품을 제거하여 과다재고 방지와 적정재고 유지를 통한 매장의 효율적 운영이 전제되어야 한다. 단품별 판매 수량, 재고, 발주 수량을 관리하면 단위품목별 계획판매가 가능하다.

(2) 단품관리 방법

관리하기 쉬운 최소 분류를 정해서 수량과 실적 파악과 품목별 계획을 세워서 실적과 일치시키는 것이 필요하다. 단품별 판매실적을 계산한 후 판매계획을 세운다. 판매에 따라 실적을 계산한다. 계획과 실적 차를 파악하여 실적과 계획 차이를 조절한다. 상품회전율을 높이고 효율적인 매장운영과 매출 및 이익증대를 위해서 많은 양의 상품 동향을 수작업으로 파악할 수는 없으므로 온라인 리얼타임시스템(on-line real time system)으로 컴퓨터에 의해 POS 시스템으로 처리하여 상품 코드와 거래처 코드(code)가 상호 호환되어야 한다.

3) 단품관리 효과

(1) 근본적 효과

① 고객 니즈에 맞는 상품구성과 개선 작업이 가능하다.

② 가장 효과적인 판매계획 수립과 조정이 가능하다.

③ 변화하는 고객 니즈와 불만을 파악하여 대책을 마련할 수 있다.
④ 신상품 개발로 고객 만족 경영을 실현할 수 있다.
⑤ 기업 이윤 극대화를 실현할 수 있다.

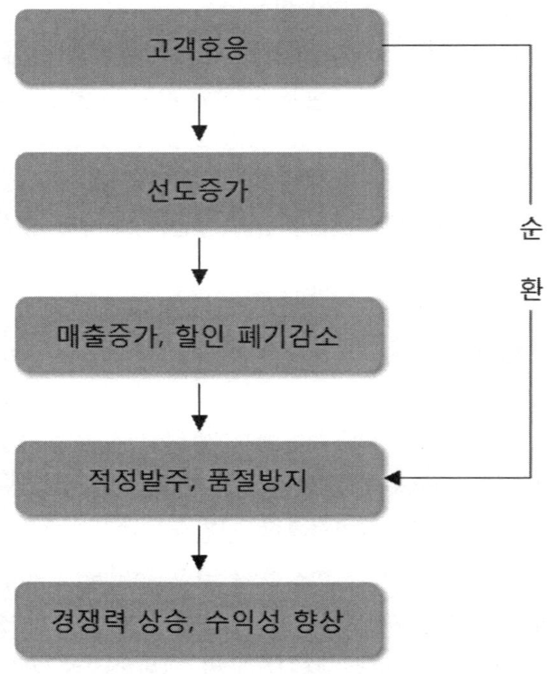

▌단품관리 이점▐

(2) 부수적 효과

① 매장 효율을 향상할 수 있다.
② 품절을 감소시킬 수 있다.
③ 적정 규모를 파악할 수 있다.
④ 부실 부문을 삭감할 수 있다.
⑤ 중점 매입을 가능하게 한다.
⑥ 책임 한계를 명확하게 한다.
⑦ 노동생산성 향상을 꾀할 수 있다.
⑧ 순이익을 증대시킬 수 있다.
⑨ 경쟁력을 강화할 수 있다.

2. 수명주기별 상품관리 전략

1) 상품수명주기(Product Life Cycle : PLC)

(1) 1966년 Vernon에 의해 주창된 이론으로 상품이 신상품으로 도입되어 판매가 상승하고 일정하게 성장하여 매출이 정점에 이르고 점차 수요가 감소하여 시장에서 소멸하기까지 일련의 과정을 상품수명주기라 한다.

(2) 상품수명주기 형태는 상품에 따라서 매우 다양하게 나타나기 때문에 일반화시키기는 곤란하지만, 전형적 상품수명주기는 S자 형태를 띤다.

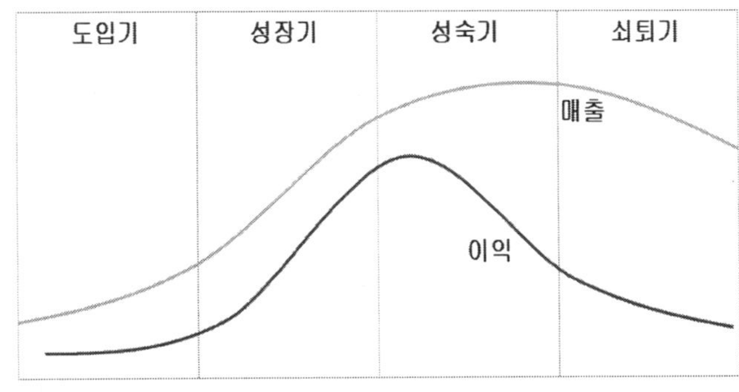

▌상품수명주기와 이익▐

2) 도입기

(1) 도입기란 상품을 개발하고 도입하여 판매를 시작하는 단계로써 매출이 완만하게 증가하는 시기이다. 이는 낮은 신상품에 대한 인지도와 기존 상품 소비습관 때문이다.

(2) 높은 유통개척 비용과 광고 및 판촉비용 지출로 인한 손실이 발생하거나 이익이 매우 낮다.

(3) 표적 시장 : 의견 선도층과 혁신 소비자층이다.

(4) 마케팅 믹스 전략 : 기본형 상품, 일반적으로 고가격 전략과 원가가산법 사용, 상대적으로 높은 광고비와 판매촉진비가 투입된다.

3) 성장기

(1) 어떤 상품이 도입기를 무사히 넘기고 나면 그 상품 매출액은 늘어나게 되고 시장도 커지게 되는 시기이다.

(2) 성장기에는 수요량이 증가하고 가격 탄력성도 커지며 초기 설비는 완전히 가동되고 증설이 필요해지기도 하며 조업도 상승으로 수익성도 호전한다.

(3) 성장기에 가장 조심하여야 할 점은 영업이 잘 되면 그만큼 경쟁자 참여도 늘어나게 된다는 것이다.
(4) 혁신 소비자층과 조기 수용자층(early adopters) 등 호의적 구전(word of mouth)이 시장 확대에 매우 중요한 역할을 수행한다.
(5) 성장기에서의 가격전략은 시장점유율을 높이기 위한 저가격 정책 도입과 기존 가격을 유지하여 높은 이익을 실현해야 한다.
(6) 성장기에서의 유통경로 전략은 급속한 시장 성장에 맞추어 가능한 한 점포 수를 확대해야 하며 판매촉진비는 도입기와 동일하거나 약간 높은 수준으로 설정해야 한다.

4) 성숙기

(1) 성숙기에는 대량 판매가 본궤도에 오르고 원가가 크게 내림에 따라 상품 단위별 이익은 정상에 달하지만, 경쟁자나 모방상품이 많이 나타난다.
(2) 대다수 잠재적 구매자에 의하여 상품이 수용됨으로써 판매성장이 둔화하는 기간이다. 이때 이익은 최고 수준에 이르지만, 이후부터는 경쟁에 대응하여 상품 지위를 유지하기 위한 비용이 늘어나 이익은 감소하기 시작한다.
(3) 성숙기 상품에 대한 방어전략
① 시장개발
자사 상품에 대한 매출을 증가시키기 위해 새로운 소비자 유인, 사용빈도 증가 유도, 새로운 용도 개발을 도모해야 한다.
② 상품개선
상품 품질, 특성, 스타일 등을 수정해야 한다.
③ 마케팅믹스 수정
정체된 매출 증대를 위해 가격할인정책, 공격적인 판촉활동(경품이나 컨테스트), 비교광고 시행, 할인 유통업체와 거래, 다양한 서비스를 제공해야 한다.

5) 쇠퇴기

(1) 어떤 상품이 시장에서 쇠퇴하게 되는 이유는 여러 가지가 있는데 기술발달로 인하여 대체품이 나오거나 소비자 기호 변화 등으로 그 상품에 대한 소비자 욕구가 사라지는 경우이다.
(2) 쇠퇴기에는 수요가 경기변동과 관계없이 감퇴하는 경향을 나타낸다. 광고를 비롯한 여러 판매촉진도 거의 효과가 없으며 시장점유율은 급속히 떨어지고 손해를 보는 일이 많아진다.

(3) 시장수요 포화, 신기술 출현, 사회적 가치 변화, 고객 욕구 변화로 인해 쇠퇴기가 발생한다.

(4) 많은 기업이 시장에서 철수하며 시장에 남아있는 기업들은 경쟁력이 취약한 상품을 제거하는 등 상품의 수를 축소하는 단계이다.

6) 특수한 형태 수명주기

(1) 일시적 유행상품

소비자 호응을 받다가 급속히 쇠퇴기로 접어드는 경우이다.

(2) 장수 상품

도입기와 성장기를 거쳐 성숙기 수준이 일정하게 지속한다.

(3) 순환적 상품

유행 순환 등으로 성장과 쇠퇴를 반복한다.

(4) 스타일 상품

성장기 후 매출이 낮아졌다가 마케팅 노력 등으로 수요가 증가한다.

(5) 연속 성장형 상품

피라미드 유형-일정 시점마다 새로운 용도 추가로 지속해서 수요가 증가한다.

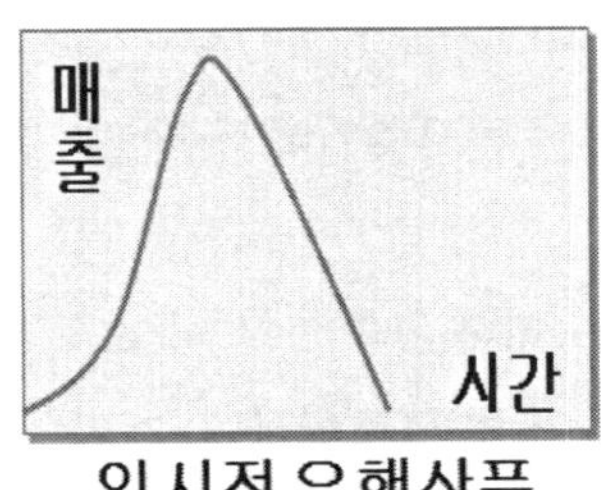

일시적 유행상품

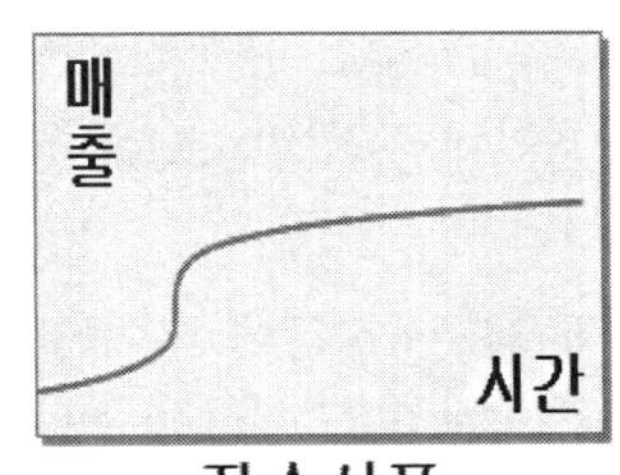

장수상품

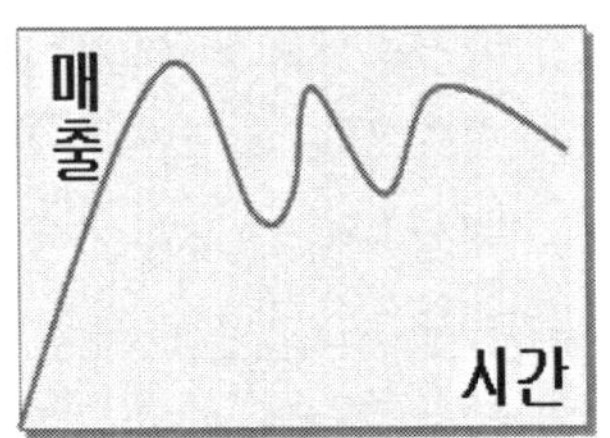

순환적 상품

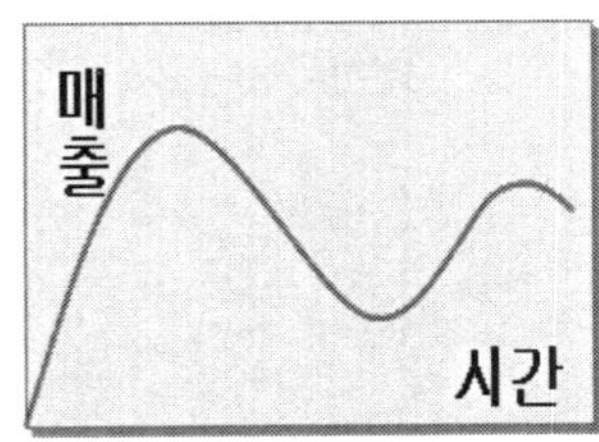

스타일 상품

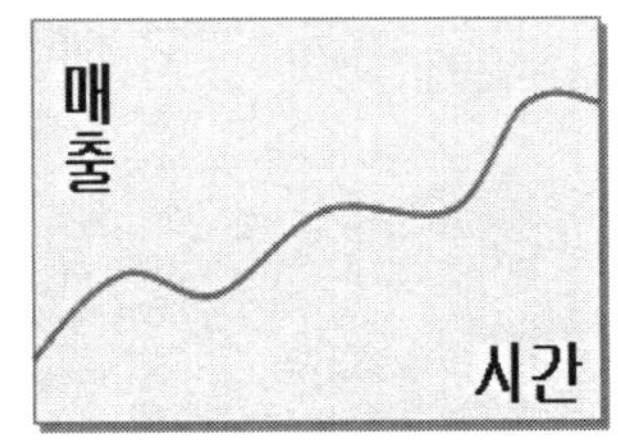

연속성장형 상품

▌특수한 형태 수명주기▐

1. 표준상품분류에 관해서 설명하시오.

표준상품분류는 공통으로 상품 코드를 관리하는 방법으로 국제적으로 일반화되고 있다. 구체적으로 전 세계에서 사용하는 유럽상품코드(European article number)와 미국, 캐나다에서 사용하는 북미상품코드가 있다. 유럽상품코드(EAN)는 국제적으로 코드체계가 표준화되었으며 유통업체 POS 시스템이나 제조업체 물류관리 등에 공통으로 사용되고 있다. 일반적으로 자릿수는 13자리이고 단축형은 8자리로 사용하고 있다. 표준상품코드는 소매점 POS 시스템과 연동되어 판매 시 매출액과 재고관리를 가능하게 되어 있다는 점에서 편리 효율적이다.

■ 상품 코드

① 국가코드: 첫 세 자리가 국가코드이다. 대한민국은 880이다.
② 제조업체 코드: 4자리가 제조업체의 식별번호로 한국유통물류진흥원에서 제조, 판매상품에 고유부여를 부여한다.
③ 상품 코드: 제조업체에서 취급하는 상품에 부여하는 코드이다.
④ 체크 숫자: 마지막 한자리는 판독오류 방지를 위해 만들어진 코드이다.

예)

880	0000	00000	0
국가	제조업체	품목	체크숫자

2. 직매입조건에 관해서 설명하시오.

소매점에서 직접 현금 또는 그에 상응하는 대금을 지급하고 매입하여 소매점 책임으로 판매하는 상품이다. 상품을 소매점에서 매입하는 가장 기본적인 방법으로 위험은 증가하지만, 차별화와 수익성을 창출할 수 있는 매입 방법이다.

① 협력업체에 매입 상품대금을 일괄적으로 지급하는 조건이다.
② 상품을 인도 시점부터 소유권이 취득되고 재고관리 부담도 소매점에서 책임진다.

③ 반품은 상대방 책임에 의한 불량품, 주문 이외의 상품, 상거래 관습에 따라 인정되는 상품과 상대방 요청이 있는 경우에 가능하다.

④ 직매입조건을 고려할 때는 전문성이 있는 구매전문가가 있는지다. 상품을 선별하고 과거 실적을 기본으로 계획구매가 가능한 전문가 부족으로 직매입이 소매점에서 활성화되지 않고 있다.

⑤ 식품, 가전제품 경우에는 백화점, 마트, 슈퍼마켓에서 직매입방식으로 주로 운영되고 있다.

⑥ 협력업체로부터 직접 매입하여 판매하는데 예측이 어렵고 전문성 부족으로 소매업체에서 직매입이 어려운 조건으로 인식되고 있다.

3. 단품관리의 정의 및 ABC 분석에 관해서 설명하시오.

- 단품관리

SKU 즉, 상품 최소 단위인 상품 하나하나의 움직임을 파악하여 관리하는 것을 말한다. 발주, 진열을 계획적으로 하여 잘 팔리는 상품은 진열을 확대하고 안 팔리는 상품은 진열을 축소 또는 제거하여 고객이 원하는 상품 인기상품 위주로 구성함으로 고객 지지를 받는 매장을 만들고 이익 극대화하는 일련의 활동이다.

- ABC 분석

일정 기간 상품별 판매실적(수량과 금액 등)을 계산하여 파레토 곡선으로 분석 상품 매출 분포를 파악하는 방법이다. 그리하여 중점관리 상품과 아웃상품을 구분하여 관리하는 것이다.

A 그룹상품 : 매출 상위 70% 이내 상품

B 그룹상품 : 매출 상위 70~90% 이내 상품

C 그룹상품 : 매출 상위 90-100% 상품

Z 그룹상품 : 매출이 0인 상품

C그룹 Z그룹 상품은 매장에서 판매 중지하도록 조치가 필요하다.

4. 다음 용어에 관해 설명하시오.

- 단품관리
- 상품수명주기
- PB상품

제1절 재고관리

고객의 수요에 항상 적절하게 대응할 수 있도록 최적의 재고를 유지해야 한다. 소매점에서 재고를 잘 관리하는 것은 매우 중요한 업무이다. 소매상에서 재고는 판매를 예측하고 그 판매 예상에 따라 유통업자 자산으로 소유하고 있는 상품을 말한다. 재고관리는 상품 매입, 판매 의사결정 정보를 제공하고 판매기회 손실, 고객 불만을 최소화하고 위험과 비용을 절감해 준다.

1. 재고관리 필요성

과다한 재고는 자금 부담과 보관비, 보험료 등 재고보유 비용이 증가한다.

부족한 재고는 고객 수요에 대응할 수 없어 기회 손실이 발생하고 품절이 발생한다. 특히 재고 부족은 고객에게 상품 구색 관점에서 빈약하다는 인상으로 장기적으로 매출이 감소할 수 있다. 재고관리는 고객 수요와 공급 사이에 발생하는 리드 타임을 해결하고 매출수준을 평준화시키고 매출이 연속적으로 발생할 수 있도록 가능하게 해 준다.

1) 재고관리 목적

(1) 재고 손실 최대한 방지를 목적으로 한다.
(2) 재고자산 증가를 최소화하는 데 있다.
(3) 체화, 불량 재고를 최소화하는 데 있다.
(4) 재고 유지비, 매장 부실 방지 예방에 있다.

2) 재고수준 결정요소

(1) 예상되는 판매량
(2) 재고 관리상 비용
(3) 발주 시점과 입고 시점 차이인 리드 타임
(4) 상품 내구성
(5) 상품공급 계절성 및 공급업자 신뢰성

구분	문제점
과다재고	– 상품회전율이 저하된다. – 재고 증가에 따른 보관비용과 금리부담이 증가한다. – 재고 증가로 구색 상품확보가 곤란하다.
재고 부족	– 상품 구색이 부족하여 판매 로스가 발생한다. – 보유 재고 부족으로 부대비용이 증가한다.

▮재고 과다/ 부족 문제점▮

2. 재고 종류 및 비용

1) 재고 종류

구분	세부내용
안전재고	– 불확실한 수요에 대응하는 데 필요한 재고이다. – 안전재고를 감소시키기 위해서는 불확실성을 감소시켜야 한다. – 품절, 고객서비스 향상에 도움이 된다.
예상 재고	– 계절적 요인, 특수요인에 의해서 비축하는 재고를 말한다. – 예상 재고는 수요와 공급을 일치시킴으로써 감소시킬 수 있다.

2) 재고비용

재고수준을 결정하는 요인 중 가장 중요한 요인은 재고관리에 드는 비용이라 할 수 있다. 재고관리에 드는 비용을 고려하여 적정 재고량을 산정하여야 한다. 소매점에서 재고

관리에 수반되는 비용은 재고유지비용, 주문비용, 그리고 기회 로스인 재고 부족 비용으로 분류될 수 있다.

구분	세부내용
재고유지 비용	- 재고를 보관하는데 수반되는 비용 - 재고투자에 따른 자본비용, 보관비 등 - 보험료, 재산세, 감가상각비
재고 주문 비용	- 발주비용 - 재고보충을 하거나 주문 시 드는 비용 - 입고비용, 검품 비용 - 대량구매로 인한 할인 기회 상실비용
생산준비 비용	- 상품을 제조하기 위하여 준비하는데 드는 비용 - 준비에 필요한 인건비 및 유휴시간 비용
재고 부족 비용	- 재고 부족으로 발생하는 판매기회 비용 - 고객 불신감

3) 재고관리 모형

(1) 경제적 발주량(EOQ; economic order quantity)

주문비용, 재고유지비용 간의 관계를 이용하여 가장 합리적인 주문량을 결정하는 방식이다. 단위 기간 중 재고 수요율은 일정하다는 전제하에 설계된 모형이다. 재주문은 재고가 0일 때 가능하며, 재고조달에 걸리는 기간은 없다. 단위당 가격은 일정하다는 가정에서 출발한다. 경제적 발주량은 발주비용과 재고유지비용을 합하여 연간 비용이 최소가 되도록 하는 발주량으로 재고 단위 원가가 최소가 되는 1회 발주량이다. 최적 발주량은 각 비용 항목들을 합한 총재고 비용이 최소가 되는 양이다. 재고품절로 인한 기회비용을 고려하지 않고 재고관리에 필요한 비용을 최소로 하는 점이라 할 수 있다.

$$Q = \sqrt{\frac{2CD}{H}}$$

Q=1회 주문량　　　C= 1회 발주비용
D=연간 재고수요량　H= 1단위당 연간재고유지비용

예: 연간재고수요량 54,000 발주비용 1,000 단위당 평균재고비용 100
경제적 주문량 1,039개가 됨

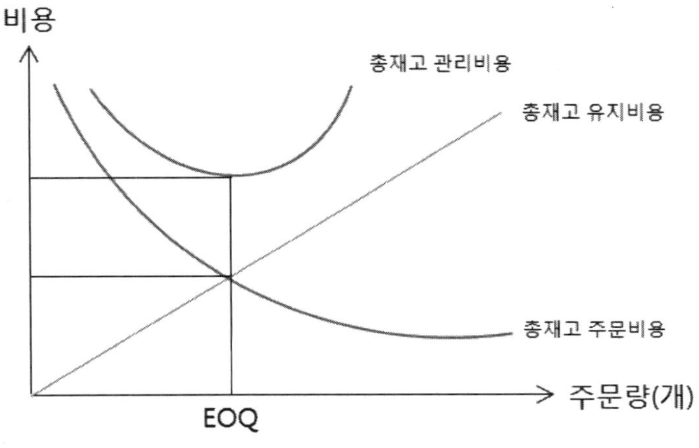

▌총재고 관리비용▐

(2) 경제적 발주량(EOQ) 가정과 문제점

매일 재고 판매량이 일정하다. 발주 시점과 입고 시점 사이의 간격인 리드 타임이 일정하며 정확하게 알고 있다. 재고유지비용과 발주비용은 시간 변화와 관계없이 일정하다. 발주 상품 주문은 다른 상품과 관계가 없다. 이러한 가정으로 설정된 경제적 발주량은 판매량 변동, 리드 타임 변동 등 환경변화를 고려하여 변형하여 적용할 필요가 있다. 다만 경제적 발주량 기법은 단순하고 소매점에서 적용할 수 있다는 장점이 있어 유용하게 적용되는 방법이다.

(3) 재발주 시점과 안전재고

① 재발주 시점

발주 후 도달시간, 안전재고, 재고점검 기간을 고려하여 재발주 시점을 관리할 필요가 있다.

수요가 일정한 경우 = 발주기간 × 1일 수요량
수요가 불확실한 경우 = 발주기간 평균 수요량 + 안전재고

② 안전재고

소매업에서는 수요가 예상 매출액을 초과할 경우를 대비하여 안전재고를 유지하는 것이 보통이다. 소매점 안전재고는 판매예측 불확실성, 품절로 인한 기회비용, 리드 타임 지연 가능성, 재고유지비용 영향에 의하여 달라진다. 이러한 점을 고려하여 안전재고를 고려하여 재고관리 및 발주를 한다.

③ 안전재고 고려 발주

안전재고= 평균 재고량 - [최대 재고량/2(또는 경제적 주문량)]

발주 시점 재고량 = 도달일수 × (1일 평균판매량 - 안전재고량)

발주량 = 최대 재고량 - 안전재고량

최대 재고량 = (도달일수 × 1일 평균판매량) + 안전재고

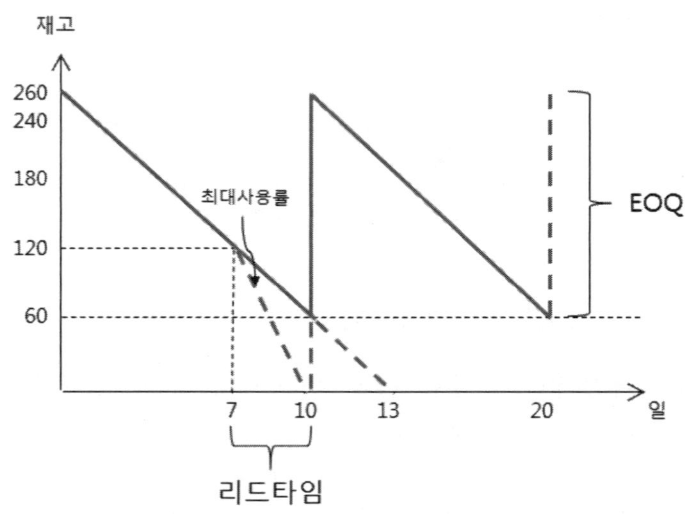

▌안전재고 고려 발주▐

(4) ABC 관리법

재고 품목이 많은 경우에 재고관리를 효율적으로 하기 위하여 재고의 중요도나 가치에 따라 다르게 관리하는 방법을 말한다.

품목	내용	주문주기	안전재고
A 등급	가치는 크고 사용량이 적은 상품	짧음	소량
B 등급	가치와 사용량이 중간 정도인 상품	중간	중간
C 등급	가치는 적지만 사용량이 많은 상품	길다	대량

▌ABC 관리법▐

ABC 분석 단계별 관리는 품목별 매출 성과에 따라 상품별 순위 결정, 전체 상품 품목에서 품목 구성비가 어느 정도 매출구성비 비율을 점유하는지 파악하여, 상품구성비에 따라 ABC 그룹으로 구분하여 관리하는 것이다. 상품별로 매출 규모가 큰 것부터 ABC 분류 후 먼저 A그룹을 중점관리하고 B, C 순으로 관리하는 것이다.

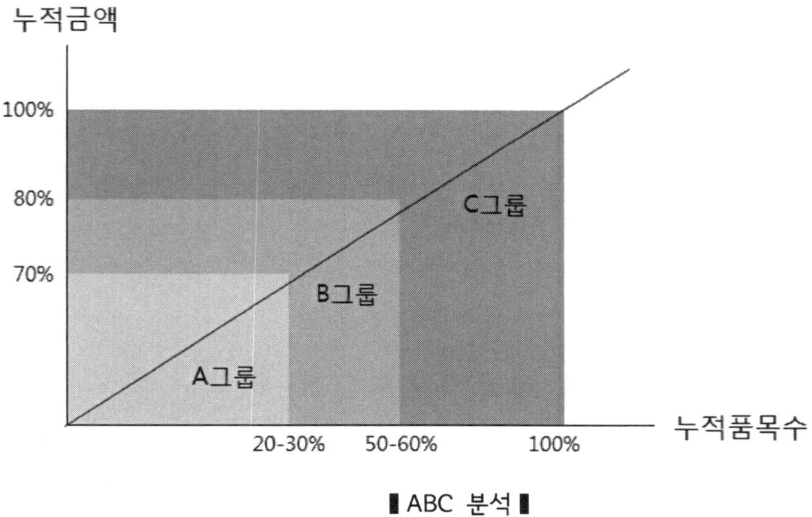

▌ABC 분석▌

① A그룹 상품

매출액 비중이 70%를 점유하는 품목으로 전체 상품 중 20% 품목이 이에 해당한다. A그룹 상품은 항상 안전재고를 유지하여야 하고 품절이 발생하지 않도록 관리한다.

② B그룹 상품

매출액 비율이 20~30%를 차지하는 상품으로 주의 깊은 관리가 필요로 하는 상품군이다.

③ C그룹 상품

매출액 비중이 5~10%를 차지하는 상품군으로 구색으로 가져가는 상품군이다. (예: 큰 치수 상품)

(5) JIT(just in time)

적시에 적정량 필요한 상품을 공급하여 관리하도록 하는 시스템으로 무재고 관리 시스템이다. 도요다자동차에서 유래하여 도요다 생산방식이라고 부르기도 한다.

3. 재고조사 실시

소매점에서 취급하는 상품 품목도 많고 거래도 빈번하게 이루어져 계속 기록하여 상품원가를 파악하는 것이 어렵다. 이러한 문제를 해결하는 방법으로 소매점에서 판매 시점에는 매출만 기록하고 매출 원가는 회계 연도 말 결산 시점에 재고를 파악하는 실지 재고조사법을 적용하여 재고조사를 한다. 실지 재고조사법을 적용하면 장부 재고만으로는 기말재고와 당기 판매금액을 알 수 없다. 그래서 상품재고장부로부터 기초재고 금액과 당기 매입금액 합계액을 계산하고 실지 조사된 기말재고를 차감하여 당기 판매금액을 계산하는 방법이 사용한다.

기초재고액 + 당기 매출액 - 기말재고액 = 당기 판매금액

1) 재고조사 시행 목적

소매점 실제 재고수량, 재고금액, 재고내용을 장부 재고와 실사 재고 대조로 상품관리 상태를 파악하고 문제점을 분석하여 대응하고자 실시하는 것이다.

(1) 재고조사 목적

① 재고파악으로 매출 원가를 산출하고 매출 원가에 의해 매출 총이익액 및 매출총이익률 산출이 가능하다.

② 과다재고 인기상품 품절 방지를 위하여 실시한다.

③ 부문별 로스 금액, 폐기 상품을 확인하여 관리하는 방안으로 실시한다.
재고조사는 월 1회 정도 실시하는 것이 원칙이나 점포 규모 등을 고려하여 주기적 실시와 비주기적 스파트 재고조사를 실시하여 정확한 재고파악과 관리가 필요하다.

④ 소매점 매장 전체 재고조사는 시간과 비용이 수반됨으로 일정주기로 카테고리별 재고조사를 실시하는 방법도 필요하다.

(2) 재고조사 프로세스

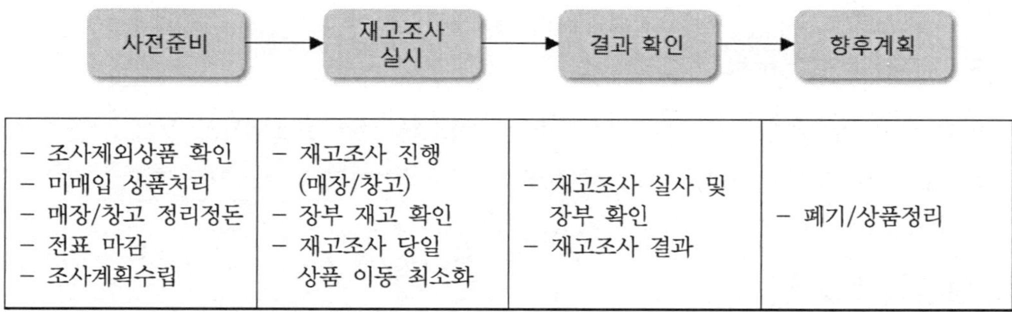

사전준비	재고조사 실시	결과 확인	향후계획
- 조사제외상품 확인 - 미매입 상품처리 - 매장/창고 정리정돈 - 전표 마감 - 조사계획수립	- 재고조사 진행 (매장/창고) - 장부 재고 확인 - 재고조사 당일 상품 이동 최소화	- 재고조사 실사 및 장부 확인 - 재고조사 결과	- 폐기/상품정리

▮재고조사 프로세스▮

2) 재고로스 유형

재고로스는 장부상 재고와 실사 재고 차이를 말한다.

(1) 운영착오 로스

① 반품누락

본사, 물류창고에 반품은 시행하였으나 장부에 미반영된 로스를 말한다.

② 조사누락

실제 상품을 조사하지 못하였거나 조사자 오류로 발생한 로스를 말한다.

③ 매입오류

매입은 반영되었으나 상품 입고가 정상적으로 되지 않은 경우를 말한다.

(2) 매장 로스 및 방지대책

① 고객 로스

고객에 의하여 발생한 로스를 말한다.

② 직원부정

직원 부정행위나 규정 위반으로 발생하는 로스를 말한다.

③ 관리소홀

부주의, 시설물 사고나 하자에 의하여 발생하는 로스를 말한다.

(3) 로스방지대책

항목	대책
시스템 준수	– 상품별 회전율을 고려한 상품발주/ 진열 – 선입선출 판매를 통한 선도관리 및 재고관리 – 적정 재고유지 – 상품 매입 시 검품 철저 시행 – 관리 효율화/배달 시 주문과 다른 상품배송 – 도난 신용카드 방지대책
직원 교육	– 주인 정신 고양 – 점포책임자 솔선수범 – 상품보호 가이드 운영 및 교육(도난 예방 장비 등) – 직원관리 감독 및 윤리의식
도난방지	– 과다한 진열, 발주 자제 – 직원 매장근무 철저 – 매장 내 CCTV 설치 및 고객 홍보

▌로스 방지대책▌

(4) 도난방지 택 부착관리

① 로스 도난방지를 위하여 택을 부착한다.
② 정상적인 내 외부 고객에 의한 손실 방지 목적으로 시행한다.
③ 고가 상품/ 로스율이 높은 상품에 부착한다.
④ 계산 시 택을 제거한다.

상품	금액	비고
양주	7만 원 이상	소매점 상황에 따라 탄력 적용
건강식품	5만 원 이상	
소형가전제품	3만 원 이상	
기타	고가 상품	

▌도난방지 상품▐

(5) 상품로스율

소매점에서 상품 로스는 장부상 재고금액과 실사 재고금액 차이를 말한다. 일반적으로 소매점에서 로스 허용범위는 0.1~0.2% 내외이며 0.3% 이상은 관리가 요구된다.

상품 로스 액 = (기초재고액 + 당기 순매입액) − (당기 순매출액 + 매출할인 + 기말재고액)

상품 로스 비율 = 상품로스액 / 순매출액 × 100

3) 체화 재고관리

체화재고는 매출 수량 대비 재고 수량이 과다한 재고, 매출이 발생하지 않는 상품, 행사 종료로 잔량 재고, 소매점 취급 종료 상품 등을 말한다. 체화재고는 일정 기간 점포 소분류 재고일수와 단품 재고일수를 비교하여 단품 재고일수가 소분류 재고일수의 2배를 초과하는 경우 체화재고로 구분하여 관리한다.

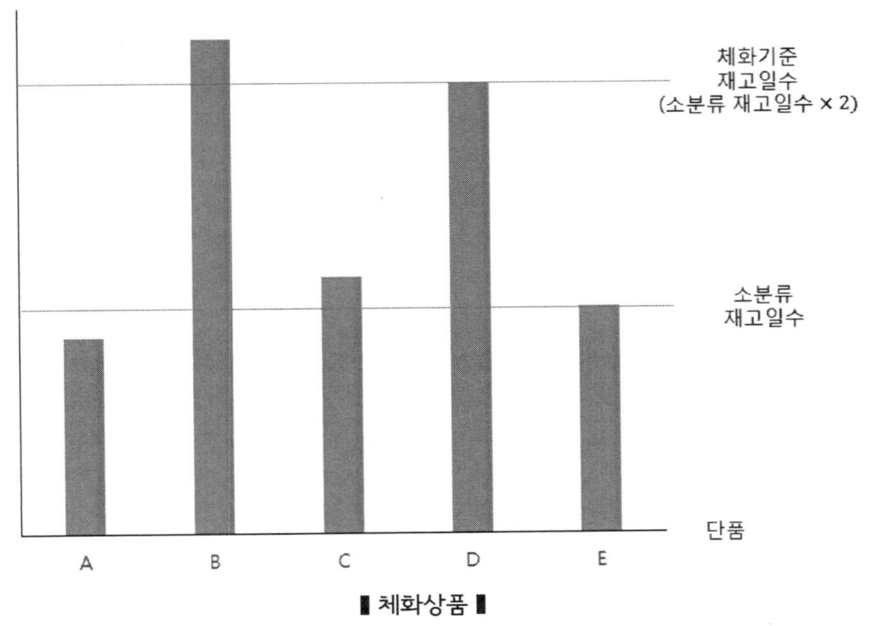

▌체화상품▌

(1) 체화재고 관리 프로세스

체화재고 분석	– 체화재고와 부진상품을 주기를 정하여 파악한다. – 자료를 파악하여 분석한 후 체화재고를 확정한다.
리스트 정리	– 장부상 재고와 실사 재고를 확인한다. – 정리해야 할 체화재고를 자료화한다.
재고처리	– 직원들에게 처리해야 할 상품을 공지한다. – 처리방안을 수립하여 실시한다. – 처리방안 가격 인하/ 행사시행/ 증정 및 기부/ 폐기
피드백	– 처리결과를 직원들에게 피드백한다.

▌체화재고 관리 업무 프로세스▌

4) 부진상품 폐기

폐기 상품은 시스템을 이용하여 확정하고 관리하는 시스템이 선행되어야 하고 그 시스템에 의해서 폐기할 수 있도록 관리해야 한다. 판매할 수 없는 상품은 관리를 통하여 폐기하는 것이 효율적이다.

(1) 폐기해야 하는 상품

① 고객 관점에서 "구매할까?" 생각하여 폐기 결정

② 유통 기한이 지나간 상품
③ 법적 표시 위반 상품(원산지 미표기/ 중량 미달)
④ 냉동 냉장 상품으로 선도 저하 상품
⑤ 파손 상품(반품 불가 상품)

(2) 폐기 프로세스

월간 단위로 관리한다.

5) 과다재고 상품관리

체화재고 증가 방지 및 개선을 위해서 과다 재고상품을 분석하여 해결책을 수립하고 관리해야 한다.

(1) 과다재고 사유분석

① 원인분석을 통하여 재고를 축소하는 것이다.
② 후방 보관 미진열 상품을 찾아내는 것이다.

(2) 관리 프로세스

① 과다재고 사유분석 전 상품을 충분하게 진열한다.
② 같은 상품을 매대 상단과 후방에 분할 보관하지 않는다.
③ 과다재고 상품은 별도로 관리한다.
④ 주기적으로 과다재고 사유분석을 한다(예/월 2회).

(3) 고객반품 상품관리

신속한 고객반품 상품처리로 로스 방지를 통한 효율적 재고관리가 필요하다. 고객반품 상품 수거를 통한 상품 재진열 및 추가로 상품 훼손을 사전에 방지해야 한다. 별도의 계산대에서 반품 처리를 하고 즉시 상품화하는 방안이 효율적이다.

제2절 상품발주

1. 상품발주

고객이 원하는 상품을 원하는 장소에 원하는 양만큼 준비하여 고객 욕구에 응하고 판매를 증대할 목적으로 하는 업무를 말한다.

1) 발주 종류

(1) 통상발주

취급상품을 일반적으로 발주하여 적정재고를 유지하는 일반적인 발주 업무를 말한다. 통상적 발주는 소매점에서 취급하는 상품의 보충진열 개념을 가지고 재고 파악과 판매 예측을 통한 발주이다.

① 통상발주 품목

㉠ 고가 상품으로 재고관리가 필요한 품목
㉡ 점포에서 주력 상품에 해당하는 품목
㉢ 비교적 정확하게 수요예측이 가능한 품목
㉣ 발주, 보관, 입고할 때 처리할 수량이 불규칙한 품목
㉤ 정확한 구입 예산을 수립할 필요가 있는 품목

② 통상발주 흐름 사례

통상적 발주 사례로 1일에 한 번, 1주일에 한 번, 1개월에 한 번으로 주기를 정해 두고 그 시점에서 판매 동향이나 보유해야 할 재고수량을 고려하여 발주량을 결정한다.

발주 수양 = (발주주기 + 조달 기간) × 평균판매 수량 − 현재 재고량
− 발주 미입고량 + 안전재고

예를 들어, 발주주기가 3일, 발주 시 리드 타임이 2일, 평균판매 수량이 8개, 현재 재고수량이 20개, 발주 미입고량이 5개, 안전재고량이 10개일 때 발주 수량은 다음과 같이 산출한다.

발주 수양 = (3일 + 2일) × 8개 − 20개 − 5개 + 10개 = 25개

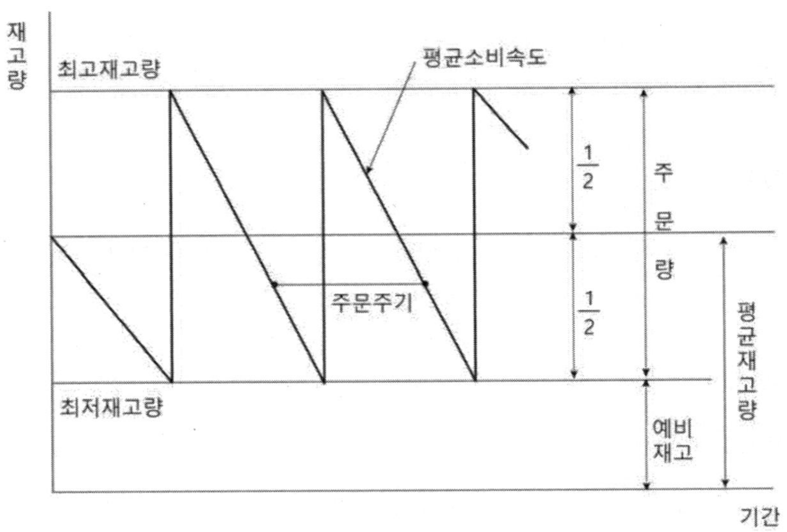

▮통상발주 흐름▮

(2) 예약 발주

일반적인 발주와 같은 방법으로 예약하여 발주하는 것을 말한다.

(3) 자동발주

판매 DATA를 기초로 판매, 재고, 입고 예정량, 리드 타임 등 발주 정보를 분석하여 발주 권고량을 산정한다. 발주 담당 경험, 감각에 의한 발주를 지양하고 판매 및 재고 DATA에 근거한 수요예측이 가능하다.

2) 적정 발주목적

(1) 판매기회로스 방지

결품 방지를 통한 고객서비스와 이익을 확보한다.

(2) 재고로스 방지

재고로스는 점포 이익과 고객 이익을 감소시킨다.

(3) 과다재고 방지

선도 유지, 불필요한 작업, 재고 축소, 금리부담을 줄일 수 있다.

(4) 상품 변경 및 점포 M/D 변경 용이

계절상품, 신상품 매입을 원활하게 할 수 있다. 점포 특성에 맞는 매장 구성 및 변화를 쉽게 할 수 있다.

3) WEB-EDI

소매점 협력업체 매장에서 인터넷으로 상품을 발주하거나 각종 판매정보가 공유되고 조회되는 시스템이다.

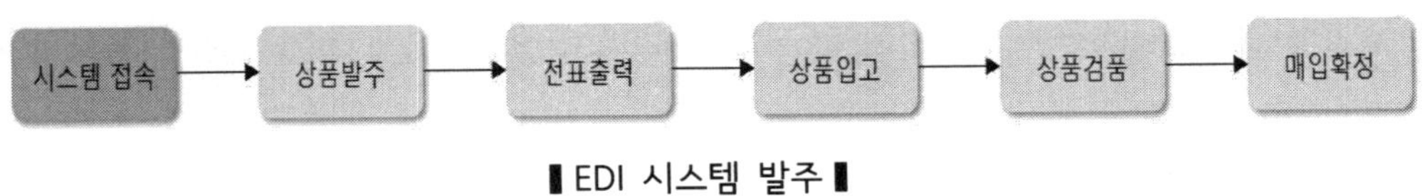

▌EDI 시스템 발주▐

전표처리 없이 판매금액을 전산시스템에서 자동으로 매입 처리한다. EDI 발주는 소매점 특정매입 형태 협력업체에서 주로 이용한다.

2. 상품 검품

1) 점포 목적

발주 후 입고된 상품을 정확하고 효율적으로 확인하는 일은 정상적 판매 활동의 필수 사항이다.

2) 검품 방법

아홉 분	내용
검품	• 입고 예정(발주 상품)과 입고상품 확인 • 신선식품은 차량 냉장 상태 확인 • 진열 및 상품화 작업으로 습득한 지식 기간 상품 확인(수량·중량·BOX 확인) • 상품 선도는 상식적 기준에 의거 판단(육안: 파손·변색, 후각: 역한 냄새, 촉각: 탄력도 등)
관리자 업무	• 입고상품 판매장 진열 및 창고보관 확인 • 반복적 업무라도 정확한 확인
클레임 제기	• 수량 부족, 품질 불량 시 배상청구 제기 • 상품 매입은 재고에 포함됨으로 관리 필요(수량, 중량 확인)

▌검품 방법▐

3. 창고관리

소매점 매장 재고관리는 효율적인 창고관리에서 영향을 받는다. 효율적인 창고관리는 상품보관을 위하여 효율적으로 창고를 구분하고 관리하는 것을 말한다. 창고 구역을 정하여 관리하되 매장에 충분하게 상품을 진열하고 집기 상단에 상품을 적재하고 남은 잔량에 대해서만 창고로 이동한다는 원칙을 세워야 한다.

1) 창고관리 방법

창고 효율적 운영을 위해서 매장과 창고 보관방식을 통일하고 매장 집기 번호대로 창고보관 상품을 보관하는 등 노력이 필요하다. 그리고 행사상품과 고가 상품을 별도로 관리하는 등 섬세한 창고 배치가 중요하다.

(1) 매장 같은 창고

창고는 매장 연장 선상으로 관리가 필요하다. 상품은 매장에 충분한 진열 후 창고로 이동한다. 매장 진열 방식으로 창고도 진열한다.

(2) 창고 도면관리

① 매장 매대 번호에 따라서 창고 도면을 작성한다.
② 창고 적재/보관 위치를 도면으로 표시하여 관리한다.
(구역별 분류 표시, 분류 표시대로 보관)
③ 매장 분류대로 창고보관도 될 수 있도록 한다.
④ 행사상품, 고회전상품, 대용량 상품, 고가 상품적재 장소 등을 구분 관리한다.
⑤ 주류는 Pallet에 보관하고 위스키 등 일부 주류는 별도 Rack에 보관한다.
⑥ 낱개 상품, 개봉된 박스는 가능한 한 창고에 보관하지 않는다.
⑦ 증정 상품, 집기 등은 별도 공간에 구분하여 보관한다.
⑧ 행사 잔량, 낱개 상품은 우선하여 진열 소진하도록 한다.

보관상품 집기	행사상품	고회전 상품구역
고가상품 보관구역	소모품보관구역	음료/주류보관

입구

▮창고 레이아웃 사례▮

2) 집기 상단 상품보관

매장에서 상품을 진열하고 상품 잔량을 쇼 케이스, 집기 상단에 적재하여 잔여 재고를 진열하는 방식이다. 집기 상단에 상품적재는 창고 최소화와 매장 결품을 신속하게 처리하기 위함이다.

① 동선에서 매대 상단에 일정한 높이로 진열하고 돌출되지 않도록 한다.
② 가볍고, 위험하지 않은 라면, 과자, 화장지 등을 주로 보관한다.
③ 상품적재는 한 박스 보관을 원칙으로 한다(이중 보관은 위험하다).
④ 보충진열 시 매대 상단에 적재된 상품을 우선으로 진열한다.
⑤ 진열 잔량 매대 상단 보관은 해당 상품 위치에 보관하는 것을 원칙으로 한다.
⑥ 부탄가스 등 위험한 상품은 보관하지 않는다.
⑦ 유통 기한 상품은 선입선출이 되도록 유의한다.
⑧ 고객과 직원 안전을 위하여 45cm 이상 진열하지 않는 것이 좋다.

제3절 재고발주정보시스템

1. 재고관리와 자동발주

1) POS 시스템을 통한 재고관리

분야		목적	필요한 가공분석
상품 정보 관리	매출관리	- 부문별 매출관리 - 매출총이익관리 - 시간대별 매출관리	- 시간대별 매출관리
	상품 구매 계획관리	- 상품관리 - 인기상품, 비인기 상품관리 - 신상품 도입 및 평가	- 상품 판매 동향 분석
	진열관리	- 판매장 배치계획	- 장바구니 분석
	판촉계획	- 적절한 판촉계획 - 적절한 판매가격 결정	- 판촉 효과 분석
	발주·재고관리	- 발주 권고 - 자동 보충 발주 - 판매량 예측	- 적정 발주량 산출 - 판매요인 분석
종업원 관리		- 계산원 관리 - 자금계획 자동화	- 계산원별 생산성 분석
고객관리		- 지역마케팅	- 지역별 판매분석 - 나이별 판매분석

▌POS 정보 활용 분야▐

2) 효율적 고객관리

POS 데이터는 시간과 장소, 부문과 상품에 관한 종합적인 데이터를 제공한다. 따라서 POS 데이터를 통해 작업량을 도출하여 업무할당 및 관리에 이용하면 효율적 인력관리가 가능해진다. 현재 인력 생산성·성과관리 등도 가능해진다. POS 데이터를 통해 얻는 고객 속성정보(성별, 나이, 주소, 직업 등 고객 신상에 관한 정보), 상품 이력 정보(구매상품, 수량, 금액, 거래횟수 등에 관한 정보)는 고객별 관리 및 판촉활동을 위한 고객 정보 확보에도 활용될 수 있다.

3) POS 정보와 전략정보시스템

전략정보시스템을 구성하는 자료 원천은 POS 시스템이다. POS 시스템은 전략정보시스템에서 생산되는 다양한 정보 재료가 되는 데이터를 제공하는 원천이 된다. POS 데이터를 통해 가공되는 정보가 제공하는 이익은 다음과 같다.

(1) 단순 이익(Hard Merit)

생산성 향상, 유통기업 비용 절감, 정보처리 효율화, 서비스 향상에 기여한다.

(2) 활용이익(Soft Merit)

상품력 강화와 단품관리 추구, 유통기업 품질 향상, 가격 적정화, 소비자 욕구를 충족시키는 상품 구색 확보, 부가가치 제공 등에 기여한다.

(3) 활용이익 전제 조건

정보 활용 수준 명확화, 타 정보와 결합 활용, 데이터 정밀도를 유지한다.

2. 무선주파수 식별법(RFID : Radio Frequency Identification)

1) 개념

RFID(Radio Frequency Identification)란 자동인식(Automatic Identification)기술의 하나로서 스마트카드 또는 바코드와 같은 데이터 입력장치의 일종으로 개발된 무선(RF: Radio Frequency)에 의한 인식 기술이다. 초소형 반도체에 식별 정보를 입력하고 무선주파수를 이용해 이 칩을 지닌 물체나 동물, 사람 등을 판독, 추적, 관리할 수 있는 기술로서 유비쿼터스 컴퓨팅 기반기술의 하나로 중요성이 커지고 있다. 원거리에서도 인식할 수 있고 여러 개의 정보를 동시에 판독하거나 수정할 수 있는 장점 때문에 바코드를 대체하거나 보완할 수 있는 기술로서 현재 유통 분야뿐 아니라 물류, 교통, 보안, 가전 분야 등 적용이 나날이 확대되고 있다. 바코드보다는 비용이 많이 들고 스마트카드보다는 메모리 용량이 낮지만, 바코드나 스마트카드가 갖지 않은 장점 때문에 다양한 적용 분야와 기술개발에 따라 차세대 핵심기술로 부상하고 있으며 다양한 표준화 작업이 이루어지고 있다.

2) 구성요소

구성요소	원리
태그 (Tag)	– 상품에 부착되며 데이터가 입력되는 IC 칩과 안테나로 구성 – 리더와 교신하여 데이터를 무선으로 리더에 전송 – 배터리 내장 여부에 따라 능동형과 수동형으로 구분
안테나 (Antenna)	– 무선주파수를 발사하며 태그로부터 전송된 데이터를 수신하여 리더로 전달 – 다양한 형태와 크기로 제작 가능하며 태그 크기를 결정하는 중요한 요소
리더 (Reader)	– 주파수 발신을 제어하고 태그로부터 수신된 데이터를 해독 – 용도에 따라 고정형, 이동형, 휴대용으로 구분 – 안테나 및 RF 회로, 변/복조기, 실시간 신호처리 모듈, 프로토콜 프로세서 등으로 구성
호스트 (Host)	– 한 개 또는 다수의 태그로부터 읽어 들인 데이터를 처리 – 분산된 다수 리더 시스템을 관리 – 리더로부터 발생하는 대량의 태그 데이터를 처리하기 위해 에이전트 기반 분산 계층 구조

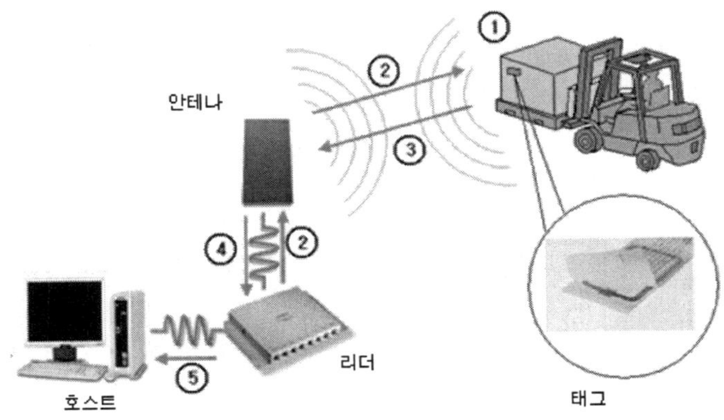

▌RFID 구성요소 및 흐름도▐

3) 주파수에 의한 RFID 구분

RFID시스템 주파수는 ISM(Industrial, Scientific, and Medical) 주파수대역에서 135KHz, 13.56MHz, 433MHz, UHF(860~960MHz), 2.45GHz 대역 주파수를 사용한다.

(1) 135KHz 이하

동물관리, 보안시스템, 단순 인식카드 분야, FA 등

(2) 13.56MHz

교통카드, 신분증, 보안 분야, 물류관리시스템 등

(3) UHF(860~960MHz)

물류관리, 공급망 관리(SCM) 등

(4) 2.45GHz

위조방지, 공급망 관리(SCM), 국제유통시스템 등

4) 능동형(Active Type)과 수동형(Passive Type)

(1) 태그에 신호발신기 존재 여부에 따라 분류하는 것으로 전원이 없는 수동형 RFID는 전지가 없어서 자신의 전파를 송신할 수 없으며 전원이 있는 능동형 RFID는 자체적으로 전지 및 전력공급을 받아 전파를 송신하는 것에 따라 구분하는 방식이다.
(2) 능동형은 3m 이상 장거리 전송이 가능하고 센서와 결합을 할 수 있다.
(3) 능동형은 배터리에 의한 가격 상승과 동작 시각의 상대적 제한이 단점으로 인식된다.
(4) 수동형은 판독기 전파신호로부터 영구적 사용이 가능하다.
(5) 수동형은 구조가 간단하고 반영구적으로 사용할 수 있다.

아홉 분	크기	주파수	인식 거리	자체전원	환경민감도	인식속도
능동형	큰 편	낮은 대역	긴 편 (30~1㎞)	있음	둔감	느림
수동형	작은 편	높은 대역	짧은 편 (1.8m 이하)	없음	민감	빠름

▌능동형과 수동형 태그 비교▐

5) 장점 및 단점

(1) 장점

① 직접 접촉을 하지 않아도 자료를 인식할 수 있다.

② 인식 방향과 관계없이 ID 및 정보 인식이 가능하다.
③ Tag에 붙은 Data를 받아들이는데 인식되는 시간이 짧다.
④ 유지 보수가 간편하며 Barcode system처럼 유지비가 들지 않는다.
⑤ Tag는 원하는 System이나 환경에 맞게 설계 및 제작을 할 수 있다.
⑥ Tag는 먼지, 습기, 온도 등에 제한을 받지 않고 data 전송이 가능하다.
⑦ Tag는 많은 양의 data를 보내고, 받을 수 있다.
⑧ Tag는 data를 저장하거나 읽어 낼 수 있다.
⑨ Tag는 재사용이 가능하다.

(2) 단점

① 가격이 비싸다(경제적 문제).
② 정보 노출 위험성이 있다(보안).
③ 금속, 액체 등 전파장애 가능성이 있다.
④ 아직 인식 한계가 있다(기술적 문제).
⑤ 전파가 인체에 미치는 영향이 있어 안정성에 문제가 발생할 수 있다.
⑥ RFID 확산의 법적 대응책이 필요하다.
⑦ 국가별 주파수대역과 국제적 표준화가 이루어지지 않았다.

6) 도입 효과

(1) 유통시스템 RFID 도입 효과

① 효과적 재고관리

생산에서 보관, 유통에 이르기까지 모든 상품 유통과정이 인터넷을 통해 실시간으로 관리되기 때문에 판매량에 따른 최소 수준 재고를 유지하면서 효율적 관리를 할 수 있다. 그로 인해 과제 고로 인해 발생하는 상품 손실이나 변질 등도 미리 방지한다.

② 입·출고 리드 타임 및 검수 정확도 향상

바코드처럼 각 상품 개수와 검수를 위해 일일이 바코드 리더기를 가져다 댈 필요 없이 자동으로 대량 판독이 가능하므로 불필요한 리드 타임을 줄일 수 있다. 또 모든 과정이 수기 대신 네트워크를 통해 자동으로 이루어져서 원격지에서도 정확한 정보를 실시간으로 확인한다.

③ 도난 등 상품 손실 절감

상품 수량과 위치를 실시간으로 파악할 수 있으므로 도난으로 인한 상품 손실을 막을 수 있다.

④ **반품 및 불량품 추적/조회**

반품 신청을 해 두고 고객이 마냥 기다리는 것은 여간 불편한 일이 아니다. RFID를 이용하면 반품이나 불량품으로 처리된 상품 수량과 처리 현황 등 실시간 조회 서비스를 고객에게 제공할 수 있어 고객만족도를 높일 수 있다.

(2) 물류 시스템 RFID 도입 효과

① **운영 효율성 제고**

화물 이동 경로와 현재 위치를 실시간으로 확인할 수 있어 보다 합리적인 배송 계획을 세울 수 있으며 만약의 경우 배송지연이 발생하면 빠른 대책을 수립하여 대처할 수 있는 등 효과적 배송 운영이 가능하다.

② **화물 입·출고 및 환적 시간 단축**

포장을 일일이 해체하여 안에 있는 물건을 확인할 필요가 없고 박스와 팔레트 등에 부착된 RFID 태그를 통해 입·출고 파악이 자동으로 처리되는 덕에 선적(또는 환적) 시간이 단축된다.

③ **보안성 강화**

RFID 기술을 활용한 전자 봉인(Electronic Sealing)을 이용하여 화물의 도난이나 손실을 방지할 수 있다.

④ **대 고객서비스 향상**

고객이 주문한 상품의 현재 위치를 직접 실시간으로 확인할 수 있으므로 더욱 높은 만족도를 얻을 수 있다.

3. 발주시스템

1) 전자주문시스템(EOS ; Electronic Ordering System)

(1) EOS 의의

EOS(Electronic Ordering System)는 자동주문시스템 또는 전자주문시스템이라고 한다. EOS는 단품관리시스템으로 발주 단말기를 이용하여 발주 Data를 수주처 컴퓨터에 전화 회선을 통해 직접 전송함으로써 수주처에서 납품, 매입전표를 발행하여 납품하는 발주방식이다. 편의점이나 슈퍼마켓 등과 같은 소매점에서 상품을 판매하면 자동으로 중앙 본부에 있는 컴퓨터에 전달된다. 중앙 본부에서는 상점별로 재고를 파악하여 재고가 부족하게 되면 중앙 본부에 있는 컴퓨터가 거래처에 자동으로 주문을 하여 항상 신속하고 정확하게 해당 점포에 배달해 주는 시스템을 말한다.

(2) EOS 등장 배경

소비자 기호와 요구 다양화·개성화에 대비한다. 상품수명주기(Life Cycle) 단축 등으로 단품관리 필요성이 증대된다. 소매업 양적 팽창으로 업종 내 경쟁이 심화한다. 인기상품 조기 파악과 재고 부담을 주는 비인기상품 조기 발견을 통한 수주업무 개선 필요성이 커졌다. 수·발주 업무 개선을 통하여 비합리적 발주를 지양하고 품절 예방 및 단품관리 효율 극대화를 도모한다.

(3) EOS 기대 효과 분석

소매점에서 효과가 크다. 진열량 적정화로 효율적 공간 활용이 가능하다. 정확한 발주로 오납과 절품 방지에 도움이 된다. 검품에 따른 인력과 시간 감소가 가능하다. 발주작업 표준화로 누구나 신속 정확한 발주가 가능하다. 발주데이터 축적, 분석으로 단품관리가 가능하다. POS 시스템 도입 기반을 확립할 수 있다.

(4) 도매점에서의 효과

배달시간 단축, 오납 감소, 상품 정보제공에 도움이 된다. 검품 시간 단축으로 배차시간을 줄이고 물류비용을 절감할 수 있다. 수주인력 및 경비 절감과 수주업무 정확도를 향상할 수 있다. 외상 매출관리 용이, 청구업무를 합리화할 수 있다. 납품 데이터를 분석하여 영업 정보로 활용할 수 있다.

2) CAO(Computer Assisted Ordering)

CAO(Computer Assisted Ordering)는 유통 소매점포의 자동발주 시스템으로 상품 판매대 재고가 소매점포에서 설정한 기준치 이하로 떨어지면 자동으로 보충주문이 발생하는 것이다. 소매점포의 컴퓨터시스템은 판매대에 진열된 모든 품목에 대하여 입고량과 판매량을 대조하여 봄으로써 각 상품에 대한 재고를 추적·관리한다. CAO를 기업에서 도입하기 위해서 가장 중요한 요소는 소비자 판매데이터를 활용하는 것이다. 유통업체 매장에서 얻어지는 판매데이터는 소비자가 구매하는 상품에 표시된 EAN/ UCC GTIN코드(Global Trade Item Number)를 유통업체 매장의 판매대에서 POS를 통해 판독함으로서 수집된다. 유통업체 매장에서 얻어진 판매데이터는 다른 재고관련 정보와 연계·결합되어 유통업체에 주문 제안을 하는 데 활용할 수 있다. 주문제안서에 대해 해당 유통업체가 확인 또는 동의를 하면, EANCOM 주문서를 상품 제조업체(또는 공급업체)로 다시 전송하고 이는 다시 제조업체의 주문처리 애플리케이션에 자동으로 업데이트된다. 이런 시스템이 상품 수령시스템과 통합되어 운영되면 과거에 상품을 주문하기 위해 재고량을 일일이 파악하던 노력은 더 할 필요가 없어진다. CAO는 POS를 통해 얻어지는 상품 흐름에 대한 정보와 계절적 요인에 의해 소비자 수요에 영향을 미치는 외부 요인에 대한 정보를 컴퓨터를 이용하여 통합·분석해서 주문서를 작성하는 시스템을 말한다. CAO 시스템은 POS 데이터를 근거로 수작업 없이 점포에서 주문할 수 있는데 이러한 주문은 EDI를 통해 물류센터로 전송되고 즉각적 재고보충이 이루어지게 된다. 이러한 업무처리 과정을 통하여 물류 동기화 및 수요관리 통합화가 이루어진다. 점포·상품별 판매 예측치는 적절한 재고 목표치를 설정하는 데 사용되며 시계열적 판매데이터, 계획된 판촉행사, 계절 조정 등을 기초로 하여 작성된다.

3) CRP(Continuous Replenishment Programs)

CRP(Continuous Replenishment Programs)는 지속적인 상품보충으로서 유통공급망 내에 있는 업체 간에 상호협력적 관행으로써 기존 전통적 관행인 경제적 주문량에 근거하여 유통업체에서 공급업체로 주문하던 방식(Push 방식)과 달리 실제 판매된 판매데이터와 예측된 수요를 근거로 하여 상품을 보충시키는 방식(Pull 방식)이다. CRP는 적기에 필요로 하는 유통소매점 재고를 보충하기 때문에 운영비용과 재고수준을 줄인다. CRP에서는 POS 데이터와 이를 근거로 한 판매예측 데이터를 기초로 하여 창고의 재고보충 주문과 선적을 향상한다. 가장 보편적인 형태로 운영되는 공급자 재고관리(VMI ; Vendor Managed Inventory)는 물류 업체에서 재고 데이터와 점포별 주문 데이터를 매일 공급업체에 전송하면 공급업체는 물류 업체가 소매점포 상품 수요를 충족시킬 수 있도록 주문 업무를 책임져야 한다. CRP는 전반적 유통공급과정에서 상품 주문기능을 향상한다. CRP는 또한 유통공급과정에서 상품 흐름을 향상할 수 있다. 유통업체가 원가를 절감하고 고객 위주 서비스를 제공하기 위해서 무엇보다도 재고관리가 중요하다. 이러한 재고관리와 관련하여 효율적 유통시스템 정책으로 나타난 것이 CRP이다.

4) CPFR(Collaborative Planning Forecasting and Replenishment)

CPFR(Collaborative Planning Forecasting and Replenishment)은 협업설계예측 및 보충이라고 하며 유통과 제조업체가 정보교환 협업을 통하여 One-number 수요예측과 효율적 공급계획을 달성하기 위한 기업 간의 Work flow이다. 인터넷상에서 실시간 공유되는 판매 관련 정보와 소비자 및 시장 관련 정보는 제조업체 생산관리 일정에 신속히 반영되어 Supply Chain 상에서 변화에 대한 적응력이 상당히 높아진다. CPFR은 소매업자 및 도매업자와 제조업자가 고객서비스를 향상하고 업자들 간에 유통 총공급 망(SCM)에서의 정보 흐름을 가속하여 재고를 감소시키는 경영전략이자 기술이다. 협업적 계획수립을 위해서는 모든 거래 파트너들이 주문정보에 대한 실시간 접근이 가능해야 한다. 모든 참여자는 공통된 하나의 일정에 따라서 운영 활동을 수행하며 모든 참여자는 그들이 원할 때 적정한 원자재 및 완제품을 가질 수 있도록 계획수립 및 수요예측을 하고자 하는 기법이다.

5) VMI와 CMI

(1) VMI(Vender Managed Inventory)

VMI는 공급자 주도에 의한 재고관리로 소매업 재고관리를 소매업체를 대신해서 공급자인 제조업과 도매업이 하는 것을 말한다. 제조업체(공급업자)가 상품보충시스템을 관리하는 경우 상품보충시스템이 실행될 때마다 판매·재고 정보가 유통업체에서 제조업체로 전송된다. 이러한 정보는 제조업체 상품보충시스템에서 미래 상품수요량 예측을 위한 데이터로 활용되며 또한 제조업체 생산 공정에서는 생산량 조절에도 사용된다. 유통업체가 제조업체에 판매, 재고 정보를 전자문서교환(EDI)으로 제공하면 제조업체는 이를 토대로 과거 데이터를 분석하고 수요예측을 하여 상품 적정 납품량을 결정해주는 시스템 환경이다. 유통업체는 재고관리에 소모되는 인력, 시간 등 비용 절감 효과를 기대할 수 있고 제조업체로서는 적정 생산 및 납품을 통해 경쟁력을 유지할 수 있다.

(2) CMI(Co-Managed Inventory)

CMI는 공동재고관리로 전반적 업무처리 구조는 VMI(공급자 재고관리)와 같은 Process이나 CMI 경우에는 제조업체와 유통업체 상호 간 상품정보를 공유하고 공동으로 재고관리를 하는 것이다. VMI는 제조업체(공급자)가 발주확정 후 바로 유통업체로 상품배송이 이루어지는 것에 비하여 CMI는 제조업체가 발주확정을 하기 전에 발주 권고를 유통업체에 보내어 상호 합의 후 발주확정이 이루어지는 처리를 말한다. CMI를 거래처 간에 추진할 때에는 주문제안서를 제조업체가 작성하고 이를 유통업체가 수정·확정하게 된다. 즉 CMI는 상품보충에 대한 책임이 유통업체에 있다.

(3) VMI와 CMI 차이점

VMI는 제조업체가 상품발주를 확정하면 바로 유통업체로 상품배송이 이루어진다. CMI는 제조업체가 상품을 발주하기 전에 주문제안서를 작성하여 유통업체에 보내어 상호 협의하여 발주 확정(수량·기간)이 이루어진다.

6) CAO 발주

(1) CAO 발주 정의

CAO(Computer Assisted Ordering) 발주는 판매데이터를 기초로 「판매, 재고, 입고예정, 리드 타임」 등 발주 정보를 통합 분석하여 발주 권고량을 산출하여 발주하는 것이다. 담당자 경험, 감각에 의한 발주를 지양하고 판매 및 재고에 근거한 수요예측이 가능한 권고 수량으로 발주하는 것이다.

(2) CAO 발주 목적

① 발주시간 단축
② 발주 정확도 향상
③ 재고/매장관리 개선

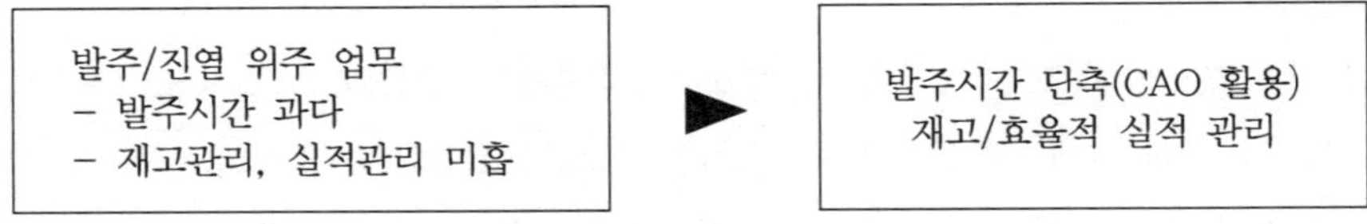

(3) 권고량 계산

① 판매예측량: 일평균 판매량 × To-cover 기간
② 안전재고: 수량일 경우는 안전재고 수량,
재고일수일 경우는 일평균 판매량 × 안전재고 일수
③ 기말재고: 발주 전 재고
④ 입고예정: 기간 내 입고예정 수량

아홉 분	항목	세부내용
판매예측량	평균판매량	• 특정 기간 일평균 매출 수량(ex, 2주)
	To-cover 기간	• 발주 시점부터 차기 발주분의 입고일까지 기간 ex) 리드 타임: 2일, 발주 요일: 월-일 월요일 발주→수요일 입고, 차기 발주 화요일→목 입고 • To-cover 기간 ▶ 3일(화, 수, 목)
안전재고	수량/재고일수	• 매출유지 및 절품 방지를 위할 필요 재고량
기말재고		• 발주 전일 마감재고
입고예정		• To-cover 기간 내 입고예정 수량

▌권고 수량 세부계산 방법▐

(4) 정확한 권고량을 위한 관리 사례

① 안전재고

- 점포 운영에 필요한 발주 수량과 권고량이 다를 경우 안전재고 조정
- 점포 상권/진열 재고, 시즌 상품 매출 변화 등을 고려 안전재고 조정

② 실사 재고관리

- 재고관리는 실재관리 위주로 한다.
- CAO 재고는 발주를 위한 Data로만 사용한다.
- CAO 재고로 발주시간 단축되는 시간을 실재고 관리에 투여한다.

③ 특이 매출관리

- 행사, 특별판매 등 매출급등 사항은 권고량 계산에서 제외한다.

④ 권고량 수정

- 행사 기간 내의 특별매출을 매출 Data에서 제외하여 평균판매량을 산정한다.
- 신상품 등 점포에 처음 입점하는 상품을 일정 기간 후 CAO 발주를 한다.

1. 경제적 발주량(EOQ, economic order quantity)에 대해 설명하시오.

주문비용, 재고유지비용 간의 관계를 이용하여 가장 합리적 주문량을 결정하는 방식이다. 전재는 단위 기간 중 재고수요 비율은 일정하다는 전제하에 설계된 모형이다. 재주문은 재고가 0일 때 가능하며 재고조달에 걸리는 기간은 없다. 단위당 가격은 일정하다는 가정에서 출발한다. 경제적 발주량은 발주비용과 재고유지비용을 합하여 연간 비용이 최소가 되도록 하는 발주량으로 재고의 단위 원가가 최소가 되는 1회 발주량이다. 최적 발주량은 각 비용 항목들을 합한 총재고비용이 최소가 되는 양이다. 재고품절로 인한 기회비용을 고려하지 않을 때 재고관리에 필요한 비용을 최소로 하는 점이다.

2. 재고 로스 유형과 예방책에 관해 설명하시오.

1) 운영 착오 로스

반품누락: 본사, 물류창고에 반품은 시행하였으나 장부에 미반영된 로스를 말한다.
조사누락: 실재 상품을 조사하지 못하였거나 조사자의 오류로 발생한 로스를 말한다.
매입오류: 매입은 반영되었으나 상품 입고가 정상적으로 입고되지 않은 경우를 말한다.

2) 매장 로스

고객 로수 : 고객에 의하여 발생한 로스를 말한다.
직원부정 : 직원의 부정행위나 규정 위반으로 발생하는 로스를 말한다.
관리소홀 : 부주의, 시설물의 사고나 하자에 의하여 발생하는 로스를 말한다.

3) 예방책

항목	대책
시스템 준수	– 상품별 회전율을 고려한 상품발주/ 진열 – 선입선출 판매를 통한 선도관리 및 재고 – 적정재고유지 – 상품 매입 시 검품 철저 시행 – 관리 효율화/배달 시 주문과 다른 상품배송 – 도난신용카드 방지대책
직원 교육	– 주인 정신 고양 – 점포책임자의 솔선수범 – 상품보호가 이들 운영 및 교육(도난 예방 장비 등) – 직원관리 감독 및 윤리의식
도난방지	– 과다한 진열, 발주 자제 – 직원의 매장근무 철저 – 매장 내 CCTV 설치와 고객 홍보

▮로스 방지대책▮

3. 자동발주에 관해서 설명하시오.

1) 자동발주 효과

– 재고 효율성 증가 – 과다재고 감소 및 적정재고 유지

– 노동생산성 향상 – 발주 및 진열 등 상품관리에 걸리는 시간 절약

– 상품 효율성 증가 – 절품 발생 방지

2) 자동발주 시점

– 자동발주 시점은 적정재고 이하로 가용재고가 떨어져 다음 판매 물량이 발주되는 시점이다.

최소진열량 + (하루평균판매량 × (최소일 수 + 리드 타임)) < 가용재고

3) 발주 한도(최대발주량)

– 발주 한도란 별도의 제한이 없다면 최대로 발주되는 물량이다.

최소진열량 + (하루평균판매량 × (최대일 수 + 리드 타임))

4) 자동발주 전 전제 조건
- 최소진열량을 선정한다.
- 최대 진열량을 선정한다.
- 최대 재고량을 선정한다.
- 요일별 배수를 결정한다.

4. 다음 용어에 관해 설명하시오.

- 재고 주문비용

- 상품로스율

- CAO 발주

Chapter 09 가격 및 판매촉진 관리

제1절 가격정책

1. 가격 의미

가격은 시장 거래에 있어서 상품 또는 서비스 가치를 화폐 척도로 나타내는 기준이라 할 수 있다. 소매점에서 가격은 판매자가 제공하는 상품과 부대 서비스인 패키지에 대해 구매자가 지급하는 화폐 가치라고 할 수 있다. 광의 가격은 상품 간 교환비율을 말한다. 가격에서 가장 중요한 점은 고객들이 상품에 대해 생각하는 가치라고 말할 수 있다. 소매점에서 고객에게 소구하는 마케팅 믹스전략으로 가격, 상품 질, 유통경로, 프로모션 등 다양한 전략이 있지만 가장 소구력과 효과적인 전략이 가격 정책이라 할 수 있다. 가격 10% 할인 효과는 광고비 10% 증대시키는 것보다 즉시 효과가 나타난다. 그 이유는 고객이 상품 대가로 현금을 지급하기 때문이라 할 수 있다. 따라서 고객이 가격에 민감한 것은 당연하다. 소매점에서 가격전략은 고객 관점에서 결정되어야 한다. 고객을 위하여 고객을 생각하며 가격이 결정되어야 하는 이유는 고객이 소매점 존재 이유이기 때문이다. 점포 이미지와 고객 특성을 반영한 가격을 수립하지만, 이익지향과 판매지향 목표로 구분될 수 있다.

1) 가격목표 전략

구분	고가 전략(이익지향)	저가 전략(판매지향)
목표	- 조기 투자자금 회수 - 상품 차별화를 통한 품질 선도 유지	- 생존전략 - 성장률 및 시장점유율 극대화
시장여건	- 수요탄력성이 낮을 경우 - 진입장벽이 높을 때 - 가격-품질 연상 효과	- 수요탄력성이 높은 경우 - 진입장벽이 낮을 때 - 원가 우위

▌가격목표 전략▐

구체적인 판매가격 책정 방식으로는 원가 기준가격, 수요기준, 경쟁여건을 고려한 가격 결정을 한다.

2) 가격 결정요인

(1) 내부 요인: 마케팅 수익 목표, 원가, 경영전략

(2) 외부 요인: 수요기준, 경쟁기준(독점/과점)

2. 원가 기준가격

상품원가를 기초로 판매가격을 설정한다. 구매가격에 일정 이익률을 기준으로 판매가격을 결정한다. 제조, 매입원가에 일정한 이익을 추가하여 가격 결정하거나 원가에 특정한 목표이익률을 실현하기 위한 가격 결정 방법이 있다.

1) 원가가산가격 결정법

상품원가에 일정 비율의 이익금(Margin)을 가산하여 가격을 결정하는 방법이다. 장점으로는 단순하고 단점으로는 고객과 경쟁업체를 고려하지 않은 가격 결정방식이다.

가격 = 단위 원가 + 이익금

2) 목표가격 결정법

목표이익을 실현할 수 있도록 가격을 결정하는 방법이다.

가격 = 단위 원가 + (목표 투자수익률 × 투자금액) / 예상 판매량

3. 수요기준가격

원가가 아닌 소비자의 인식 가치나 수요에 의하여 가격을 설정한다. 유통경로, 판매촉진 방법 등을 적절하게 활용하여 인식 가치를 높이는 전략이다. 상품을 두 가지 이상 다른 가격으로 판매하거나 소비자에게 인식되는 자신의 상표 가치를 파악하여 가격을 결정하는 방법이다.

1) 가격차별법

특정 상품의 고객 또는 시기에 따른 수요의 탄력성을 기준으로 가격을 설정하는 방법이다.

2) 지각가치가격 결정법

상품에 대한 소비자의 지각된 가치에 기초하여 가격을 설정하는 방법이다.

3) 단수가격 결정법

상품에 대한 판매가격이 소비자에게 최저가격으로 형성되어 있다는 이미지를 주기 위하여 단수가격으로 가격을 결정하는 방법이다. 단수가격 설정을 슈퍼마켓이나 할인점에서 980원, 1,980원과 같이 단수가 있는 가격을 붙이는 것을 말한다. 실제보다 싸게 보이는 심리적인 효과가 있다.

이처럼 상품에 1,000원이나 2,000원으로 가격을 설정하는 것이 아니라 980원이나 1,980원과 같이 단수가 붙은 가격을 단수가격이라고 한다.

소비자는 9나 8이라는 숫자에 대해서 "최대로 인하된 가격"이라는 이미지를 가지고 있다. 2,000원과 1,980원과의 가격 차이는 20원에 불과하지만, 그 상품이 2,000원대인지 1,000원대인지에 따라 소비자가 갖는 인상은 상당히 달라진다.

4. 경쟁기준가격

시장에서 경쟁 강도에 따라 상품가격을 결정한다. 원가나 시장수요보다는 경쟁점 가격이 가격 결정 주요 요인이 된다.

1) 경쟁대응가격 결정법

경쟁점 평균적 가격수준에 맞추어 가격을 결정한다.

2) 벤치표시가격 결정법(Benchmarking)

경쟁점 가격을 같이 적용하여 판매가격을 결정하는 방법이다.

3) 상시 저가 가격 결정법(everyday low price: EDLP)

일시적 저가격 판매가 아니고 항상 저가격 정책을 유지하는 것이다. 상시 저가판매는 특별한 변동이 없는 한 매일 안정된 가격으로 판매하는 할인점의 주요 판매가격 결정방법이다. 주요 장점은 경쟁점과 과도한 경쟁을 감소시킨다. 가격이 일정하므로 광고/홍보 비용이 절감된다. 저가격으로 판매하고 판매 수량을 증가시켜 이익금은 증가한다.

4) High/Low 가격 결정법

상시 저가판매보다는 고가격을 유지하면서 일부 저가로 할인 판매하는 전략이다. 슈퍼마켓에서 저가전략, 백화점에서 고가전략으로 주로 활용된다. 소비자들은 가격을 상품에 대한 가치 척도로 생각하고 품질에 대한 신뢰성이 제고될 수 있다.

5. 소매점 가격 적용

1) 자유 가격제-오픈가격(Open price)

과거 소매점 가격은 제조업체가 설정한 판매가격을 유지하기 위하여 유통업자에게 제조업자가 정한 가격 준수를 요구하였으나 이러한 사항이 소비자와 유통업자 가격결정권을 제한한다는 반발로 자유가격제인 오픈가격(Open price)이 도입되었다. 제조업자는 생산비용 절감에 의한 원가만을 제시하고 유통 각 단계에서 유통업자가 판매가격을 자율적으로 적용하는 것이 자유가격제도이다.

(1) 가격제도 변화

- 1973: 소매가격 표시제도 도입
- 1979: 공장도가격 표시제도 도입
- 1990: 수입가격 표시제도 도입

(2) 판매가격 결정 사례

점포에서 상품 판매가격 결정 시 필요한 주요 요소는 매입원가와 예정수익률이다.

$$판매가격 = \frac{매입원가}{1 - 예정수익률}$$

사례로, 10,000원에 판매하고 있는 셔츠 매입원가가 6,000원일 때 매출총이익은 4,000원이 된다. 이 경우 수익률 40%, 원가율은 60%가 된다.

위의 예를 참고로 하여 6,000원에 매입한 셔츠를 얼마에 판매해야 할지도 알 수 있다. 매입원가가 6,000원, 예정수익률이 40%일 때 판매가격은 다음과 같이 산출된다.

$$판매가격 = \frac{6,000원}{1-40\%} = \frac{6,000원}{0.6} = 10,000원$$

2) 가격 인하

가격 인하는 종전 가격 또는 바로 이전 판매가격에서 판매가격을 인하하여 설정하는 것이다.

■ 인하율

가격 인하율은 특정 기간 가격인하액과 판매금액 간의 비율을 말한다.

가격 인하율= (가격인하금액/종전판매금액) × 100

예) 원가 10,000원 판매가 15,000원인 상품을 12,000원으로 가격 인하 시 인하율은 20%이다.

- 재고처분을 위한 가격 인하

예) 패션상품과 같이 계절성이 강한 재고처분을 위한 가격 인하다.

- 판촉을 위한 가격 인하

예) 판촉행사를 목적으로 가격 인하 후 가격이 복귀되는 예도 있다.

3) 가격 인상

가격 인상은 가격을 설정했던 수준보다 더 비싸게 가격을 인상하여 판매하는 것을 말한다. 가격 인상을 자극하는 가장 중요한 요인은 원가상승이다. 가격 인상해야 하는 또 하나의 요인은 초과수요이다.

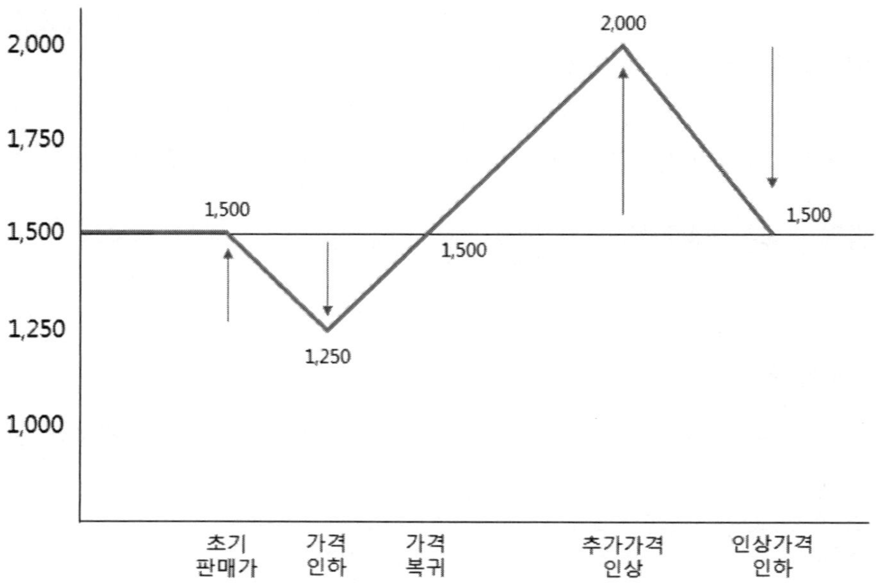

자료원: Levy Weitz, Retailing management 7th ed., 2009.

▌가격 변동▐

4) 고객지향 가격책정

성공적 소매점에서는 최저가격제도나 일시적 할인이 아닌 시장, 상품, 고객, 경쟁자 상황에 따른 가격전략을 구사한다. 즉 경쟁적 이점을 창출하고 유지하기 위하여 전통적 가격 정책에서 탈피하여 고객지향 가격 정책이 도입되고 있다.

구분	전통적 가격 정책	고객지향 가격 정책
가격책정 종류	- 최저가격 책정, 일시적 가격할인 책정	- 최저가격제와 일시적 할인뿐 아니라 배타적이면서 적당히 촉진적이고, 공격적인 가격책정
주요 결정요소	- 시장가격 민감도, 비용	- 경쟁자 가격과 거래 - 상표 인지도 - 상품 카테고리의 저장 가능성 - 점포 크기와 구색
핵심 절차	- 상품 카테고리의 역할 결정 - 가격 - 각각의 상품 카테고리, 브랜드에 대한 할인 결정	- 시장에서 가격책정의 핵심적 결정요인을 확인 - 시장을 점포 형태로 세분화 - 4개의 핵심적 차원에 따라 전략 선택 - 차별화 상품 카테고리 창출

구분	전통적 가격 정책	고객지향 가격 정책
장점	– 대부분 시간을 촉진전략을 결정하고 실행하는 데 사용 – 경쟁자가 할인 시 수익적이지 못함	– 요인들의 균형된 조합에 기초함 – 할인에 전적으로 의존하지 않음
초점	– 매주 수많은 브랜드에 대한 할인, 홍보전략 그리고 최종가격	– 전반적인 점포 수익성 – 한결같은 가격책정 전략 – 비가격적인 속성
기간적 관점	– 단기 또는 중기적 관점 – 전술 관점	– 장기적 관점 – 전략 관점

자료: 유통트랜드(2012)

▌가격 정책▌

5) 판매가격표시제도–산업자원부 고시 2002–37 "가격표시제실시요령"

(1) 정의

판매업자가 일반 소비자에게 판매하는 상품의 실제 가격을 알아보기 쉽게 표시하는 것이다.

(2) 판매가격표시 의무대상 업소

– 매장면적이 17㎡ 이상인 소매점포
– 대규모 점포 내의 모든 소매점포
– 시장 또는 지역 내 소매점포

(3) 표시의무자

– 판매가격 표시의무 대상점포를 운영하는 판매업자

(4) 표시방법

– 판매가격은 라벨, 스탬프, 꼬리표 또는 알림 표 등을 만들어 개별 상품에 표시하되, 『판매가 ○○○원, 소매가 ○○○원』 등 소비자가 쉽게 알아볼 방법으로 선명하고 명확하게 표시
  ※ 공장도가격 ○○원, 소매가격 ○○원으로 이중 가격표시는 위반사항임
– 할인판매 경우 판매가격 표시
  할인판매 기간 할인 전 판매가격을 수정하고 할인판매 가격을 표시하는 것은 가능
  예) 100,000원 → 80,000원, 할인 기간을 반드시 표시

– 상시 할인판매(재고처리, 계절상품 등) 경우, 애초 표시된 판매가격보다 인하된 가격으로 계속 판매할 때에는 계절상품별로 실제 판매가격을 수정표시
예) 부당표시사례: 100,000원 20% 세일, 적정표시사례: 80,000원

6) 권장소비자가격 등 표시금지 제도

(1) 정의

권장(희망)소비자 가격 등 명칭 여하를 불문하고 사업자의 가격 등의 표시를 금지하는 것

(2) 허용되는 경우

타 법령에 따라 권장소비자가격 등 표시가 허용된 경우

(3) 표시금지 의무자

상품을 제공(가공 또는 포장 포함), 유통, 수입하는 자로서 자신의 상품을 소비자에게 직접 판매하지 않는 자

(4) 권장소비자가격 등의 표시 금지품목

구 분	종 류
가전제품(11개)	TV, VTR, 유선전화기, 오디오, 세탁기, 냉장고, 에어컨, 전자수첩(전자사전 포함), 카세트, 캠코더, 전기면도기
의류(4개)	신사정장(콤비류 제외), 숙녀정장, 아동복(내의류 제외), 운동복(운동복 및 땀복에 한함)
기타용품(7개)	운동화, 러닝머신, 롤러블레이드, 손목시계, 카메라, 가스레인지(오븐레인지 포함), 침대

▌권장소비자가격 등의 표시 금지품목▐

(5) 표시금지

당해 상품 및 광고문, 우편물, 전기통신, 신문, 잡지 등의 개체를 사용하여 표시하는 것은 불가능하다.

7) 단위 가격표시제

(1) 단위 가격표시제

백화점, 할인점, 슈퍼마켓에서는 84개 상품에 대해서 단위가격 표시를 해야 한다.

구분 (품목)	대상	구분	대상
100ml(17)	우유, 식용유, 간장, 과채주스, 소스류(액상), 과채음료, 탄산음료, 와인류, 생수, 드레싱, 주류, 섬유유연제, 샴푸, 린스, 주방세제(액상), 세탁비누(액상), 합성세제(액상)	100g (29)	설탕, 마요네즈, 식염, 분유, 고추장, 된장, 청국장, 소스류(액상제외), 케찹, 밀가루, 어묵, 국수, 두부, 잼류, 만두류(냉동), 마카로니, 스파게티, 버터류, 마가린류, 벌꿀, 빵가루, 시리얼, 건포류(중량단위), 분말세제, 가루비누, 세탁비누(고형), 농산물(중량단위), 수산물(중량단위), 축산물(중량단위)
10ml(7)	참기름, 식초, 유산균 발효음료, 빙과류, 아이스크림류, 액젓, 식용기름	10g (20)	햄류, 커피(액상제외), 치즈, 맛살, 복합조미식품, 껌, 참치캔, 과자, 캔디류, 초코릿류, 초코파이(상자), 베이컨류, 소시지류, 젓갈, 차류(액상제외), 코코아, 식물성크림(커피용), 빵류, 생선통조림, 치약
개(5)	라면, 종이기저귀, 생리대, 세면비누(고형), 칫솔	m(2)	랩, 호일
장(3)	조미김, 위생백, 티슈(10매단위)	10m(1)	화장지(롤)

▮단위가격표시 대상 84개 품목▮

(2) 단위가격표시 제외

(1) 30g 또는 30ml 이하로 포장된 작은 상품

(2) 여러 개 상품이 복합적으로 포장된 상품

(3) 1개 규격상품만 생산되는 상품

(4) 개, 마리로 표시/ 판매되는 농수산 상품

(5) 판매가격 500원 이하인 상품

제2절 판매촉진

1. 판매촉진 정의

상품을 판매하기 위해 소비자 구매의욕을 증가시키는 활동을 촉진이라 한다. 촉진 방법으로는 광고, 홍보, 판매촉진, 인적 판매 등이 있다. 소매점에서 판매촉진은 매출을 증진하기 위한 전략을 말한다. 판매촉진은 상품 구매를 촉진하기 위해 성과보수를 사용하여 고객 구매를 자극하는 것을 말하며 가격 인하나 가치가 부여된 매매 제안 등을 포함하고 있다. 경쟁점포와 차별화를 통한 판매촉진은 즉각적 효과를 나타내기 때문에 광고와는 다른 수단이다. 판매촉진은 표본 제공, 쿠폰 제공, 프리미엄 제공, 가격 인하 등 여러 가지 방식이 있다. 판촉활동은 소비자 지향 촉진과 거래지향 촉진으로 구분된다.

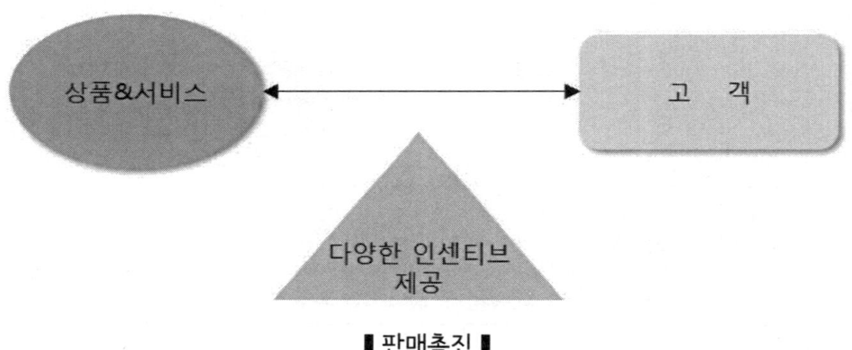

▌판매촉진▐

소비자 지향 촉진은 최종 소비자가 자사 브랜드를 구매하도록 유도하기 위해 유통단계의 최종 소비자를 목표로 삼는다. 소비자 지향 촉진에는 상품 표본, 쿠폰, 프리미엄, 현금 보상, 경연과 경품 추첨, 보너스 제공, 가격 인하, 이벤트 후원 등이 포함된다. 이런 촉진의 궁극적 목표는 소매단계에서 수요를 자극하기 위한 것이다. 거래지향 촉진은 보통 거래촉진이라고 줄여 말하기도 하는데 도매상이나 소매상이 자사 브랜드를 취급하게 하거나 그들이 소비자에게 자사 브랜드를 팔려고 더 큰 노력을 기울이도록 영향력을 행사하는 것이 주된 목적이다. 거래촉진은 모든 판매촉진에서 3분의 2 정도를 차지하는데 이것은 촉진과 광고를 합친 비용 2분의 1 정도에 해당한다.

2. 판매촉진 목표

판매촉진 목표는 마케팅 프로그램 일부로서 설정되어야 한다. 판매촉진 목표는 목표 시장을 정확하게 파악해서 그에 맞도록 설정되어야 하고 측정할 수 있어야 한다. 판매촉진 목표는 소비자가 구매 시기와 빈도를 높이는 방향 등 아주 구체적으로 설정된다. 새로운 소비자가 점포를 방문하도록 유도할 수 있다. 쿠폰 등을 이용하여 소비자에게 점포를 구매 고려대상에 포함하고 궁극적으로 방문하도록 유도한다. 기존 고객을 유지하면서 점포방문 횟수와 구매량을 증대하도록 영향을 줄 수 있다. 기존 고객 충성도를 강화하고 구매량을 증가시킨다. 연결판매, 프리미엄 등 인센티브를 활용하여 총매출액을 증대시킨다.

광고	인적 판매
- 비인 적 매체 - 불특정다수 대상 - 표준화된 정보제공	- 인적 판매(대면판매) - 특정 소수 대상 - 개별화된 정보제공

▌광고 및 인적 판매▐

3. 판매촉진 방법

판매촉진 목표를 설정한 후 구체적 판매촉진 방안을 생각해보아야 한다. 촉진에는 소비자 대상 촉진과 유통업자 대상 촉진으로 구분된다. 점포에서 이용 가능한 소비자 촉진 방법에는 다음과 같은 것이 포함된다.

표본 제공	쿠폰제공
프리미엄	경품제공
보너스 제공	가격할인
이벤트 후원	전시회

▌소비자 촉진 방법▐

중간 유통업자를 대상으로 한 촉진 방법은 중간상이 상품을 취급하고 비축해 놓고 촉진하도록 동기를 부여하는 방법, 즉 구매와 성과에 대한 인센티브와 공제를 포함한다. 소비자와 유통업자를 위한 판매촉진은 중간 유통업자를 통하여 최종 소비자에게 판매할 수 있도록 해주는 푸쉬, 풀 전략의 일부분으로 보면 된다. 소비자를 위한 판매촉진은 풀 전략이고 중간 유통업자를 위한 판매촉진은 푸쉬 전략이라고 할 수 있다.

전략 유형	세부 내용
푸쉬 전략 (push)	- 도매상, 소매상이 상품을 소비자에게 적극적으로 판매하도록 하는 전략이다. - 인적 판매, 중간상 판촉 방법이 중요하다.
풀 전략 (pull)	- 최종 소비자가 상품을 구매하도록 유도하는 전략이다. - 광고 및 소비자 대상 판촉활동이다.

▌푸쉬 전략과 풀 전략▐

4. 소비자 대상 판매촉진 방법

1) 샘플 제공

샘플 제공은 상품을 한번 사용해보도록 유도하기 위한 판매촉진 방법 중에서 매우 효과적이지만 비용이 많이 드는 방법이다. 이 비용은 상품을 한 번 사용하도록 유도하기 위한 특별한 크기 상품을 만들고 소비자에게 전달하면서 발생하는 비용이다. 이 방법은 소비자가 직접 상품을 소유하고 사용하게 하는 판촉 방법이다. 샘플 제공 방법이 마케터로 부터 환영받는 이유는 상품이 성공하기까지 걸리는 시간이 단축되기 때문이다. 신상품을 출시하는 경우 상품을 한번 사용하도록 하는 것은 매우 중요한 전략이다. 만약 소비자가 상품을 사용해보도록 유도하는 데 실패한다면 런칭 성공에 있어 가장 중요한 역할인 반복구매가 불가능해진다.

(1) 샘플 제공

샘플 제공은 화장품 샘플 제공에서 많은 사례를 볼 수 있고 신상품 고객홍보 시 고객에게 직접 사용해 볼 기회를 제공한다는 점에서 효과가 있다.

(2) 시식판매

매장에서 고객에게 직접적 상품 시식으로 매출향상과 신뢰성을 확보하는 방법이다.

2) 쿠폰제공

쿠폰은 쿠폰 소지자에게 일정 기간 정상가격에서 일정한 금액을 할인해 주는 방법으로 널리 사용된다.

(1) 쿠폰 장점

모든 소비자에게 할인해주지 않으면서 가격에 민감한 고객에게 가격을 할인해 주는 효과가 있다. 쿠폰은 소비자에게 혜택이 돌아가게 되어 있다. 지속적인 가격 인하가 아니라 일정한 기간 특정 고객에게 가격 인하를 한 후 기간이 지나면 인상할 수 있다.

(2) 쿠폰 종류

① 점포발행 쿠폰

점포에서 협력업체 부담으로 할인된 금액만큼 혹은 점포 부담으로 쿠폰을 제작하여 배포할 수 있다.

② CMS 쿠폰

CMS 쿠폰 사와 계약하여 쿠폰 소지 고객에게 할인 혜택을 주는 쿠폰을 말한다.

③ 카드사 쿠폰

신용카드사 협조로 카드구매 고객 대상 할인하여 주는 쿠폰을 말한다.

3) 프리미엄

프리미엄 혹은 상품을 제공하는 인센티브는 상품 구매에 대한 확실한 보상으로 무상 또는 저렴한 가격으로 상품이나 서비스를 제공해 주는 것을 말한다. 소비자에게 제공되는 프리미엄은 무상으로 제공될 수 있다. 무상 프리미엄은 점포 내에 있는 상품의 안쪽이나 바깥쪽 혹은 가까운 곳에 놓여 있는 조그만 물건일 경우가 종종 있다. 크래커 잭은 맥도날드가 해피 밀에서 샘플을 제공하는 것처럼 장난감 형태 물건을 상품 포장 안에 집어넣는 사은품(in-pack premium)을 활용하기도 한다. 프리미엄은 반복적으로 구매하도록 소비자를 유도하기 위해 마련된 연속기획 일부분으로 이용되며 이는 쿠폰, 구매 증명서, 도장이나 이와 유사한 품목을 일정한 수준 이상 모아 제출하면 프리미엄으로 교환하여 주는 방법을 이용하여 수행된다. 이 연속기획 목적은 소비자가 반복적으로 구매하도록 유도하기 위하여 만든 것이다. 항공기를 자주 이용하는 고객을 위하여 고안된 마일리지 프로그램은 널리 알려진 연속 프리미엄이다.

4) 경품

경품은 사업자가 자기 또는 자기와 거래 관계에 있는 다른 사업자의 상품이나 용역 거래에 부수하여 일반 소비자에게 제공하는 경제상 이익을 말한다.

■ 거래 범위

상품이나 용역이 생산되어 최종 수요자에게 이르기까지 모든 유통단계에서의 거래를 말하며 판매. 임대. 교환, 예금수취, 신용제공, 신용카드 이용자 모집 등이 포함된다.

■ 경제상 이익

① 상품, 현금, 할인권, 상품권 기타 유가증권
② 연예, 연극, 영화, 스포츠 또는 여행 등 초대권
③ 편익 등 용역
④ 기타 고객을 유인하는 수단으로 인정되는 경제상 이익

(1) 소비자 경품

사업자가 상품이나 용역의 거래에 부수하여 소비자에게 제공하는 경품을 말한다. 공정거래법에서는 소비자 경품제공 한도 규정을 통해 대형 유통업자들이 가격 및 서비스 등을 이용하여 경쟁하지 않고 자금력을 이용하여 경쟁하는 것을 방지하고 있다. 사업자가 상품 또는 용역의 거래 가액의 10%를 초과하여 소비자 경품류를 제공하거나 제공할 것을 제의하는 경우에는 부당한 소비자 경품류 제공행위에 해당한다. 다만 경품류 가액이 5,000원 이하인 경우는 그러지 아니한다.

■ 부당한 소비자 경품에 해당하지 않는 사항

① 경품 가액이 5,000원(부가세 포함) 이하인 경우
② 도서, 문화전용 상품권 및 스포츠 관람권을 소비자 경품으로 제공하는 경우 상품 거랫값의 20% 이내 제공 가능
③ 견본 또는 선전용으로 제공하는 상품 또는 용역
④ 자기 상품이나 용역 거래에 사용되는 1회 한의 할인권 또는 할인을 약속하는 증표
⑤ 창업, 개업행사 또는 신규 사업 분야 진출에 따른 신상품 발매 행사 시에 제공하는 물품 및 용역. 단 이 경우 소비자 경품류의 제공 기간은 창업일, 개업일 또는 상품 발매일로부터 3개월간으로 한다.

(2) 소비자 현상경품

사업자가 상품이나 용역 거래에 부수하여 현상 방법으로 소비자에게 제공하는 경품을 말한다. 공정거래법에서는 소비자 현상경품 제공 한도 규정을 통해 대형 유통업자들이

가격 및 서비스 등을 이용하여 경쟁하지 않고 자금력을 이용하여 경쟁하는 것을 방지하고 있다. 사업자가 소비자 현상경품으로 제공하는 경품 가액의 합계액이 경품부 상품 또는 용역의 예상 매출액의 1%를 초과하는 소비자 현상 경품류를 제공하거나 제공할 것을 제의하는 경우에는 부당한 경품류 제공행위에 해당한다. 다만, 사업자가 소비자 현상경품으로 제공하는 경품 가액의 합계액이 1,000만 원 이하면 경품부 상품 또는 용역의 예상 매출액의 1%를 초과하여도 이를 부당한 경품제공행위로 보지 아니한다.

5) 가격할인

소매점 가격할인은 일시적인 가격할인을 의미하는데 1,000원 할인이라는 절대적인 조건보다는 30% 할인과 같이 몇 % 할인으로 표현되는 경우가 많다. 소매점에서 가격할인은 재고상품을 판매하려는 목적과 매출을 증대시키려는 목적으로 시행된다. 여기서는 가격할인으로 매출을 증대시키는 전략을 중심으로 설명하고자 한다. 즉 판매촉진 수단으로써 가격할인은 판매가격을 인하해 주는 방법으로 인하된 가격으로 표기 판매한다. 소비자는 즉시 이것이 프리미엄이라는 것을 알게 되는데 할인받게 되면 돈을 절약할 수도 있고 더 많은 상품을 점포에서 추가로 구매할 수도 있다. 할인 촉진전략은 생산자가 소매상에게 판매수익을 할인 전과 똑같이 유지할 수 있도록 해준다면 소비자와 소매점 모두에게 도움이 되는 전략이 될 수 있다.

(1) 할인판매 개요

구분	설명
판매가격	할인하거나 가격 인하 등 실제로 상품을 판매하고 있는 실제 거래가격
종전 거래가격	최근 상당 기간(과거 20일 정도) 동안 판매하고 있던 가격 중 최저가격
시가	동일 상품을 해당 사업자가 속하는 거래지역의 상당수 사업자가 동일지역에서 판매하고 있는 가격

(2) 할인판매 종류

상품을 할인하여 판매한다는 것은 소비자로서는 그 기간에 상품을 사면 일반적인 구매 때보다 가격을 저렴하게 구매할 수 있다는 생각을 하고 있다. 가격할인판매 방법으로 할인 특매, 가격 인하, 한정판매 등 용어를 사용하여 실시하는데 아래 표와 같다. 소매점에서 가격할인 폭은 협력업체 판매가격 할인으로 인한 손실금액 일정 부분 지원 금액 정도와 경쟁상황 그리고 할인판매 목적 등에 따라 다르게 적용하여 진행된다. 가격할인

판매 시에는 원상회복 시 소비자 정상 판매가격에 대한 신뢰 문제를 고려하여 결정하여야 한다. 반복적 빈번한 가격할인은 소비자의 가격 신뢰가 상실된다는 것을 고려하여야 한다.

구분	세부사항
할인 특매	사용하는 용어와 관계없이 일정 기간 가격을 인하하여 판매하다가 다시 행사가 종료되면 정상가격으로 환원시켜서 판매하는 행위
가격 인하	일정 기간이 아닌 일정 시점부터 가격을 인하하여 판매하는 행위
한정판매	기획된 상품이나 정상상품을 수량이나 가격, 시간을 한정하여 판매하는 행위
염가판매	상설매장 또는 임시로 특설매장을 설치하여 판매 시기가 지난 재고상품(이월상품), 하자가 있거나 열등한 상품을 판매하는 행위
점포정리 판매	폐업이나 점포 이전을 목적으로 자기가 취급하는 상품을 염가로 판매하는 행위

▮할인판매 종류▮

(3) 할인판매 시 표시. 광고 사항

할인판매는 주로 백화점에서 용어 여하를 불구하고 에누리판매라는 용어로 주로 사용되는 할인판매 방법이다. 소매점에서는 할인판매 시 원칙적으로 기간, 대상, 할인율을 명시하여야 한다. 할인율을 표시 광고할 때에는 반드시 종전 거래가격을 기준으로 할인율이나 할인가격을 표시. 광고해야 한다. 대상, 할인율 경우 취급하는 상품이 다수일 때 주요 대표 상품만을 표시. 광고할 수 있다. 즉, 대표 상품군과 대표 할인율만을 표시. 광고할 수 있다.

① 덤 행사

일종의 가격할인으로 소비자가 특정 상품 또는 일정 수량 상품을 구매할 경우 추가적 금액 지급 없이 같은 종류 및 가격의 상품을 추가로 제공하는 것을 말한다.

예) 5개 상품가격이 10,000원인 경우 5+1 덤 행사 진행 시는 6개를 10,000원에 판매하는 것을 말한다.

② 재고상품 할인판매

체화재고/ 과다재고 상품을 가격 인하 판매함으로써 재고도 소진하고 매출도 증가시키는 방법이다.

5. 영업시간과 휴무 결정

1) 소매점 영업시간

소매점포 영업시간은 소비자 라이프 스타일 변화, 경쟁점포 영업시간, 법적인 규제, 점포 영업전략 등에 의해서 결정된다. 그러나 소비자 생활 태도 변화로 9시 오픈해서 저녁 6시 폐점하는 전략보다는 9시에서 10시 사이 오픈해서 8시~10시 폐점하는 경향이 증가하고 있다. 특히 편의점은 소비자 쇼핑 편리성을 고려하여 24시간 영업을 하는 추세이다. 영업시간은 업종별로 유사성을 보임으로 업태별 영업시간이 의미가 있다. 영업시간은 연장되는 추세이지만 영업시간 연장은 매출 증가를 가져오지만, 인건비, 관리비 등 비용 증가가 수반됨으로 점포 목표 고객과 영업전략, 이미지를 고려하여 영업시간 및 휴무를 결정하는 것이 필요하다.

업태	점포명	영업시간
백화점	롯데 소공동 본점	10:30~20:00(월 1~2회 월요일 정기휴무)
마트	이마트 창동점	10:00~24:00(월 2, 4주 일 의무휴무)
슈퍼마켓(기업형)	롯데슈퍼 전농점	10:00~23:00(월 2, 4주 일 의무휴무)
슈퍼마켓	하모니마트	09:00~23:00 /의무 휴무 없음(점포별 차등 적용)
편의점	CU	연중무휴 24시 영업(일부점 탄력 적용)

▌업태별 영업시간▐

2) 영업시간 제한 및 의무 휴무일

유통산업발전법에 의해 2010년 12월 대형마트·SSM(대기업 지분 51% 이상 프랜차이즈 가맹점 포함)이 사업조정 대상이 되고, 개정 유통법에서 전통시장 500m 이내 출점이 규제되기 시작하였다. 그러나 유통업계의 지속적 출점과 중소상인의 반발이 심화하여 SSM 출점 및 영업규제가 강화되어야 한다는 논리로 2011년 6월 유통산업 발전법 재개정으로 전통시장보존구역 500m에서 1km로 확대하고 지정 유효기간을 3년에서 5년으로 연장되었다. 지속적인 개점과 중소업체 반발, 그리고 편법개점 논란으로 국회는 다시 2011년 12월 유통산업 발전법 개정안을 국회에서 통과시켜 지자체에서 조례를 제정하여 월 2회 의무휴무를 할 수 있게 됨에 따라 2012년 2월 전주시 대형마트 영업 제한 조례가 처음 제정된 후, 4월에 대형마트·SSM의 의무휴무를 시행하였다.

2013년 1월 1일 여야 합의로 유통법 개정안이 최종 통과되었는데 내용은 애초 개정안에서 일부가 수정되어 통과되었다. 이 법안 통과로 출점에서는 비규제지역에 대한 영업 개시 전 입점 예고 시 사업조정 일시 정지로 사실상 추가 출점이 곤란하고 영업규제 확대는 출근 시간 매출 하락과 공휴일 영업 제한으로 대형마트·SSM 입장에서는 매출 감소를 피할 수 없게 됐다.

구분	기존 규제내용	추가 규제내용
출점규제 (2011.6)	시장보존구역 출점제한 *5년, 1km 이내 (프랜차이즈 가맹점 포함) 출점 시 사업조정 (위탁가맹점 포함)	사전입점 예고제 *개설 30일 전 지역 및 시기 등 입점 사실 통보 *상권 영향평가서, 지역협력 계획서 제출
영업규제 (2011.12)	의무휴무 및 영업시간 제한 *휴무일: 월 1~2회 *영업시간: 08:00-24:00 *농·축·수산물 판매 비중 51% 이상 시 제외	의무휴무 및 영업시간 제한 확대 *의무휴업일: 월 2회(공휴일 중 지정) 이해관계자 합의 시 공휴일 아닌 날로 조정 가능 *영업시간: 10:00~24:00 *농·축·수산물 판매 비중 55% 이상 시 제외

의무휴업 위반 과태료: 1차 위반 3,000만원(점포 연간 100억 이상 시), 1,000만원(100억 미만 시)

▌2013년 1월 국회통과 유통산업발전법 주요 내용▐

6. 소매점 프로모션 계획

백화점에서는 크리스마스트리는 11월부터 실시한다. 시즌에 앞서 시장을 선점하기 위한 프로모션의 일환이다. 소매점 행사계획은 계절적 요인과 시기적 특성을 고려하여 미리 준비하고 무엇을 판매할 것인가를 계획하는 촉진 계획수립이 상시적 일과이다.

1) 소매점 행사계획 내용

(1) 행사 개요

일시/규모/매장전개 계획/매출계획

(2) 상품계획 및 프로모션 계획

상품계획/프로모션 계획

(3) 매장전개 계획

매장전개 계획/ 홍보 계획

(4) 인원 계획 및 기타사항

2) 소매점 월별 행사전략

소매점에서는 월간, 주제별 행사를 계획하여 주간 단위를 중심으로 시행한다.

월	주요전략	시즌
1	– 새로운 시작에 대한 도전(학습, 건강 관련 상품) – 스키, 스노보드 등 겨울 레포츠 상품판매 – 출산 관련 용품 – 백화점 1월 정기 에누리판매(명품 세일)	신정/새해맞이
2	– 설날 선물 행사(갈비 정육, 과일 선물세트) – 밸런타인데이 상품전 – 졸업입학 패션 상품전	설날/졸업입학
3	– 화이트데이 선물상품 – 혼수 가전/가구/주방용품 기획전	이사/결혼
4	– 인테리어 집안 단장 – 봄나들이 상품전	봄 정기 바겐세일(백화점)
5	– 어린이날, 어버이날, 스승의 날 행사 – 냉방용품 판매	가정의 달
6	– 장마 대응 상품 – 여름 성수기 상품판매	장마

▮상반기 행사계획▮

▌롯데슈퍼 전단 2015년 2월 밸런타인데이 행사▐

월	주요전략	시즌
7	– 초복/ 중복 상품판매 – 휴가 시즌 상품	여름 바겐세일
8	– 수험생 관련 행사 – 사계절 상품전(모피)	수능 100일 전
9	– 추석 선물 상품전 – 가을 혼수 준비	추석
10	– 취업 시즌 대응 상품 – 10월 백화점 세일	결혼/취업, 면접
11	– 수능 관련 이벤트 – 빼빼로 데이(친구, 연인 마케팅)	수능/월동용품
12	– 크리스마스 파티용품 – 송년 선물상품	연말연시

▌하반기 행사계획▐

〈추석 행사 사진 이마트 전단 2014년 8월〉

▌소매점 월별 행사전략▐

3) 주간 행사 운영 전략

(1) 방향

① 월간 행사계획에 근거한 세부 행사계획 수립

② 시즌, 매장 진열량 기반 상품발주

(2) 행사계획 수립 및 실행

① 진열량 기반 발주량 산정

- 예측 판매량 수립
- 재고량과 입고예정 물량 고려 추가발주량 산정

판매예측량	+	현재 재고+입고 예정량	=	추가발주량

② 요일별 추진 업무 실행

- 상품 발주 요일(ex 금요일)
- 상품 입고 요일(ex 화요일)
- 상품 진열 요일(ex 수요일)
- 행사 실시(ex 목요일)

③ 행사관리 FLOW

행사계획	계획 공유	발주량 산정	추가 발주
- 주력상품선정 - 진열계획서 작성	- 관리자 - 협력사업	- 진열량 기반 산정	- 예측판매량 기반선정

④ 진열계획서 작성

- 행사상품 매출 극대화를 위해서는 진열 위치와 공간 확보/조정하는 계획을 수립하는 활동

1단계: 진열위치/공간배정	2단계: 공간 조정	3단계: 진열계획서 작성
- 모음진열상품 위치 선정 - 분류별 진열상품 (주력상품 선정 진열위치 선정)	- 진열공간과 /부족조정	- 상품별 진열위치/공간배정 - 진열계획서 확정

(3) 행사 운영방안 공유

① 이해관계자 행사 공유

- 점포관리자, 담당, 협력사원 등

② 주간 단위 미팅 실시

- 점포관리자, 담당 행사계획 협의
- 협력사원과 실행 및 Feed Back

(4) 행사성과 Feed Back

① 주간판매 결과 Feed Back

- 주간 판매성과 및 미비점 결과 보고
- 개선 방향성 상호 합의

② 부진 원인분석

부진 원인	대 책
행사상품 선정	상권 및 고객특성 감안 행사상품 선정
진열/연출 문제	보조기구 등 활용 상품 연출 효과적인 ISP 연출
품절 발생	정확한 발주/여유 재고 확보

5) 행사운영 스케줄 관리

① 레이버 스케줄

구 분	주요 업무
오픈 전	1. 출근확인 업무전달 및 공유 2. 보충진열 및 입고상품 확인 3. 진열점검: 결품상품 우선 진열
오전	1. 행사상품 체크 2. 상품발주 3. 결품 및 ISP 점검
오후	1. 보충진열 상품 체크 2. 매장 집중근무
폐점 전	1. 일배 상품 체크 2. 전진진열
폐점 후	1. 인수인계 2. 점포 시건(금고/소등)

② 담당 주요업무

구 분	주요 업무
일일 주요 업무	– 아침 조회 및 복장/용모 점검 – 상품 입고/검품 및 진열 – 발주/매장 정리정돈 – POP/ISP 부착점검
주간 주요 업무	– 주간 매출 분석, 매출 동향 파악 – 경쟁점 가격조사 동향 파악 – 행사상품 선정 및 행사계획 수립
월간 주요 업무	–시즌 대응 주간, 월간 행사계획 수립 – 부진상품 및 과다재고 처리방안 수립

4) 신규점 행사계획

(1) 방향

① 목표 고객에게 사전 프로모션 실시로 시장 선점

② 고객특성별 차별화 마케팅 행사 전개

③ 오픈 전/ 후 지속적인 프로모션 실시로 고객관계 강화

(2) 단계별 행사 계획 수립

① 오픈 전/ 오픈 후 3주/ 오픈 후 3개월의 3단계 프로모션 계획 수립

단계	항목	세부 내역
1단계	전략목표	사전 오픈 고지/ 잠재고객 확보
	광고/홍보	– 상권 내 아파트 광고매체 활용 – 버스 광고
	행사내용	– 사전고객 확보/ 1차 상권 중심
2단계	전략 목표	오픈 행사 + 성원 감사
	광고/홍보	– 전단광고
	행사내용	– 신규 회원 가입고객 사은품 증정 – 구매고객 사은품 증정 – 집객 이벤트 실시 – 일별 한정판매/ 축하상품 전개
3단계	전략목표	상권 정착
	광고/홍보	– 전단 행사 지속실시 – 주요 목표고객 대응 행사
	행사내용	– CRM 시스템 활용 마케팅 – 잠재 우수 고객 대상 사은 /체험 행사

② 1단계 : D–1일 까지/ 2단계 : D+18일까지 / 3단계 : D+90일까지

〈오픈행사 이마트 일산 킨텍스 2015. 6. 18 뉴스〉

〈오픈행사 동대문마트 2015. 7. 7. 전단〉

▌신규점 행사계획▐

제3절 광고 홍보

1. 광고

1) 광고

광고는 매출액, 시장점유율 등 성과지표와 소비자 인지도, 선호도를 나타내는 커뮤니케이션 지표를 달성하는 수단이라 할 수 있다. 미국마케팅학회 정의에 의하면 광고는 명시된 주체에 의해 상품, 서비스, 혹은 의견 등을 유료 형식으로 비 대인적으로 제시 및 촉진하는 활동으로 정의하고 있다. 부언하면 광고는 광고주에 의해 비용이 지불되는 비인적 촉진활동이다. 광고 특성은 다음과 같다.

- 비용 유료 : 광고주가 매체에 비용을 지불한다.
- 비 대인적 촉진 : 판매원이 아닌 매체를 통한 정보를 제공한다.
- 다양성 : 상품, 서비스이외 정책, 아이디어도 제공할 수 있다.

2) 광고매체 선택

광고매체 선택은 소매상이 모든 이용 가능한 것을 평가해서 선택해야 한다. 매체 평가기준은 다음과 같다.

- 점포 현재 또는 미래 고객들 위치, 구매습관, 소득
- 소매점이 지출할 여유가 있는 금액과 실제 비용
- 경쟁자들이 이용하는 매체
- 점포 상권 특성
- 점포 규모
- 전달하고자 하는 메시지 유형

모든 조건이 모든 소매상에게 알맞은 매체는 없다. 소매상에게 중요한 매체는 다음과 같다.

• 신문 • 잡지 • DM • 라디오 • TV • 옥외광고 • 전단

(1) 주요 매체 장단점

매체	장점	단점
신문	- 기록성이 있다. - 광고 소재의 융통성이 있다. - 지역별 광고 집행할 수 있다. - 설득력 있는 메시지로 신뢰성 가능하다.	- 광고 통용기간이 짧다. - 낮은 회독률이다.
TV	- 시청각, 감각 호소로 자극이 강하다. - 주목도가 높다. - 커버할 수 있는 범위가 넓다. - 높은 도달률과 반복효과 가능하다.	- 광고비용이 고비용이다. - 제작비용이 과다하다. - 소구는 순간적이고 기록성이 없다.
라디오	- 지역별 소구가 가능하다. - 광고 저비용이 가능하다.	- 낮은 주목도이다.
잡지	- 신뢰성과 전문성이 있다. - 긴 수명이 있다.	- 준비 기간이 길다.

▮주요 매체 장단점▮

(2) 전단 광고

개인 소매점에서도 주로 이용하는 쇼핑 뉴스형 전단 광고는 보통 광고주들인 소매점들이 단독 또는 공동으로 제작하여 배포하는 광고매체이다. 일주일에 일 회 월간 2~3회 발행되는데 그 내용은 소매점 상품 광고, 쇼핑 정보, 소비자에게 관심거리가 되는 최근 동향과 같은 짧은 기사로 구성될 수 있다. 전단은 단독주택이나 아파트에 무료로 배포된다. 대부분 소매점도 전단을 활용하여 광고하고 추가적인 매체를 선택한다. 전단은 일상용품, 가정용품, 식료품 등의 판매를 자극하는 데 매우 효과적이다. 특히 전단 제작 시에는 전년도 데이터를 이용해서 계획을 수립하는 것이 필요하다. 전년도 행사가격, 상품, 행사내용을 검토 후 트랜드를 반영하여 진전된 내용으로 제작하여 배포할 때 효율적이다.

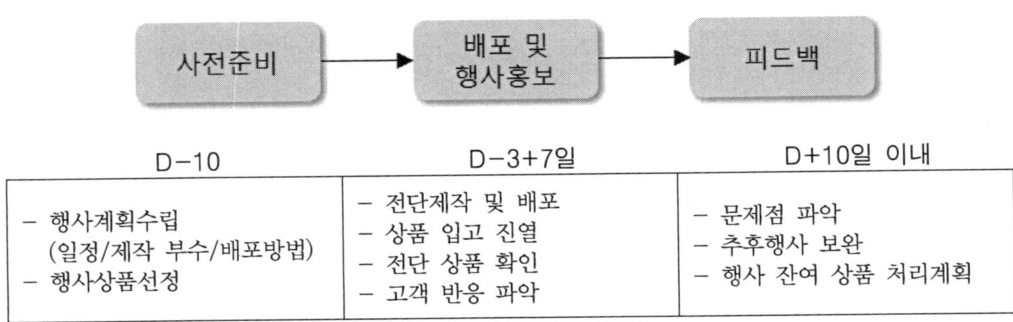

D-10	D-3+7일	D+10일 이내
- 행사계획수립 (일정/제작 부수/배포방법) - 행사상품선정	- 전단제작 및 배포 - 상품 입고 진열 - 전단 상품 확인 - 고객 반응 파악	- 문제점 파악 - 추후행사 보완 - 행사 잔여 상품 처리계획

▮전단제작 프로세스▮

■ 전단제작 시 확인 사항

① 배포 부수 및 배포 방법

② 점내, 상권 내 전단 배포 방법 결정

③ 신문 삽지 / 직접 배포 방법 선택

(3) 인터넷/ 모바일 광고

인터넷/모바일 투 웨이 커뮤니케이션 기능을 활용한 광고를 말한다. 인터넷 광고의 대표적인 사례로는 배너광고, 팝업 창, 검색 광고 등이 있고 인터넷 광고는 빠르게 증가하는 추세이다.

2. 광고매체 평가

1) 광고효과 측정 및 평가

(1) 커뮤니케이션 효과 조사

① 카피, 시안 테스트

여러 개의 카피 가운데보다 나은 것을 선택하기 위하여 사전조사를 하는 것이 필요하다. 테스트는 실제 고객을 상대로 시행하고 실제 무엇을 물을 것인가 의사결정도 섬세하게 진행해야 한다.

② 광고효과 측정 이유

광고 효율성 증대/대안 평가/실수 방지

(2) 광고효과 조사

① 광고 노출 전후 조사

② 효과측정 항목

상품 인지율, 이해도, 선호도, 구매 의도, 구매율, 구매 경험 등

2) 광고 도달귤

광고 도달률은 CPM지수를 주로 이용한다. CPM(cost per millennium)은 천 명의 소비자에게 도달하는데 필요한 광고비로 다른 조건이 같다면 CPM이 낮은 매체가 유리하다.

$$\mathrm{CPM} = \frac{\text{광고비용}}{\text{노출인원수}} \times 1{,}000$$

$$광고예산 = \frac{CPM}{1,000} \times 희망노출인원수$$

3) 기타 광고효과 측정

(1) 노출 빈도 : 한 사람이 같은 광고에 노출되는 평균 횟수
(2) 커버리지 : 매체 도달 범위로 광고매체의 도달 수용자 또는 매체가 도달되는 지리적 범위

3. 표시 · 광고 법적 준수

1) 관련 법규

사업자 등은 소비자를 속이거나 소비자가 잘못 알게 할 우려가 있는 표시·광고 행위로서 공정한 거래를 저해할 우려가 있는 다음 각호의 행위를 하거나 다른 사업자 등이 이를 행하게 하여서는 아니 된다. (표시 광고의 공정화에 관한 법률 제3조. 표시 광고 정의 참조)

- 허위. 과장 표시 、광고
- 기만적 표시 、광고
- 부당하게 비교하는 표시 、광고
- 비방적 표시 、광고

구분	내용	매체
표시	사업자가 자신 또는 경쟁 사업자가 공급하는 상품, 용역거래 내용 또는 조건 등에 대하여 소비자가 알 수 있도록 상품이나 용기, 포장 또는 사업장 등에 설치한 표지판에 부착하여 기재한 문자, 도형, 포장	POP, 쇼 카드
광고	사업자가 자신 또는 경쟁 사업자에 관한 사항이나, 자기 또는 경쟁 사업자가 공급하는 상품 거래내용 또는 조건 등에 관한 사항에 대하여 매체를 이용하여 일반 소비자에게 알리거나 제시하는 행위	신문, 전단, 방송, 잡지, 간판 등

▌표시 광고 정의▐

2) 부당한 표시 · 광고 판단 기준

진실성, 소비자 오인성, 경쟁 저해성은 부당한 표시. 광고의 기본적인 판단 기준이다. 이 세 가지 요건 중 한 가지 요건에 해당하면 부당한 표시. 광고의 소지가 있는 것으로 판단할 수 있다.

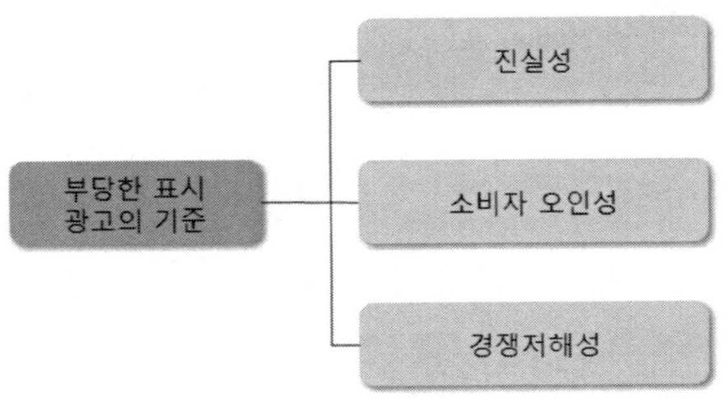

▌부당한 표시·광고 판단 기준▐

3) 부당한 표시 · 광고 유형

구분	내용
허위 과장 표시 · 광고	사실과 다르게 또는 사실보다 지나치게 부풀려 표시. 광고하는 행위
기만적 표시 · 광고	사실을 은폐. 축소하려는 등 방법으로 표시. 광고하는 행위
부당하게 비교하는 표시 · 광고	비교 대상 및 기준을 명시하지 않거나 객관적인 근거 없이 자기를 다른 사업자와 비교하여 우량 또는 유리하다고 표시. 광고하는 행위
비방적 표시 · 광고	다른 사업자 또는 상품에 관하여 객관적인 근거 없는 내용으로 표시. 광고하거나 불리한 사실만을 표시. 광고하여 비방하는 행위

▌부당한 표시·광고 유형▐

4) 가격에 관한 표시 · 광고

(1) 올바른 표시·광고

000 상품 판매가격 000원라고 정확하게 표시하여야 한다.

(2) 부당한 표시·광고 유형

① 희망소매 가격을 높게 표기하여 표시 · 광고

10.000원	12,000원
계속적 판매가격	희망소매가격

희망소매가격을 12,000원으로 표시하고 당사에서는 10,000원으로 판매한다고 광고해서 판매하면 부당한 표시 광고가 된다.

② 허위의 종전거래 가격을 자기의 판매가격과 비교하여 표시. 광고

10.000원	7,500원	15,000원
계속적 판매가격	희망소매가격	유사상품 종전거래가격

000 상품 7,500원 인하 15,000 → 7,500원으로 판매하면 부당한 표시 광고이다.

③ 가격을 허위로 비교표시 광고

㉠ 오픈 시 할인판매를 허위의 시가와 비교

8,000원	7,000원	10,000원
계속적 판매가격	희망소매가격	일부 판매가격

시가 10,000원 → 당점 판매가 7,000원으로 표시해서 판매하면 부당한 표시 광고이다.

㉡ 경쟁점 가격과의 비교

10,000원	12,000원	9,000원
동일 상품 경쟁점 판매가격	유사상품 타사 판매가격	희망 판매가격

경쟁점 가격 12,000원 → 당점 9,000원으로 표시해서 광고하면 부당한 표시 광고이다.

㉢ 중고, 하자상품 가격표시 경우 정상적인 것처럼 소비자를 오인시킬 우려가 있는 경우와 신상품 가격을 비교 기준가격으로 하여 저가 상품인 것처럼 오인하는 표시 광고도 부당한 표시 광고이다.

4. ISP(In Store Promtion)

구매시점광고로써 디스플레이 일종이며, 소비자와 상품을 연결하는 커뮤니케이션 역할을 한다. 소비자와 상품이 만나는 현장에서 실질적 이익을 담보로 소비자에게 구매심리를 자극하며 상품 구매를 유도한다.

명 칭	용 도	비 고
가격표	상품 하단에 부착하는 고지물	
쇼카드	행사, 기획상품에 부착하는 고지물	
POP	행사상품, 매장안내 부착 고지물	주요 사이즈: A4, A3
포스터	행사, 이벤트, 매장안내 고지물	A3
X-배너	매장 주동선에 행사, 매장안내 부착 고지물	600×1800

▮ISP 종류 및 용도▮

점내 광고는 점포 안에 가격, 상품의 품질, 행사안내 등을 정확하고 효율적으로 고객에게 전달하기 위한 활동을 말한다. POP, 쇼 카드, 점내 방송 등이 있다.

1) POP

POP(Point of Purchase)는 구매시점 광고를 말하며 소비자와 상품을 연결하는 커뮤니케이션 역할을 한다. 소비자와 상품이 만나는 접점에서 실질적 이익을 담보로 소비자 구매심리를 자극하여 상품 구매를 유도한다. POP광고는 상품이 진열된 장소에서 쇼핑고객을 대상으로 하므로 다른 광고와 달리 실질적 상품을 소구하는 광고이다. 점내 광고 가장 큰 효과는 연결판매를 통하여 객단가를 상승시키고 매출을 증대시키는 역할을 한다.

항목	내용	비고
부착기준	고객의 반복질문 내용	매장에 너무 많은 고지가 되지 않도록 관리 필요
	신상품, 광고상품	
	PB상품, 판매주력 상품	
금지사항	잘못된 고지(오타, 정확하지 않은 서체)	매장 점검 시 확인 필요
	찢어진 POP, 행사종료 (시즌 종료)POP 고지	

▮POP 부착 기준과 금지 사항▮

2) POP 종류와 기능

일반 POP와 Price Card 등으로 구분되며 관련 소도구를 이용하여 부착한다.

POP는 행사나 상품설명, 가격, 쇼핑 안내 및 공지사항 전달을 위하여 주로 사용한다. POP는 행사 매대 혹은 상품 중앙부문에 주로 부착한다. 본 매장과 다른 곳에서 독립적으로 운영되는 매대에서는 정중앙에 광고하는 것이 원칙이다. POP는 매장안내, 분류게시를 통하여 고객에게 편의를 제공하는 데 목적이 있는데 빈 공간이라고 부착한다든지 너무 많은 POP는 매장을 산만하게 만들 수 있다.

(1) POP 종류

① 윈도 디스플레이, 간판 : 매장 밖 POP로 고객 내점을 유도한다.
② SIGN : 매장 내 고객을 안내하는 고정 시설물
③ 진열 POP : 매장의 판매원을 대신 쇼핑고객에게 올바른 쇼핑을 하도록 상품정보 등을 제공하여 구매 유도하는 표현물이다.

(2) 기능

안내 및 서비스 안내
매장 분류 안내
가격 정보 제공
행사 정보 제공

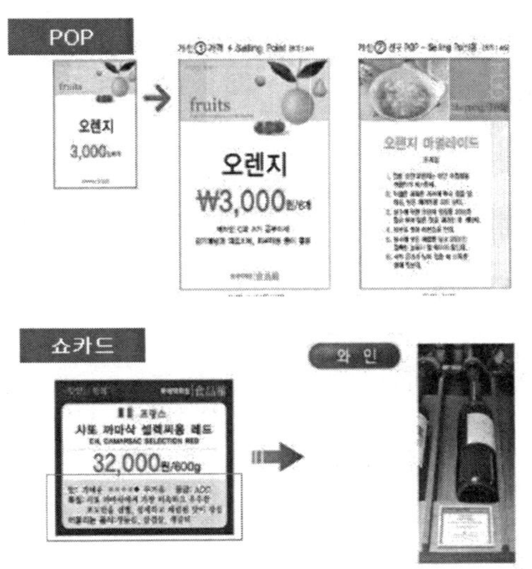

▌매장 고지물 사례▐

3) 프라이스 카드(Price Card)

프라이스 카드는 상품 최종가격을 고지하기 위하여 집기에 주로 직접 부착하는 상품 가격표를 말한다. 프라이스 카드는 매장에서 진열 시 상품 좌측에 부착하는 것을 많은 점포에서 원칙으로 한다. 고객에게 가격표시를 크게 제공함으로써 고객이 부담 없이 상품을 선택하게 하는 셀프 셀렉션이 효율적으로 가능하도록 할 필요가 있다. 상품명과 가격이 명확하게 표시되는 프라이스 카드가 소매점에서 중요한 역할을 한다. 가격표에 상품명 표시는 어렵더라도 실시해야 한다. 품절 시 상품을 보충하는 작업은 아르바이트나 파트 타이머가 하기 때문이다. 그리고 고객으로서도 상품 판매대에 다른 상품이 적재 될 때도 혼동하지 않고 선택할 수 있다. 가격 변동이 심한 상황에서는 최신 가격과 상품명 일치를 통한 프라이스 카드로 고객에게 소구하는 것이 중요하다.

4) 방송

매장 내 음악 및 쇼핑 안내방송을 말한다. 소규모 매장에서는 웹 사이트를 통하여 오픈, 폐점, 영업 중 음악방송을 운영하고 점 내에서 중요사항에 대한 방송을 수시로 활용하여 고객서비스가 증진되도록 해야 한다.

(1) 매장 BGM 서비스

배경음악 컨설팅 서비스로 전문업체와 제휴 시 효율적 운영이 가능하다.

① 저작권법 강화에 따른 합법적 음악방송을 제공한다.
② 손쉽게 방송 운영이 가능하다.
③ 감성을 자극하는 마케팅으로 고객 로열티 증대가 가능하다.
④ 사용료는 월 단위 소액결제로 가능하다.

(2) 방송사례

① 고객호출
안내방송입니다. 고객님 중 000동에서 오신 000 고객님은 안내대로 와 주시기 바랍니다.
② 분실물 안내
③ 긴급피난방송
④ 상품안내

5. 홍보

1) PR

홍보는 소매점 경영 활동에 영향을 주는 공중과의 관계구축 활동을 말한다. 다시 말해 홍보는 개인이나 조직체가 자신 이름, 브랜드, 상품, 서비스, 기술 등에 대한 공중 인지도 제고, 이해, 지지를 확보하기 위하여서 하는 쌍방향 커뮤니케이션 활동이라 할 수 있다. 소매점 영업활동에 영향을 미치는 개인이나 단체 등 이해관계자를 공중이라 하며 홍보는 주요 공중과의 관계구축을 통하여 호의를 얻어내는 것이다.

2) 소비자 관계 홍보

잠재고객 구매를 유도하거나 현재 고객 점포 충성도를 유지하도록 하는 모든 정보원을 관리하는 과정으로 점포매출을 증대하기 위한 광고, 판촉, DM 등을 총망라하는 커뮤니케이션 활동들을 전략적이고 일관성 있게 관리하는 일련의 과정을 말한다.

(1) 소비자 관계 프로그램

① 유명 인사 인증, 세미나, 기자 회견, 상품 홍보
② 동호인 클럽 결성, 시식회 등

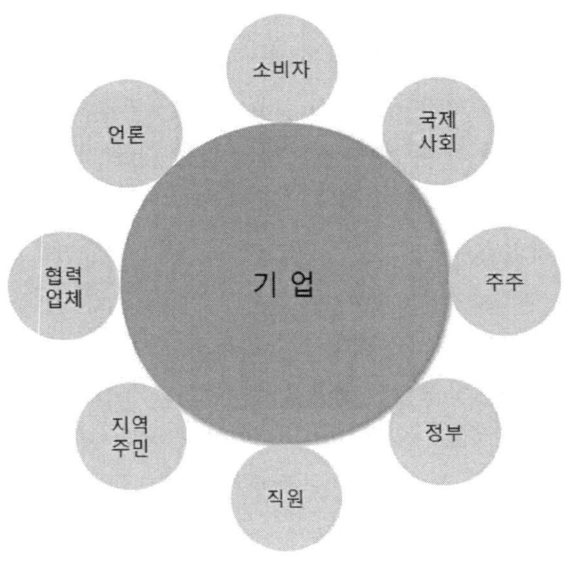

▌이해관계자 기업을 중심으로▐

3) 매장시식 홍보

상품에 대한 직접적 고객 홍보로 매출 증대가 되는 수단이다. 시식은 상품정보의 직접적 제공으로 신뢰도가 향상될 수 있다.

(1) 시식행사 원칙

① 시식행사 인원은 시식업무만 진행하는 것을 원칙으로 해야 한다.
② 시식하는 상품은 판매하는 상품과 같은 상품으로 시식행사를 하여야 한다.
③ 시식상품은 판매상품과 별도 관리가 필요하다.

(2) 시식 매대 청결 최우선

① 시식 도구 관리는 위생적으로 관리해야 한다.
② 전열 기구 사용에 주의를 기울여야 한다.
③ 청소 주기와 위생관리가 시식보다 고객 신뢰를 구축하는 수단이 된다.

6. 마케팅 PR

1) 통합 커뮤니케이션

(1) 마케팅 패러다임 변화

소비자 교육수준 향상과 사는 방법의 다양화, 유통업자 지배력 강화, 다양한 커뮤니케이션 발달로 마케팅 환경이 급변하고 있다. 이러한 환경변화로 제조업자 중심 시장에서 고객주도 시장으로 변화되는 시대에 종전 마케팅과는 다른 새로운 마케팅 대전환이 요구된다. 즉 고객에 대한 파악과 반응 중시, 개별 소비자 의견 중시, 고객과 관계구축 등이 중요시되고 있다. 환경변화로 부수적인 기능으로 여겨졌던 판촉, DM 등을 비롯한 커뮤니케이션 도구들의 통합운영이 요구되고 있다. 즉 통합적 커뮤니케이션이 요구되고 있다. 통합적 커뮤니케이션은 광고, 직접 반응, 홍보, PR 등 다양한 커뮤니케이션 도구들의 전략적 역할을 평가하는 포괄적 계획의 부가적 가치를 인식하고 커뮤니케이션 도구들을 통합함으로써 명확하고 지속적이며 극대화된 커뮤니케이션 효과를 제공하는 마케팅이라 할 수 있다. 이러한 통합적 커뮤니케이션이 가능하게 된 것은 데이터 사용 비용 하락, 대중매체 비용 증가, 매체 세분화, 소비자 세분화, 유통업자 시장지배력 강화 등이라 할 수 있다.

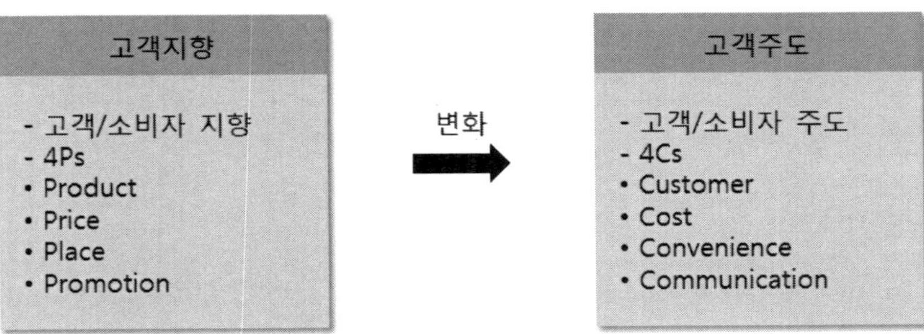

▮마케팅 환경변화▮

(2) 통합 커뮤니케이션

통합 커뮤니케이션은 장기간에 걸쳐 고객과 잠재고객의 다양한 설득하는 커뮤니케이션 프로그램을 개발하고 실행하는 과정이다. 통합 커뮤니케이션 목표는 목표 고객 행동에 영향을 주거나 직접적인 행동을 유발하는 것이다. 또한, 통합 커뮤니케이션은 고객이나 잠재고객이 상품이나 서비스와 관련하여 메시지를 습득할 수 있는 잠재적 수단으로서 브랜드나 기업에 대한 모든 접촉 요소들을 고려한다. 더욱이 통합적 커뮤니케이션은 고객이나 잠재고객에게 관련되고 수용될 수 있는 모든 커뮤니케이션 도구들을 이용한다.

(3) 통합적 커뮤니케이션 특징

① 소비자 주도

종전 커뮤니케이션은 생산자 중심에서 소비자를 대상으로 하는 시각이었다. 그러나 통합 커뮤니케이션은 소비자로부터 접근을 시도하는 것이다. 판매 담당자들이 고객 정보를 바탕으로 고객 구매 경향을 알게 되고 고객 정보습득 방법을 알게 된다. 통합적 커뮤니케이션에서는 고객을 중심으로 수립된다.

② 데이터베이스 활용

통합 커뮤니케이션에서는 소비자 행동에 관한 데이터가 중요시된다. 데이터베이스는 고객을 이해하는 정보창고 역할을 한다. 소비자 행동에 관한 정보와 데이터는 시장에서 고객에 관한 자료, 고객에 대한 서비스 자료, 고객에 대한 판매 자료, 협력업체에 관한 자료들로 구성된다.

③ Two-way 커뮤니케이션

소비자 대상 마케팅에서 일방적인 커뮤니케이션은 더는 효과를 발휘되기가 어려워졌다. 판매자는 고객에게 좀 더 귀를 기울여야 하며 고객과 상호 정보를 교환할 수 있는 양방향 커뮤니케이션을 해야 한다. 양방향 커뮤니케이션은 상호가치가 있는 정보교환과 상호작용을 통해서 판매자와 소비자 간에 관계를 우호적으로 형성시킬 수 있다.

2) 마케팅 PR

신뢰할 수 있는 커뮤니케이션과 정보제공을 통해서 소비자 구매를 촉진하고 소비자 욕구충족을 위한 프로그램을 계획, 집행, 평가하는 과정을 마케팅 PR이라 한다.

(1) 마케팅 PR 목적

① 상품, 서비스 인지도 상승
② 특정 상품과 서비스 정보제공 및 교육
③ 상품과 서비스에 호의적 태도와 소매점에 대한 신뢰도 추구 병행

(2) 마케팅과 마케팅 PR 비교

	마케팅	마케팅 PR
주요관심	상품판매 및 서비스 이용	전반적 여론 지지
목표	시장점유율	공유
대상	소비자/ 고객	소매점과 관련된 이해관계자
전략	소비자 전략 - PULL, PUSH, PASS	다양한 이해관계자와 관계증진

(3) 마케팅 PR 전략

① news

신상품 출시, 구 상품과 차별화 전략 등

▌이케아 광명점 개점 2014. 12. 18 뉴시스▐

② supplementary

소매점 주장을 보완하는 뉴스 만들기

예) 소비자 설문조사 활용 뉴스

중앙일보 2010년 04월 21일 수요일 E11면 경제

'10원 전쟁' 창피해…

값보다 상품 전쟁 나설 것

"이젠 '가격 전쟁'이 아니라 '상품 전쟁'입니다."

올 초 경쟁업체인 이마트가 가격 할인에 나서자 그보다 10원 더 싸게 파는 '10원 전쟁'으로 대응했던 롯데마트 노병용(59) 사장은 19일 본지와의 인터뷰에서 "10원 전쟁 하던 걸 생각하면 창피해 죽겠다"고 털어놨다. 이어 "이미 대형마트에 납품하는 기존 업체들은 출혈을 각오하고 서로 경쟁 중인데, 이들에게 가격을 더 낮추라고 압력을 넣는 것은 업체에도, 소비자에게도 올바른 방향이 아니다"고 말했다. 그는 "앞으로는 롯데마트

상품기획자들 전 세계 뒤져 롯데만의 단독상품 개발할 것

라면·화장지 등에 나눔 마크 제품 매출 0.5% 기부하기로

에서만 볼 수 있는 싸고 좋은 상품으로 경쟁하겠다"고 강조했다.

노 사장은 "롯데마트 상품기획자(MD) 200명에게 전 세계를 뒤져 1인당 1년에 한두 품목의 단독 상품을 개발하라고 지시했다"며 "이렇게 하면 소비자에게 매주 단독상품 2~4개를 꾸준히 선보일 수 있다"고 덧붙였다. "이제부터 롯데마트 MD 200명은 사무실에 있는 게 아니라 비행기를 타고 있든지, 현장에 있든지 둘 중 하나"라고도 했다. 노 사장은 19일부터 MD 200명의 출퇴근 시간을 없앴다. 그는 2~3개월 지나면 성과가 본격적으로 나타날 것이라고 기대했다.

롯데마트는 인도네시아 19곳, 중국 80곳, 베트남 1곳 등 100개의 대형마트를 운영하고 있다. 국내 대형마트 중 해외 매장이 가장 많다. 노 사장은 "현지법인 마크로를 인수한 인도네시아에선 다음 달까지, 타임스를 인수한 중국에선 7월까지 롯데마트로 간판을 바꿔 달 예정"이라고 소개했다. 인도네시아 매장은 매년 20~30%씩 고성장을 하고 있다. 노 사장은 "인도네시아의 소매업자들이 물건을 구할 수 있는 도매 형태의 마트로 운영한 게 성장의 비결"이라고 말했다.

자카르타 대표 매장은 올해 새로운 시도를 한다. 노 사장은 "기존 도매 형태를 일부 유지하면서 매장의 3분의 2는 소매로 운영하는 '하이브리드' 매장으로 연내 바꿀 계획"이라고 밝혔다.

대형마트가 경쟁력을 갖추려면 독자 물류망이 있어야 한다는 게 그의 소신이다. 해외에선 어려운 일이다. 롯데마트는 2300억 원을 들인 동양 최대 규모의 경기도 오산 물류센터 같은 시설을 중국에 짓겠다는 계획이다. 그는 "지금 80개인 중국 롯데마트 점포가 100개 정도로 늘면 독자 물류센터를 만들 것"이라고 말했다.

롯데마트는 인기가 많고 잘 팔리는 라면, 친환경 화장지, 떠먹는 요구르트 등 자체상표(PB) 제품 6개에 '행복나눔N마크'를 붙여 제품 매출의 0.5%를 기부하기로 했다. 노 사장은 "3500여 명 임직원이 3600개 주말 계좌를 만들어 위스타트 운동본부에 기부하는 등 평소에도 어린이를 위한 기부 활동에 관심이 많았다"고 말했다. 그는 "나눔에 꾸준히 참여해 '유통업체=장사꾼'이란 인식에서 벗어나고 싶다"며 "비즈니스로 소비자의 마음을 여는 것도 중요하지만 정서적으로 마음을 얻어야 한다"고 강조했다. 해외 점포에서도 '소비가 나눔으로 이어지는 기부 모델'을 만들어 적용할 생각도 있다. 나눔 참여 문의 한국사회복지협의회 02-2077-3958.

최지영 기자 choi@joongang.co.kr

▌롯데마트 상품혁명 선언 2010. 4. 21 중앙일보▐

③ 공익 마케팅전략

사회문제를 기업의 자선활동 및 공익 프로그램과 연계를 통한 마케팅 PR

예) SK 자녀 안심하고 학교 보내기 등

▌이마트 국산의 힘 캠페인▐

3) 신상품 마케팅 PR 전략

① 시장에서 흥미를 불러일으켜라

② 끊임없이 새로운 이슈들을 개발하라

③ 상품을 스타로 만들어라

④ 소비자에게 호기심을 불러일으켜라

⑤ 미디어나 전문가 등 여론 주도자를 활용하여 그들의 첫 경험을 기사화하라

⑥ 기자들에게 상품을 테스트하게 하라

연습문제 Chapter 09 가격 및 판매촉진 관리

1. 원가가 산 가격 결정방법에 관해 설명하시오.

상품 원가를 기초로 판매가격을 설정한다. 구매가격에 일정 이익률을 기준으로 판매가격을 결정한다. 제조원가에 일정한 이익을 추가하여 가격 결정하거나 원가에 특정한 목표이익률을 실현하기 위한 가격 결정방법이 있다.

• 원가가 산 가격 결정법

상품 원가에 일정 비율의 이익금(Margin)을 가산하여 가격 결정하는 방법이다. 장점으로는 단순하고 단점으로는 고객과 경쟁업체를 고려하지 않은 가격 결정방식이다.

가격 = 단위원가 + 이익금

2. 판매촉진 방법에는 무엇이 있는가?

판매촉진 목표를 설정한 후 구체적 판매촉진 방안을 생각해 보아야 한다. 촉진에는 소비자 대상 촉진과 유통업자 대상 촉진으로 구분된다. 점포에서 이용 가능한 소비자 촉진방법에는 다음과 같은 것이 포함된다.

① 샘플제공 ② 쿠폰제공
③ 프리미엄 ④ 경품제공
⑤ 보너스제공 ⑥ 가격할인
⑦ 이벤트 후원 ⑧ 전시회

3. 할인판매 시 표시 · 광고 사항에 관해 설명하시오.

할인판매는 주로 백화점에서 용어 여하를 불구하고 바겐세일이라는 용어로 주로 사용되는 할인판매 방법이다. 소매점에서는 할인판매 시 원칙적으로 기간, 대상, 할인율을 명시하여야 한다.

할인율을 표시 광고할 때에는 반드시 종전거래가격을 기준으로 할인율이나 할인가격을 표시. 광고해야 한다.

4. 다음 용어에 관해 설명하시오.

– EDLP

– 경품

– POP 광고

제1절 고객관계관리

1. 고객관계관리 의의

고객관계관리는 고객에 대한 정보를 분석한 후 효과적이고 효율적으로 고객을 관리하고 유지하여 고객 가치를 극대화하는 일련의 활동을 말한다.

1) 고객관계관리

(1) 시장점유율보다 고객점유율에 비중을 둔다.
(2) 고객획득보다는 고객유지에 중점을 둔다.
(3) 상품판매보다는 고객 관계에 중점을 둔다.

2) 고객관계관리 등장 배경

(1) 시장 변화

생산자 위주 시장인 소품종 대량생산에서 구매자 중심 다품종 소량생산으로 변화되었다.

(2) 컴퓨터와 IT 급격한 발전

기술 발전은 고객과 시장 정보를 소매업에 신속하게 제공하고 소매업은 고객데이터를 과학적인 분석기법으로 처리, 고객과 시장에 다양한 방법으로 이용할 수 있게 되었다.

(3) 고객 변화

치열한 시장경쟁으로 고객도 언제든지 경쟁사로 이동할 수 있고 고객들이 가진 기대와 욕구가 다양화되는 환경이 되었다.

(4) 마케팅 커뮤니케이션 변화

고객 다양성과 시장세분화로 뚜렷이 차별화되지 못한 획일적인 메시지를 불특정다수 고객에게 전달하는 광고는 더 효과적이지 못하다.

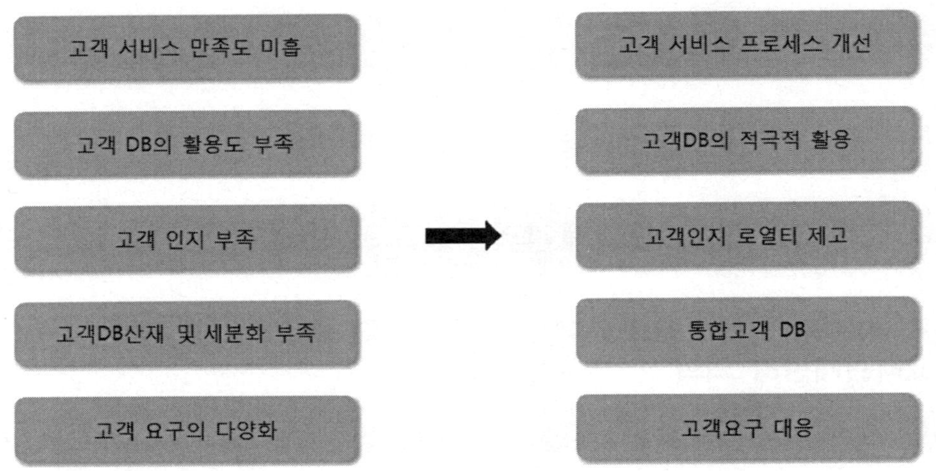

▌고객관계관리 등장 배경▐

2. 고객관계마케팅

1) 관계마케팅 개념

고객 정보를 집계하고 분석하여 고객 관계를 구축, 유지, 고양하며 이를 통하여 관여하고 있는 각 이해관계자의 목적을 달성하는 것으로 상호교환과 약속이행을 하는 것이라 할 수 있다.

2) 관계마케팅 목표

(1) 고객획득

관계마케팅을 하면 구전효과에 의한 신규고객 유치가 쉬우며 이렇게 유치한 고객은 장기적 고객이 될 가능성이 크다.

(2) 고객 관계유지

고객이 소매점과 관계를 맺게 되어 상품, 서비스, 가치를 지속해서 제공하면 고객은 계속적 관계를 유지하려고 한다.

(3) 관계 강화

고객 관계 강화 목표는 충성고객을 통하여 더욱 많은 상품과 서비스를 구매하게 하는 데 있다. 충성고객은 확고한 고객 기반과 성장 잠재력 척도이다.

3) 관계발전 단계

(1) 관계인지 단계

판매원이 고객을 인식하거나 고객이 판매원을 적당한 교환 상대로 인식하는 단계이다.

(2) 관계분석 단계

시험적으로 또는 분석적으로 잠재적인 교환 상대를 찾는 단계이다.

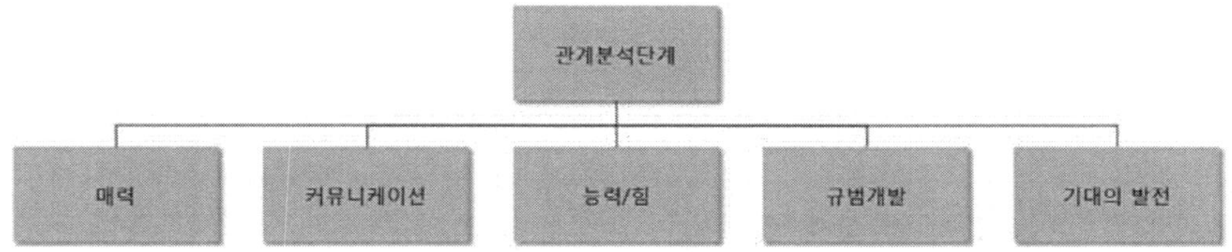

(3) 관계확정 단계

관계 이해 당사자가 상대방 역할 수행과 그 결과에 만족하여 기존 관계가 확장되고 발전하는 단계이다.

(4) 관계 강화 단계

교환과 상호 간 임시적이든 묵시적이든 관계 지속성이 있는 단계이다.

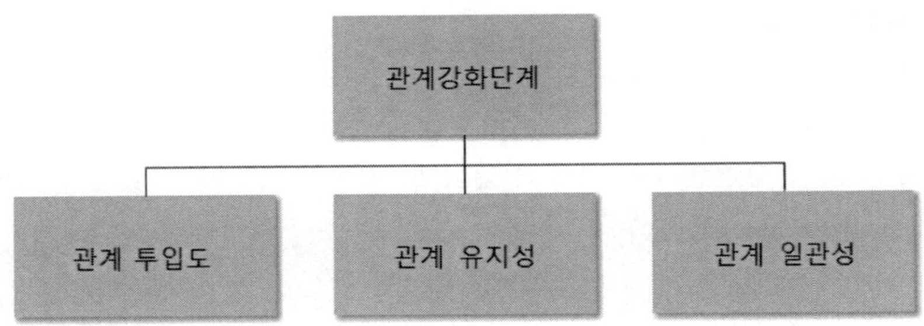

(5) 관계해지 단계

해지란 상호 간 관계가 단절되는 것을 말한다. 관계해지는 한쪽이 다른 편에 대하여 불만을 평가하는 내부 심리적 상태가 주요한 원인이다.

4) 관계마케팅 전략

(1) 고객 관계 점검

고객과 관계가 어떠한지 점검하고 평가하기 위한 모든 수단을 마련하는 것이다.

▌고객 관계 점검▐

(2) 관계전략 3단계

단계	결속 유형	마케팅 지향	서비스 정도	마케팅믹스 요소	차별화 가능성
1	재무적	고객	낮음	가격	낮음
2	재무적 /사회적	고정고객	중간	인적 커뮤니케이션	중간
3	재무적/ 사회적/ 구조적	충성고객	높음	가치 커뮤니케이션	높음

1단계: 재정적 인센티브로 장기고객, 대량고객에게 저가격으로 상품을 제공한다.
2단계: 재정적 인센티브에 사회적인 연대 구축으로 고정고객으로 간주하고 고객 요구와 욕구 파악을 통하여 지속적 관계를 유지한다.
3단계: 재정적 인센티브, 사회적 연대, 구조적 연대를 추구하는 단계이다.

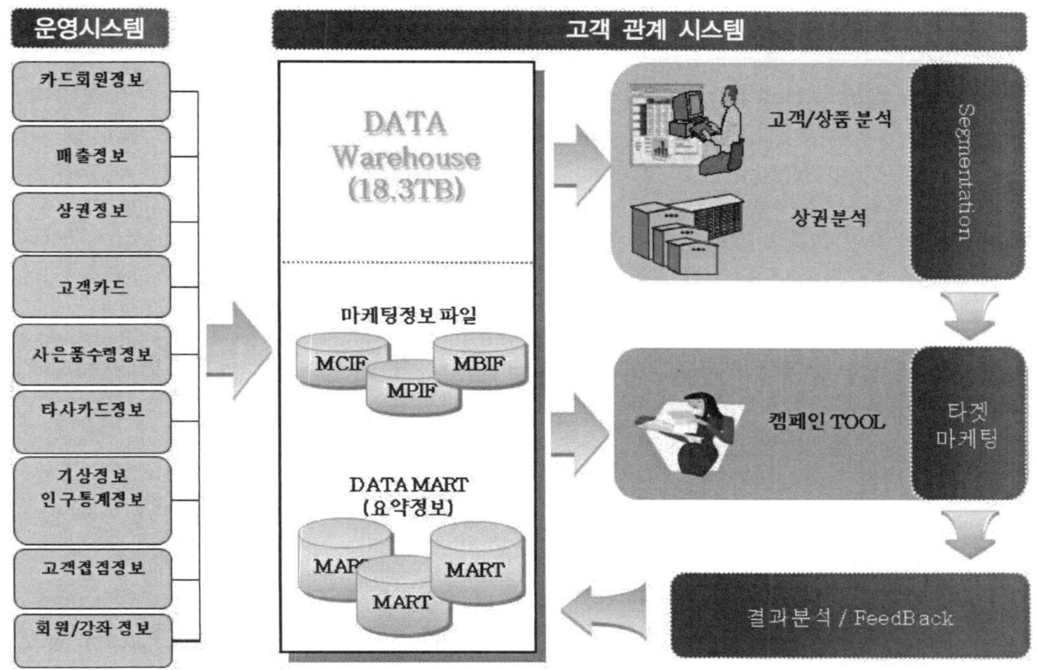

▮고객 관계 시스템 구성도▮

3. 고객 가치 평가

1) 고객 가치 관리

고객 가치 관리는 고객 가치가 다른 고객을 차별화하여 관리하는 것을 말한다. 고객이 소매기업에 이바지하는 경제적인 가치 정도에 따라 자원을 할당하는 것이다. 여기서 중요한 점은 고객이 소매기업에 이바지하는 가치를 계산하는 방법이 중요하다.

(1) 전통적 가치 척도

가장 일반적으로 시장점유율을 통하여 가치를 평가했는데 개별 고객에 대한 정보가 없다는 것이다. 그리고 매출액 증감 척도도 경쟁 상 매출액 비교와 소비자 수 증감은 파악되지 않는다.

(2) 지갑 점유율(Size of wallet)

고객 중심적 가치 척도 방법으로 고객의 정해진 범주에 지출한 총액을 화폐 단위로 나타내는 방법이다.

I = 소매기업

SI = 소매기업 I의 특정 고객에 대한 매출액

$$= 100 \times \sum_{I=1}^{I} SI$$

(3) 고객 활동 척도

소매기업의 목표 잠재고객에서 소비자로 전환되는 획득률과 그 비용을 기반으로 관리하는 것이다.

① 획득률

$$= 100 \times \frac{\text{획득된 잠재고객}}{\text{목표 잠재고객}}$$

② 인당 고객 획득비용

$$= \frac{\text{고객 획득 비용}}{\text{획득된 잠재고객수}}$$

③ 유지율과 이탈률

이전 기간과 비교하여 현재 구매를 지속하는 평균적인 비율과 이탈하는 비율이다.

(4) RFM분석과 고객 생애 가치 평가

① RFM분석

RFM분석은 최근 구매일(Recently), 구매 빈도(Frequency), 구매 금액(Monetary value)을 측정하여 고객을 평가하는 것을 말한다.

② 고객 생애 가치(Customer lifetime value, LTV)

고객 생애 가치는 고객과 관계를 통하여 나오는 미래 현금흐름의 현재 가치를 평가하는 것이다. 고객 생애 가치는 고객이 자사에 전 생애에 걸쳐 제공하는 이익을 현재 가치로 환산한 개념으로 잠재적이고 변화하는 개념으로 현재 실현된 가치와 잠재적인 가치로 구분하여 이해하여야 한다.

고객 LTV = 실현가치 + 잠재가치

고객 잠재가치를 추정하는 것이 중요한 개념인데 잠재가치 추정은 마케팅 관리자의 고

객 현재 가치 분석 때문에 이루어짐으로 현재 가치 파악이 유용하다. 즉 기존고객 자료 분석을 통하여 일정한 규칙이나 상관관계 분석하여 미래 행동을 예측하는 것이다.

4. 로열티 프로그램

소매업에서 고객충성프로그램은 1990년대 후반부터 학계의 폭발적 관심이 증대되었다. 로열티 프로그램은 이미 알고 있는 고객을 상대로 지속적인 마케팅 교환을 강화하고 유대를 형성하고자 브랜드화된 상품과 서비스를 개별적으로 전달하면서 고객 가치를 증대시키는 관계마케팅 활동이다. 로열티 프로그램은 다양한 분야에서 고객에게 혜택을 제공하면서 기존고객을 유지하고 반복구매율 증대를 위한 전략 목적으로 마일리지, 캐시 백 포인트, 가격할인, 인센티브 제공 등 눈에 보이는 혜택을 보상으로 제공하고 있으며 고객 구매활성화와 고객 애호도를 강화시킨다. 즉 고객충성프로그램은 반복구매에 기초하여 고객에게 보상을 제공하는 마케팅이라 할 수 있다.

1) 스탬프 제도

일정 구매금액에 상당하는 스탬프를 모아서 제시하거나 보내면 준비된 경품이나 사은품을 받을 수 있는 제도이다. 스탬프 카드를 이용하여 구매액에 따라 보너스 점수를 부여 재방문 수요를 창출하는 방법으로 우수 고객인 단골을 증대시키는 로열티 프로그램이다.

2) 회원 제도

상품 구매자를 대상으로 여러 가지 혜택을 얻을 수 있는 회원 제도에 가입함으로써 고객을 고정화하는 제도이다. 회원 제도는 시장세분화를 통하여 우수한 목표 고객을 확보하고 매출을 증대시키는 방법이다.

3) 20/80 법칙

20% 우량고객이 80% 매출을 점유한다는 것이다. 이는 파레토 법칙에서 유래한 것으로 일반적으로 소매기업에서 전체 수익 중 80%를 20% 고객이 제공한다는 의미이다. 그러므로 우수한 20% 고객관리의 중요성이 대두되는 것이다. 20/80 법칙은 이탈리아 경제학자인 빌프레도 파레토(Vilfredo Pareto)가 처음으로 주장했다. 파레토는 19세기 영국의 부와 소득 유형을 연구하던 중 소수 인원이 대부분 소득을 올리는 부의 불평등 현상을 발견했다. 그는 인구 비중과 그들이 소유하는 부 혹은 소득은 일정한 비율이 존재한다는 사실과 이 사실이 어느 나라 시대에도 불균형 패턴이 같다는 것이다. 파레토 법

칙을 응용한 20% 우량고객 집중관리로 마케팅하는 것이 성공적 마케팅을 수행하는 지름길이라 할 수 있다. 100% 고객에게 마케팅할 경우 비용과 자원 낭비가 초래될 수 있다. 하지만 20% 핵심고객에게 충분한 노력과 비용을 투입한다면 기대 이상의 성과를 창출할 수 있다. 그래서 마케팅 담당자들은 20% 핵심고객에게 자원과 비용을 투입하여 성과를 극대화하는 것이 필요하다. 20/80 법칙을 토대로 소매기업은 마케팅에 중점을 두고 전체 고객 중 20% 고객에게 집중하여 핵심고객이 만족하는 마케팅하는 것이 고객 로열티와 수익을 증대시키는 것이 된다.

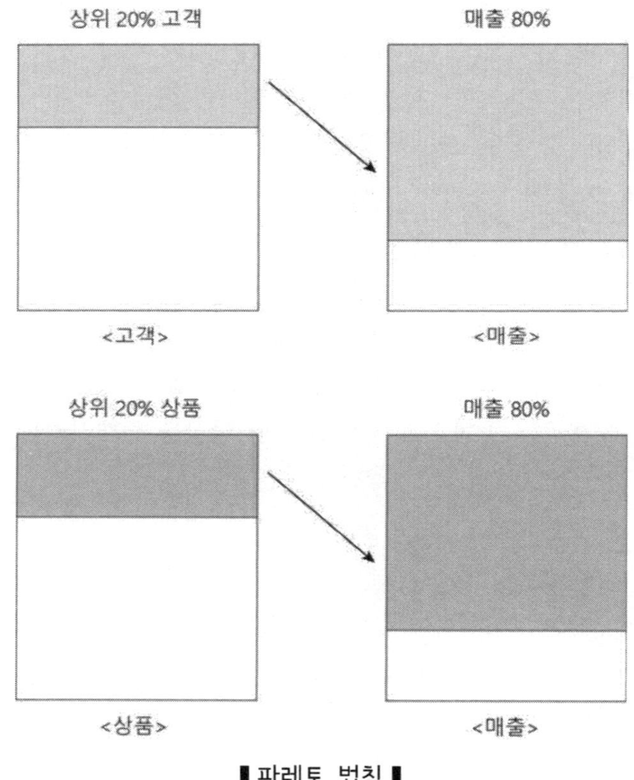

▮ 파레토 법칙 ▮

5. 포인트 프로그램

고객보상(로열티) 프로그램으로서의 포인트 적립 프로그램은 원래 단독 마일리지 형태로 시작되었으나 포인트 소비 범용성이 높아지면서 제휴 마일리지를 거쳐 통합교환 마일리지 형태로 발전되어 왔다(신영식 외, 2011).

항목	구분	세부내용
보상구조	보상	- 실제적 보상 : 가격할인, 판촉, 샘플제공 - 추상적 보상: 특별한 지위 부여 등 심리적 보상
	보상률	- 특정 소매점 이용 시 보상액, 평균적으로 1%의 보상률이 주로 이용된다.
	보상단계	- 누적 구매실적 관계없이 일정률 적립법과 누적금액에 따라 차등 적립 방법이 있다.
	변제 시기	- 보상 이행 시기 (5천 포인트 적립 시 사용 가능 등)
스폰서십	스폰서십	- 자사 소매점 거래 시 반영 혹은 제휴업체 적립 가능 등 스폰서십에 차이를 둘 수 있다.
	소유권	- 누가 충성프로그램을 소유하는가의 문제를 결정한다.

▌포인트 프로그램 설계▐

대부분 브랜드는 호환성이 없는 개별 포인트 프로그램을 운영함으로 포인트로 해당 브랜드에서만 적립과 소진을 할 수 있다. 이 경우 소진 가능한 수준까지 포인트를 적립하려면 오랜 시간이 소요됨으로 포인트 활용이 적립보다 매우 미약해진다. 하지만 통합 포인트 카드는 동일 소매기업 내 다수 브랜드 통합 또는 이종 기업 간 제휴로 형성되므로 단일 브랜드 프로그램보다 적립 및 소진 처가 다양하다. 따라서 사용 가능한 최소 적립액에 도달하는 시간 즉 이익 실현 시점이 빨라지며 소진이 더욱 편리해진다는 장점이 있다. 성공적 포인트 프로그램은 충분한 수의 고객이 해당 프로그램을 채택하고 고객카드를 지속해서 이용하는 것이다. 고객 포인트 프로그램이 제대로 작용하는 것은 프로그램 설계 때문에 달려 있다 할 수 있다. 이는 프로그램 설계가 포인트 프로그램 효율성과 효과성에 직접적인 영향을 미치기 때문이다.

1) 통합포인트 카드 프로그램

단일 브랜드 고객보상 프로그램에서 다수 브랜드 통합 프로그램으로 발전된 경우를 보면 동일 소매기업 내 브랜드를 통합하는 경우와 기업 집단 내 독립법인 간 통합이 있다. 그룹사 경우 동종 내지 유사 업종 간 통합에서 전혀 성격이 다른 업종 간 통합까지 다양한 형태의 프로그램을 운영하고 있다.

카드명	ONE CARD	HAPPY POINT	GS POINT	롯데멤버스
기업집단	CJ	SPC	GS	LOTTE
참여사	그룹내 5개사 15개 브랜드	그룹내 3개사 5개 브랜드	그룹내 3개사 외부제휴사	그룹내 15개사 외부제휴사
주요 사용처	영화관, 온라인 쇼핑몰, 베이커리, 커피숍	베이커리, 커피, 아이스크림	주유소, 홈쇼핑, 리테일	백화점, 할인점, 온라인 쇼핑몰
적립률	0.5-5%	5%	0.3-1%	0.1-1%

자료: 신영식 외, 2011

▌그룹별 통합포인트 카드▐

2) 롯데 멤버스 제도 사례

• 한 장의 카드로 롯데 계열사 어디서나 적립 및 사용 가능

* 롯데홈쇼핑, 토이자라스(완구체인점), 롯데 JTB 포함임

▌롯데 멤버스▐

(1) 롯데 멤버스 카드

롯데그룹 내 포인트를 하나로 통합하여 사용할 수 있는 제도로 롯데 멤버스 회원이 되면 하나의 카드로 모든 제휴사 포인트를 통합하여 어느 곳에서나 사용할 수 있는 멤버스 카드이다.

(2) 가입조건

만 14세 이상(외국인 가능)

(3) 통합포인트 적립 및 사용기준

대개 경우 1천 원 당 5점 적립(계열사 및 현금 카드 구분 가능)

적립 포인트 5,000점 이상 시 멤버스 제휴사 어느 곳에서나 사용 가능

① 10포인트 단위 사용 가능

② 백화점 포인트 1만 포인트 넘어야 롯데 포인트로 합산 가능

(4) 제휴사 및 운영사

롯데그룹 회사 / 롯데카드사 운영

3) 포인트 카드 효과

포인트 카드 통합 주요 목적은 신규고객 유입, 교차판매 유도, 추가구매 증대, 기존 고객 이탈 방지를 목적으로 시행하며 통합 커뮤니케이션 활동으로 인한 인지도 향상 및 비용 효율화 개선 등 효과가 있다.

항목	효과
고객 충성도 제고	태도적인 충성은 고객이 브랜드나 소매점에 우호적이고 잠재적으로 가지는 믿음과 태도이다. 행동적인 충성은 반복적인 구매이다. 포인트 프로그램은 보상과 보너스로 고객을 유인하여 충성을 강화하는 효과가 있다.
수익성 창출	수익성 창출은 포인트 프로그램으로 고객 구매 행동에서 발생하는 결과이다. 구매량, 구매빈도 가속화, 고객지출에서 자사 소매점이 차지하는 비율, 고객 유지 등으로 측정할 수 있다.
손익 개선	포인트 프로그램은 지속적인 이익을 창출해준다고 할 수 있다.

▌포인트 카드 효과▐

제2절 데이터베이스(Data base)와 이 시알엠(e-CRM)

1. 데이터베이스(Database)

1) 데이터베이스 개념

데이터베이스는 여러 사람에 의해 공유되어 사용될 목적으로 통합·관리되는 정보 집합이라고 정의할 수 있다. 데이터베이스는 정리된 데이터들을 조합·가공함으로써 정보를 생산할 수 있도록 조직화한 데이터들 집합을 말한다. 데이터베이스 마케팅(Database

Marketing)은 고객 만족 경영의 한 형태로서 각종 1차 자료와 정보를 수집·분석하고 개인에 대해 차별적 정보를 제공하여 고객 만족을 극대화하는 마케팅 수단을 말한다. 어느 고객이 무엇을 얼마나 자주 구매했으며 어떤 매장에서 어느 유형 상품을 구매했는지 언제 재구매하려는지 또는 대체 구매할 것인지 등과 같은 정보를 가지고 고객 성향을 분석하여 효율적인 판매 전략을 수립하는 것이다.

2) 데이터베이스 특징

똑같은 자료를 중복하여 저장하지 않는 통합된 자료이다. 컴퓨터가 액세스하여 처리할 수 있는 저장 장치에 수록된 자료이다. 어떤 조직의 기능을 수행하는 데 없어서는 안 되며 존재 목적이 뚜렷하고 유용성 있는 운영 자료로 임시로 모아 놓은 데이터나 단순한 입출력 자료가 아니다. 한 조직에서 가지는 데이터베이스는 그 조직 내 모든 사람이 소유하고 유지하며 이용하는 공동 자료로서 각 사용자는 같은 데이터라 할지라도 각자 응용 목적에 따라 다르게 사용할 수 있다.

	기존 데이터베이스	데이터웨어하우스
목적	정확, 효율성을 통한 업무/거래 처리	분석을 통한 전략 수립/의사결정 지원
데이터	휘발성, 지속해서 갱신, 레코드 단위	시계열적, 읽기 전용, 가공/요약된 데이터
형태	업무 단위(예; 대부, 저축, 신용)로 분리	주제별(예; 고객, 상품)로 통합
요구사항	데이터 신속한 입력, 갱신, 추적 데이터 무결성	다량 데이터를 다차원 분석, 응답시간 최소화
사례	예금 입출, 대체	상품수익률 분석, 우량고객 분류

▌데이터베이스와 데이터웨어하우스 비교▐

3) 데이터베이스 구축

(1) 데이터베이스 의의

유통정보시스템 구축과정에서 사용자를 위한 사용 지침서 개발은 적용단계에서 이루어진다. DB는 정보의 Data 상 중복을 최소화하고 조직 목적달성, 무결성, 보안성 등을 고려하며 동시에 많은 사용자가 동일 데이터에 접근하더라도 이를 보장할 수 있는 디지털 정보 활용에 가장 중요한 인프라이다. 소매기업의 정리된 데이터들을 조합·가공함으로써 정보를 생산할 수 있도록 조직화한 자료들 집합을 말한다. 소매기업 업무수행과 관련 있는 모든 자료를 소매기업 목적 수행에 다양하게 이용하기 위하여 발생하는 데이터들을 통합적으로 보관·저장하는 시스템이다. 데이터베이스는 물리적인 장치에 자료를 저장하고 그 저장된 자료를 질의하고 인증된 사용자가 이를 공유하여 정상적인 활용이 가능하도록 하는 기능을 말한다.

(2) 데이터베이스 구성요소

① 데이터베이스 시스템

여러 응용 프로그램을 공유하기 위해 최소 중복으로 통합, 저장된 운영 데이터 집합을 말한다.

② 데이터베이스관리시스템(DBMS)

응용 프로그램이 종속이나 중복 없이 데이터베이스를 공유할 수 있게 관리해 주는 소프트웨어 시스템을 말한다.

③ 사용자

최종 사용자는 응용 프로그래머, 데이터베이스 관리자 등을 포함한 개념이다.

④ 데이터베이스 언어

사용자와 데이터베이스관리시스템의 인터페이스를 제공하는 도구를 지칭한다.

⑤ 데이터베이스 기계

데이터베이스 관리 기능을 효율적으로 수행하는 것을 지원할 목적으로 설계된 하드웨어와 소프트웨어를 말한다.

⑥ 스키마(Schema)

데이터베이스 내의 데이터들의 논리적 구조 및 관계를 기술한 것으로서 데이터베이스 내의 개체, 속성, 관계와 이들 간 제약조건이 표현된다.

(3) 데이터베이스 언어(DBL: Data Base Language)

① 데이터 정의어(Data Definition)
② 데이터 조작어(Data Manipulation Language)
③ 데이터 제어어(Data Control Language)

4) 데이터베이스 관리시스템(DBMS)

(1) DBMS 개념

데이터베이스 관리시스템(Database Management System, DBMS)은 다수 사용자가 데이터베이스 내 데이터에 접근할 수 있도록 해주는 소프트웨어 도구 집합이다. DBMS은 사용자 또는 다른 프로그램의 요구를 처리하고 적절히 응답하여 데이터를 사용할 수 있도록 해준다. DBMS는 데이터 입력, 저장, 추출, 삭제, 수정 등 데이터베이스 관리를 위한 일반적 기능을 수행하는 소프트웨어로 데이터베이스를 작동시키는 데 있어

엔진 역할을 한다는 의미에서 '데이터베이스 엔진'이라고도 불리며 데이터베이스 운용을 지원한다는 의미에서 데이터베이스 서버(Server)라고도 불린다.

(2) DBMS 기능

① 축적된 자료 구조정의
② 자료 구조에 따른 자료 축적
③ 데이터베이스 언어에 의한 자료 검색 및 갱신
④ 복수 사용자로부터 자료 처리 동시 실행 제어
⑤ 갱신 중에 이상이 발생했을 때 갱신 이전 상태로 복귀
⑥ 정보 기밀 보호(Security)

2. e-CRM

1) e-CRM 개념 및 의의

e-CRM은 Electronic Customer Relationship Management의 약자로 e비즈니스 환경 아래에서 전개되는 CRM을 말한다. 다시 말해 인터넷을 통하여 e-데이터웨어하우스로 수집된 고객과 관련된 데이터를 웹 마이닝(web mining)으로 분석하는 것을 말한다.

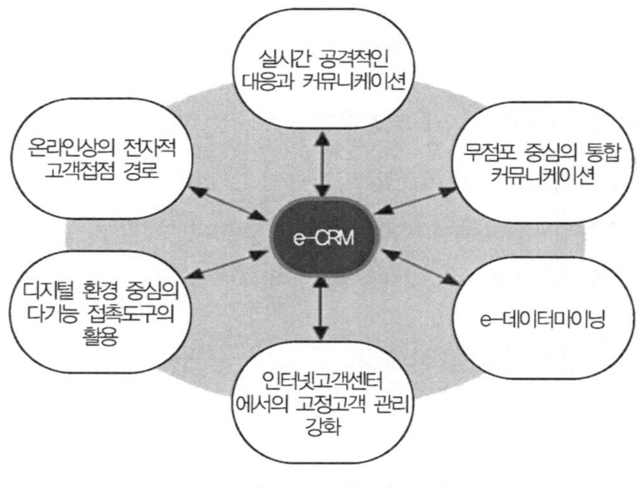

▌e-CRM 전략적 정의▐

온라인상에서 고객 행동과 성향을 분석해 고객 만족을 극대화하고 실시간에 1:1 마케팅을 실현해 주는 것이다. 인터넷상에서 발생하는 모든 데이터와 오프라인 데이터를 이용하여 고객 정보를 구축하고 이를 바탕으로 재구축한 고객관계관리이다. 고객층 정교

한 세분화와 개인 고객과 1:1 관계 형성을 실현하는 주요한 e-비즈니스 도구라고 할 수 있다.

2) e-CRM 목적

(1) 목표 고객에 대한 고객 관계를 집중화한다.
(2) 고객과 1 대 1 관계를 중시하는 경영 및 마케팅 기법을 사용한다.
(3) 고객 이탈 방지를 위한 적극적인 고객 마케팅이 가능하다.
(4) 데이터마이닝을 통한 고객 정보자산 기반을 전략화할 수 있다.
(5) e-고객 정보 통합 솔루션
(6) 인터넷 중심 5C 활용 극대화(4P→5C)
 ① Customer : e-비즈니스 출발은 고객
 ② Communication : 고객과의 쌍방 간 대화
 ③ Contents : 고객이 원하는 정보나 요구사항
 ④ Commerce : 고객이 구매하거나 이용할 수 있는 거래행위 매개체
 ⑤ Community : 고객이 자신들과 유사한 성향이나 가치를 지닌 사람들과의 조직화 원활화

3) e-CRM 특징

인터넷을 활용한 단일 통합 채널을 통해 고객과 접촉하며 지역적 및 시간적 한계를 극복할 수 있는 고객 관리방법으로서 음성, 동영상, FAQ 등 다양한 기술을 이용해서 고객 응대를 할 수 있다. 고객에 대한 관리를 위해서 온라인과 오프라인을 동시에 이용할 수도 있으며 인터넷을 통해서 고객 주문 활동을 지원함으로써 고객 구매정보 이력화가 가능하다. 고객을 공동의 가치 창조자로서 간주하고 관리할 필요성이 있다.

구 분	CRM	e-CRM
고객접촉 경로	전화, 팩스, 판매장소, 체인점 등	e-mail, 인터넷, 이동통신, e-카탈로그 등
시간·공간 범위	제한된 영업시간, 지역적 한계 존재	24시간, 전 세계를 대상으로 가능
분석 이슈	통계기법, 데이터 마이닝, OLAP 등	개인화 엔진을 위한 실시간 고객성향 분석, 행동패턴 분석, 마케팅효과 분석 등
Data 활용	마케팅 캠페인, 이탈고객관리 콜센터 자동화 등	1:1마케팅, 웹 사이트 콘텐츠 개인화 등
비용	신규고객 유치와 관리비용이 상대적으로 높음	초기 Set-up 비용이 높지만 유지·관리 비용은 상대적으로 낮음

▌CRM과 e-CRM 비교▐

4) e-CRM과 CRM 공통점

(1) 고객 접점과 커뮤니케이션 경로 활용을 매우 중시한다.
(2) 원 투 원 마케팅(1:1)과 데이터베이스 마케팅 활용을 매우 중시한다.
(3) 고객서비스 개선과 거래 활성화를 위해 고정고객 관리에 중점을 둔다.
(4) 로열티 고객 확보와 고객 생애 가치 증대에 전략적 우선 목표를 둔다.
(5) 고객 개개인에 대한 차별적 서비스를 실시간으로 제공한다.
(6) 데이터마이닝 등 고객 행동 분석의 전사적 활용을 추구한다.
(7) 오프라인 경로 중심인 소매기업이나 조직의 경우 온라인 경로까지 확대하려는 움직임을 보인다.
(8) 모든 유통경로를 통합 관리하고 의사결정을 하기 위한 고객 정보 통합으로 CRM 솔루션을 구축하고자 한다.

제3절 매장 고객관리 방안

1. 고객개념

점포 매출액은 고객수×객단가로 나타낸다. 이 고객수×객단가가 어떠한 요소로 구성되어 있는지 이해한다면 매출액과 고객관리 대책을 수립하는 데 많은 도움이 될 것이다. 고객 수는 일정 기간 상품을 구매한 고객 수를 나타내는 것으로 계산대를 통과한 고객 수로 계산한다.

따라서 단지 매장을 구경하거나 구매하지 않은 입점객수는 포함되지 않는다. 객 단가는 고객 1인당 평균 구매액으로 매출액을 고객 수로 나누어 산출하거나 상품 평균단가에 고객 1인당 상품별 매입 수량을 곱하여 산출한다.

2. 고객 증대 방안

고객을 증대하기 위해서는 기본적으로 입점하기 쉬운 점포로 만들어 고객 인지도를 강화하여 방문고객에게 구매 동기유발이 되도록 하는 것이다.

입점하기 쉬운 점포를 만들기 위해서는 출입구를 넓게 만들고 출입문을 항상 개방해서 도로로부터 전망을 좋게 만드는 등 활동이 요구된다. 고객인지도 강화 사례로는 점도 활용, 간판 크기 조정 등 활동이 있고 구매동기 유발 방안으로는 입점 고객에 대한 고객서비스 강화, 판촉활동 강화 등이 있다.

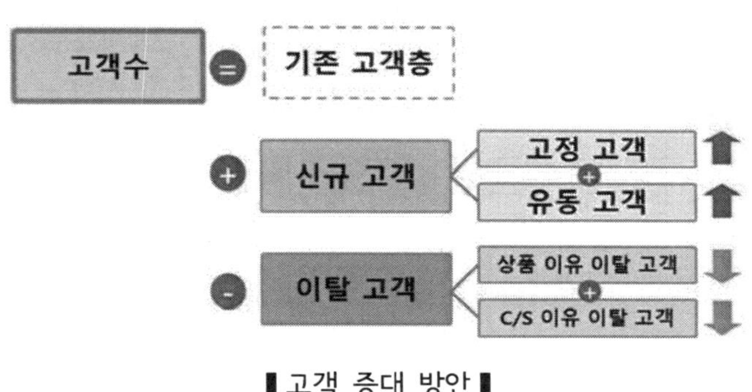

▌고객 증대 방안▐

1) 신규고객 증대 방안

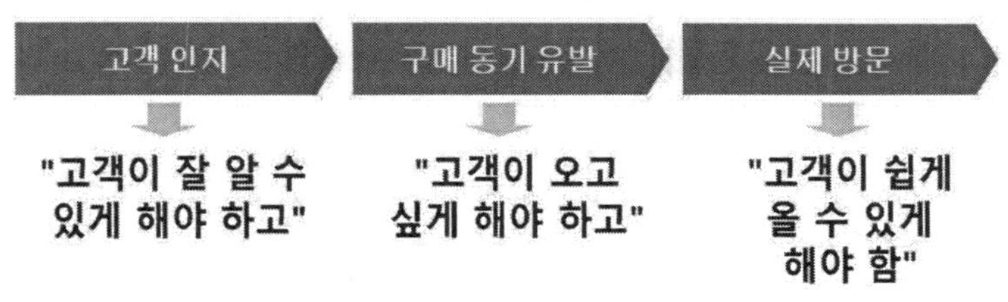

▌신규고객 확보 방법▐

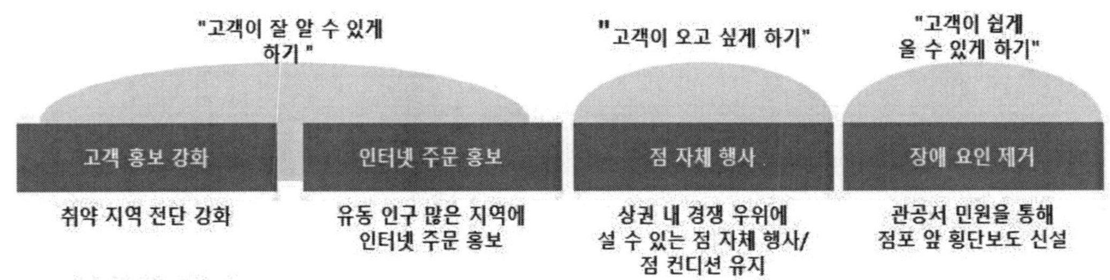

▌배송 차량을 통한 광고▐

2) 유동 고객 증대 방안

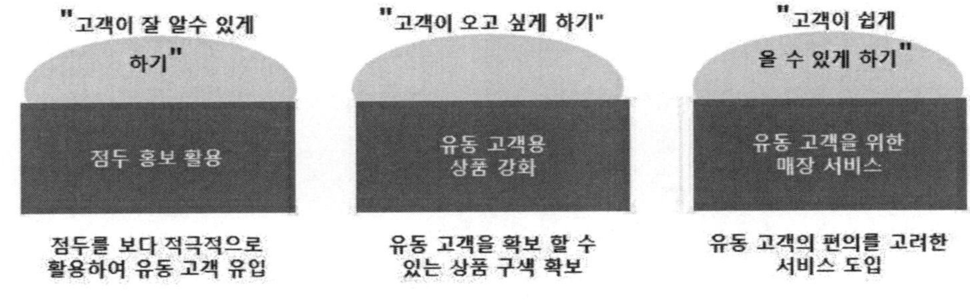

▌유동 고객 증대 방안▐

3) 이탈 고객 방지

고객이 C/S를 이유로 이탈하는 고객을 줄이기 위해 점포 내 철저한 친절/서비스 관리가 필요하다.

고객 C/S 강화	고객 불만 사항 신속 대응	회원 고객으로의 전환 유도
• 고객 C/S에 대한 철저한 직원 교육시행 • 특히, 대량구매 고객에 대해서는 각별한 주의가 필요함 – 매장에서의 친절한 응대 – 배달 포장 지원 – 친절한 상품 설명 지원 – 간단한 음료 및 가능한 사은품 제공 등	• 고객의 불만 사항을 체계적으로 기록해야 함(POS 캐셔 일지 등) • 고객의 불만 사항 접수 시, 이에 대해 신속하게 처리 실시 – 결품/품절 상품관리 – 상품 선도관리 등	• 멤버십 회원으로 적극적으로 유치하여, 다양한 혜택을 누릴 수 있도록 지원

▌이탈 고객 방지▐

3. 객단가 증대

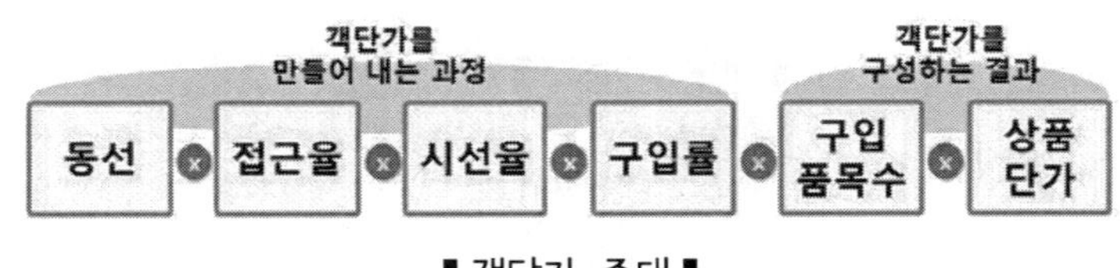

▌객단가 증대▐

1) 동선 강화

적극적인 공간 활용	적극적인 판매 활동
• 점포 내 고객 동선이 극대화되도록 죽어있는 공간 활용 극대화 "고객 동선이 닿지 않는 자투리 공간을 활용하여 특정매입 업체를 입점시킴" "나는 주변 점포 및 건물주와 좋은 관계를 맺어 매일 점두를 1cm씩 늘려나가는 것을 목표로 했음" • 점포 내 위치 변경 등을 통한 동선 확보	• 고객이 자연스럽게 동선을 이동할 수 있도록 다양한 방송 및 판매 활동 시행 "자 지금 매장 안쪽으로 오시면 한우 특가 세일 중입니다" "오늘 선도 좋은 수산물들 많이 입고되어 있습니다. 매장 왼편 수산코너로 와 보세요"

▌동선 강화▐

2) 접근율/시선율 강화

접근율과 시선율을 높이기 위해 고객이 원하는 상품을 효과적으로 연출해야 한다.

최적 상품 구비	효과적 매매 연출	
• 고객이 필요로 하고 원하는 상품들이 발주되어 매대를 구성해야 함 "상품 in&out 관리가 잘 안 되고 고객이 원하는 상품 대신 매대에 고객이 찾지 않는 상품만 있으면 고객은 떠날 수밖에 없음" • 매대에 결품이 최소화되어야 함	〈효과적 상품진열 및 연출〉	〈효과적 프로모션 고지〉

▌접근율/시선율 강화▐

3) 구매율 증대

품질/선도관리	경쟁력 있는 가격	철저한 가격 공지	적극적 판매 활동
• 철저한 품질선도관리 • 선도 대비 가격 고려 시 고객이 구매할 수 있도록 가격제시 – 적시 할인판매 – 소분 및 가공 시행	• 점포 상황에 따라 고객이 구매할 수 있는 경쟁력 있는 상품가격 제시	• 상품가격과 쇼 카드상 가격이 정확히 일치하여야 함 "사고 싶은 물건이 있어도 가격이 안 붙어 있으면 안 사게 돼요" "가격은 붙어 있는데 그 가격에 맞는 상품이 아니어도 구매를 안 하게 되죠"	• 고객 1:1 판매 및 방송 판매 활성화 • 고객의 구매동기를 자극할 수 있는 상품 정보 제공

▌구매율 증대▐

4) 구매 품목 수 증대

고객 구매 품목 수를 증가시키기 위해서는 효과적인 연관 진열 및 적합한 상품 제안이 중요하다.

효과적 연관 진열	고객이 원하는 상품 제안
• 다양한 카테고리 간 연관 구매가 극대화될 수 있도록 진열	• 고객 구매 NEEDS에 적합한 상품 양 및 가격대가 다양하게 제공되어야 함 – 핵가족 상권 : 신선 소분 상품 – 젊은 여성 상권 : 충분한 생리대 구색 확보 등

▮구매 품목 수 증대▮

5) 상품단가 증대

상권에 따라 고급 상품 확대 및 상품화 등을 통한 단가 증대도 가능하다.

고가 상품 확대	상품화를 통한 단가 증대
• 상권에 따라 고급 상품 도입 가능 – 일반적인 소득수준이 높을 경우 – 고객의 가격 민감도가 낮을 때 등	• 신선 제품 상품화를 통한 단가 증대 – 축산 상품화 skill 강화를 통한 상품 세분화 판매 – 농산 제품 상품화를 통한 고단가 확보(파채 상품화 등)

▮상품단가 증대▮

1. 고객관계관리의 의미에 대해 설명하시오.

고객관계관리는 고객에 대한 정보를 분석한 후 효과적이고 효율적으로 고객을 관리하고 유지하는 고객 가치를 극대화하는 일련의 활동을 말한다.

- 고객관계관리
  - 시장점유율보다 고객점유율에 비중을 둔다.
  - 고객획득보다는 고객유지에 중점을 둔다.
  - 상품판매보다는 고객 관계에 중점을 둔다.

2. RFM 분석과 고객 생애 가치 평가에 관해 설명하시오.

- RFM분석

  RFM분석은 최근 구매일(Recently), 구매빈도(Frequency), 구매금액(Monetary value)을 측정하여 고객을 평가하는 것을 말한다.

- 고객 생애 가치(Customer lifetime value)(LTV)

  고객 생에 가치는 고객과의 관계를 통하여 나오는 미래 현금흐름의 현재 가치를 평가하는 것이다.

  고객 생애 가치는 고객이 자사에 전 생애에 걸쳐 제공하는 이익을 현재 가치로 환산한 개념으로 잠재적이고 변화하는 개념으로 현재 실현된 가치와 잠재적인 가치로 구분하여 이해하여야 한다.

  고객의 LTV = 실현가치 + 잠재가치

고객 잠재가치를 추정하는 것이 중요한 개념인데 잠재가치 추정은 마케팅 관리자의 현재 가치를 분석에 의해 이루어짐으로 현재 가치가 파악이 유용하다. 즉 기존고객 자료 분석을 통하여 일정한 규칙이나 상관관계 분석하여 미래의 행동을 예측하는 것이다.

3. 포인트 프로그램에 관해 설명하시오.

고객보상(로열티) 프로그램으로서 포인트 적립 프로그램은 원래 단독 마일리지 형태로 시작되었으나 포인트 소비의 범용성이 높아지면서 제휴 마일지를 거쳐 통합교환 마일리지 형태로 발전되어 왔다.

대부분 브랜드는 호환성이 없는 개별 포인트 프로그램을 운영함으로 포인트로 해당 브랜드에서만 적립과 소진을 할 수 있다. 이 경우 소진 가능한 수준까지 포인트를 적립하려면 오랜 시간이 소요됨으로 포인트 활용이 적립보다 매우 미약해진다. 하지만 통합 포인트 카드는 동일 기업 내 다수 브랜드 통합 또는 이종 기업 간 제휴로 형성되므로 단일 브랜드 프로그램보다 적립 및 소진 처가 다양하다. 따라서 사용 가능한 최소 적립액에 도달하는 시간 즉 이익 실현 시점이 빨라지며 소진이 더욱 편리해진다는 장점이 있다. 성공적 포인트 프로그램은 충분한 수의 고객이 해당 프로그램을 채택하고 고객카드를 지속해서 이용하는 것이다.

4. 다음 용어에 관해 설명하시오.

- 지갑점유율

- 20/80 법칙

- 로열티 프로그램

Chapter 11 판매 지원관리

제1절 인사관리

1. 직원관리

1) 직원관리

직원관리 중요 항목은 채용, 교육훈련, 보상, 고충 처리 등이 있다. 이러한 활동을 성공적으로 수행하기 위해서는 인간관계 기본원리를 이해하고 활용하는 능력이 필요하다. 직원관리 목적은 일을 즐겁게 하고 고객에게 만족스러운 활동을 하는 데 있다. 사업 목적이 지속경영과 이윤 극대화에 있으므로 직원관리는 비용문제와도 직결된다. 직원들 결근, 이직, 만족도 등을 주기적으로 관리하여 충성도 있는 직원 육성이 필요하다.

2) 직원채용

조건이 가장 잘 맞는 사람을 채용하기 위해서는 여러 지원자 자격을 알아야 한다. 채용정보는 지원서, 추천, 면접, 시험, 신체검사와 같은 방법을 통하여 이루어진다. 소규모 점포에서는 지원서, 면접, 추천 방식을 이용하여 채용한다 할 수 있다.

직원채용 방법으로 모집 광고, 교육기관, 자발적 지원방법, 지인 소개 등 방법으로 이루어진다. 직원채용 절차는 공고, 전형, 면접, 교육, 채용 절차에 의해 진행된다.

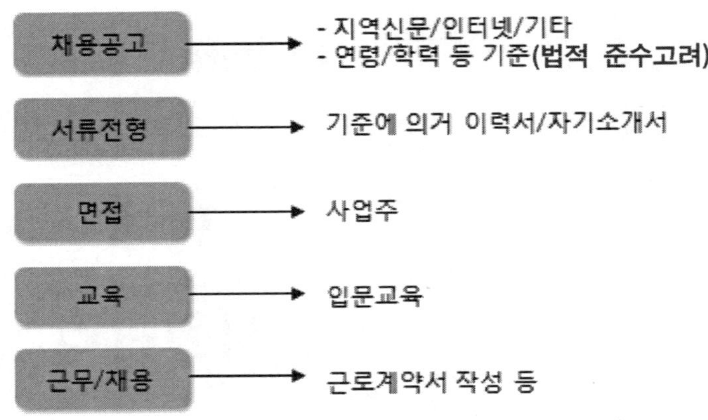

▌직원채용 FLOW▐

구분	내용
자격	• 만 18세 이상 • 신원보증보험 가입 가능자 • 신입/ 경력 구분
모집 직종	• 판매원/ 계산원 등 세부 직종
근무시간	• 주 5일 근무/ 파트 타임
복지후생	• 급여/ 인센티브
제출서류	• 이력서(사진 부착) • 주민등록 등본 1부 • 최종 졸업증명(필요 시)

▌지원모집 요강▐

평가 항목		1차 평가	2차 평가
인적 사항	연령		
	지식(학력 포함)		
태도	긍정적 사고		
	서비스 마인드		
	인상/용모		
지식	직무지식		
	고객응대		
기타			
종합평가			

▌면접 평가▐

항목	내용	면접 질문
자기소개	성장 배경/ 장단점	자기소개서 3분 스피치
태도	면접 태도 언어/ 인상	생활습관/ 취미/ 특기
직무능력	업무 경력/ 성취 경험	구체적 경험 구술
유통상식	유통업 이해 정도	유통용어/ 자격 소지 여부
미래가능성	지원동기	미래상

▮면접 중점 항목▮

3) 근로계약

(1) 근무규정 수립 및 교육

근무규정은 채용, 계약 기간, 정년, 근무시간, 근로자 의무와 권리 등을 포함하여 수립하고 교육이 필요하다.

(2) 근로계약

근로계약서는 필수적 사항으로 반드시 서면 작성하고 내주어야 한다.

항목	세부내용
임금	- 구성항목/ 계산방법/ 지급방법
근로시간	- 주 40시간/ 고정연장근로 있을 시 명시/ 휴식시간
휴일	- 근로기준법상 주휴일/ 근로자의 날 (5월 1일)/ 약정 휴일
연차유급휴가	- 1년 이상 근무 시 15일
취업 장소 및 종사업무	- 업무장소 및 업무

▮근로계약서 필수사항▮

———— (이하 '갑' 이라 함)과 ——— (이하 '을'이라 함)은 다음과 같이 근로계약을 체결한다.

다음

1. 근로계약 기간 : 2020년 월 일부터 년 월 일까지
*근로계약 기간을 정하지 않으면 근로개시 일만 기재
2. 근무 장소 :
3. 업무 내용 :
4. 소정근로시간 : 00시 00분부터 00시 00분까지.
(휴식시간 : 시 분 ~ 시 분)
5. 근무일/ 휴일 : 매주 00일(또는 매일 단위) 근무, 주휴일 매주 00요일
6. 임금
- 월(일, 시간)급 : 원
- 상여금: 있음( ) 000원, 없음( )
- 기타 급여(제 수당 등): 있음( ), 없음( )
. 원 . 원
. 원 . 원
- 임금지급일 : 매월(매주 또는 매일) 00일(휴일인 경우는 전일 지급)
- 지급방법 : 을에게 직접 지급 ( ), 예금통장에 입금( )

7. 연차유급휴가
- 연차유급휴가는 근로기준법에서 정하는 바에 따라 부여함
8. 근로계약서 교부
- 갑은 근로계약을 체결함과 동시에 본 계약서를 사본하여 을의 교부요구와 관계없이 을에게 교부함 (근로기준법 제17조 이행)
9. 기타
이 계약에 정함이 없는 사항은 근로기준법에 따름

0000년 00월 00일

(갑) 사업체명 :
주 소:
대표자: (서명)

(을) 주소 :
연락처 :
성명 : (서명)

▌근로계약서 서식▐

4) 교육훈련

적절한 교육훈련은 업무수행을 효과적으로 할 수 있도록 하고 생산성을 향상한다. 사업장 내 수칙 등을 준수하여 실수를 줄이고 고객만족도를 증가시킨다. 교육훈련은 장기적으로 판매비용을 낮추고 이익을 증대시키며 결국 종업원 수입 증가와 이직률 감소로 사업자 업무를 축소할 수 있다. 소매점에서 교육훈련은 서비스가 저하되지 않도록 하는 데 초점을 두고 설계되어야 한다.

(1) 입문교육

사업장 소개, 직원 소개, 직원근무 규정, 서비스 기본 교육, 법적 교육(성희롱 예방/보건위생 등)

(2) OJT 교육

On the job training 약자로 직무 중 교육을 의미한다. 점포에서 선배 사원으로부터 현업 업무를 수행하며 직무에 필요한 지식. 기능 등을 계획적으로 지도. 교육받는 활동을 말한다. 기존 사원 업무 변경 시에도 필요한 교육이다. 계획적이고 체계적인 교육이어야 한다. 사원의 부족한 점을 확인하고 명확하게 목표를 수립하여 교육해야 한다. 인원 부족, 업무과다 등으로 교육이 단절되지 않도록 하는 지속적 노력이 필요하다. 업무를 진행하면서 습득하는 것에 자긍심을 가질 수 있도록 해야 한다.

5) 보상

소매점에서 보수로 정액 급여, 급여 플러스 리베이트, 수당, 능력 급여 등 4가지로 구분하여 생각할 수 있다.

(1) 정액 급여

근로자가 급여일마다 일정 금액을 받는 것이다. 이 방법이 가장 일반적인 방법이다. 정액 급여는 많은 이점을 가지고 있는데 특히 여러 가지 일을 하는 소매점 근로자에게 기준을 정하기가 어려움으로 가장 좋은 방법이 될 수 있다. 적절한 급여는 근로자 만족도를 증대시키고 이직을 방지하여 매장 안전성을 가져온다.

(2) 급여 + 총매출액에 대한 리베이트

이 방법은 리베이트를 제외하면 상대적으로 적은 정액 급여에 매출액에 대한 일정률의 리베이트율 더하여 지급하는 것으로 매우 보편적으로 이용되고 있다. 일반적으로 매출액에 대한 리베이트는 0.5~1% 범위로 지급되는데 정액 급여 불만을 감소시키고 근로자 능력을 기여에 따라 탄력적으로 적용하며 판관비에서 인건비 비율도 관리된다는 장점이 있다.

(3) 수당

수당은 소매점에 따라 다르지만, 대표적인 것은 유급휴일, 연장근무, 근속연수에 따른 지급이 보편적이다.

① 주휴수당 : 일간 근로에 대하여 유급휴일 수당이 지급된다.
② 근속수당 : 입사일 기준 일정기간 지난 근로자에게 근로기간에 따라 차등 지급된다.
③ 연장수당 : 근로시간 이외의 근무시간에 수당이 지급된다.

(4) 능력 급여

능력 급여제에서 근로자들이 판매한 실적에 따라 제정된 리베이트를 받게 된다. 리베이트는 상품 종류나, 이익률, 점포 규모에 따라 다르지만, 매출에서 일정률을 지급하는 방법이다.

구 분	구체적 사항
상품절차	• 상품 수량과 재고관리 정확성 • 상품 운영부실로 인한 상품 감소 예방 • 매장에서 올바르게 상품 보전 • 상품 보증 내용이나 디자인에 대한 지식 • 상품 도착 즉시 매장으로 상품 이동
고객에 대한 서비스 능력	• 고객에게 예의 바른 서비스 제공 • 점포 규칙에 따라 고객 불만이나 서비스상의 문제 해결 • 상품반환이나 신용거래로 대금완불 시까지 상품보관 시 적절한 절차 준수 • 고객에게 추가할 수 있는 상품, 보완상품 제안
판매능력	• 매출 올릴 수 있는 능력 • 수익성 있는 상품판매 촉진 • 다른 부문이나 도움이 필요한 다른 판매원을 도움 • 주요 상품부문의 동료 직원들과 열심히 일함
제품·상품에 대한 지식	• 상품군의 디자인, 형태, 구조 등에 대한 지식 • 특별 판촉행사나 광고된 할인제품에 대한 지식 • 상품에 어울리는 액세서리, 재료, 색채 조화 등에 대한 지식 • 상품에 대한 정확하고 완벽한 업무 기록과 처리
점포 정책	• 업무 일정에 대한 정확하고 완벽한 업무 기록과 처리 • 현금 및 신용거래에 대한 정확하고 완벽한 업무 기록과 처리 • 작업시간이나 판매 회의시간, 교육시간 정확 준수 • 직속 상사 매일 매일 지시나 교육 정확 준수 • 직원 전반적 작업 태도

자료: Lusch, Dunne and Gebhardt, Retail Marketing 2nd ed. 1993, 한동철 외(2003)

▮판매원 보상을 위한 평가 기준▮

6) 고충 처리

근로자 고충은 근무시간, 급여, 작업환경, 근로자 간의 관계 등 다양한 형태로 나타날 수 있다. 사업주는 근로자 고충을 파악하려고 평상시에 관심을 기울이는 동시에 퇴직자 면담을 통해 불만을 해소하고 근로 환경을 개선하는 것이 사업 목적을 효율적으로 달성하는 방안이 될 것이다.

(1) 4대 보험

사업자, 근로자 관점에서 기본이 되는 보험이 건강보험, 국민연금, 고용보험, 산재보험 등 4대 보험이다. 개인사업자의 4대 보험 의무는 없지만, 국민연금과 건강보험은 징수된다. 법인사업자는 의무가입 사항이다. 4대 보험 적용 대상은 국민연금의 경우 18세 이상 60세 미만의 근로자와 사용자가 대상이고 건강보험은 상시 1인 이상 근로자를 사용하는 사업장에 고용된 근로자와 사용자가 대상이고 고용보험과 산재보험은 근로기준법에 따른 근로자가 대상이다.

구 분	대 상
국민연금	일용근로자 또는 1개월 이내의 신고 기한부로 사용되는 근로자
건강보험	1개월 미만 기간 고용되는 일용근로자 1개월 소정 근로시간이 60시간 미만인 단시간 근로자
고용보험	65세 이상인 자/ 월간 근로시간 60시간 미만 근로자
산재보험	공무원연금법 등에 의하여 재해보상이 하여지는 자

▌4대 보험 적용 제외 대상▐

(2) 경조사 지원

경조사 지원은 제도가 있으면 동기부여가 되는 사항이라기보다는 지원제도가 없을 시 근로자 불만이 제기될 수 있는 사항으로 이해된다. 회사 규모, 재정적 여건에 따라 시스템과 규모가 결정되지만, 소규모 소매점에도 본인과 배우자 경조사 지원제도는 10인 이상 사업자의 취업규칙 작성 및 신고의무 이행 시 취업규칙에 추가하여 관리한다.

■ 취업규칙 작성 신고

① 상시 10명 이상의 근로자를 사용하는 사용자는 취업규칙을 작성하여 고용노동부 장관에게 신고하여야 한다(근로기준법 제93조).

② 취업규칙은 사규, 규정, 세칙 등 그 명칭과 관계가 없고 그 형식에서도 하나의 서면으로 작성해야 할 필요는 없다.

③ 취업규칙을 신고할 때는 작성된 취업규칙 전체, 근로자 의견서(또는 동의서), 단체협약이 있는 경우에는 단체협약을 제출하여야 한다.
④ 사업장의 근로시간과 휴일, 휴가, 임금에게 맞게 작성하여 신고한다.

(3) 노사협의회

노사협의회는 근로자 참여 및 협력증진에 관한 법률에 의거 근로자와 사용자가 참여와 협력을 통하여 근로자의 복지증진과 기업의 건전한 발전을 도모하기 위하여 구성하는 협의 기구이다. 상시 근로자가 30인 이상일 경우에는 노사협의회를 설치, 신고하고 회의록을 작성하여 보관하는 것이 의무이다. 노사협의회는 분기별로(3개월마다) 개최해야만 하고 회의록 및 서명 기록을 갖춰야 한다. 노사협의회는 노사 간 위원수 각 3명 이상 10명 이하로 구성하고 구성원을 선출하되 근로자 측 대표는 근로자가 선출하고 회사 측 대표는 사업장의 대표 또는 대표가 위촉하는 자로 구성한다.

2. 매장근무 지침

1) 오픈 준비

(1) 청소

개점 전 담당구역을 정리 정돈한다. 바닥이 더러워져 있거나 휴지 등이 있으면 바로 정리한다. 통로에 있는 상품 등을 치우고 청소도구 등은 제자리에 놓는다.

(2) 진열정돈

담당 구역의 곤돌라, 쇼 케이스 등에 보충진열 상태를 확인하여 부족한 곳은 보완한다. 흐트러진 상품은 정리 정돈한다. 상품은 가격표가 정면을 향하도록 한다. 상품과 매대 먼지를 청소한다.

(3) 가격표 확인

진열된 모든 상품가격이 정해진 위치에 붙어져 있는지 확인한다. 더럽거나 찢긴 것, 잘 보이지 않는 것은 재부착한다.

(4) POP 쇼 카드 확인

행사 시 광고가격과 판매가격 일치를 확인한다. 정해진 위치에 부착한다. 낡은 POP는 제거한다. 행사가 종료된 POP는 신속하게 제거한다.

2) 말하는 법

표준어를 사용한다. 간단명료하게 상대방이 이해하기 쉽도록 말을 한다. 자연스럽게 말을 한다. 거친 말씨는 사용하지 않도록 한다. 동료 간에 대화 중 거친 말이 나오지 않도록 주의한다. 매장에서 큰 소리로 이야기하지 않도록 한다. 매장에서 길을 막고 서서 이야기하지 않도록 한다. 일하고 있는 사람에게 말을 할 때는 상대방 처지를 생각하며 말하도록 한다.

3) 지시받을 때

호명을 받으면 "예"라고 대답하고 가까이 다가간다. 메모 준비를 하도록 한다. 상사 이야기는 끝까지 듣고 답변한다. 요점과 필요한 사항은 꼭 메모한다. 자신의 능력, 시간, 내용을 생각하여 부족한 부분은 질문을 통하여 확실하게 지시받는다. 직속 상사 외의 사람에게 지시받았을 때는 직속 상사에게 보고 후 조치 받는다. 예의 바른 태도를 유지한다.

■ 지시 사항에 의견

① 상대 처지를 이해하고 겸허한 마음으로 경청한다.
② 사실에 입각한 근거 자료 구비, 재지시 받는다.
③ 지시내용이 무리라면 그 이유를 설명하고 상사 도움을 받는다.

4) 보고 요령

보고는 중요한 의사결정의 도구로 올바르고 의사결정을 쉽게 할 수 있도록 도움을 주는 의사소통이다. 일이 끝나면 보고한다. 일이 종료되어도 보고를 통하여 마무리한다. 간단한 일이라도 되도록 빨리 보고한다. 지시한 사람에게 보고한다. 지시한 사람이 직속 상사가 아닐 경우 업무 종료 후 직속 상사에게 보고하도록 한다. 보고는 간결하고 알기 쉽게 한다(1page 이내로 보고). 결론을 보고한 후 알기 쉽게 한다. 필요하다면 자료를 준비하고 설명한다. 보고받는 사람 처지에서 보고한다. 보고 신뢰성을 높인다. 오·탈자 수정, 보고 단위 통일, 차례 목차 통일 등 깔끔하게 한다. 다음의 경우에는 중간보고를 하고 지시 때문에 일이 진행되도록 한다.

① 시간이 지연될 때
② 범위를 넘을 때
③ 어려움에 직면할 때
④ 상황이 변할 때

■ 문서보고

① 중요한 사항
② 복잡한 사항
③ 기록으로 보관해야 하는 사항
④ 여러 사람에게 별도 보고가 필요한 사항

5) 매장근무

매장에서 신문이나 잡지를 보아서는 안 된다. 화장하거나 비듬을 털거나 손톱을 자르는 행위는 하지 않는다. 매장에서 껌을 씹거나 이쑤시개를 사용하지 않는다. 고객 앞에서 동료끼리 언쟁을 하지 않는다. 고객에 대한 비평이나 귓속말을 하지 않는다. 고객 앞에서 직원을 혼내지 않도록 한다. 상사에 대해 비평을 하지 않는다. 고객 앞에서 협력업체와 상담하지 않는다. 대면판매 시 먼저 온 고객 순으로 응대한다. 고객 고충 사항 발생 시 즉시 해결 혹은 보고한다, 고객 의견은 보고한다. 상품 진열, 청소 등으로 고객 불편이 되는 일이 없도록 한다.

6) 판매원과 계산원의 용어

(1) 판매원 7대 용어

① 어서 오세요.
② 네 잘 알겠습니다.
③ 잠깐만 기다려 주십시오.
④ 대단히 죄송합니다.
⑤ 오랫동안 기다리셨습니다.
⑥ 감사합니다.
⑦ 또 들려주세요.

(2) 계산원 7대 용어

① 어서 오세요.
② 계산하겠습니다.
③ 00원입니다.
④ 00원 받았습니다.
⑤ 00원과 영수증입니다.
⑥ 감사합니다.

⑦ 또 들려주세요.

7) 매장근무계획 수립

직원들 휴무와 휴무 시 생산성 유지를 위하여 근무계획과 집중근무를 관리할 필요가 있다.

(1) 근무계획

① 일별, 주간별 근무계획 수립
② 정규직원/비정규직원 근무계획 수립
③ 시즌/ 집중 근무시간 계획수립

(2) 근무계획 설정 고려사항

직원들 간 형평성 있는 근무계획이 되어야 한다. 점포(장/주)의 솔선수범이 선행되는 것이 필요하다. 매출 최고조 시간과 행사 기간 인원 부족을 고려하여 수립하여야 한다. 매출 절정에 사무업무/보고업무 등으로 고객 응대에 소홀함이 없도록 관리되어야 한다. 근무계획 설정과 시행 확인이 필요하다.

성명	직책	1	2	3	4	5	6	7	비고
		월	화	수	목	금	토	일	
김OO	점장	B	H	H	C	B	B	C	집중 근무 시간

A: 조출 B:정상출근 C:오후출근 H: 휴무

▮주간 근무계획서▮

8) 매장 청소

소매점 매장 청소는 상품, 시설, 비품을 항상 최고 상태로 유지하는 것을 말한다.

(1) 청결 매뉴얼

소매점 매장을 청결하게 유지하기 위해서는 청소하는 시스템을 만들고 청소구역을 할당하고 표준화하여 전 구성원이 공유하는 것이다.

구분	청소내용
매일	오픈 전 청소 /오후 재정리 타임 지정
주간	매주 토요일 대청소의 날 - 매장 입구 매트 청소 - 신선식품 매대 청소
월간	매월 1회 - 유통 기한 집중 점검
반기	조명/ 시설 포함 청소 - 시즌별 대청소 - 조명기구, 집기 대청소

▮청소 주기▮

(2) 매장구역 담당자 및 업무 할당

청소는 단순하게 터는 것, 빨아들이는 것, 닦아내는 것, 씻어내는 것은 기본으로 하고 고객이 충분히 만족할 수 있는 청결한 환경을 조성한다는 각오로 임해야 한다. 청소구역과 업무를 할당하고 체크를 통하여 유지관리하는 것이 필요하다.

매장 A	매장 B	매장 C
출구 D	계산대 E	입구 F

주차장 G

▮매장구역▮

담당	업무 내용
A	잡화매장 청소
B	그로서리 매장 청소
C	농산매장 청소
D	출구/ 화장실
E	계산대
F	입구/부착물
G	주차장

▮구역담당자▮

항목	점검사항	
청소 점검	상품상태 확인(먼지/ 유효기간)	
	진열 집기 점검(정상 매대/ 행사 매대)	
	매장 바닥 청결 상태 점검	
	비품 점검	
	천장/ POP 점검	
	매장 주변 점검	
	사무실/파지장 점검	
	휴게실/ 식당 점검	
정리 정돈	고객 동선 점검	
	통로에 상품 방치 점검	
	비품 점검	
	고객 데스크/ 계산대/ 사무실 정돈 점검	

▮담당자 체크 항목▮

(3) 상시 점검 장소

소매점에서는 매장이 반짝반짝하고 상품이 신선하고 청결한 환경을 고객이 요구한다는 사실을 알아야 한다. 특히 슈퍼마켓은 청결한 모습과 신선한 향기가 매출에 직접적 영향을 미친다는 사실을 종사자는 명심해야 한다. 특히 이 중에서도 바닥, 조명, 화장실 상시 청결함 유지관리가 중요한 요소이다.

구분	관리 포인트	비고
바닥	- 소매점 매장 바닥은 빛이 날 정도로 관리가 필요하다. - 점포 바닥은 고객의 매장 청결 상태를 가늠하는 장소라는 점을 명심해야 한다.	
조명	- 전구 수명이 다된 것, 깜박거리는 형광등이 없도록 관리한다. - 조도와 조명기구 수명을 고려하여 관리한다.	
화장실	- 청결을 유지하고 냄새가 나지 않도록 한다. - 화장실 비품이 준비되어 있는지 확인한다. - 화장실 옷걸이도 점검해서 청결을 유지한다.	

▮상시 점검 장소 관리 포인트▮

3. 접객서비스 매뉴얼

1) 고객 만족

(1) 고객개념

고객은 우리에게 수익을 창출해주는 사람입니다. 따라서 고객을 외면하는 것은 일터, 수익 창출 근원을 외면하는 것이다. 어느 업종이나 고객은 존재하는 것이다. 즉 회사를 옮긴다 하더라도 고객을 외면하고서는 결코 존재할 수가 없다는 것이다. 결국, 어디 가든 고객이 일터를 주고 수익을 창출하는 근원이다.

(2) 고객을 어떻게 대할 것인가?

고객이 그만큼 중요한 것이므로 고객에게 정성을 다해야 할 것이다. 그럼 구체적으로 고객을 어떻게 대해야 할 것인가를 보면 다음과 같다.

항상 명랑하게 대한다. 복장과 머리 모양도 언제나 단정하고 깨끗하게 유지한다. 언제나 최상 예의를 갖추어 대한다. 만나면 언제나 먼저 인사한다. 마주치면 길을 양보한다. 헤어질 때 인사한다. 고객이 무엇을 묻거나 안내를 원하면 무엇보다 우선해서 응대한다.

(3) 고객이 불편해하거나 불평을 할 때 어떻게 할 것인가?

고객이 불편해하거나 불평을 한다는 것은 우리가 부족한 탓이다.

고객이 찾는 상품이 없다면 – 우리가 상품 구색을 못 갖춘 탓이다. 상품 품질이 고객 마음에 안 들면, 가격이 비싸다고 불평하면, 점포시설이 불편하거나 환경이 깨끗하지 못하여 고객이 불만을 말하면 개선해야 한다.

(4) 많이 팔고 이익을 늘리기 위해 어떻게 해야 하나

계산된 목적의식만을 가지고 활동을 하여 이익이 증가하게 되면 곧 진정한 목적을 잃어버리게 되어 다시 과거로 되돌아가게 되는 것이다. 따라서 고객을 소중히 여기고 고객을 위하는 것은 당연한 우리 의무이며 고객이 늘어 매출이 늘게 되는 것은 어디까지나 고객을 소중히 여기고 생활해 온 결과일 뿐이다. 그러므로 매출 증가와 관계없이 항상 고객에게 감사하는 마음으로 정성을 다해야 할 것이다. 고객 만족을 위해서는 직업인으로서의 상하 구분이 있을 수 없다. 그러므로 구성원 모두가 고객에게 감사하는 마음을 가져야 하며 마음에서 우러나오는 친절한 행동이 몸으로 나타날 때 차별화되는 것이다.

2) 친근감 있는 고객 응대

매장에서 고객과 만남은 개인적 만남이 아니라 회사를 대표하는 자격으로 고객을 만나기 때문에 중요하다. 더욱 친절하고 세련된 고객 응대는 회사를 방문하는 고객들에게 좋은 인상을 심어준다.

■ Moment of Truth(MOT)

진실의 순간, 결정적 순간이라는 MOT는 스칸디나비야 에어라인 항공사에서 도입하여 성공을 거둔 시스템이다. 고객 접점 서비스에서 결정적 순간은 고객과 서비스 요원 간 짧은 15초 동안의 순간에 의해 결정된다는 의미이다. 고객 접점 최일선 판매원이 고객 선택이 최고 선택이라는 것을 짧은 시간 동안에 권한과 책임감으로 확인시켜 주어야 한다는 의미이다.

(1) 고객 응대 의미

고객과 회사가 만나는 최일선이다. 고객 요구를 받아들이고 해결하는 것이다. 가장 짧은 시간 내에 효율적으로 나의 마음을 덧붙여 제공하기 위한 행위이다. 매일 업무를 처리하는 생활 연속이며 자기실현 수단이다.

(2) 고객을 맞이하는 마음가짐

항상 감사하는 마음으로 성의를 가진다. 누구에게나 한결같이 친절하고 공손하게 웃는 얼굴과 명랑한 응대로 고객에게 호감을 느끼게 한다. 자세는 바르고 태도는 자연스럽게 고객 의도를 파악한다. 실수하지 않도록 업무지식에 능통해야 한다. 약속은 반드시 준수한다.

(3) 호칭

고객에 대한 호칭은 남자고객, 여자고객 모두 손님으로 총칭한다. 아줌마, 아저씨 등 호칭은 사용하지 않는다.

(4) 대화

고객과 대화는 진지하게 상대방을 바라보며 해야 하며 불쾌감을 주지 않는 언어를 사용해야 한다.

① 고객과 대화 유의사항

알아듣기 쉬운 표준말을 사용한다. 명확하게 발음한다(특히 말끝을 흐리지 않도록 주의). 간결하게 요점만을 강조하여 지루하지 않도록 한다. 고객이 무슨 말을 하든지 말다툼은 절대 하지 않는다. 항상 높임말을 쓴다. 이야기 도중 말을 가로막지 않도록 한다. 전문용어는 사용하지 않는다. 지나치게 큰소리 또는 속삭이듯 작은 소리로 이야기하지 않는다.

② 경청 예절

상대방을 정면으로 바라본다. 상대방 말에 반응을 보인다. 의문이 있으면 끝난 뒤에 묻는다. 상대방과 눈을 맞춘다.

(5) 고객 안내

고객을 매장이나 사무실에서 안내할 때는 “이쪽으로 오십시오”라고 말을 하고 비스듬히 비켜서 반걸음 앞서서 걸어가는 것이 바람직하다. 본인이 다른 고객과 대화 시에는 “잠깐만 기다려 주십시오”라고 양해를 구한다. 부득이하게 직접 안내를 하지 못하는 경우는 상세하게 위치를 알려드린다. 다른 사람에게 손님을 인계할 때에는 “죄송합니다. 000 때문에 다른 직원에게 부탁하겠습니다”라고 양해를 구한 뒤 다른 직원을 불러 용건을 자세히 전달한 뒤 인계한다.

3) 몸가짐

(1) 옷차림 및 용모

바른 몸가짐은 모든 행동 기본이며 교양 척도이다. 단정하고 우아한 몸가짐을 한 사람은 인품이 더욱 돋보인다. 몸가짐이 바르면 어떠한 상황에서도 여유가 있다.

(2) 몸가짐 기준

① 여직원

구분	기준	금지 사항
근무복	– 청결하며 단정하게 한다. – 지정된 근무복을 단정하게 착용한다. – 근무복은 항상 깨끗하게 손질하고 단추가 떨어지거나 뜯어진 곳은 즉시 수선하여 항상 단정한 차림을 한다. – 매장에서는 손수건, 볼펜, 수첩, 메모지 이외 점내에서 불필요한 물품 소지를 금한다. – 치마 길이는 무릎을 기준으로 아래로 5센티 이내로 한다.	– 근무복 이외의 복장 착용을 금지한다. – 소매는 걷거나 팔을 끼는 행위를 금한다.
스타킹	– 스타킹은 피부색에 가까운 색깔을 착용한다. – 올이 빠지거나 늘어지는 것에 주의한다.	– 레이스 무늬, 색채 무늬, 판탈롱 스타킹을 금한다. – 무늬 있는 것은 금한다.

구분	기준	금지 사항
구두	- 구두는 항상 깨끗하게 닦는다. - 단정하게 착용한다. - 흑색이나 고동색을 착용한다. - 구두 굽은 5센티 이하 것을 착용한다.	- 굽이 높거나 화려한 색상 구두는 금하며, 슬리퍼 착용도 금한다. - 꺾어 신거나 끌고 다니는 행위는 일절 금한다.
명찰	- 명찰은 왼쪽 가슴에 상대방이 알아볼 수 있도록 단정히 부착한다.	- 타인 명찰 착용을 금지한다. - 명찰 미부착을 금지한다.
머리카락	- 머리는 항상 깨끗하고 단정하게 손질하여야 한다. - 앞머리는 눈을 가리지 말아야 한다. - 긴 머리는 묶어서 활동하기 편하여지도록 한다.	- 댕기 머리, 웨이브가 심한 파마, 화려한 머리핀, 머리띠, 염색 머리 등 화려한 머리형은 금한다.
화장	- 청결하며 건강 자연스러움을 표현한다. - 언제나 깨끗한 피부를 유지하되 화장은 기초화장만 가능하다. - 손과 손톱은 항상 청결하게 짧게 손질하여 여자다움을 유지한다. - 눈화장은 엷게 한다. - 매니큐어는 투명한 것으로 한다.	- 짙은 색조 화장은 일절 금한다. - 손톱을 기르거나 색깔 있는 매니큐어를 금한다.

② 남자직원

구분	기준	금지 사항
복장	- 지정된 근무복을 착용한다. - 와이셔츠는 흰색, 하늘색 계통만을 착용한다. - 별도 작업 복장 지정 직원은 단정하게 착용하고 작업에 임한다.	- 화려한 색상 와이셔츠 착용을 금한다. - 화려한 무늬 양말은 금한다. - 뒷짐을 하거나 주머니에 손을 넣는 행위는 일절 금한다. - 넥타이가 비뚤어지지 않도록 해야 한다. - 지나친 음주로 입 냄새, 술 냄새를 풍겨서는 안 된다.
얼굴	- 수염이 길어서는 안 되며 매일 면도를 한다. - 항상 청결을 유지한다. - 미소 띤 밝은 얼굴을 한다.	- 덥수룩한 수염은 금지한다. - 코털이 길게 자라 있으면 안 된다.
명찰	- 명찰은 왼쪽 위 주머니에 부착하되 항상 잘 보이도록 한다.	- 타인의 명찰 부착을 금지한다. - 명찰 미부착을 금지한다.
머리카락	- 머리는 항상 짧고 깨끗하게 손질하여야 한다. - 뒷머리가 와이셔츠를 덮으면 안된다.	- 귀를 덮는 장발, 파마는 금지한다. - 앞머리는 눈썹에 닿지 않도록 한다. - 비듬이 있으면 안 된다. - 잠잔 흔적이 있으면 안 된다.
액세서리	- 시계 및 결혼반지 이외 액세서리 착용을 금한다.	- 매장에서 일체의 액세서리 착용을 금한다.
구두	- 단화로 하며 흑색이나, 고동색으로 한다. - 매일 깨끗이 한다.	- 굽이 높은 구두, 화려한 색상 구두 등은 착용을 금한다.

※ 몸가짐 기준은 업종, 환경에 따라 탄력적으로 적용한다.

4) 인사

(1) 인사

인사는 상대방에게 마음속으로부터 우러나오는 존경심과 친절을 나타내는 행동이며 인간관계를 원활하게 하는 중요한 예절이다.

① 인사는 마음 문을 여는 열쇠

인사는 누구에게나 한다. 인사는 먼저 보는 사람이 먼저 한다. 윗사람은 반드시 답례한다. 화장실에서는 가벼운 묵례로만 한다.

② 내가 먼저 인사

주위 사람들에게 밝고 친절한 인사를 먼저 한다. 어떤 특정한 상사나 동료에게만 하지 않도록 주의한다. 즐거운 하루는 나로부터 시작됨을 명심한다.

④ 남자와 여자 인사 기본자세

정중하고 예의 바른 인사 요령을 몸에 익혀서 항상 자연스러운 인사가 반사적으로 행해질 수 있도록 최선의 노력을 다하여야 한다.

㉠ 남자 자세

남자는 차렷 자세로 바로 서서 주먹 안쪽을 바지 재봉 선상 중앙에 살며시 댄다. 발은 뒷발꿈치를 붙인 상태에서 10시 10분 방향으로 벌린다.

㉡ 여자 자세

여자는 차렷 자세에서 오른손 엄지를 왼손 엄지와 인지 사이에 끼워 하복부에 가볍게 댄다. 발은 뒤꿈치를 붙인 상태에서 11시 5분 방향으로 벌린다.

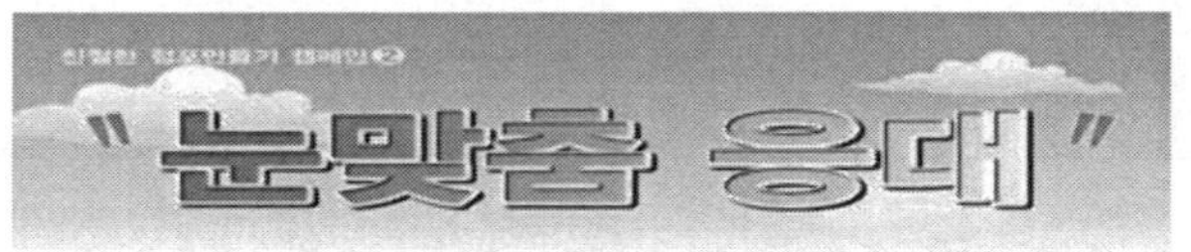

▌눈 맞춤 응대. 하모니 마트 동대문점▌

(2) 인사 종류

① 기본 인사 (보통례/ 30도)

고객을 맞이하고 보낼 때 또는 사과할 때 한다.

㉠ 인사 속도

마음속으로 하나, 둘, 셋 하면서 계속 구부리고 넷 하면서 1초 동안 멈추었다가 다섯, 여섯, 일곱 하면서 원위치한다.

㉡ 눈(시선)

인사하기 전에 상대방을 보고 인사 후에도 상대방을 본다. 시선은 1.5m 정도 전방을 향한다.

㉢ 양손 위치

오른손으로 왼손을 감싸서 아랫배에 가볍게 댄다(여자).

㉣ 발

뒤꿈치를 붙이고 앞은 15도로 벌린다.

㉤ 표정

가볍게 미소를 띤다.

㉥ 허리, 머리

허리에서 머리까지 일직선이 되도록 한다.

㉦ 인사말

어서 오십시오 등 인사말을 1초 동안 구부린 상태에서 한다.

㉧ 다리

곧게 펴고 무릎을 붙인다.

㉨ 엉덩이

엉덩이가 필요 이상으로 뒤쪽으로 나오지 않도록 한다.

② 목례(15도)

㉠ 협소한 장소에서 하거나 친근한 사람과 인사이다.

㉡ 윗몸을 굽히지 말고 가볍게 머리만 숙인다.

㉢ 눈으로 예를 표하며 부드러운 표정을 짓는다. (자주 대할 때나 복도 실내에서 한다)

③ 정중례(45도)

㉠ 정중한 사과, 감사 마음을 표할 때, 배웅 시 실시한다.

㉡ 상체를 45도 앞으로 깊게 숙여 보다 정중함을 표한다.

■ 인사 자가 점검

① 명랑한 목소리로 정중하게 인사한다.
② 고개만 숙이는 인사는 하지 않는다.
③ 상대방이 보기 전에 먼저 인사한다.
④ 친절하고 적절한 인사말을 사용한다.
⑤ 상대방 눈을 보며 인사한다.
⑥ 인사를 생활화한다.

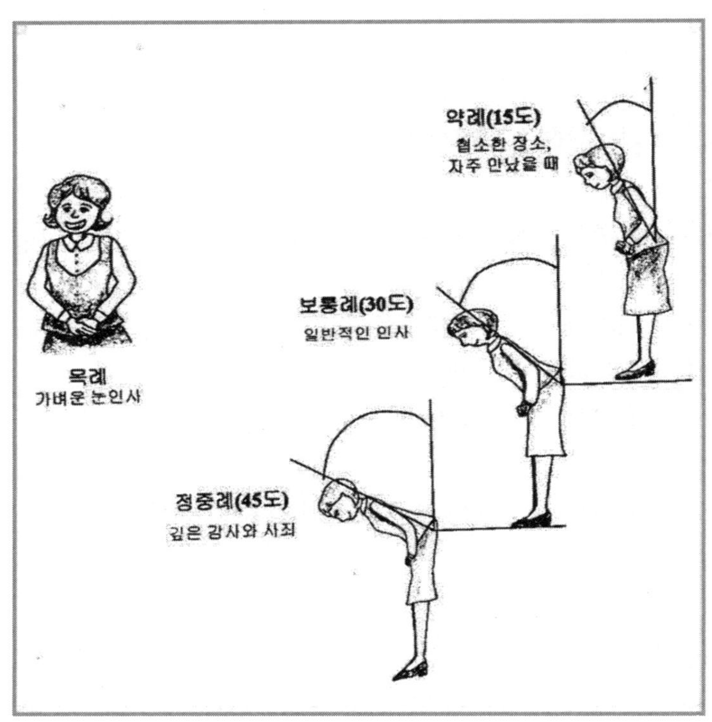

▌인사 종류▐

5) 미소

미소는 고객 관점에서 편안하고 아늑한 분위기 서비스를 받을 수 있게 하는 것이며 매장영업 기본이 되는 것이다. 항상 미소 짓는 얼굴로 고객을 대하여 명랑한 점포를 만든다.

(1) 미소는 최상 자산

미소는 값으로 정할 수 없는 귀중한 것 중 하나이다.
미소를 잘 짓는 사람 중 가난한 사람이 없다.

판매원 다정한 미소는 고객 마음을 편하게 녹여 주는 활력소가 된다.
미소는 돈을 들이지 않고 베풀 수 있는 서비스이다.
미소는 돈으로 살 수 없는 것 중 하나인 귀중한 가치 있는 보물이다.
미소는 자기 품위를 지켜주는 것이기도 하다.

(2) 미소

소리를 내지 않고 방긋 웃는 자연스러운 웃음이다. 형식적이거나 가식적이지 않은 진실이며 시끄럽지도 않고 조용하며 마치 구름을 해치고 나오는 해와 같은 것이다.

(3) 미소 효용

나는 당신과 친해지고 싶다.
나는 당신을 만나게 되어 참 반갑다.
나는 언제라도 당신을 도와드릴 마음 준비가 되어 있다.

6) 전화 응대

전화는 고객이나 상대방의 얼굴을 직접 보지 못하고 대화하기 때문에 자칫하면 실수하기 쉽고 오해가 발생할 소지가 많으며 고객과의 전화 한 통이 이미지를 결정한다는 점에서 조금도 소홀함이 없어야 한다. 친절한 이미지를 향상할 수 있도록 전화 응대 기법을 몸에 익히도록 한다.

(1) 전화 응대 기본 요령

고객을 직접 맞이하는 마음으로 한다.
발음을 정확하게 한다.
내용은 간단하고 명료하게 한다.
태도는 친절하고 말은 정중하게 한다.

(2) 전화 사용 주의 사항

개인 전화는 삼간다.
전화가 걸려오면 가장 가까운 위치 사람이 받도록 한다.
메모지와 필기구를 준비한다.
상대방이 눈앞에 있다고 생각하고 말씨나 태도를 주의한다.
큰소리는 도리어 폐가 될 수 있으므로 주의한다.
알기 쉬운 말을 사용하고 중요한 사항이나 틀리기 쉬운 것은 반복 확인한다.

상대방이 오래 기다리게 되면 다시 전화를 걸도록 요청한다.
통화를 끝낼 때는 말을 정중하게 한다.
전화기는 조심스럽게 다루도록 한다.
고객의 용건에 자신이 답변할 수 없을 때는 죄송합니다 라고 양해를 구하고 담당자를 바꿔 준다.
잠깐만 기다려 달라는 말을 반복하면 상대방 감정을 상하게 할 수 있다.
통화 중에는 다른 일을 삼간다.

(3) 전화 받는 요령

벨이 2번째 울릴 때 수화기를 든다. (세 번 울리기 전에 받는다)
우선 자기 소속과 이름을 밝힌다.
상대방을 확인 후 인사한다.
메모 준비를 하고 용건을 경청한다.
애매하고 불확실한 것일 때는 분명히 확인하고 답한다
용건이 끝났음을 확인한 후 통화내용을 요약, 복창한다.
마무리 인사를 한 후 상대방이 수화기를 내려놓은 다음 조용히 수화기를 내려놓는다.
통화 중 다른 사람과 부득이하게 이야기해야 할 때 상대방에게 정중히 사과한 후 이야기를 한다.
잘못된 전화를 받을 때도 친절하게 대해야 한다.

(4) 전화 거는 요령

용건을 육하원칙으로 정리하여 메모한다.
전화번호를 확인한 후 왼손으로 수화기를 들고 오른손 인지로 다이얼을 누른다.
상대방이 나오면 자신을 밝힌 후 상대방을 확인한다.
간단한 인사말을 한 후 시간, 장소, 상황을 고려하여 용건을 말한다.
용건이 끝났음을 확인한 후 마무리 인사를 한다.
상대방이 수화기를 내려놓은 다음 수화기를 조심스럽게 내려놓는다.
전화를 잘못 걸었을 때는 죄송합니다 라는 말을 잊지 않는다.

(5) 전화 연결 요령

전화 받을 사람을 확인한다.

동명이인이 2명 이상일 경우에는 담당, 성명으로 확인한다.
전화를 연결할 때에는 송화구를 막은 다음 전화 받을 사람에게 연결한다.
전화 받을 사람이 즉시 받을 수 없으면은 중간 상황을 수시로 알려준다.

(6) 직장 내 이동전화

이동전화는 벨 소리를 무음 또는 진동으로 해둔다.
이동전화 소지 시 테이블 위에 올려놓거나 회의 시 검색하지 않는다.
전화를 받아야 할 때 외부로 이동해서 받는다.

■ 잘못 걸려온 전화

잘못 걸려온 전화 수신 시 여기는 000입니다. 친절하게 응대한다.
잘못 걸었을 때는 정중하게 사과하고 상대방이 수화기 놓은 뒤 끊는다.
다른 사람, 부서에 온 전화는 상대방에게 알리고 번호를 알려주거나 연결하여 준다.

4. 안전관리

1) 안전관리

건물, 작업방법, 작업환경은 판매 이전에 소매점 직원, 고객, 방문객에게 안전 및 사고를 예방하는 시스템이 갖춰져야 한다. 소매점에서 안전관리란 매장에서 법이나 규정에 따라 안전을 위하여 실시하는 조치나 활동을 말한다. 광의로는 재해나 사고를 사전에 방지하고자 조치나 대책 등 일련의 행동을 말한다. 안전관리는 구성원이 적극적인 참여와 관심을 가지고 평소 안전의식이 고취되어 있어야 한다. 이러한 목적으로 정기적 교육과 점검을 철저하게 시행하여 안전관리 생활화가 필요하다.

2) 시설물 안전관리 내용

소방시설	소화기, 소화설비. 경보설비, 피난시설
방화(건축)설비	방화구획(방화문. 셔터 포함), 비상구, 방염처리
전기시설	전열 기구(누전, 합선, 과부하 등)
위험물시설	부탄, 시너, 페인트 등
가스시설	도시가스, LPG 등

▮시설물 안전관리 내용▮

3) 긴급사태 대처 방안

구분	예방	대처
화재	- 시설물(건축, 전기, 소방, 가스 등) 관리 - 교육/훈련/순찰 시행 - 방화차단	- 화재전파(119/방송) - 초기소화 - 고객 대피 - 진압/ 복구
도시 가스	- 배관/이음새 부분 점검 - 가스경보기 노후교체 - 감시장치 기능 유지	- 가스누설 시 대처
정전 (단전)	- 정전 시 외부지원체제 구축	- 안내 - 비상발전 가동
엘리베이터 사고	- 정기적인 점검 및 보수	- 정전/화재/고장이 나면 대처 방안 수립 대응
기타	- 안전대책	- 상황별 대처

▌긴급사태 대처 방안▐

4) 소방시설

구분	내용	시설
소화설비	- 물 등 소화 약제를 사용하여 소화하는 기계, 기구 또는 설비와 이에 상응하는 소화 성능이 있는 것을 말한다.	- 소화기 - 소화전 - 스프링클러 설비 - 하론, CO_2 설비 등
경보설비	- 화재 예방을 건축물(시설)에 있는 인원과 소방관서에 알리는 기계, 기구 또는 설비를 말한다.	- 자동화제 탐지 설비 - 화재 속보 설비 - 비상방송 설비
피난설비	- 화재 시 건물(시설)에 있는 인원이 피난하기 위하여 사용되는 시설을 말한다.	- 피난사다리/유도등 등 - 완강기/공기호흡기 - 비상조명등 설비
소화 용수 설비	- 소화 활동에 필요한 용수를 필요한 양 이상만큼 저장하는 설비를 말한다.	- 물통, 고가수조 - 상수도 소화 용수 설비 등
소화 활동 설비	- 화재 시 소화 활동하는 사람이 효과적으로 소화 활동을 전개할 수 있도록 미리 설치해 두는 설비를 말한다.	- 제연 설비 - 연결 송수관 설비 - 비상 콘센트 설비

▌소방시설▐

5) 소화기

(1) 소화기 설치 장소

통행 또는 피난에 지장이 없고 사용 시 쉽게 반출할 수 있는 장소에 설치한다. 바닥면으로부터 높이가 1.5m 이하의 장소에 설치한다. 물이 있거나 그 밖의 소화 약제가 동결, 변질되거나 분출할 우려가 적은 장소에 설치한다. 단, 보호를 위한 조치가 있을 시 그러지 아니한다. 진동 등으로 인한 전도를 방지하기 위한 적당한 조치가 필요하다.

(2) 소화기 표시

보기 쉬운 위치에 소화기 표지판을 설치한다. 바탕은 적색, 문자는 백색이다.

(3) 소화기 배치

대형 소화기: 보행 거리 30m 이하에 배치한다.
소형 소화기: 보행 거리 20m 이하마다 배치한다.

(4) 소화기 사용법

안전핀을 뽑는다. 호스를 화면으로 향한다. 손잡이를 강하게 움켜쥔다.

6) 후방관리

매장 지원시설 관리를 통한 업무 효율성이 증대된다.

(1) 단순한 후방관리

매장 후방시설은 구역별로 그룹화하여 상품을 정리하고 유지되도록 하는 것이 필요하다. 소매점에서는 모든 POG상품을 최대한 진열 후 잔량만 후방에서 보관되도록 해야 한다. 후방에는 낱개 상품이 보관되지 않도록 한다. 구역을 구분하여 사용되도록 한다. (행사상품 구역, 행사 후 잔량 구역, 고회전상품 구역 등)

(2) 같은 상품은 한 장소에 보관

같은 상품은 한곳에 모아 적재 되도록 한다. 집기, 비가용 상품은 별도의 보관 장소에 보관한다.

(3) 매장 곤돌라 상단 상품보관

매장 후방의 정리정돈의 쉬움과 매장 결품을 최소화하기 위하여 상품 진열 잔량을 매장 곤돌라 상단에 보관하는 것이 필요하다.

■ 보관원칙

① 적재 높이는 한 상자 이하로 최소화가 필요하다. (45센티 이하가 적당하다)
② 높이는 일정하게 보관하고 공간이 보이면 안 된다.
③ 위험한 상품은 보관하지 않는 것이 좋다.
④ 유통 기한이 있는 상품은 선입선출이 되도록 관리한다.

7) 무인경비 및 방제

소매점에서 무인경비는 필수적 사항이 되었다. 특히 소형 소매점까지도 영업종료 후 경비는 무인경비시스템에 의존하고 있다. 무인경비는 최첨단 장비를 통한 정보수집으로 통합관제센터를 운영하며 필요하면 관계 기관과 출동을 연동하고 상황 발생 시 신속한 출동으로 보안을 저렴한 비용으로 위탁하는 제도라 할 수 있다. 무인경비와 함께 방제시스템도 구축한다.

항목	내용
구서방제	쥐 침입 피해 방지
보행해충	개미, 바퀴벌레 박멸 정기 작업
비래해충	파리, 나방, 모기 피해 방지
저곡해충	쌀바구미 등 피해 방지

▌해충 방제시스템▐

8) 보험

(1) 소매점 보험 종류 및 보상 범위

1년 기준으로 한다. 보험회사 상품 내용에 따른 상품별 내용은 다르나 소매점에서 화재, 도난, 영업배상보험은 가입하여야 한다.

종류		내용	비고
화재 보험	구축물	- 건물, 장치장식물, 집기, 상품의 화재, 풍수해 등으로 인한 피해 - 보험 증권상 면책위험으로 정한 것을 제외한 모든 손해담보	- 가입액 비례보상 - 보험가입금액은 재조달가액 또는 신품구매가격으로 설정
	집기 비품		
	상품		
도난	옥내	- 외부인에 의한 현금, 유가증권 피해보상	- 가입액 비례보상
	옥외		
영업배상	생산물	- 직접제조상품 - 매장 즉석조리식품, 유통업자 상품 식사고객에게 발생한 손해배상책임	- 건당/금액으로 가입
	시설/물적 손해	- 영업장 내 발생한 직원 부주의 또는 시설물에 의한 타인의 인적/물적 피해배상 - 매장 내 고객사고 등	- 건당/금액으로 가입

▌소매점 보험 종류 및 보상 범위▐

(2) 보험업무 처리 절차

점주(장) 업무	보험회사	손해사정인
1. 사고수습		
2. 보험회사 접수	3. 사고 접수/손해사정 의뢰	4. 현장방문
5. 고객 합의		6. 보상액 산정
9. 보험금 수령/합의금 지급	8. 보험금 지급	7. 합의 도출

▌보험업무 처리 절차▐

■ 안전사고와 대응

① 사고는 발생하고 사람들의 위험성에 관한 관심과 안전 우선이 중요한 시대가 되었다.

② 소매점에서 안전은 소매점 존폐가 결정되는 사안으로 이해하고 관리되어야 한다.

③ 법규 숙지 및 준수가 가장 중요한 우선순위로 관리되어야 한다.

④ 사고가 발생하면 신속하게 대응하는 것이 필요하다.

⑤ 사고 발생 시 위험성을 사전 예측하고 대응 방법을 고려한다.

⑥ 사고 발생 빈도와 영향력을 고려하여 사전 예방관리가 필요하다.

5. 현금 및 수표 취급

1) 현금영수증

① 현금영수증 제도는 2005년 1월 1일에 도입되었다.
② 고객이 상품을 구매하면서 현금, 상품권으로 결제하고 현금영수증을 국세청에 신고할 경우 연말에 소득공제를 받을 수 있다.
③ 개인, 사업자를 구분하여 개인은 현금소득공제, 사업자는 지출 증빙이 된다.

2) 분실 신용카드 수령

① 신용카드 가맹점은 거래 시 신용카드 서명과 매출전표 서명이 일치하는지 확인하여 본인에 의해 사용되는지 확인해야 할 의무가 있다.
② 만약 남성 이름의 신용카드를 사용자가 여성인데도 제대로 확인하지 않고 카드 뒷면 서명을 확인하지 않으면 가맹점 과실로 인정된다.

3) 미성년자 대상 판매금지

청소년 보호법에 따라 청소년 유해 약물 등을 판매, 대여, 배포하여서는 아니 된다. 청소년 유해 약물 등을 판매, 대여, 배포하고자 하는 자는 그 상대방의 나이를 확인하여야 한다. 청소년 주류판매 위반 시 2년 이하의 징역 또는 1천만 원 이하의 벌금 및 과징금이 부과된다(나이 19세 기준 적용). 주류, 담배 구매 가능 나이는 만 19세이다. (청소년 보호법)

4) 주류판매 기록

국세청 고시 때문에 아래 기준용량 초과 경우 기록부를 작성하여야 한다.

주류판매 기록부는 항상 매장에 보관하여야 하고 주류 반입 매입하는 경우 주류계산서를 사업장에 보관하여야 한다.

종류	기준	기준용량
소주	2박스(박스당 360mL 20병 기준)	14,400mL
맥주	4박스(박스당 500mL 12병 기준)	24,000mL
위스키 및 브랜디	1박스(박스당 500mL 6병 기준)	3,000mL
상기 이외	2박스(박스당 360mL 20병 기준)	14,400mL

▌주류판매 기록▐

5) 수표 취급

신분증 제시를 요구하고 본인 일치 여부를 확인한다. 배서한 주민등록번호와 신분증상 번호 일치를 확인한다. 부도수표 수령 시 공시 최고일로부터 3개월 이내에 법원에 신고하여야 한다. 선의 취득자는 수표 발행일로부터 6개월 이내 법원에 소송할 수 있다. 선의 취득 요건은 조회, 본인 확인을 하였거나 조회, 배서를 받았으나 본인이 아니면 해당한다.

6) 봉투 무상제공 금지

2003년 7월 1일부터 시행되었으며 대상은 매장면적 33㎡ 이상 판매업소 일회용 봉투 무상제공 금지한다. 소비자가 되가져오면 동일 금액을 환급하여 준다. 봉투 자체를 제작하여 사용하는 매장은 유상 판매 안내문을 봉투에 인쇄하여야 한다. 구매 및 기증받아 판매되는 봉투는 연중 무상판매 안내문을 소비자가 잘 보이는 곳에 게시하여야 한다. 준수사항의 위반 시는 300만 원 이하의 과태료가 부과된다.

6. 성희롱 예방

1) 직장 내 성희롱

(1) 정의

직장 내 성희롱은 사업주, 상급자 또는 근로자가 사업장 내 지위를 이용하거나 업무와 관련하여 다른 근로자에게 성적인 언어나 행동 등으로 또는 이를 조건으로 고용상 불이익을 주거나 성적 굴욕감을 유발하여 고용환경을 악화시키는 것을 말한다.

(2) 구성 요건

① 당사자가 될 수 있는 자에 의할 것
② 지위를 이용하거나 업무와의 관련성이 있을 것
③ 성적인 언어나 행동에 의하거나 이를 조건으로 할 것
④ 고용상 불이익을 주거나 성적 굴욕감을 유발하여 고용환경을 악화시킬 것을 구성 요건으로 한다.

(3) 행위 주체

① 직장 내 성희롱 행위자
② 사업주, 사업장 내 상급자, 동료, 하급자

③ 고객 등 제삼자에 의한 성희롱 방지 노력 의무에 따라 제삼자도 해당한다.

(4) 성희롱 피해자

사업주를 제외한 모든 남녀 근로자이다. 모집, 채용과정에서 구직자이다.

2) 성희롱 행위 유형

(1) 육체적 성희롱

입맞춤이나 포옹, 뒤에서 껴안는 등의 신체적 접촉 행위, 가슴, 엉덩이 등 특정 신체 부위를 만지는 행위, 안마나 애무를 강요하는 행위이다.

(2) 언어적 성희롱

음란한 농담을 하거나 음탕하고 상스러운 이야기를 하는 행위(전화 포함), 외모에 대한 성적 비유나 평가를 하는 행위, 성적인 사실관계를 묻거나 성적인 내용의 정보를 의도적으로 유포하는 행위, 성적인 관계를 강요하거나 회유하는 행위, 회식 자리 등에서 술을 따르도록 강요하는 행위이다.

(3) 시각적 성희롱

음란한 사진, 그림, 낙서, 출판물 등을 게시하거나 보여주는 행위, 성과 관련된 자신의 특정 신체 부위를 고의로 노출하거나 만지는 행위이다.

(4) 기타 사회 통념상 성적 굴욕감을 유발하는 것으로 인정되는 언어나 행동

3) 성희롱 판단 기준 및 대처 방법

(1) 판단 기준

원하지 않는 행위 여부가 기준, 피해자 관점이다.

(2) 성희롱 피해 시 대처 방법

명확하게 거부 의사를 표현한다. 행위자에게 행위를 중지하고 사과토록 요구한다. 직장 내 성희롱 문제 해결을 요구한다. 법적 구제를 요청한다.

4) 직장 내 성희롱 예방 교육

(1) 예방 교육 취지와 실시 의무

일반적으로 직장 내 성희롱 문제에 대한 최선 해결책은 처음부터 성희롱 문제가 발생하지 않도록 하는 것이다. 즉, 직장 내 성희롱의 발생을 방지하는 것이다. 이로써 사업주는 직장에서 남녀 근로자가 상호존중하며 예의를 지켜 성희롱으로 인해 근로자의 인격이 침해되거나 근로 제공에 지장이 생기지 않도록 평등하고 안전한 근무환경을 조성할 의무가 있다. 사업주는 직장 내 성희롱을 예방하고 근로자가 안전한 근로 환경에서 일할 수 있는 여건조성을 위하여 직장 내 성희롱 예방을 위한 교육을 매년 1월 1일부터 12월 31일 사이에 1회 이상 실시해야 하며 이를 이행하지 않을 때는 300만 원 이하의 과태료를 물린다.

(2) 예방 교육 정도

직장 내 성희롱으로 인한 피해를 최소화하기 위해 가장 효과적 방법의 하나가 성희롱 예방 교육하는 것임으로 직장 내 성희롱을 예방하여 근로자 모두가 쾌적한 근로 환경에서 근무할 수 있는 여건조성을 위해 성희롱 예방 교육을 효율적으로 실시하기 위한 노력을 하여야 한다. 성희롱 예방방법은 사전에 교육하는 것이 가장 효과적이며 이것은 형식적인 교육으로 예방 효과를 가져올 수 없다. 정기적 지속적 교육이 필요하다.

7. 부정과 비리 예방

소매점은 경영 투명성과 사회적 책임 수행으로 소매점 이해관계자들에게 신뢰를 주고 지속적 성장을 달성해야 한다. 이러한 역할의 하나가 부정과 비리 등을 예방하고 윤리경영 실천이라 할 수 있다.

1) 비윤리적 행동유형

(1) 공금 사적 이용

소매점에서 고객 및 협력업체 응대 시 비용을 집행하는데 공적 비용과 사적 비용 구별이 희미해질 수 있다. 회사 공금을 사적으로 이용하는 경우를 방지하기 위하여 엄격한 규정이 필요하다.

(2) 문서, 계수 허위보고

문서, 계수 조작/ 허위보고로 의사결정을 오도하여 소매점에 피해를 주는 사례 발생을 예방하여야 한다. 특히 과다재고, 재고 로스 발생을 허위로 보고하는 일이 없도록 사전에 점검하고 관리해야 한다.

(3) 부당 거래

협력업체에 우월적 지위 남용을 방지해야 한다. 특히 협력업체로부터 금품을 받거나 향응을 받는 일이 없어야 한다.

(4) 횡령/편취

상품 무상 편취, 횡령으로 분위기를 저해하거나 개인적 사용을 하는 경우를 방지할 필요가 있다. 소매점 직원이 고객에게 지급되어야 하는 사은품 개인적 사용, 포인트를 본인 또는 타인 명의로 부정 적립하거나 회사 명의 카드를 개인 용도로 사용하는 행위를 예방해야 한다.

(5) 근무 기강 문란

점포 규정을 준수하도록 하고 점주(장)는 솔선수범하여야 한다. 근무시간에 근무 태만 방지, 출퇴근 시간 준수 등이 이루어지도록 관리가 필요하다.

(6) 성폭력, 폭력 사용 금지

점포에 근무하는 여직원 대상 성희롱, 직원들에게 금전 차용 등이 발생하지 않도록 사전 노력을 한다.

2) 부정과 비리 예방을 위한 점주(장) 역할

(1) 점주(장) 역할

① 윤리적 풍토조성을 위한 솔선수범
② 비윤리적 의사결정에 대한 감독 및 처벌
③ 직원 비윤리성에 대한 연대책임 자세
④ 구성원 애로 사항 및 개인적 문제 등 조기 발견
⑤ 구성원 업무 정교화, 구체적 업무 지시 등 업무 명확성, 효율성 추구
⑥ 윤리적 의사결정이 조직을 살린다는 올바른 성과관 보유
⑦ 내부에 스며들어 있는 잘못된 분위기 파괴자로서 역할 수행
⑧ 조직 차원 윤리 민감성 배양 노력

윤리적 지도력 발휘를 위해서는 개인과 점주(장)로서 도덕성을 동시에 겸비해

야 진정한 윤리적 지도자가 될 수 있다.

(2) 예방 대책

① 판매원 행동 준칙 수립 준수
② 직원 상담 및 커뮤니케이션 강화
③ 인사/ 업무에 윤리 시스템 반영
④ 내부 고발 유인 강화

(3) 비윤리적 행위 발생 시 처벌

① 소매점 규정을 위반하거나 업무상 규율과 질서를 어지럽게 하는 경우 처벌해야 한다.
② 부정한 방법으로 입사할 때도 사전 계약 내용에 근거하여 처벌하여야 한다.
③ 기타 비윤리적 행위 발생 시 명확한 원인 규명과 처벌이 시행되어야 한다.

(4) 처벌 종류

구분	종류	내용
경징계	구두 경고	말로 경고
	견책	책임에 대한 처벌을 서면으로 훈계
중징계	감봉	1개월 이상 급여 감봉
	권고사직	의원면직 형식으로 퇴직/ 사직원 제출받음

▌처벌 종류▐

(5) 공로자에 대한 포상

① 근무 수행에 공적이 있는 사원은 포상을 통하여 알린다.
② 매출실적 양호, 아이디어 제안, 기타 사회적 공적이 있는 자에 관하여 규정을 가지고 포상한다.

제2절 법무관리

1. 대규모유통업법

1) 용어 정의

(1) 대규모 유통업자

소비자가 사용하는 상품을 다수 사업자로부터 납품받아 판매하는 자로서 백화점, 할인점, 온라인 쇼핑몰, 가맹본부 등을 말한다.

■ 대규모 유통업자 조건

① 직전 사업연도 소매업종 매출액이 1천억 원 이상인 자를 말한다.
(사업 기간 일 년 미만이면 그 기간 매출을 12개월로 환산금액이 1천억 원 이상)
② 매장면적 합계가 3천 제곱미터 이상인 점포를 소매업으로 사용하는 자를 말한다.
③ 대부분 백화점, 할인점이다.

(2) 납품업자

납품업자는 주문제조, 직매입, 특정매입 등 거래형태를 불문하고 대규모 유통업자가 판매할 상품을 대규모 유통업자에게 납품하는 자를 말한다.

(3) 매장 임차인

매장 임차인은 시설 유통업자 매장 일부를 시설 유통업자로부터 임차하여 일반 소비자가 일상적으로 사용하는 상품판매에 사용하고 그 판매액의 일정률 또는 일정액을 수수료 명목으로 시설 유통업자에게 임차료로 지급하는 형태의 점포 임대차거래를 하는 자를 말한다.

(4) 판매촉진 행사

명칭이나 형식에 상관없이 상품에 대한 수요를 늘려 판매를 증진할 목적으로 행하는 모든 행사 또는 활동을 말한다.

(5) 판매 장려금

명칭에 상관없이 직매입거래에서 상품 판매촉진을 위하여 연간 거래 기본계약에 명시된 조건에 따라 납품업자가 대규모 유통업자에게 지급하는 경제적 이익을 말한다.

2) 불공정 거래행위

(1) 상품대금 감액

직매입 또는 주문제조 거래를 하는 납품업체가 납품한 상품 납품 대금을 지급할 때 정당한 사유 없이 납품 대금을 감액하여 지급하는 행위를 말한다.

■ 부당감액 예

① 정상가격으로 매입한 직매입 또는 주문제조상품을 할인 행사 등을 이유로 서류상 매입가를 낮춰 재매입하고 낮춘 매입원가로 납품 대금을 주는 경우이다.

② 판매부진, 계절 경과, 원가인하 등의 사유로 애초 매입한 직매입 또는 주문제조상품 납품 대금결제 시 기존에 체결한 매입 단가를 낮추어 납품 대금을 지급하는 경우이다.

■ 상품대금 감액이 정당한 사유로 인정되는 경우

① 직매입 납품업체 납품 과정에서 상품에 더럽힘, 훼손, 하자가 발생한 경우이다.

② 주문제조 납품업체가 주문한 상품과 다른 상품을 납품하여 해당 상품을 반품한 후 해당 물량만큼 감액하는 경우이다.

(2) 상품 수령 지체

대규모 유통업자가 판매할 목적 또는 판매에 드는 상품을 사양 및 규격 등을 지정하여 제조 위탁하는 주문제조 거래계약을 체결 후 납품업체 또는 제조업자가 지정한 상품 또는 제품을 납품하는 시기에 대규모 소매업자 사정 또는 판매 추세 변화 등을 이유로 납품기일을 연기하거나 납품을 거부하는 행위를 말한다.

주문제조 거래로 납품을 하는 납품업체는 해당 상품이 대규모 유통업자에서 요청한 규격 및 사양에 따라 제작되었기 때문에 대규모 유통업자가 받지 않으면 별도 유통경로를 통한 유통이 거의 불가능하여 납품업체 측에서 막대한 손해를 볼 수 있다.

(3) 반품

① 부당반품

㉠ 직매입 또는 주문제조 거래형태로 납품업체로부터 납품받은 상품에 대해 정당한 이유 없이 반품하거나

㉡ 기존 재고상품을 다른 상품으로 교환하거나 직매입 또는 주문제조 거래계약을 특정매입 계약으로 전환하면서 기존 재고상품을 특정매입상품으로 취급하여 반품하는 행위를 말한다.

■ 매입계약: 직매입 및 주문제조 거래계약이다.
■ 위탁계약: 특정매입거래 계약이다.

② 부당반품에 해당하지 않는 경우

㉠ 직매입한 상품에 더럽힘, 훼손, 하자 등이 있어 정당한 기간 내에 반품하는 경우이다.

㉡ 주문제조로 위탁한 상품이 주문한 사양 및 규격과 다른 상품이어서 검품 단계에서 반품하는 행위이다.

■ 정당한 기간: 반품받은 납품업체가 해당 상품을 재처분할 수 있다고 인정되는 상거래상 관행으로 법률상 구체적 일수는 규정되어 있지 않고 개별 상품별로 판단한다.

㉢ 직매입 또는 주문제조 거래를 하는 협력업체 납품상품을 대규모 소매업자가 반품에 대한 손실액을 납품업자에게 지급하고 납품업자가 자발적으로 반품받겠다는 의사를 대규모 소매업자에게 서면으로 통보한 경우이다.

■ 손실액: 매입가격과 납품업체 원가 차액 또는 시즌상품 경우 시즌 경과로 인한 가격하락액 등이다.

㉣ 직매입 또는 주문제조 거래를 하는 납품업체가 납품한 상품을 납품업체 스스로 별도 유통경로를 통해 납품 가격보다 높은 가격에 처리할 수 있는 경우 등에 한해 납품업체에서 자발적으로 상품을 반품받겠다는 서면 통보를 받은 후 반품하는 경우이다.

㉤ 위의 ㉢, ㉣번 유형은 부당반품에 해당하지 않으나 실제로는 거의 발생하지 않는 유형으로 직매입 및 주문제조 거래 시 반품은 ㉠, ㉡번 유형에 국한된 것으로 인식하여야 한다.

(4) 배타적인 거래 강요

대규모 유통업자는 부당하게 납품업자 등에게 배타적 거래를 하도록 하거나 납품업자 등이 다른 사업자와 거래하는 것을 방해하는 행위를 하여서는 아니 된다. 대규모 유통업자가 자기와 거래하는 매장 임차인에게 경쟁 유통업자 점포에 입점한다는 이유로 입점 매장 전부 또는 일부를 퇴점시키는 행위를 말한다.

(5) 경영정보 제공 요구

대규모 유통업자는 부당하게 납품업자 등에게 다음에 해당하는 정보제공을 요구하여서는 아니 된다. 납품업자가 다른 사업자에게 공급하는 상품의 공급 조건, 공급 가격 등에 관한 정보이다. 매장 임차인이 다른 사업자 매장에 들어가기 위한 입점 조건, 임차료 등에 관한 정보이다. 이외 납품업자 등이나 납품업자 등 거래 상대방에 관한 정보이다.

(6) 경제적 이익제공 요구

대규모 유통업자는 정당한 사유 없이 납품업자 등에게 자기 또는 제삼자를 위하여 금전, 물품, 용역, 그 밖의 경제적 이익을 제공하게 하여서는 아니 된다.

① 예외

대규모 유통업자는 연간 거래 기본계약의 내용으로 판매 장려금의 지급목적, 지급 시기 및 횟수, 판매 장려금의 비율이나 액수 등 사항을 납품업자와 약정하고 이에 따라 납품업자로부터 판매 장려금을 받을 수 있다. 이 경우 판매 장려금은 해당 거래 분야에서 합리적이고 인정되는 범위를 넘을 수 없다.

② 판매 장려금 약정 사항

㉠ 판매 장려금 종류 및 명칭이다.
㉡ 판매 장려금 지급목적, 지급 시기 및 지급횟수이다.
㉢ 판매 장려금 비율 또는 액수이다.
㉣ 판매 장려금 결정기준 및 결정절차이다.
㉤ 판매 장려금 변경 사유, 변경기준 및 변경절차이다.

(7) 상품권 구매 요구

대규모 유통업자는 정당한 사유 없이 납품업자 등에게 상품권 구매 등을 요구하여서는 아니 된다.

3) 금지 행위

(1) 판촉비용 부당 분담

① 판촉비용 등 부당 강요

㉠ 판촉행사와 관련 없는 비용 등을 납품업자에게 부담시키는 행위를 말한다.
㉡ 광고, 경품행사 등 판촉비용을 대규모 소매업자와 납품업체가 5:5로 비용 부담하는 경우 판촉행사 시행 이전에 행사 약정서 체결 및 내주지 않고 진행하는 경우를 말한다.

② 판촉비용 분담 비율

㉠ 판촉비용 분담 비율은 대규모 유통업자와 납품업자 등이 각각 해당 판매촉진행

사를 통하여 직접 얻을 그것으로 예상하는 경제적 이익 비율에 따라 정하되 대규모 유통업자와 납품업자 등 사이의 예상 이익 비율을 산정할 수 없는 경우에는 대규모 유통업자와 납품업자 등의 예상 이익이 같은 것으로 추정한다.

㉡ 납품업자 등 판매촉진비용 분담 비율은 100분의 50%를 초과하여서는 아니된다.

(2) 판촉사원 기준 이외 파견

① 판촉사원 운영 기준

원칙적으로 대규모유통업자 매장 내에서 판매업무 및 고유 업무에 종사하는 판매사원은 대규모 소매업자 비용으로 고용하여 운영하여야 한다. 다음 조건 충족시 예외로 한다.

㉠ 납품업체 해당 상품에 대한 전문지식을 가지고 고객 응대 및 관리 등이 가능한 판촉사원을 파견하여 판매하는 것이 납품업체 매출 증대에 도움이 되는 경우이다.

㉡ 표준거래계약서 또는 직매입판촉사원 특약 서에 해당 판촉사원 수가 반드시 명기 되었을 경우이다.

■ 대규모 유통업자 고유 업무: 계산업무, 재고관리, 공용부문 청소 등

(3) 매장 설비비용 보상

대형 유통업자는 납품업자 등이 지출한 해당 매장에 대한 설비비용 총액에 전체 계약기간에서 대규모 유통업자가 거래 중단하거나 매장 위치 변경행위가 발생하면 행위가 발생한 날부터 계약 기간의 마지막 날까지 기간이 차지하는 비율을 곱한 금액 이상을 해당 매장 설비비용에 대한 보상으로 납품업자 등에게 지급하여야 한다.

4) 대규모 유통업자 의무

(1) 서면계약 체결

① 서면계약 체결 의무

대규모 유통업자 매장에 신규 입점하는 납품업자 및 1년 단위로 계약을 갱신하는 납품업체에 대하여 실제 입점일 및 계약갱신 시점 이전에 표준거래 계약서의 중요한 기재사항을 모두 기재하고 체결 및 교부 하여야 할 의무를 말한다. (실제 입점일 또는 갱신 시점 이후 표준거래계약서를 체결하거나 내줄 때에도 서면계약 체결 의무 위반행위에 해당)

■ 계약서 중요 기재사항

대금 지급방법, 납품조건, 점포명, 매장면적, 이익률, 판촉사원 수, 계약일, 대규모 소매사업자와 납품업자 직인 등이다.

② 부당한 계약변경 행위

납품업체와 표준거래계약서를 체결 및 내준 후 거래하는 중 계약갱신 시점이 아닌 시기에 상호계약사항의 내용을 납품업체에 불리하게 하는 행위를 말한다. (납품업체에 직접 이익이 되는 이익률 인하 등은 계약 기간에도 가능)

㉠ 상호계약 사항 : 매장 위치, 면적, 이익률, 판촉사원 수, 계약 기간 등 표준거래계약서에 기재한 모든 사항이다.

㉡ 상품 재구성 목적 등 : S/S, F/W MD 개편을 의미한다.

(2) 상품대금 지급 의무

대규모 유통업자는 다음 각호 어느 하나에 해당하면 상품 판매대금을 월 판매 마감일로부터 40일 이내에 납품업자 등에게 지급하여야 한다.

① 특약매입거래로 납품받은 상품을 판매하는 경우이다.

② 매장 임차인 상품 판매대금을 받아 관리하는 경우이다.

③ 납품업자로부터 위탁받아 상품을 판매하고 그 판매대금을 받아 관리하는 경우이다.

④ 지연지급이자 및 금지

㉠ 지연지급 경우 이자율 20%를 적용한다.

㉡ 상품 판매대금을 상품권이나 물품으로 지급하여서는 아니 된다.

2. 소비자 기본법

1) 소비자 기본법 목적

이 법은 소비자 기본권익을 보호하기 위하여 국가·지방자치단체 및 사업자 의무와 소비자 및 소비자단체 역할을 규정함과 아울러 소비자 보호 시책 종합적 추진을 위한 기본적 사항을 규정함으로써 소비생활 향상과 합리화를 기함을 목적으로 한다.

2) 소비자 기본적 권리

(1) 안전할 권리

모든 물품과 서비스로 인한 생명·신체 및 재산상의 위해로부터 안전하게 보호받을 권리이다.

(2) 정보 받을 권리

물품 및 서비스 선택에 필요한 지식 및 정보를 받을 권리이다.

(3) 선택할 권리

생산된 여러 물품과 서비스 중 거래 상대방·구매 장소·가격·거래 조건 등을 자유롭게 선택할 수 있는 권리로 사지 않을 권리도 포함한다.

(4) 의견 반영할 권리

소비자가 소비생활에 영향을 주는 사업자의 사업 활동이나 국가 정책 등에 대한 소비자 의사를 직접 또는 간접으로 반영시킬 수 있는 권리이다.

(5) 보상받을 권리

물품 및 서비스 사용으로 인해 받은 피해를 신속하고 공정한 절차에 의해 적절한 보상을 받을 권리이다.

(6) 교육받을 권리

합리적 소비생활을 하기 위해서 그에 필요한 지식과 기능을 습득하기 위해 교육을 받을 권리이다.

(7) 단체 조직 활동할 권리

소비자 스스로 권익을 옹호하기 위하여 단체를 조직하고 조직된 단체를 통하여 활동할 수 있는 권리이다.

(8) 쾌적한 환경에서 소비할 권리

소비자는 안전하고 쾌적한 소비생활 환경에서 소비할 권리가 있다.

3) 사업자 의무

(1) 소비자 보호 협력과 위해 방지의무

① 소비자 보호 협력

사업자는 물품 또는 용역을 공급하면서 소비자 합리적 선택이나 이익을 침해할 우려가 있는 거래 조건이나 방법을 사용해서는 아니 되며, 그 공급하는 물품 또는 용역에 대하여 소비자 보호를 위하여 필요한 조치를 마련하여야 하며 국가 및 지방자치단체의 소비자 보호 시책에 적극적으로 협력하여야 한다. 그리고 사업자는 소비자단체의 소비자 보호 업무 추진에 필요한 자료제공요구에 적극적으로 협력해야 한다.

② 위해 방지의무

사업자는 국가가 물품 및 용역으로 인한 소비자 생명, 신체 및 재산상 위해를 방지하기 위하여 정한 사업자 준수 기준에 따라 그가 공급하는 물품 및 용역에 대한 사항을 표시하여야 한다.

(2) 피해보상기구의 설치

정당한 의견이나 불만을 반영하고 피해를 보상·처리하는 기구를 설치·운영한다.

3. 식품위생법

1) 식품위생법 목적 및 정의

(1) 목적

식품으로 인한 위생상 위해를 방지하고 식품 영향의 질적 향상을 도모하며 식품에 관한 올바른 정보를 제공함으로써 국민보건증진에 이바지함을 목적으로 한다. 식품위생법은 식품을 취급하면서 가장 기본적이고 기초가 되는 법으로 이에 대한 이해와 준수가 필요하다.

(2) 식품위생

식품, 첨가물, 기구 또는 용기, 포장을 대상으로 하는 음식에 관한 위생과 식품 재배, 생산, 제조로부터 최종적으로 사람에 섭취되기까지 모든 단계에 걸친 식품 안전성, 건전성 및 완전 무결성을 확보하기 위한 모든 필요한 수단을 말한다.

구분	내용
안전성(Safety)	– 인체에 해로운 물질이 있어서는 안 된다.
건전성(Soundness)	– 통상적으로 식용으로 사용하는 원료를 사용해야 한다.
완전성(Wholesomeness)	– 영양소를 골고루 함유하고 있어야 한다.

▌식품위생▌

(3) 식품 취급 소매점 위생관리

식품 취급은 위생관리와 판매원 위생에 관한 지식과 직업정신이 요구된다. 소홀한 위생관리는 소매점과 판매원에게 큰 부담이 될 수 있다. 판매원은 영업형태에 대한 이해와 법규, 개인위생에 관한 필수사항을 준수하여 위생 관련 사고를 예방하여야 한다.

2) 식품위생법상 판매금지 사항

썩거나 상했거나 설익은 것, 유독, 유해물질이 들어있는 것, 병원 미생물에 오염된 것, 불결하거나 이물질이 혼입된 것, 영업허가를 받지 않은 자가 제조한 것, 품목제조허가를 받지 않은 제품, 수입이 금지된 것, 수입신고를 하지 않고 수입한 것, 음용에 제공할 물에 대한 허가를 받지 않고 지하수, 땅윗물 따위를 용기에 넣은 것이다.

3) 식품취급자 준수사항

(1) 개인위생

식품을 취급하는 사람은 개인위생을 준수하여 고객에게 위생적 상품을 제공하며 법규도 준수해야 한다. 건강에 유의하고 항상 신체를 청결하게 한다. 손톱은 항상 짧게 깎고 매니큐어는 바르지 않는 게 좋다. 머리카락에는 먼지가 붙기 쉬우므로 머리는 항상 정돈한다. 손 씻기를 철저히 한다.

(2) 건강진단증

식품취급자는 건강진단증을 갖출 필요가 있다. 축산, 수산, 조리 작업을 하는 직원이다. 건강진단증은 연 1회 갱신을 한다. 완전히 포장된 식품, 식품첨가물을 판매하는 자는 제외한다.

항목		과태료
건강진단을 받지 아니한 영업자		20만 원
건강진단을 받지 아니한 종업원		10만 원
건강진단을 받지 아니한 자를 영업시킨 영업자	종업원 수 5인 이상 (50% 이상 위반)	50만 원
	종업원 수 5인 이상(50% 미만 위반)	30만 원
	종업원 수 5인 미만(50% 이상 위반)	30만 원
	종업원 수 5인 미만(50% 미만 위반)	20만 원
진단결과 타인에게 위해 우려 감염자 영업에 종사시킨 영업자		100만 원

▌보건증 미소지 과태료▐

4) 식품위생 점검항목

(1) 개인위생

항목	점검사항	행정처분		
		제조, 소분, 즉석판매	기타 식품, 축산물판매	접객업
손 위생 및 복장	손 상처, 기타 감염자 종사	과태료 100만	과태료 100만	과태료 100만
	위생복 위생모 미착용, 조리자 장신구, 손 위생 미흡	과태료 20만	과태료 20만	과태료 20만

▮ 개인위생 ▮

(2) 식품위생

항목	점검사항	행정처분		
		제조, 소분 즉석판매	기타 식품, 축산물판매	접객업
보관기준	보관온도위반	영업정지 7일	영업정지 7일	시정
	해동상품 "해동 중" 미표기	영업정지 7일	영업정지 7일	시정명령
	폐기, 반품상품의 구분관리 미흡	영업정지 7일	영업정지 7일	영업정지 7일
	식재료의 위생적 보관 불량, 보조식 보관방법 불량	과태료 20만	시정명령	시정명령
유통 기한	유통 기한 경과사용, 보관, 판매, 변조, 초과표시	영업정지 7일	영업정지 7일, 영업 일부 정지 1월	영업정지 15일
위생위반	원재료 취급 불량	영업정지 15일	–	–
	허용 외 첨가물	영업정지 1월, 품목 정지 15일	영업정지 1월, 영업정지 7일	영업정지 1월, 영업정지 15일

▮ 식품위생 ▮

(3) 시설위생

항목	점검사항	행정처분		
		제조, 소분 즉석판매	기타 식품, 축산물판매	접객업
조리기구	칼, 도마, 행주, 식기류와 기계, 기구류 비위생적 취급	과태료 20만	과태료 20만	과태료 20만
	자외선 살균기 미흡	–	–	–
보관시설	냉장고, 냉동고 온도 부적합	영업정지 7일 및 과태료 30만	영업정지 7일	영업정지 7일
	냉장고, 창고 청결, 정돈 불량, 성에 미제거	과태료 20만	과태료 20만	과태료 20만
작업장	냉난방, 환기구, 후드 등의 청결 불량	과태료 20만	과태료 20만	과태료 20만
	바닥, 벽, 배수구, 트랜치 등 청결 불량	과태료 20만	과태료 20만	과태료 20만
	쓰레기통 덮개 미사용, 쓰레기 과다 방치	과태료 20만	과태료 20만	과태료 20만
	살균, 소독제 미사용, 청소 비품 보관상태 불량	과태료 20만	과태료 20만	과태료 20만

▌시설위생▐

(4) 위생검사

항목	점검사항	행정처분		
		제조, 소분 즉석판매	기타 식품, 축산물판매	접객업
병원성 미생물	작업자의 손, 조리기구 등 대장균과 식중독균 검출	품목제조정지 1월	영업정지 1월	영업정지 1월

▌위생검사▐

5) 유통 기한과 원산지 표시

(1) 유통 기한

유통 기한은 소비자에게 안전한 상품을 제공함으로써 고객과 약속을 통한 신뢰를 구축하고 유통업자는 상품 선도관리를 하여 부패, 변질된 식품 사용 및 섭취를 사전에 방지하기 위하여 관리된다.

① 유통 기한 표시방법

㉠ 0000.00.00까지, 00.00.00.까지, 0000년 00월 00일까지로 표시할 수 있다.

㉡ 즉석식품(도시락류)은 시간까지 표시 00월 00일 00시까지, 00일 00시까지로 표시하여야 한다.

㉢ 유통 기한이 서로 다른 상품을 함께 포장하였을 경우 그중 가장 짧은 유통 기한을 적용하여 표시하여야 한다.

㉣ 설탕, 아이스크림/빙과류, 식용얼음, 가공 소금 등은 유통 기한 생략이 가능하다.

② 매장에서 유통 기한 관리 프로세스

㉠ 유통 기한이 지나간 상품이나 임박한 상품이 진열되어서는 안 되고 지정된 장소에서 별도 보관한다.

㉡ 주기적 관리시스템이 필요하다.

㉢ 상품별 특성을 고려하여서 일/주간 단위 관리를 한다.

(2) 농수산물 원산지 표시

농수산물 원산지 표시제도는 농수산물 원산지 표시, 농수산 가공식품 원산지 표시, 음식점 원산지 표시로 구분된다.

① 원산지

농산물이 생산. 채취. 또는 포획된 국가. 지역. 해역을 말한다.

② 표시 의무자

판매하거나 가공한 자 또는 판매 목적으로 보관 진열하는 자이다.

③ 원산지 표시 기준 및 방법

국산 농산물	수입 농산물
국산 시. 도명 또는 시군구(자치구)명을 표시	국명 또는 국명산 Made in 국명 또는 Product of 국명

▌농산물 원산지 표시 기준▐

국내산 수산물	수입 수산물
국산(필요시 연근해산, 시. 군명, 해역명 표시) 원양산(해외수역에서 어획 국내 반입한 경우) (필요시 해역명 또는 수역 관할 국가명 해역명; 태평양, 대서양, 인도양)	국명 또는 국명산 Made in 국명 또는 Product of 국명

▌수산물 원산지 표시 기준▐

포장판매	벌크판매
– 포장재에 직접 표시 – 스티커나 라벨지로 표시 가능 – 그물망 포장, 엮거나 묶은 경우: 꼬리표, 내찰로 표시 가능	– 현품에 직접 스티커 부착 – 용기 표시, 안내표시판으로 표시 가능 (쇼 카드, POP)

▌원산지 표시방법▐

(3) 음식점 원산지 표시

① 일반음식점, 휴게음식점, 집단급식, 위탁 급식을 대상으로 하며 고객 주문 요청 후 제조하여 고객에게 제공하고 있으면 적용된다.

② 표시대상 16개 품목

쇠고기, 돼지고기, 닭고기, 오리고기, 양(염소)고기, 쌀(밥), 배추김치(원료 중 고춧가루 포함), 넙치, 조피볼락, 참돔, 미꾸라지, 낙지, 뱀장어, 명태, 고등어, 갈치이다.

4. 주류판매 관련 법규

1) 주류판매기록부 작성 기준

국세청 고시 제2006-19호 주류의 양도·양수방법, 상대방 및 기타에 관한 명령위임 고시에 의거 아래의 기준용량 초과 시 작성

주 류	기준	기준용량
소주	2상자(1상자는 360㎖ 20병 기준)	14,400㎖
맥주	4상자(1상자는 500㎖ 12병 기준)	24,000㎖
위스키 및 브랜디	1상자(1상자는 500㎖ 6병 기준)	3,000㎖
상가 이외의 주류	2상자(1상자는 360㎖ 20병 기준)	14,400㎖

▌주류판매 기록▐

※ 참고: 맥주 용량별 주류판매 대장 작성 기준

맥주 용량	작성 기준
330㎖	72병/캔 초과 시
355㎖	67병/캔 초과 시
500㎖	48병/캔 초과 시
640㎖	37병/캔 초과 시

2) 주류판매기록부 관리 및 제출

- "주류판매기록부"는 항시 매장에 비치하여야 하고, 매월 마감하여 EXCEL 파일로 작성 다음 달 10일까지 관할 세무서에 디스켓 제출 또는 이메일을 보내야 한다.

  ※ 세무서 제출 대상: 매장면적 1,000㎡ 이상 점포(전 점포 대상임)
- 주류 상품 점 내 반입 시, 반드시 주류업체에서 발생한 "주류계산서(거래명세서)"를 점포에 꼭 보관하여야 한다. (원본 보관)

3) 주류 제한판매 및 판매금지

- 주류 상품이 진열된 코너에는 반드시 "주류제한 판매에 관한 안내문"을 부착하여야 한다. (POP 출력 후 고지 필)
- 가정용 주류판매 금지: "할인매장용" 주류를 판매한다. (전 점포 대상)

  ※ "가정용" 주류 상품판매 불가(백세주 375㎖ 제외)

  → 주류 상품 점 내 반입 시 반드시 사전 확인한 후 입고

4) 주류판매 법규 위반 시 벌칙

- 최소 벌과금 50만 원 이상 ~ 주류판매면허 정지/취소 처분 부과

5) 청소년 주류판매 금지

(1) 관련 법규

① 청소년 보호법 제26조(청소년 유해 약물 등으로부터 청소년 보호)

1항. 누구든지 청소년을 대상으로 하여 유해 약물 등을 판매, 대여, 배포하여서는 아니 된다.

② 청소년 보호법 시행령 제20조(청소년 나이 확인)

1항. 청소년 보호법 제26조 제1항의 규정에 따라 청소년 유해 약물 등을 판매, 대여, 배포하고자 하는 자는 그 상대방 나이를 확인하여야 한다.

(2) 청소년 주류판매 법규 위반 시 벌칙

- 2년 이하 징역 또는 1천만 원 이하 벌금 및 과징금

(3) 청소년 보호 나이 기준

– 연 나이 19세 기준 적용('01년도 청소년 보호법 개정 시 태어난 해 기준)

※ 청소년을 벗어나게 되는 나이 = 매 해년도 – 19

예) 2018년도 기준 : 2018 – 19 = 1999

→ 즉, 1999년생부터는 주류판매 가능

(4) 청소년 주류판매 관련 질의/회신

① 청소년 나이 확인 방법 및 범위

청소년 나이 확인 의무는 객관적으로 나이를 증명할 수 있는 신분증을 확인하는 등 엄격한 주의 의무를 다해야 한다는 의미지 단순히 청소년에게 구두로 확인한 것만으로는 나이 확인 의무를 이행했다고 볼 수 없다.

※ 신분증(주민등록증, 운전면허증, 여권, 사진이 첨부된 학생증)

② 부모 등 법정 대리인의 동의를 받은 청소년에 대한 술 판매 허용 여부

청소년에게 술을 판매하면서 민법상 법정 대리인 동의를 받았다고 하더라도 그러한 사정만으로 위 행위가 정당화될 수 없다.

③ 주류판매 시 업주 책임 범위

청소년이 술을 훔쳐 마신 것이 명백히 입증된 경우라면 청소년 보호법상 과징금 부과 대상에 해당하지 않지만, 청소년이 술을 먹을 수 있도록 내버려 두거나 술 먹는 것을 묵인하는 등 관리자로서의 주의 의무를 다하지 않았다면 과징금 부과 대상이 될 수 있음

※ 슈퍼, 편의점, 뷔페식당 등 청소년이 쉽게 접근할 수 있거나 업소 밖에 보관되어 청소년 접근이 차단되지 않는 경우

6) 주류판매 기록 대장

담당세무서에 당월 "주류판매 기록 대장"을 디스켓으로 저장 후 다음 달 10일까지 제출하고 담당과 매니저 결재는 내부적으로 이용한다. (담당세무서에 제출할 필요 없음)

결재	담당	매니저

일자	구입자 인적사항				구입 주류 수량(초과 시)					기록		
	성명	주민번호	주소	거래번호	소주 360mL	맥주 500mL	양주 500mL	기타주	용도	POS 번호	성명	서명
				전화번호	(40병)	(48병)	(6병)					

▌주류판매 기록 대장▐

5. 축산물 가공처리법

1) 축산물 판매업 영업자와 종업원 준수사항

축산물은 위생적으로 보관. 운반. 판매하여야 한다. 축산물 포장 용기가 파손된 축산물을 판매하거나 판매할 목적으로 운반 진열하여서는 아니 된다. 허가관청 또는 신고관청으로부터 시정명령. 폐기처분. 시설개수 명령 등 사후조치가 필요한 행정처분을 받은 영업자는 그 명령에 따른 사후조치를 이행한 후 그 이행 결과를 바로 처분청에 보고하여야 한다. 축산물 가공처리법 시행규칙 제13조 규정에 따른 도축검사증명서 및 제25조의 규정에 따른 출입. 검사 등 기록부는 최종 발급일부터 1년간 보관하여야 한다. 영업자는 자체적인 위생교육을 수립하여 영업에 종사하는 종업원에 대하여 제46조의 규정에 따라 위생교육을 받은 영업자 또는 종업원이 매월 1시간 이상 위생교육을 하여야 한다.

2) 축산물판매 영업자 준수사항

식육판매업의 영업자는 식육의 부위별. 등급별 판매를 위하여 부위별. 등급별 용도 및 그램당 가격이 표시된 표지판을 당해 식육 전면에 놓아야 하고, 식육은 식육 종류 및 원산지를 표시하여 판매하여야 하며, 그 표시를 허위로 하여서는 아니 되며, 식육을 용기에 담아 비닐 등으로 포장하여 진열. 판매하는 경우에는 식육 부위면. 원산지. 제조 일자. 유통 기한. 보관방법 및 조리방법이 표시된 스티커를 붙이거나 비닐 등에 표시하여야 하며, 음식점 영업자 등이 요구하는 경우에는 원산지를 기재한 영수증 또는 거래명세서 등을 발급해야 한다. 식육판매업 및 식육 부산물전문판매업 영업자는 식육 처리에 사용한 기계. 기구류 등을 수시로 세척. 소독하여야 한다. 식육판매업 영업자는 식육을 냉장. 냉동실에 보관하여야 하며, 지육 상태로 판매장 안에 걸어 놓아서는 아니 된다. 다만, 냉동 지육을 해동하기 위하여 판매장에 걸어 놓을 때는 먼지나 파리 등이 지육에 직접 붙지 아니하도록 포장을 벗기지 아니한 상태를 유지하는 등 필요한 조치를 하여야 한다. 식육판매업과 축산물수입판매업 영업자는 냉동 식육을 해동하여 냉장 식육으로 보관하거나 판매하여서는 아니 된다. 식육판매업 영업자는 거래 명세서에 식육 종류. 물량. 원산지 및 매입처 등을 기록하고 그 기록을 식육 매입일로부터 1년 이상 보관하여야 한다.

3) 축산물 판매업 법적 서류

법적 서류	내용	보존기한
식육 거래명세서	축산물 종류, 원산지, 부위, 등급, 도축장명, 개체식별번호, 선하증권번호, 축산물량, 매입처, 입고일	1년
도축검사증명서	일부 게시, 나머지 보존	1년
축산물등급판정서	일부 게시, 나머지 보존	1년
수입신고필증	수입산 쇠고기 선하증권 번호 확인 및 거래내역서에 기록	1년
축산물위생점검일지(SSOP)	점검표와 함께 보존	-
SSOP점검표	작업전, 중, 후 구분 작성	3개월
위생교육일지	축산교육수료자가 월1회 60분간 실시, 교육관련서류 보존	1년
축산교육수료수료증	축산기업중앙회 주관	-

▮축산물 판매업 법적 서류▮

6. 고객 정보보호

고객 정보 보호는 개인정보 보호라는 측면에서 중요시되고 있어 이에 대한 이해와 준수가 필요하다.

1) 유형별 규제내용

구분	규제내용	처벌내용	비고
제삼자에게 제공	– 개인정보를 제삼자에게 제공하거나 받은 목적 외용도 이용 금지	5년 이하 징역 5천만 원 과태료	– 제삼자 유출방지
파기	– 동의 얻은 개인정보 보유 및 이용 기간 종료	1천만 원 과태료	– 기간종료 시 파기
마케팅 동의 철회	– 이용자는 개인정보수집, 이용, 제공 등 동의를 철회 및 정정요구		– 본인 확인되면 철회 가능 안내
SMS 전송금지 대상	– 명시적 거부 의사에 반하는 광고 전송금지	3천만 원 과태료	– 수신거부고객 제외
SMS 광고전송 허용시간	– 오후 9시–아침 8시까지 별도 동의 없는 광고 전송금지		– 시간 준수
SMS 광고 전송 시 표시 사항	– 전송자의 명칭 표시 – 수신거부의사표시를 쉽게 할 수 있는 조치 및 방법 표시		– 발송자 및 수신 거부 전화표시
SMS 수신거부비용 부담 금지	– 수신 거부 시 금전적 비용 수신자 부담 금지		– 080 수신 거부 전화개설

▮유형별 규제내용▮

2) 경품 응모권을 통한 개인정보수집 준수사항

구분	규제내용	처벌내용	비고
의무 기재사항	– 개인정보수집 시 명시 • 개인정보 수집이용 목적 • 수집하는 개인정보 항목 • 개인정보 보유 및 이용 기간	1천만 원 이하 과태료	– 최소항목조사
파기	• 개인정보수집 이용목적 달성 시 파기 • 개인정보 보유 이용 기간종료 시 파기	1천만 원 이하 과태료	– 재이용되지 않도록 파기

▮경품 응모권을 통한 개인정보수집 준수사항▮

7. 제조물 책임법

제조물 책임법(Product Liability Act)은 제조업자가 제조물 결함으로 인해 생명, 신체, 재산상 손해를 입은 사람에 대하여 제조업자 고의나 과실과 관계없이 손해배상 책임을 지도록 제정한 법이다.

1) 결함 내용

제조상 결함이다. 설계상 결함이다. 표시상 결함이다. 기타 일반적으로 기대할 수 있는 제품 안전성 부족이다.

2) 적용 범위 및 손해배상 청구 기간

제조업자 배상의무는 피해자의 생명, 신체 또는 재산에 대한 손해로 제한하고 결함이 있는 제조물 자체는 계약 당사자인 유통업자나 판매자에게 구제받는다. 소비자 관점에서 제조물 책임법에 의한 손해를 배상받기 위해서는 피해자가 피해 사실 및 손해배상 책임자를 알게 된 때로부터 3년 이내에 청구하거나 제조업자가 그 제조물을 공급한 날로부터 10년 이내에 청구해야 한다.

제3절 배송 및 고객 컴플레인 방지

1. 배송 서비스

상품을 고객에게 최종 전달하는 배송은 고객의 마지막 접점으로 중요성이 증대되고 있다. 소매점에서 배송은 계산이 완료된 상품에 대하여 배달, 설치하는 업무를 말한다.

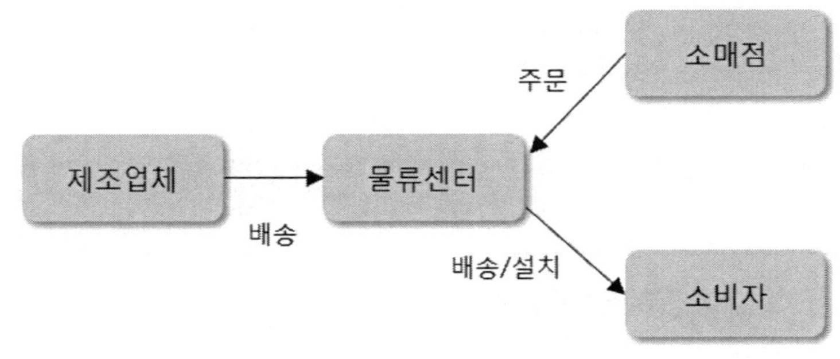

▌소매점 배송 프로어▐

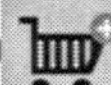

1) 배송 서비스 기능

신속한 배송으로 판매액 증대가 가능하다. 유통경로 단축 기능이 가능하다. 고객서비스를 제공한다. 창고비용 등 보관비용 절감이 가능하다.

2) 소매점 배송

직원 배송, 위탁 배송, 드론 배송

3) 급증하는 배송 서비스

① 오전에 주문하면 당일 받는 당일 배송(ex G마켓)
② 야간 배송(ex 롯데마트)
   8시 전 주문 시 당일 야간 배송
③ 유통업체 새벽 배송 경쟁(ex 마켓컬리 2015)

2. 고객 컴플레인

고객 컴플레인이란 고객이 상품을 구매하는 과정에서 또는 구매한 상품에 관하여 품질, 서비스, 불량 등의 이유로 불만을 제기하는 것이다. 고객 불만, 오해, 편견 등을 해결하는 것을 컴플레인 처리라고 하며 이것은 소매점에서 중요한 업무이다.

발생원인	세부내용
약속 불이행	고객과의 판매, 배송 일자 등 고객과 약속에 대한 불이행 시
품질 불량	품질에 하자가 있는 상품, 상품 이동 진열 중 불량품 발생 등으로 상품에 대한 고객 불만이나 교환 요구 등
불친절	접객과정, 고객 질문. 문의에 대한 불친절한 응대
기타	상품지식 부족, 고객에 대한 인식 부족, 무성의한 고객 응대, 업무처리 미숙, 무리한 고객에 판매 권유 등

▌고객 컴플레인 발생원인▐

1) 고객 컴플레인 관리 필요성

고객 컴플레인 발생 시 신속. 명확한 처리로 고객 불만을 최소화하고 불친절, 고객과 약속 불이행 등 주요 컴플레인 발생 시 적극 대응으로 컴플레인 고객을 고정고객화하는 것이 필요하다. 컴플레인이 발생한 경우 확실한 대응은 점포개선으로 이어질 수 있으며 동시에 컴플레인을 가진 고객을 고정고객으로 만드는 기회이기도 하다. 그래서 컴플레인이 발생하면 전력을 다하여 대응하여야 한다. 이러한 대응이 고객 마음을 움직여 고정고객으로 되는 것이다.

2) 컴플레인 관리 내용

(1) 컴플레인 처리 프로세스

① 고객 불편사항을 잘 듣는다.
② 원인 분석한다.
③ 해결책을 마련한다.
④ 해결책을 전달한다.
⑤ 결과를 검토하여 피드백한다.

구분	세부내용	비고
별도 채널 컴플레인 보고	– 일별 온, 오프라인 컴플레인 접수 및 처리내용과 결과 매장책임자에게 보고 – 주요 컴플레인 경우 즉시 매장책임자보고 후 시행	– 중요 컴플레인 재발 방지 시스템 구축
온라인을 통한 컴플레인 처리	– 인터넷 VOC 시스템 상시 관리 – 당일 처리 시스템 구축 필요	– 수시체크
오프라인 컴플레인 등록	– 오프라인 컴플레인 매장책임자에 보고	– 일별 관리

▌컴플레인 처리 프로세스▐

(2) 고객 컴플레인 처리 4원칙

① 원인파악
불평, 불만의 원인, 핵심내용을 파악한다.

② 우선사과
불만, 불평 고객에게 우선 사과하는 마음을 간직한다.

③ 신속해결
가능한 한 신속하게 해결한다.

④ 논쟁을 금한다.
고객과의 말다툼으로 발전되지 않게 한다.

3) 인터넷 VOC 관리

구분	세부내용
VOC 신속 처리	– 신속한 답변을 통한 궁금증 해소 – 성의 있는 답변으로 충성도 제고 및 친밀감 형성 – 전화통화 등으로 정중한 사과 – 사례분석 후 재발 방지 및 교육
VOC 답변 및 응대 기준	– 책임자가 직접 답변 – 고객의 관점에서 신속 처리
정기교육	– 사례 반복 지속 교육
정보보호	– 컴플레인 처리시 고객 정보 유출되지 않도록 관리 필요

▌인터넷 VOC 관리▐

4) 컴플레인 처리 시 유의사항

(1) 처리가 어려운 경우 3변주의 활용

사람(man), 시간(time), 장소(place)를 변경하여 컴플레인을 처리토록 한다. 이를 MTP법이라 하기도 한다.

구분	내용
사람을 바꾼다.	– 사원에서 고객 상담 전문가로 변경하여 처리한다.
시간을 바꾼다.	– 컴플레인 처리 시간을 변경하여 대응한다.
장소(분위기)를 바꾼다.	– 점포매장에서 사무실로 변경해서 처리한다.

▌3변주의 활용▐

(2) 정기적 서비스 콜 (Trailer Calls)

정기적으로 서비스 고객을 대상으로 지속해서 고객과 전화 등 방법으로 접촉하여 관리한다.

(3) 유의사항

① 고객 처지에서 생각하고 처리한다.

② 선입견을 품고 판단하지 않는다.

③ 친절하게 접객한다.
④ 솔직하게 사과한다.
⑤ 신속하게 처리한다.

5) 소비자원을 통한 소비자 분쟁 해결

한국소비자원은 소비자 보호 시책을 효과적으로 추진하고 보다 신속하고 공정하게 소비자 피해를 구제하기 위하여 설립되었다. 한국소비자원에서는 소비자 분쟁 해결 기준에 따라 분쟁 당사자가 피해구제에 대해 합의를 하도록 권고하고 합의가 이루어지지 않을 때는 준사법기관인 소비자 분쟁조정위원회를 통해 분쟁을 조정한다.

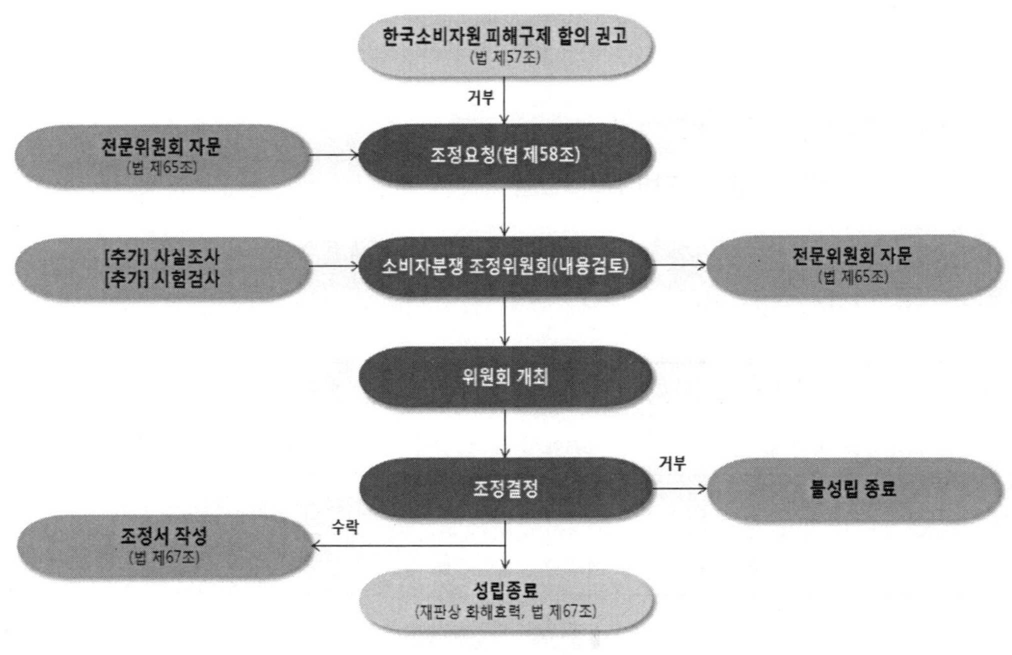

▌소비자원 분쟁 해결절차▐

3. 불만족 발굴 및 제거체제 구축

1) 불만족과 불평 행동

(1) 기대와 지각된 상품 성과 비교과정

→ 만족/불만족이 형성된다. (구매 후 부조화 현상이 영향을 미침)
→ 재구매 의도 및 불평 행동이 나타난다. (귀인 과정이 영향을 미침)

(2) 불평 행동

무 행동, 사적 행동(친구에게 경고, 구매중지 및 구매 거부), 공적 행동(회사에 직접 배상 요구, 회사·정부 기관·민간단체에 불평, 배상을 위해 법적 조처한다.)

(3) 클레임과 컴플레인

① 클레임(Claim)

현재 불만족을 개선하기 위해 고객이 생산/판매자에게 어떠한 행동을 요구하는 것이다.

② 불만(Complain)

고객이 상품으로 인한 손해 등에 대한 보상을 원하는 것이다.

2) 불만족 발굴 및 제거체제 구축

(1) 고객 항의를 선물로 받아들이는 철학이 필요하다.
(2) 항의는 고객이 원하는 것이 무엇인지 가르쳐 준다.
① 부정적 구전 두 가지 편향이 있다.
② 좋은 것보다 나쁜 것을 더 전달하려고 하는 심리가 있다(평균 3배).
③ 듣는 사람 처지에서 좋은 구전보다 나쁜 사람 말에 더 귀를 기울인다.
④ 좋은 소문은 걸어가고, 나쁜 소문은 날아간다.

유 형	설명
① 불평 토로	불만을 가진 4%는 소매점에 불평을 토로함 96% 고객은 불만이 있지만 말하지 않음 96% 말 없는 불만이 있음
② 거래단절	불만을 품은 고객 중 91%는 거래가 단절됨 가시적인 4%는 보이지만 91% 거래단절 고객의 이유를 알지 못하게 됨
③ 이웃에게 불평 전달	불만을 품은 고객은 16명에게 불만을 전달함
④ 불평하는 사람 재거래	불만, 불평을 호소하는 사람은 하지 않는 사람보다 재거래율이 높음
⑤ 불평이 해결되면 재거래	불만, 불평이 해결된 사람 54~75%는 재거래됨 그리고 불평을 신속하게 처리할수록 재거래율이 높음
⑥ 만족한 불평해결을 이웃에게 전달	불만, 불평을 만족스럽게 해결 받은 고객은 그것을 평균 5명에게 전달함

▌고객 불만족 처리▐

4. 불만 고객 불평처리

1) 영업(Sales) 있는 곳에 불만

요리는 소금 가감, 장사는 불평 가감이다. 짠맛 성분은 10,000분의 1g 넣어도 맛이 변하며 단맛 성분은 수만 배인 수 그램을 넣지 않으면 맛 변화를 알 수 없다. 싫은 것에 민감하지만 좋은 것에 둔하다.

2) 불평불만 원인 파악

(1) 불평 발생 이유

불평은 판매원 태도와 말씨가 불친절하거나 판매원이 지식(특히 상품지식) 부족, 고객 부주의(상식적인 문제로 알고 설명을 생략했으나 고객이 예상외로 알지 못해), 사무처리 미숙이나 착오(납기지연, 사양·부속품의 착오 따위), 손님 감정에 대한 배려 부족 등 이유로 발생한다.

(2) 백화점에서 컴플레인 발생 원인

품질 불량, 불친절, 정보제공 미흡, 상품관리 미흡, 강권 및 강매, 교환 및 환불지연, 약속 불이행, 수리 수선 미흡, 거래 조건 표시 및 광고, 주차안내 및 주차시설 불량, 신용판매(자동이체 누락, 매장 서명 대조 미확인), 기타(보관 물품 소홀한 관리…) 등 있다.

3) 불평처리

(1) 불평처리 신조 12장

① 고객 불평·불만을 말하기 쉽게 한다.
② 고객 말을 막지 않고 끝까지 정중한 예의로 경청한다.
③ 고객과는 절대로 논쟁을 하지 않는다.
④ 판매사원 개인을 향한 클레임이 아님을 알아야 한다.
⑤ 고객 우월감을 최대한 만족하게 한다.
⑥ 감정적 불평에는 관대해야 한다.
⑦ 도가 지나친 요구에 대해서는 결론을 서두르지 말아야 한다.
⑧ 선입관에 사로잡히지 말고 쓸데없는 말을 삼간다.
⑨ 딱딱한 긴장이나 부자연스러운 웃음보다 자연스러운 태도로 응대한다.
⑩ 칭찬 묘약을 아끼지 않는다.

⑪ 즉각적으로 명쾌·신속하게 처리한다.
⑫ 배상청구에서 배우고 아이디어를 얻는다.

(2) 클레임 처리단계

불평 사항 청취 → 원인분석 → 해결책 마련 → 해결책 전달 → 처리 → 결과 검토

① 고객 불평을 우선 잘 듣는다.
② 고객이 말하는 것을 성의를 가지고 메모를 하면서 듣는다.
③ 사과할 것은 솔직하게 사과한다.
④ 고객 잘못을 책망하지 않는다.
⑤ 어떤 클레임도 긍정적으로 받아들여 처리한다.
⑥ 원인을 분석한다.
⑦ 요점을 파악한다.
⑧ 고객 착오는 없었는지 검토한다.
⑨ 이쪽이 책임을 져야 할 문제인가, 즉시 대답할 수 있는가를 생각한다.
⑩ 과거 사례와 비교해 본다.
⑪ 회사방침이나 정책과 대조해 본다.
⑫ 내부사정을 이유로 들지 않는다.
⑬ 해결책을 찾아낸다.
⑭ 해결책을 전달한다. 쉬운 말로 설명, 권한 이외 사항일 때에는 그 과정을 충분히 설명하고 양해를 얻는다.
⑮ 결과를 검토한다. 결과를 검토·반성하고 고객 반응과 만족도를 살핀다. 두 번 다시 같은 클레임이 발생하지 않도록 유의한다.

(3) 불만 고객 특별관리법 → 전화위복

① 컴플레인 고객은 반드시 고객카드를 만들어 고객 이름·주소·전화번호·컴플레인 내용·처리결과 등을 기록으로 남긴다.
② 고객 제안이나 아이디어도 물어서 기록해 둔다.
③ 카드를 컴퓨터에 입력, 수시로 DM을 보내고 전화와 방문 등 인간관계를 맺음으로써 평생 단골손님이 될 수 있게 노력한다.

(4) 불만 처리 경로

불만 처리	경로	비 고
1차	소비자 → 판매사원 → 담당 → 과장	• 1차 처리 시 처리결과를 소비자상담실로 연락하여 → 처리 일관성 유지
2차	소비자 → 소비자상담실	• 1차 처리가 안 된 경우 • 1차 처리 부서에서 독자적으로 처리가 애매한 경우 • 회사정책 차원에서 처리해야 할 필요가 있는 경우 • 소비자가 직접 상담실로 방문한 경우

▌불만 처리 경로▐

(5) 처리방법

방법	구체적 예
문제 파악	불만이나 노한 감정을 전부 듣고 고객 흥분을 진정 선입관을 버리고 최후까지 전부 들으면서 메모하고 변명을 삼가 원인 : • 상품(결함, 포장, 가격) • 판매사원(접객 태도, 친절서비스, 정보요구) • 기타(배달, 사고, 고객의 오해) 실제로 원인은 복합적으로 나타나며 특히 판매원에 기인하는 경우가 많음.
일목요연 재확인	고객 욕구를 분명히 파악하여 정확히 이해하고 수용
욕구충족 해결책 방안 모색	상품교환, 환급, 수리 수선, 약속 재이행, 시정, 배상, 해명 사과, 정보제공, 기타
처리결과에 대한 만족 확인	해결 후 전화하여 조처된 사항에 만족하는지 확인하여 고정 고객화함.
해결방안 검토와 전달	컴플레인 발생 ⇒ 상사(고객상담실) 보고 ⇒ 판매사원에 의한 처리 또는 상사(고객상담실)에 의한 처리 ⇒ 해결책과 그 과정을 설명하여 고객 의사 타진 ⇒ 고객 양해 및 협의(컴플레인 고객의 고정고객화) ⇒ 약속내용의 실행 ⇒ 컴플레인 처리 일지 작성 ⇒ 상품 및 판매 서비스 적극 개선
결과 보고	

▌불만 처리방법▐

(6) 컴플레인 처리 응대 요령

① 고객은 독특성을 지닌 인간으로서 존중하는 태도를 보인다

② 고객은 근본적으로 선의를 하고 있다고 믿는다.

③ 친절하고 상냥하게 대한다.

④ 상대방에게 동조해가면서 긍정적으로 듣는다.
⑤ 침착하게 응한다.
⑥ 고객 관점에서 성의 있는 자세로 임한다.
⑦ 품위를 지킨다.
⑧ 쉬운 언어를 사용한다.
⑨ 부드러운 대화 분위기를 조성한다.
⑩ 선입견을 품지 않는다.
⑪ 자기 통제력을 유지한다.
⑫ 공감 표시를 적절히 한다.
⑬ 판에 박힌 듯한 행동은 삼간다.
⑭ 논쟁이나 변명은 피한다.
⑮ 솔직하게 사과한다.
⑯ 설명은 사실을 바탕으로 명확하게 한다.
⑰ 고객에게 유리한 처리로 최선을 다한다.
⑱ 신속하게 처리한다.
⑲ 자기 통제력을 유지한다.

(7) 컴플레인 처리를 위한 체크리스트

① 컴플레인을 성의를 가지고 최후까지 듣도록 노력하고 있는가.
② 컴플레인 사실을 확인하고 그 진의가 어디 있는가를 찾고 있는가.
③ 상대방 과실이라 할지라도 상대방 체면을 손상치 않고 적절히 오해를 풀었는가.
④ 컴플레인 처리를 소매점에 가져갔을 때 성의 있는 처리를 하고 있는가.
⑤ 책임을 전가하기 위한 언동은 없는가.
⑥ 컴플레인 처리는 자기 권한 내에서 대답하고 있는가.
⑦ 컴플레인을 가져온 고객에게 이야기할 분위기를 조성하고 있는가.
⑧ 컴플레인에 대한 질책을 받았을 때 부자연스럽게 말 꾸미는 습관은 없는가.
⑨ 컴플레인을 받았을 때 상대방을 칭찬하는 것을 잊지 않고 있는가.
⑩ 컴플레인이 있을 때 그 해결에 앞서 먼저 사과하는 것을 잊지 않고 있는가.
⑪ 선입관에 의해 쓸데없는 말을 하여 실패하지 않았는가.
⑫ 이쪽이 실수한 과실에 대해 먼저 상대방 의견을 듣는가.
⑬ 상대가 아무리 화를 내도 사죄를 잘 할 줄 아는가.
⑭ 이쪽이 실수한 과실에 대해 먼저 상대방 의견을 듣는가.
⑮ 상대가 자기 쪽에서 손해를 보았다 해도 사죄를 잘 할 줄 아는가.

⑯ 이쪽이 실수한 과실에 대해 먼저 상대방 의견을 듣는가.
⑰ 컴플레인 보상을 기대 이상으로 하는가.
⑱ 보상 규정 외 요구일 때 상사와 의논한다고 하는가.
⑲ 상대가 지나치게 흥분했을 때 또는 요구가 무리했을 경우 시간을 바꾸고 사람을 바꾸고 장소를 달리하고 있는가.
⑳ 명백히 상대방에게 책임 있는 경우 과거 예를 들고 이해시키고 있는가.
㉑ 컴플레인에 대해 상대를 어리둥절하게 우물쭈물하고 있지 않은가.
㉒ 후일 컴플레인이 일어나지 않도록 충분한 계약 내용을 설명하고 있는가.
㉓ 컴플레인을 처리할 때 고객과 싸운다든가 감정적으로 흐르지 않는가.
㉔ 언제나 대표 관념의식을 지니고 동료 실패까지 사과하고 있는가.

5. 고객서비스 제도 사례

1) 고객서비스센터 운영

(1) 고객서비스센터 업무

① 안내방송
② 고객 환급 및 환전 업무
③ 배송 접수
④ 주차 고객관리

(2) 반품 관리

① 고개 반품 요구 시 환급 및 교환 업무
② 고객반품 리스트 관리

(3) 배달 접수 업무

① 온라인 배달 접수
② 접수 상품 픽킹 업무
③ 오프라인 배달 접수

(4) 계산대 지원 및 판매

① 계산업무 지원
② 담배, 온음료, 쓰레기봉투 등 판매

2) 고객 보상제

(1) 교환/환불 보장제도

① 적용 기준

- 구매상품 100% 교환/환불 보증(영수증 지참)
- 신선식품 경우 당일 구입 상품 한정 반품

② 운영안

- 구매상품에 대한 불만(영수증 및 상품지참 내점)
- 서비스센터 담당 확인
- 영수증 확인 구매가격 환불/교환

(2) 유통 기한 보장제도

① 적용 기준

- 유통 기한 표시된 상품
- 유통 기한 경과상품 구매 시 즉시 환불

② 운영안

- 유통 기한 경과상품 영수증 상품 확인 즉시 판매가격 2배 보상(ex 2배)
- 동일 사례 발생하지 않도록 방지대책 수립

(3) 계산 착오 보상제

① 적용 기준

- 계산대 직원 이중계산
- 가격표시 오류

② 운영안

- 고객계산 후 상품 구매 확인
- 오류, 착오 확인되는 사항
- 일정 금액 보상금 지급(ex 5,000원 증정)

Chapter 11 판매 지원관리

1. Moment Of Truth(MOT)란 무엇인가?

진실의 순간, 결정적 순간이라는 MOT는 스칸디나비아 에어라인 항공사에서 도입하여 성공을 거둔 시스템이다. 고객 접점 서비스에서 결정적 순간은 고객과 서비스 요원 간 짧은 15초 동안 순간에 의해 결정된다는 의미이다. 고객 접점 최 일선 판매원이 고객 선택이 최고 선택이라는 것을 짧은 시간 동안에 권한과 책임감으로 확인시켜 주어야 한다는 의미이다.

2. 부당반품이란 무엇인가?

(1) 부당반품

① 직매입 또는 주문제조 거래형태로 납품업체로부터 납품받은 상품에 대해 정당한 이유 없이 반품하거나,

② 기존 재고상품을 다른 상품으로 교환하거나, 직매입 또는 주문제조 거래계약을 특정매입계약으로 전환하면서 기존 재고상품을 특정매입상품으로 취급하여 반품하는 행위

- 매입계약: 직매입 및 주문제조거래 계약
- 위탁계약: 특정매입거래계약

(2) 부당반품에 해당하지 않는 경우

① 직매입한 상품에 더럽힘, 훼손, 하자 등이 있어 정당한 기간 내에 반품하는 경우

② 주문제조로 위탁한 상품이 주문한 사양 및 규격과 다른 상품이어서 검품 단계에서 반품하는 행위

■ 정당한 기간: 반품받은 납품업체가 해당 상품을 재처분할 수 있다고 인정되는 상거래상 관행으로 법률상 구체적 일수는 규정되어 있지 않고, 개별 상품별로 판단함.

③ 직매입 또는 주문제조거래를 하는 협력업체의 납품상품을 대규모소매업자가 반품에 대한 손실액을 납품업자에게 지급하고 납품업자가 자발적으로 반품받겠다는 의사를 대규모 소매업자에게 서면으로 통보한 경우

■ 손실액: 매입가격과 납품업체 원가의 차액 또는 시즌상품의 경우 시즌 경과로 인한 가격하락액 등

④ 직매입 또는 주문제조 거래를 하는 납품업체가 납품한 상품을 납품업체 스스로 별도의 유통경로를 통해 납품 가격보다 높은 가격에 처리할 수 있는 경우 등에 한해 납품업체에서 자발적으로 상품을 반품받겠다는 서면 통보를 받은 후 반품하는 경우

⑤ 위의 3, 4번 유형은 부당반품에 해당하지 않으나 실제로는 거의 발생하지 않는 유형으로 직매입 및 주문제조거래 시의 반품은 1, 2번 유형에 국한된 것으로 인식하여야 한다.

3. 유통 기한 관리방법에 관해서 설명하시오.

유통 기한은 소비자에게 안전한 상품을 제공함으로써 고객과의 약속을 통한 신뢰를 구축하고 유통업자는 상품의 선도관리를 하여 부패, 변질된 식품 사용 및 섭취를 사전에 방지하기 위하여 관리된다.

① 유통 기한 표시방법

- 0000.00.00까지, 00.00.00.까지, 0000년 00월 00일까지로 표시할 수 있다.
- 즉석식품(도시락류)은 시간까지 표시 00월 00일 00시까지, 00일 00시까지로 표시하여야 한다.
- 유통 기한이 서로 다른 상품을 함께 포장하였을 경우 그중 가장 짧은 유통 기한을 적용하여 표시하여야 한다.
- 설탕, 아이스크림/빙과류, 식용얼음, 가공 소금 등은 유통 기한 생략이 가능하다.

② 매장에서 유통 기한 관리 프로세스

- 유통 기한이 지나간 상품이나 임박한 상품이 진열되어서는 안 되고 지정된 장소에서 별도 보관한다.
- 주기적인 관리시스템이 필요하다.
- 상품별 특성을 고려하여서 일/주간 단위 관리를 한다.

4. 다음 용어에 관해 설명하시오.

- OJT

- 판매 장려금

- 고객 컴플레인

PART 04

매장 성과평가

제1절 매장기본 계수

계수관리는 경영 활동을 계수를 근거로 데이터에 의해서 관리하는 것을 말한다. 경영 활동 실체를 나타내는 계수를 파악하고 비교분석 때문에 경영 활동 실체를 분석적으로 관찰하고 파악된 계수를 활용해서 경영 활동을 합리적이고 효율적으로 관리하는 것을 말한다.

1) 목표 및 달성률 관리

(1) 목표관리

조직 전체 목표와 개인 목표를 관련지어 목표달성이 동시에 인간으로서 흥미나 욕구를 만족하게 하는 방법이다. 또한, 목표 설정은 각종 환경분석을 철저히 하여 목표에 도달할 수 있는 의욕이 생기도록 적정하게 부여하여야 한다.

(2) 목표관리 효과

목표관리는 이해관계자의 주의를 집중시키고 노력을 끌어내고 과제수행에 집중하고 새로운 방법을 촉진함으로써 성과향상을 가져온다.

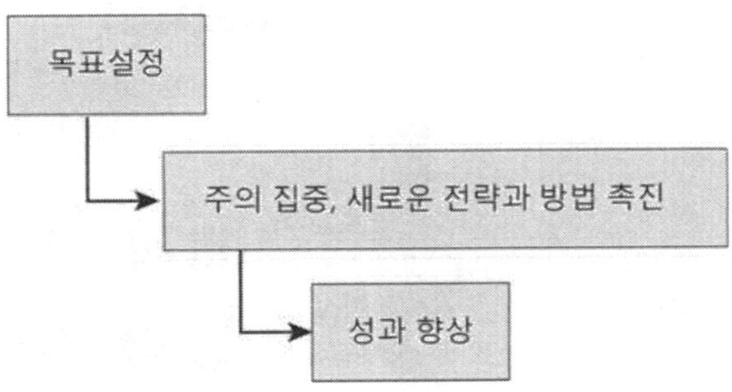

■ 효과적인 목표 조건

① 구체적이어야 한다.
② 목표는 측정 가능하여야 한다.
③ 목표는 행동 지향적이어야 한다.
④ 목표는 현실적이어야 한다.
⑤ 목표에는 시간 및 자원 제약이 있다.

(3) 목표 설정 방법

① 목표 설정 방법

㉠ 목표는 소매점 중장기 비전, 연간 사업계획을 효과적으로 달성하기 위해 부분별, 팀별로 핵심목표와 중점 추진전략을 설정한다.
- **핵심목표**: 경영방침을 달성하기 위해 팀별 부문별로 추진해야 할 핵심적인 목표
- **중점추진전략**: 핵심목표를 달성하기 위해 근본적이고 중요한 성공요소를 파악 중점적으로 추진할 전략

㉡ 각 개인은 팀 목표와 중점추진전략에 따라 목표를 설정하고 이를 달성하기 위한 구체적 실행계획을 수정한다.
- **실행계획**: 중점추진전략에 따른 목표를 달성하기 위해 단계별 세부 실행과 예상 결과를 체계적으로 수립하는 것

㉢ 목표는 전년도 업무수행 결과와 비교 도전적 목표로 한다.

㉣ 목표 설정과 실행계획 수립은 상사와 협력하에 이루어지고 최종적으로 상사 승인을 받는다.

㉤ 목표달성에 대한 평가 기준을 전략적 또는 정성적 측면으로 나누어 객관적으로 측정할 수 있는 수치로 전환하여 평가지표를 설정한다.

② 목표수립 사전 확인

판매목표는 소매점 내, 외부 각종 정보를 바탕으로 상품 특성, 추세를 반영하여 실시하고 사전에 확인을 통하여 객관적으로 설정하여야 한다.

㉠ 객관적인 자료 수집과 분석 때문에 목표를 설정해야 한다.
㉡ 전년도 실적과 최근 3개월 실적, 3~5년 정도 실적을 반영하여 수립한다.
㉢ 상권 특성, 경쟁사 영향요인을 반영하여 수립한다.
㉣ 계절특성, 행사계획을 반영하여 수립한다.
㉤ 매입/재고계획과 연동하여 수립한다.

③ 일별/월별/연간계획 연동

소매점에서는 1일 실적이 1주 실적이 되고 주간 실적이 월간 실적이 되고 월간 실적이 연간 목표가 되므로 모든 실적 출발은 일별 계획에서 시작된다. 월별 계획은 먼저 계절별 매출계획을 수립 후 월별 계획을 수립하는 것이 합리적이다. 즉 월별 매출계획은 연간계획에 의거 반기, 계절별, 월간 매출구성비 기준에 따라 배분하는 것이 필요하다. 예상되는 월별 매출구성비를 과거 실적을 기준으로 추정 후 내, 외부 환경요인 고려를 통하여 조정하여 결정한다.

일별(요일)	올해 목표	실적	전년 실적	달성률	신장률
1					
2					
3					
4					
∫					
30					
31					
합계					

▮일별 매출계획▮

구분	1분기	2분기	3분기	4분기	합계	분기 평균
19년						
20년						
21년						
평균						
평균지수						

▮월별 매출계획▮

㉠ 3개년 분기(월)별 실적을 활용하여 ㅇㅇ년 연간 매출계획 수립
㉡ 3개년간 분기(월) 평균 매출을 구한다.
㉢ ㅇㅇ년 전체 매출과 분기(월) 매출 추정한다.
㉣ 추석/설날 등 환경 고려 매출 추정한다.

④ 위임 가능한 권한 대폭 위양

상호 합의에 의해 목표가 부여되면 목표달성을 위해서 수행하는 방법에 대한 권한은 대폭 위임하는 것이 좋다.

⑤ 결과 분석

결과에 대해서는 반드시 분석 검토하고 목표에 대한 성과에 대해서는 반드시 결과를 분석하여 차기 목표수입 시 반영한다.

(4) 달성률 관리

설정된 목표에 대한 달성도를 률(%)로 관리하는 대표적인 관리방법이다. 나타난 수치가 높을수록 좋은 실적을 나타낸 것으로 평가된다. 나타난 수치가 너무 높은 경우는 목표 설정을 잘못한 것으로 평가될 때도 있다. 매출실적은 소매점에서 가장 중요한 수익의 원천으로 영업활동 평가에 활용된다.

목표달성률 : 매출실적/ 목표 × 100

예) 매출목표 200 실적 180
180/200 × 100=90%

매출액은 총매출액에서 매출할인 등을 차감한 금액으로 표시된다.

총매출액 = 고객 지급금액+에누리
순매출액 = 총매출액-부가세-에누리+기타수익

(5) 영업 환경분석

매출에 영향을 미치는 내적/외적 환경요인을 고려해서 합리적인 영업분석이 되도록 해야 한다.

① 외부환경

㉠ 국내외 경제 동향과 업계 동향을 분석한다.

㉡ 점포 상권변화, 신규아파트 입주 등 인구 증감 변화를 파악한다.

㉢ 신규 경쟁점 출현을 대비한다.

㉣ 경쟁사 매출을 파악한다. (M/S 파악 : 특정 시장에서 자사 소매점의 시장점유율 파악하여 관리하는 것이 필요하다)

항목	내용	영향 금액	영향률
내용	ˎ 행사 (전년 미시행) (사은 행사) ˎ 면적 증감 ˎ 영업일 수 ˎ 연장 영업 ˎ 요일 지수 (전년 대비 주말 일수 등) ˎ 기타 (신규점 영향/ 신규아파트 입주)		
합계			

▌환경분석▐

② 내부환경

㉠ 면적 증감

㉡ 영업시간, 주차 공간 변화

㉢ 판매행사 변화

2) 신장률 관리

신장률은 전년(전월, 전분기) 대비 올해(당월, 현 분기)의 실적 증감률을 나타내는 지수로 성장세를 가늠할 수 있는 대표적인 지수이다.

(1) 소매점에서 관리하는 신장률 종류

누계 신장: 영업일 수 및 영업환경을 무시한 절대 계수 신장비율

하루평균 신장: 매출액을 영업일 수로 나누어 하루평균 실적 신장비율

고려 신장률 : 영업환경이 다를 경우 고려하여 신장 비교

신장률 : 금년 실적/ 전년 실적 × 100−100

예) 금년 실적 180 전년 실적 160

180/160 × 100−100=12.5% 신장

일평균신장률 : (금년 실적/전년 실적/금년 영업일수 × 전년 영업일수 × 100) − 100

(2) 감안신장분석

영업환경은 언제나 똑같을 수가 없다. 영업일 수가 다를 수 있고 행사가 다를 수 있으므로 이런 감안 요소를 분석한 후 반영하는 것이 감안분석이다.

3) 평 효율 관리

평 효율은 단위 면적당 매출액, 이익액 등 영업효율을 나타내는 지표이다.

(1) 소매점에서 관리하는 평 효율

평당 매출액(활동성 분석) : 총매출액/ 영업면적
평당 이익액(생산성 분석) : 총이익액/ 영업면적
평 효율 : 매출액 (이익액) / 면적

(2) 면적 산출기준

<table>
<tr><th colspan="2"></th><th>산출기준</th><th>적용 기준</th></tr>
<tr><td colspan="2">총면적</td><td>− 최종 건축허가 도면 기준</td><td>− 건축도면에 나타나는 건축 연면적</td></tr>
<tr><td rowspan="3">매장면적</td><td>매장면적</td><td>= 총면적−시설면적−공용면적
= 매장실면적+공유면적
= 영업면적+임대갑면적</td><td>− 매출발생에 직접적으로 관련되는 면적</td></tr>
<tr><td>매장실면적</td><td>= 매장면적−공유면적</td><td>− 매장 순수면적</td></tr>
<tr><td>공유면적</td><td>− 해당면적을 CAD산출
* 매장공유비=매장면적/매장실면적</td><td>− 영업활동 및 매출발생에 직접 지원되고 공동으로 사용되는 면적
− 예: 고객동선/사무실/휴게실/창고/고객화장실</td></tr>
<tr><td colspan="2">영업면적</td><td>= 매장실면적+공유면적
= 매장면적−임대갑매장</td><td>− 평효율 산출 면적</td></tr>
<tr><td colspan="2">공용면적</td><td>= 총면적−매장면적−시설면적</td><td>− 영업을 간접적으로 지원면적
− 예: E/V</td></tr>
<tr><td colspan="2">시설면적</td><td>= 총면적−매장면적−공용면적</td><td>− 영업활동 및 매출에 직접적으로 관련 없는 면적
− 예: 기계실/화장실</td></tr>
</table>

▌면적 산출기준▐

4) 재고회전율 관리

재고회전율은 상품에 투자된 자금의 회전속도를 말한다. 즉 상품이 일정 기간 중 몇 번 당좌자산으로 전환하였는가를 나타내는 지표로 자금을 신속하게 회수하여 재투자했는가를 측정하는 것이다. 판매 동향, 적정 재고수준, 적정 발주량 등을 파악하는 데 이용한다.

재고 종류 : 기말재고, 기초재고,
평균대고 (기말재고 +기초재고 /2)

재고 증감률 : 금년 재고액/ 전년 재고액 × 100−100

재고회전율 : 매출액/ 평균 재고의 개념은 1년 단위 기준으로
월간 단위는 12를, 일수를 기준으로 할 때는 360일을 기준으로 한다.

5) 이익률 관리

소매점 최대 목표는 이익 창출이다. 이익률 관리란 매출액과 매출이익의 비율로 보는 지표이다. 소매점에서는 이동평균법을 사용하여 계산한다.

이익률 : 이익액 / 매출액 × 100
(에누리제외) (에누리제외 순매출액)

(1) 이익률 산출방법

① 원가계 (VAT 제외)= 전월재고(원가) + 당월매입(원가) + 원가산입(원가)
② 매가계(VAT 제외) = 전월재고(매가) + 당월매입(매가)
③ 점출차익액 = 매가계 − 원가계
④ 점출차익률 = 점출차익액/매가계 × 100
⑤ 에누리포함 매출이익액 = 점출차익률×순매출액(VAT 제외 총매출액)
⑥ 에누리제외 매출이익액 = 에누리포함 매출이익액 − 매출에누리액
⑦ 에누리제외 순매출액(실제 순매출액) = 순매출액 − 매출에누리액
⑧ 매출이익률 = 에누리제외 매출이익액/에누리제외 순매출액 × 100

(2) 매출가격 환원법

매출가격환원법은 회계기간 중에는 매출가격으로 관리하다 기말재고의 매출가격에 원가율을 곱하여 기말재고자산의 원가를 계산하는 방법으로 매가환원법이라 한다.

6) 내점률 관리

특정 점포를 방문한 소비자의 총수. 즉 내점객 수는 특정 점포가 위치하여 소매 활동을 전개하는 대상이 되는 점포 상권 범위 내에 거주하거나 통과하는 모든 소비자의 수로 나누어 구하는 비율이다. 내점률은 고객 흡인율이라고 하는데 점포 총매출액에 결정적으로 영향을 미치는 구매객 수와 비례한다. 내점률은 점포 앞을 지나가는 통행액수 중에서 몇 명이 점포에 들어왔는지 비율을 말한다.

$$\text{내점률} = \frac{\text{내점객 수}}{\text{점포 앞 통행객 수}} \times 100$$

사례로, 1일 내점객 수가 800명 점포 앞 동행객 수가 10,000명일 때 내점률은 다음과 같이 산출된다.

$$\text{내점률} = \frac{800\text{명}}{10{,}000\text{명}} \times 100 = 8\%$$

일반적으로 내점률은 생필품과 같은 편의품을 취급하는 업종에서 높게 나타나고 전문품을 취급하는 업종에서 낮게 나타난다. 점포에서는 내점률을 정기적으로 파악하여 방문하기 쉬운 점포인지를 확인해야 한다. 왜냐하면, 내점 용이 도와 점포 인기도가 내점률에 직접 반영되기 때문이다.

7) 교차비율 관리

재고 투자액에 대한 부가가치 비율로 상품이익률의 좋은 점과 상품회전율을 동시에 비교하여 어느 상품 어느 상품군이 우수한 상품인지를 나타내는 지표로 일반적으로 수치가 큰 쪽이 좋다고 할 수 있다.

매출총이익률과 상품회전율을 조합하여 상품효율을 파악하는 것이 교차비율이다.

$$\text{교차비율} = \text{매출총이익률} \times \text{상품회전율} \times 100$$

$$\text{교차비율} = \frac{\text{매출총이익}}{\text{매출액}} \times \frac{\text{매출액}}{\text{상품재고액}} = \frac{\text{매출총이익}}{\text{상품재고액}}$$

사례로, 매출총익률이 25%, 상품회전율이 8회전일 때 교차비율은 다음과 같다.

$$\text{교차비율} = 0.25 \times 8 \times 100 = 200\%$$

이 식에 있는 상품회전율은 연간 매출액을 달성하기 위해서 재고가 몇 번 회전해야 하

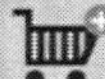

는지를 의미한다. 재고가 회전하더라도 이익을 창출하지 못하면 아무런 의미가 없는가. 교차비율은 제고 생산성을 나타내며 다음 2가지를 이해할 수 있다.

- 매출총이익률이 높고 재고가 적으면 교차비율은 높아진다.
- 매출총이익률이 낮고 재고가 많으면 교차비율은 낮아진다.

제2절 수익성과 안정성 분석

1. 경영 분석 포인트

1) 문제점 도출

경영 분석이란 의사 진찰과도 같은 것으로 문제점을 찾아 그 대책을 마련해 나가는 데 필요한 것이다. 물론 문제점뿐만 아니라 타점과 비교해 우수한 점도 알아내 나간다.

2) 차기 경영계획 작성 필요

경영 결과는 재무상태표와 손익계산서로 표시된다. 이러한 계산 서류는 세무서용으로 작성되고 소매점 경영에 있어서 매우 중요한 정보를 제공하고 있다.

경영 결과가 나오면 그 결과를 분석하고 좋은 점은 확장하고 나쁜 점은 원인분석을 해 차기 경영계획에 활용할 필요가 있다.

3) 비율 비교와 실적 비교

경영 분석방법에는 여러 가지 있는데 그것들은 두 가지로 구분하면 다음과 같다.

① 비율 비교 : 매출이익과 상품회전율 등 비율로 표시하며 비교 검토하는 것
② 실적 비교 : 전월과의 증감비교와 예산과 차액 등 금액으로 표시 검토하는 것

실제 현장에서 ①, ② 양자를 혼합해 사용하고 있다.

4) 예산 대비

경영 분석에 있어서 예산과 비교해 어떠한가 점검하는 예산 대비를 함은 매우 중요하다. 왜냐하면, 예산은 세우는 것만이 목적이 아니라 실적 진척을 점검하는 데 의미가 있기 때문이다.

① 실적−예산 = 차액

② $\frac{\text{실적}}{\text{예산}} \times 100\% = \text{달성률}$

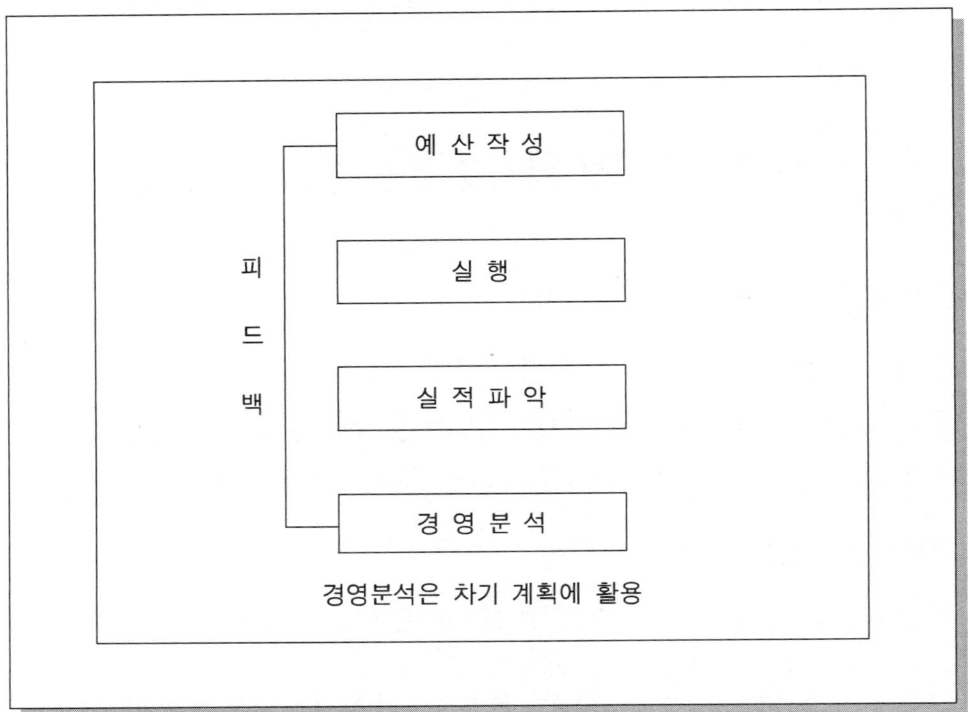

▌경영분석 피드백▌

5) 전년도와 비교

소매점 경영에 있어서 전년도와 같은 달 혹은 같은 주와의 비교를 해 나가는 것은 매우 의미가 있다. 소매점 경우 계절성이 비교적 높은 상품을 취급하고 있는 업종이 있다. 그러한 소매점에서는 전년도와 비교함으로써 올해는 정말로 성장하고 있는 것인가 그렇지 않은 것인가를 한눈에 알 수 있기 때문이다.

6) 표준 비교

유통업계의 경영 분석 평균은 여러 기관에 발표되고 있다. 이러한 경영지표를 참고하여 자점이 속한 업계 평균치와 비교하는 것이 표준 비교이다. 구체적으로 살펴보면 다음과 같다.

① 자점 수치가 업계 평균수지, 증액을 비교한다.

② 자점 수치가 업계 평균을 밑도는 경우 몇 % 혹은 얼마 금액으로 밑돌고 있는가를 산출한다.

③ 특히 업계 평균과 비교해 크게 떨어지고 있는 부분을 중점적인 개선사항으로 한다.

7) 동 업종, 동 규모 소매점과 비교

경영 분석하면서 잊지 말아야 할 것은 동업종·동 규모 소매점과 비교이다. 소매점은 입지산업이기 때문에 완전히 동일조건으로 비교할 수는 없지만 비슷한 정도의 소매점 면적에서 매출액과 이익에 큰 차가 생긴다는 것은 어딘가 문제가 있기 때문이다. 그런 의미에서 동업종 동 규모의 경쟁 소매점과 비교하는 것은 효과가 있다. 단, 문제는 경쟁 소매점 수치를 간단히 얻을 수 없으므로 어떤 방법으로라도 조사하지 않으면 안 된다.

8) 동 업종, 동 규모 소매점 경영 수치 수집법

입점액수·매출단가·판촉 종류와 진열 특징 등에 대해

① 도매 영업사원으로부터 정보를 수집한다.

② 메이커 영업사원으로부터 정보를 수집한다.

③ 파트 · 아르바이트를 사용해 경쟁 소매점 조사한다.

2. 수익성

1) 수익성 의의

경영 분석을 행하는 경우 대표적 분석 수법으로서, 수익성, 안전성, 생산성, 성장성－이 네 가지이다. 이 중 가장 중요한 것은 역시 수익성이 될 것이다. 수익성이란 말 그대로 수익이 올라가고 있는가를 보는 것이다. 즉, 이익의 합계를 재는 것이 수익성인 것이다. 수익성은 다음 2가지 관점에서 분석한다.

① 매출액에 대해 수익비율은 어떤가.

② 투자한 자본에 대해 수익은 올라가고 있는가.

2) 수익성 대표 지표

(1) 경영자본 대 영업이익률

영업용으로 투자한 자본이 어느 정도 이익을 얻고 있는지를 보는 지표이다.
다음과 같은 셈식으로 구한다.

$$\text{경영자본 대 영업이익률} = \frac{\text{영업이익}}{\text{경영자본}} \times 100\%$$

(2) 경영자본회전율

투자한 자본 이용도를 보는 지표이다. 다음과 같은 셈식으로 구한다.

$$\text{경영자본회전율} = \frac{\text{매출액}}{\text{경영자본}} (\text{回})$$

(3) 매출액 대 영업이익률

매출액에 대한 이익 정도를 보는 지표이다. 다음과 같은 셈식으로 구한다.

$$\text{매출액 대 영업이익률} = \frac{\text{영업이익}}{\text{매출액}} \times 100\%$$

(1) $\text{매출액 총이익률} = \frac{\text{매출총이익}}{\text{매출액}} \times 100\%$

(2) $\text{매출액 영업이익률} = \frac{\text{영업이익}}{\text{매출액}} \times 100\%$

(3) $\text{매출액 경상이익률} = \frac{\text{경상이익}}{\text{매출액}} \times 100\%$

(4) $\text{매출액 세금공제전 당기순이익률} = \frac{\text{세금공제전 당기순이익}}{\text{매출액}} \times 100\%$

(5) $\text{매출액 당기순이익률} = \frac{\text{당기순이익}}{\text{매출액}} \times 100\%$

(6) $\text{매출액 인건비 비율} = \frac{\text{인건비}}{\text{매출액}} \times 100\%$

(7) $\text{매출액 광고 선전비 비율} = \frac{\text{광고선전비}}{\text{매출액}} \times 100\%$

(8) $\text{매출액 지급이자 비율} = \frac{\text{지급이자·할인료}}{\text{매출액}} \times 100\%$

(9) $\text{총자본 이익률} = \frac{\text{당기순이익}}{\text{총자본}} \times 100\%$

(10) $\text{총자본 회전율} = \frac{\text{매출액}}{\text{총자본}} \times 100\%$

▌수익성 비율▐

3) 매출이익률 2단계 분석법

매출액에 대한 이익의 비율을 보는 비율에서 다음과 같은 것이 있다.

① 매출액 총이익률(=매출액 매출이익률)
② 매출액 영업이익률
③ 매출액 세전 이익률
④ 매출액 세금공제 후 이익률

이 중에서도 소매점 경영자가 알아두어야 할 비율은 ①과 ② 두 가지이다.

매출총이익과 영업이익과의 관계에서 알 수 있듯이 매출총이익(매출이익)은 영업이익과 판매비·관리비로 구성되고 있다.

즉, 상기 관계를 산식으로 나타내자면

A) 매출총이익 = 영업이익 + 판매비·관리비

A) 식을 매출액으로 나누면

B) $\frac{\text{매출총이익}}{\text{매출액}} = \frac{\text{영업이익}}{\text{매출액}} + \frac{\text{판매비·관리비}}{\text{매출액}}$

즉, 매출총이익률 = 매출액 영업이익률 + 판매 · 관리비 비율

매출액 영업이익을 높이기 위해서는

① 매출총이익을 높인다.
② 판매·관리비 비율을 억제한다.

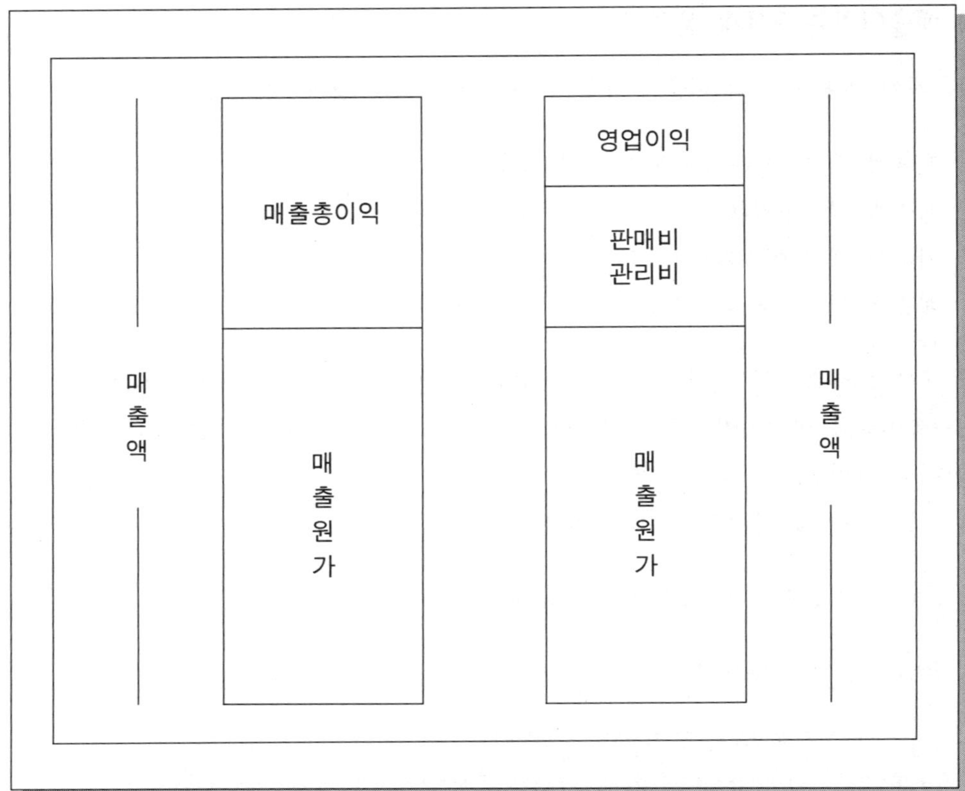

▌매출총이익과 영업이익과의 관계▐

3. 안전성

1) 안전성 의의

소매점 경영상황을 파악할 때 현금흐름 상황을 보는 것도 중요한 일이다. 안전성이란 문자 그대로 소매점 경영상태가 안전한가를 판정하는 것이다.

2) 안전성 대표 지표

(1) 유동비율

소매점 지불 능력을 나타내는 대표적인 비율이다. 산식에서와 같이 현재 소유하고 있는 유동자산(현금·예금과 외상 매출금, 받을어음, 상품 등)과 유동부채(지급어음, 외상 매입금, 단기차입금 등)의 비율을 본 것이다. 당면한 지불능력을 표시하고 이것은 높을수록 좋은 것이다.

$$\text{유동비율} = \frac{\text{유동자산}}{\text{유동부채}} \times 100\%$$

(2) 당좌비율

유동비율과 같이 소매점의 지불능력을 표시한다. 유동자산 중에서도 현금화되기 쉬운 당좌자산과 유동부채의 비율을 나타내고 있다.

100% 이상이 이상적이라 할 수 있다.

$$\text{당좌비율} = \frac{\text{당좌자산}}{\text{유동부채}} \times 100\%$$

(3) 총자본 대 자기자본 비율

소매점에서 차입한 타인자본(매입채무와 차입금 등)과 자기자본의 비율을 표시하고 있다. 타인자본은 어쨌든 돌려주어야 하므로 너무 많아지면 자금융자가 어렵게 되고 만다. 그러므로 총자본 대 자기자본비율이 높을수록 재무 안전성이 높다고 할 수 있다.

$$\text{총자본 대 자기자본 비율} = \frac{\text{자기자본}}{\text{총자본}} \times 100\%$$

(1) $\text{유동비율} = \frac{\text{유동자산}}{\text{유동부채}} \times 100\%$

(2) $\text{당좌비율} = \frac{\text{당좌자산}}{\text{유동부채}} \times 100\%$

(3) $\text{비유동비율} = \frac{\text{비유동자산}}{\text{자기자본}} \times 100\%$

(4) $\text{비유동장기적합률} = \frac{\text{비유동자산}}{\text{자기자본} + \text{비유동부채}} \times 100\%$

(5) $\text{자기자본비율} = \frac{\text{자기자본}}{\text{총자산/본}} \times 100\%$

(6) $\text{경상수지 비율} = \frac{\text{경상수입}}{\text{경상지출}} \times 100\%$

▮안전성 비율▮

4. 생산성

1) 생산성 의의

일반적으로 생산성이란 상품을 생산하고 있는 메이커로서 자주 사용됐다. 그러나 이 생산성이라는 것은 메이커 전매특허가 아니라 소매점 경우에도 적합한 것이다. 생산성이라는 것은 투입에 대해서 그 성과로서 산출이 어느 정도 있는가를 표시하는 것이다.

$$생산성 = \frac{산출량}{투입량}$$

경영은 사람, 상품, 자금을 효과적으로 사용해 성과를 낳게 하는 것이라 한다. 위 산식에 분모인 투입량 부분에 사람, 상품, 자금을 들여 어느 정도 산출량(소매점 경우는 매출액 혹은 이익)을 얻을 수 있는지다.

2) 인적 생산성

인적 생산성은 종업원 1인당 어느 정도 팔았는가, 혹은 이익을 얻었는지를 보는 것을 말한다. 물론 이 인적 생산성은 높으면 높을수록 좋은 것이지만 지나치게 높아지면 종업원에 대한 작업량이 증대하기 때문에 주의가 필요하다.

(1) 종업원 1인당 연간 매출액

종업원 1인당 연간 어느 정도 매출을 올렸는가를 보는 것이다. 이 비율이 높다는 것은 적은 인원으로 효율적 매출을 올렸다는 것이 된다.

$$종업원\ 1인당\ 연간\ 매출액 = \frac{연간\ 매출액}{종업원\ 수}$$

(2) 종업원 1인당 매출이익액

종업원 1인당 어느 정도 이익을 내고 있는가를 나타내는 지표이다.

$$종업원\ 1인당\ 매출이익액 = \frac{매출이익액}{종업원\ 수}$$

3) 물적 생산성

(1) 상품효율 지표

상품효율을 나타내는 대표적 지표는 상품회전율이다. 적은 상품재고로 많은 매출액을 올리면 효율은 높아진다.

$$상품회전율 = \frac{매출액}{재고액}(回)$$

상품회전율이란 연간에 몇 번 재고가 교대되었는지를 보는 지표이다.

여기에서 상품회전율을 일수로 표시하면 다음과 같다.

$$상품회전일수 = \frac{상품재고액 \times 365日}{연간\ 매출액}$$

이 수치를 산출하면, 현재 가진 재고가 며칠 분의 재고가 상당 한지를 알 수 있다. 이 수치는 작을수록 재고회전이 빠르고 팔림세가 빠르다는 것을 의미하고 있다.

(2) 매출효율 지표

매출효율은 소매점 효율을 보는 대표적 지표이다. 통상 3.3㎡당 매출액과 매출이익으로 나타낸다.

$$3.3㎡당\ 연간\ 매출액 = \frac{연간\ 매출액}{매장\ 면적} \times 3.3$$

일반적으로 평 효율이라 한다. 이 수치는 높은 쪽이 좋고 좁은 매장면적에서 높은 매출액을 올리는 일이 포인트이다.

$$3.3㎡당\ 연간\ 매출이익액 = \frac{연간\ 매출이익액}{매장면적} \times 3.3$$

평당 어느 정도 이익이 있는가를 나타내고 있다. 이 수치가 너무 낮은 경우는 영업한다는 의미가 없다고 말할 수 있으므로 주의가 필요하다.

제3절 성장성 분석

1. 성장성 의의

소매점 성장성을 보는 지표에는 여러 가지 척도가 있다. 다음에 그 중요한 항목을 열거해 보기로 하자.

- 매출액: 소매점 성장도가 가장 잘 나타나 있다.
- 이익: 매출액 이상으로 이익 신장을 중요시하는 소매점도 있다.
- 종업원 수: 종업원 수가 매년 증가하고 있는 성장하고 있는 소매점이다.
- 소매점 수: 출점 여력이 있는 자본력, 인재를 갖춘 소매기업이라 하겠다.

2. 매출성장률 평가

1) 매출액 신장은 소매점 성장 파라미터

소매점이 성장하고 있는가는 우선 매출액이 신장하고 있는지로 확인한다. 근래에 들어와 소매점을 둘러싸고 경영환경은 점점 더 엄격해졌다. 이러한 상황에서 소매점이 매년 매출액을 올려 나가는 일은 힘들지만, 확실히 매출, 이익 모두 신장해 있는 소매점은 많이 있다.

2) 매출액 신장을 보는 법

매출액 성장은 다음과 같은 금액과 비율 양면에서 잡는다.

(1) 금액에 의한 방법

$$\frac{\text{금년도}}{\text{매출액}} - \frac{\text{전년도}}{\text{매출액}} \text{(전월, 전주, 전일로 대체 가능)}$$

플러스 경우: 매출액이 증가하고 있다.
마이너스 경우: 매출액이 감소하고 있다.

(2) 비율에 따른 방법

$$\text{A) 매출액 성장률} = \frac{\text{금년도 매출액}}{\text{전년도 매출액}} \times 100\%$$

또는,

$$B) \text{ 매출액 성장률} = \frac{\text{금년도 매출액} - \text{전년도 매출액}}{\text{전년도 매출액}} \times 100\%$$

A) 식에서는 100을 기준으로 100을 웃돌면 매출액이 증가, 밑돌고 있으면 매출액이 감소한다. 한편, B) 식에서는 0을 기준으로 0보다 큰 비율이 나오면 매출액 증가, 마이너스가 나오면 매출액 감소가 된다.

3. 이익성장률 평가

1) 이익 신장 금액과 비율 양면 평가

(1) 금액에 의한 방법

금년도 이익액 – 전년도 이익액

계산 기간은 연도 이외에 일, 주, 월, 분기, 반기로 구분해 나가는 것도 필요하다.

(2) 비율에 따른 방법

$$A) \text{ 이익액 성장률} = \frac{\text{금년도 이익액}}{\text{전년도 이익액}} \times 100\%$$

$$B) \text{ 이익액 성장률} = \frac{\text{금년도 이익액} - \text{전년도 이익액}}{\text{전년도 이익액}} \times 100\%$$

2) 부문별, 상품별 이익 증가도

위에서 행한 계산은 소매점 전체는 물론 이것을 더욱 세분화해 부문마다, 상품마다 분석해 나가야 한다. 그것에 따라 신장률이 둔화하는 부문과 상품의 부각·축소·개폐 등을 생각하는 기본이 되기 때문이다.

Chapter 12 매장 정량 성과평가

1. 목표관리와 목표 설정 방법에 관해 설명하시오.

1) 목표관리란?

조직 전체 목표와 개인 목표를 관련지어 목표달성이 동시에 인간으로서 흥미나 욕구를 만족하게 하는 방법이다. 목표 설정은 각종 환경분석을 철저히 하여 목표에 도달할 수 있는 의욕이 생기도록 적정하게 부여하여야 한다.

2) 목표 설정 방법

① Top-Down, Bottom-Up

목표를 정하고 목표를 부여할 때는 분석을 철저히 하고 산출된 목표에 관해서 설명해주고 목표를 부여하되 최종목표에 대해서는 의견을 수렴하여 설정하는 것이 바람직하다.

② 목표수립 시 사전 확인

판매목표는 소매점 내·외부 각종 정보를 바탕으로 상품 특성, 추세를 반영하여 실시하고 사전에 확인을 통하여 객관적으로 설정하여야 한다.

- 객관적 자료 수집과 분석 때문에 목표를 설정해야 한다.
- 전년도 실적과 최근 3개월 실적 그리고 3~5년 정도 실적 반영하여 수립한다.
- 상권 특성, 경쟁사 영향요인을 반영하여 수립한다.
- 계절특성, 행사계획을 반영하여 수립한다.
- 매입/재고계획과 연동하여 수립한다.

③ 일별/월별/연간계획 연동

소매점에서는 1일 실적이 1주 실적이 되고 주간 실적이 월간 실적이 되고 월간 실적이 연간 목표가 되므로 모든 실적의 출발은 일별 계획에서 시작된다. 월별 계획은 먼저 계절별 매출계획을 수립 후 월별 계획을 수립하는 것이 합리적이다. 즉 월별매출계획은 연간계획에 의거 반기, 계절별, 월간매출구성비 기준에 따라 배분하는 것이 필요하다. 예상되는 월별매출구성비를 과거 실적을 기준으로 추정 후 내, 외부 환경요인의 고려를 통하여 조정하여 결정한다.

2. 신장률 관리에 관해 설명하시오.

신장률은 전년(전월, 전분기) 대비 올해(당월, 현 분기)의 실적 증감률을 나타내는 지수로 성장세를 가늠할 수 있는 대표적 지수이다.

- 소매점에서 관리하는 신장률 종류

누계신장률 : 영업일 수 및 영업환경을 무시한 절대 계수 신장비율
일 평균 신장률 : 매출액을 영업일 수로 나누어 일 평균 실적 신장비율
감안 신장률 : 영업 환경이 다를 경우 감안하여 신장 비교

신장률 : 금년 실적/ 전년 실적 × 100−100

예) 금년 실적 180, 전년 실적 160
180/160 × 100−100=12.5% 신장

일평균신장률 : (금년 실적/전년 실적/금년 영업일수 × 전년 영업일수 × 100)−100

감안신장분석 : 영업환경은 언제나 똑같을 수가 없다. 영업일수가 다를 수 있고 행사가 다를 수 있으므로 이런 감안 요소를 분석한 후 반영하는 게 감안 분석이다.

3. 내점률 관리에 관해 설명하시오.

특정 점포를 방문한 소비자 총수. 즉 내점객 수는 특정 점포가 위치하여 소매 활동을 전개하는 대상이 되는 점포 상권 범위 내에 거주하거나 통과하는 모든 소비자의 수로 나누어 구하는 비율이다. 내점률은 고객 흡인율이라고도 하는데, 점포 총매출액에 결정적으로 영향을 미치는 구매객 수와 비례한다. 내점률은 점포 앞을 지나가는 통행액수 중에서 몇 명이 점포에 들어왔는지의 비율을 말한다.

$$\text{내점률} = \frac{\text{내점객 수}}{\text{점포 앞 통행객 수}} \times 100$$

4. 다음 용어에 관해 설명하시오.

– 목표달성률

– 재고회전율

– 객단가

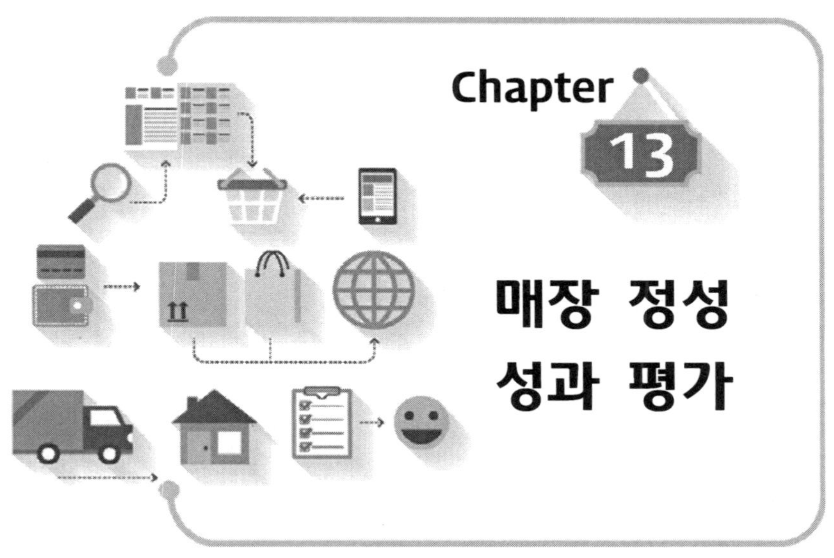

제1절 고객 시각으로 매장진단

세상에는 체크리스트라고 불리는 것이 많이 있다. 경영 관점에서 만들어진 것, 업무 내용 관점이라고 하는 것을 목표로 하여 만들어진 것 등 여러 가지가 있다. 그 가운데서 본서에서 제시하는 체크리스트는 철저한 고객지향을 기초하여 고객 눈에 비치는 자신의 점포 강점과 약점을 명확히 하고 거기서부터 매출을 높이는 방법을 끌어내려고 하는 것이다. 소매업은 점포가 들여온 상품을 파는 사람이 현금을 받고 교환하는 것으로 성립된 것이다. 따라서 상품을 파는 점포 측보다는 돈을 지급하는 고객 측에 주도권이 있다. 점포 평가를 결정하는 것은 고객이다. 고객이 돈을 지급한다고 하는 것은 그 점포와 상품을 지지한다고 하는 것과 다름이 없다. 이제부터 유통업, 서비스업에 있어서 중요한 것은 〈고객 지지를 얼마만큼 받을 수 있는가〉 하는 것에 달려 있다. 고객 지지를 얻기 위해서는 구매 결정 현장에 있는 점포를 어떻게 보고 있는가를 알 필요가 있다. 어느 부분이 지지를 받고 있고 어느 부분이 지지받지 못하고 있는지를 아는 것이다. 그래서 지지받는 부분은 더욱 강화하고 지지받지 못하는 부분은 우선순위를 붙이면서 힘 균형 원리에 의해 효율적으로 개선해 간다. 그러면 고객 지지를 지금 이상으로 얻고 매출을 늘릴 수 있게 된다. 자기 점포 현상을 아는 것에는 〈점포〉와 〈고객 눈〉 2가지가 필요하다. 따라서 본서 체크리스트는 〈점포 자가진단〉이라고 하는 형태로 고객이 구매할 때 유의점을 진단항목으로써 열거하고 그 항목에 스스로 O, ×를 붙여서 〈고객 눈으로 본 자신의 점포 모습〉을 명확히 밝히는 것이다. 고객은 점포를 이렇게 보고 있다.

체크 순서

I	H	G	F	E	D	C	B	A
사용가치확인	단품 플로우설비 등	단품정산 설비 등	단품인적서비스	부문집기전개	단품소구 매장	단품소구 점포입구	단품유도 간판주차장	단품소구 전단DM

▌점포 자기진단 체크리스트▐

이 체크리스트는 어디까지나 〈고객 입장〉을 중시하는 진단항목을 점포현장 사람들이 스스로 체크하고 매장에서 활용하기 위한 것이다. 방법은 매우 간단하며 진단항목 하나하나에 이루어지고 있는 것에는 O를 표시하고 이루어지지 않는 것에는 ×를 체크하는 것뿐이다. 체크 불가능한 것에는 체크하지 않아도 좋다. 항목 순서는 고객이,

① 점포에 들어갈 때까지 행동
② 점포 안에서 행동
③ 점포를 나온 후 행동

으로 나누고, 다시 이것을 세분화한 것이다. 고객의 움직임에 따라 체크해 주시기 바란다.

	진단항목	평가
A 단품소구 전단/DM	A-1 전단 혹은 DM을 최저 연 1회 발행하고 있는가?	
	A-2 전단 또는 DM에 점포명 표기가 한 곳 이상 있는가?	
	A-3 전단, DM에 처음 가는 고객도 내점이 가능하도록 지도가 실려 있는가?	
	A-4 전단, DM에 영업일 및 영업시간을 명시하고 있는가?	
	A-5 전단, DM에 전화번호를 명시하고 있는가?	
	A-6 전단, DM에 행사 기간을 명시하고 있는가?	
	A-7 전단, DM에 주차장이 있는 것을 명시하고 있는가?	
	A-8 전단, DM에 주력 상품군을 풍부히(1 단품에 3 아이템 이상) 표현하고 있는가?	
	A-9 전단, DM에 단품의 개별 아이템 가격을 90% 이상 명시하고 있는가?	
	A-10 전단, DM 상의 상품을 단품별로 분류하고 있는가?	
	A-11 전단, DM에 상품의 기능, 사용방법, 유지 관리방법 등을 전하고 있는가?	
	A-12 전단, DM에 취급 신용카드 등 특전을 표시하고 있는가?	

▮점포진단 체크리스트 A▮

	진단항목	평가
B 단품유도 간판/주차장	B-1 점포명과 업종을 표시하는 간판이 있는가?	
	B-2 외관상으로 무슨 점포인지 구분이 되는가?	
	B-3 주차장이 있는가?	
	B-4 주차장에서 차가 들어가고 나가는데 편리하게 되어 있는가?	
	B-5 주차장은 주차하기 쉬운가?	
	B-6 처음 내 점한 고객도 주차장을 찾기가 쉬운가?	
	B-7 주차장에 대기 차량이 많은 경우 차량유도를 하고 있는가?	
	B-8 주차장의 요금표시가 있는가?	
	B-9 주차장에 쓰레기나 물이 고여 있지 않은가?	
	B-10 주륜장(자전거)은 있는가?	
	B-11 주륜장은 찾기 쉬운가?	
	B-12 주륜장은 정리정돈이 되어 있는가?	
	B-13 주륜장에 쓰레기나 물이 고여 있지 않은가?	

▮점포진단 체크리스트 B▮

	진단항목	평가
C 단품소구 점포입구	C-1 입구는 찾기 쉬운가?	
	C-2 입구는 물리적으로 들어가지 편리한가?	
	C-3 입구는 분위기적으로 들어가기 편한가?	
	C-4 점포의 앞부분은 청결한가?	
	C-5 입구에 더러워지지 않도록 우산을 꽂을 공간이 있는가?	
	C-6 입구의 매트는 청결하고 반드시 놓여 있는가?	
	C-7 입구에 휴지통 등이 있고, 청결한가?	
	C-8 우산은 보관대에 우산 넣을 비닐이 입구 부근에 있는가?	
	C-9 입구 부근에 영업시간, 정기휴일의 표시가 있는가?	
	C-10 입구 부근에 인기상품, 행사표시가 있는가?	
	C-11 입구 부근에 층 안내도가 있는가?	
	C-12 입구 부근에 취급 신용 카드할인 등이 표시되어 있는가?	
	C-13 입구 부근에 애완동물 동반 여부 표시가 있는가?	
	C-14 점포의 주력 단품이 점포 앞에 이미지화되어 있는가?	

▌점포진단 체크리스트 C▐

	진단항목	평가
D 단품소구 매장	D-1 매장은 한번 둘러보았을 때 밝은 분위기를 느끼게 하는가?	
	D-2 매장은 한번 둘러보았을 때 청결하다고 느껴지는가?	
	D-3 매장을 한번 둘러보았을 때 매장에서 재촉하지는 않는가?	
	D-4 매장을 둘러보았을 때 계절감이 느껴지는 상품이 있는가?	
	D-5 환경은 쾌적한가?	
	D-6 백 그라운드 음악의 음향은 적절한가?	
	D-7 매장이 물리적으로 밝은가(1,000ℓx 이상)?	
	D-8 부문 표시는 명확한가?	
	D-9 계단, 에스컬레이터와 엘리베이터 표시는 있는가?	
	D-10 주 통로는 명확하고, 통행하기 편한가?	
	D-11 보조 통로는 명확하고 통행하기 편한가?	
	D-12 쇼핑 바구니나 카트는 입구 부근에 있고, 잡기 편한가?	
	D-13 쇼핑 바구니, 카트는 청결한가?	
	D-14 매장에서 고객의 특전이 되는 것(바겐세일, 포인트 카드, 신용 카드 등)을 명시하고 있는가?	

▌점포진단 체크리스트 D▐

	진단항목	평가
E 부문집기전개	E-1 상품은 청결한가?	
	E-2 상품은 손상되어 있지는 않은가?	
	E-3 상품은 주력 단품으로서 한데 묶여 있는가?	
	E-4 주력 상품은 3 아이템 이상 갖추어져 있는가?	
	E-5 주력 단품 판매선의 1 아이템은 정말 저렴한가?	
	E-6 주력 단품의 가격표가 바르게 붙어 있는가?	
	E-7 집기는 청결한가?	
	E-8 집기에 빈 곳이 눈에 띄지는 않는가?	
	E-9 상품은 취급하기 쉽게 진열(거리에 대해서)되어 있는가?	
	E-10 주력 단품이 그 매장의 제일 좋은 자리에 진열되어 있는가?	
	E-11 주력 상품이 가격대별로 진열되어 있는가?	
	E-12 전단에 실린 주력 단품 3 아이템은 결품되어 있지 않는가?	
	E-13 주력 단품 판매선의 아이템의 페이스 수는 많은가?	
	E-14 주력 단품 판매선의 1 아이템에 POP, 가격표가 붙어 있는가?	
	E-15 POP가 1평당 3장 이상 붙어 있는가?	
	E-16 POP로 판매가격 표시와 사용가치를 명시하고 있는가?	
	E-17 POP로 정가, 할인율을 명시하고 있는가?	
	E-18 품절 되었을 때는 품절 및 입고예정을 명시하고 있는가?	
	E-19 POP를 보기 쉽도록 고정해 놓았는가?	
	E-20 POP가 더럽거나 구부러지지 않았는가?	
	E-21 저렴감이 있는가?	
	E-22 가치감이 있는가?	
	E-23 풍부감(볼륨감)이 있는가?	

▌점포진단 체크리스트 E▐

	진단항목	평가
F 단품인적서비스	F-1 눈이 마주칠 때 방긋 미소를 짓는가?	
	F-2 "어서 오세요!"라고 밝게 인사하는가?	
	F-3 활기차 보이는가?	
	F-4 복장은 청결한가?	
	F-5 고객이 무언가 묻고 싶을 때는 곧 대응할 수 있도록 하고 있는가?	
	F-6 손님을 기다리게 할 때는 "잠깐 기다려 주십시오!"라고 말하고, 사정을 설명하는 등 고객이 기분 좋게 느낄 수 있도록 대응하는가?	

	F-7 고객이 볼 수 있는 범위에 판매원이 1인 이상 있는가?	
	F-8 단품이 있는 장소를 즉시 답할 수 있는가?	
	F-9 고객에 대해 차별을 두지 않고 대하고 있는가?	
	F-10 상품을 사지 않은 손님에게도 "감사합니다!"라고 기분 좋게 인사하고 있는가?	
	F-11 고객에게 특전이 되는 것(바겐세일, 포인트 카드, 신용 카드 등)을 권하고 있는가?	
	F-12 고객에게 접근하는 타이밍은 적절한가?	
	F-13 고객의 이야기를 충분히 듣고 있는가?	
	F-14 고객의 이야기를 들은 후 "알겠습니다!"라고 하는가?	
	F-15 고객이 원하는 상품을 제시하고 있는가?	
	F-16 상품을 다루는 데 있어 정중한가?	
	F-17 포장은 신속하고 아름답게 하는가?	
	F-18 상품을 들기 쉽고, 운반하기 쉽게 포장하는가?	
	F-19 고객의 용도, 목적에 맞는 포장인가?	
	F-20 계산대에서 상품과 가격을 읽어주면서(확인하면서) 계산하고 있는가?	
	F-21 계산한 금액과 받은 금액, 거스름돈을 말로 확인하고 있는가?	
	F-22 고객의 손에 닿을 정도로 정중하게 거스름돈을 전하는가?	
	F-23 전화에서는 친절한 어조로 대응하고 있는가?	
	F-24 전화음 5회 내에 전화를 받고 있는가? 6회 이상이었을 때는 "기다리게 해서 죄송합니다!"라고 하는가?	
	F-25 전화에서 회사(점포)명을 1회에 알아들을 수 있도록 하는가?	
	F-26 영업시간 외에 부재중 전화번호 등 무엇인가 대응하고 있는가?	

▌점포진단 체크리스트 F▐

	진단항목	평가
G 단품 정산 설비 등	G-1 계산대 위치 표시는 있는가?	
	G-2 계산대 줄 표시는 있는가?	
	G-3 영수증을 고객에게 전하고 있는가?	
	G-4 계산대에서 기다리는 고객이 3명 이하인가?	
	G-5 보증서를 발행하고 있는가?	
	G-6 계산대 주변에 신용 카드 특전 표시가 있는가?	
	G-7 계산대 주변이 밝고 청결한가?	
	G-8 계산대 공간은 혼잡하지 않은가?	
	G-9 셀로 테이프, 포장 박스는 보충되어 있는가?	
	G-10 빈 바구니, 빈 카트가 계산대 주변 공간에 방치되어 있지 않은가?	

▌점포진단 체크리스트 G▐

H 단품플로우 설비 등	진단항목	평가
	H-1 화장실 장소 표시는 있는가?	
	H-2 화장실이 밝고 청결한가?	
	H-3 화장실 휴지는 보충되고 있는가?	
	H-4 화장실에 수화물을 놓을 설비가 있는가?	
	H-5 휴식 장소가 있는가?	
	H-6 흡연 장소가 별도로 있는가?	
	H-7 흡연 장소 재떨이에 담배 재가 지나치게 쌓여있지 않는가?	
	H-8 (공중)전화가 있는가?	
	H-9 비상구가 명시되어 있는가?	
	H-10 시계가 있는가?	
	H-11 서비스(안내) 카운터가 있는가?	

▌점포진단 체크리스트 H▐

I 사용가치 확인	진단항목	평가
	I-1 고객 불평(불만)에 대해 즉시 대응하고 있는가?	
	I-2 반품 처리 표시는 있는가?	
	I-3 배송 서비스와 요금표시는 있는가?	
	I-4 고객 카드를 발행하고 있는가?	
	I-5 POP에 지역의 고객에게서 얻은 상품정보를 활용하고 있는가?	

▌점포진단 체크리스트 I▐

제2절 쇼핑사이클별 고객만족도 평가

아래 표는 득점별에 따른 점포 타입과 고객이 어떻게 느끼고 있는가를 정리한 것입니다. 당신의 점포는 어느 타입인가. 아마 점포 점수가 80점 이상이라면 성공 점포일 것이다. 물론 40점 미만 점포도 있다. 우선 득점에서 당신 점포의 위치를 확인한다. 계속해서 그것을 쇼핑 사이클 별로 알아본다. 다음 표에 각각 득점을 기재한다.

체크한 항목수 :

미체크 항목수 :

체크한 항목수 중에서 :

O 항목수 :

×항목수 :

달성율 :

$$\frac{\text{O 항목수}}{\text{체크한 항목수}} \times 100$$

평가 :

쇼핑 사이클	이루어지고 있는 항목	달 성 도
A 전단, DM	/ 12	%
B 간판, 주차장	/ 13	%
C 점포 입구	/ 14	%
D 매장	/ 14	%
E 부문 집기 전개	/ 23	%
F 인적 서비스	/ 26	%
G 정산 설비 등	/ 10	%
H 플로우 설비 등	/ 11	%
I 사용 가치 확인	/ 5	%

▌쇼핑 사이클별 달성도▐

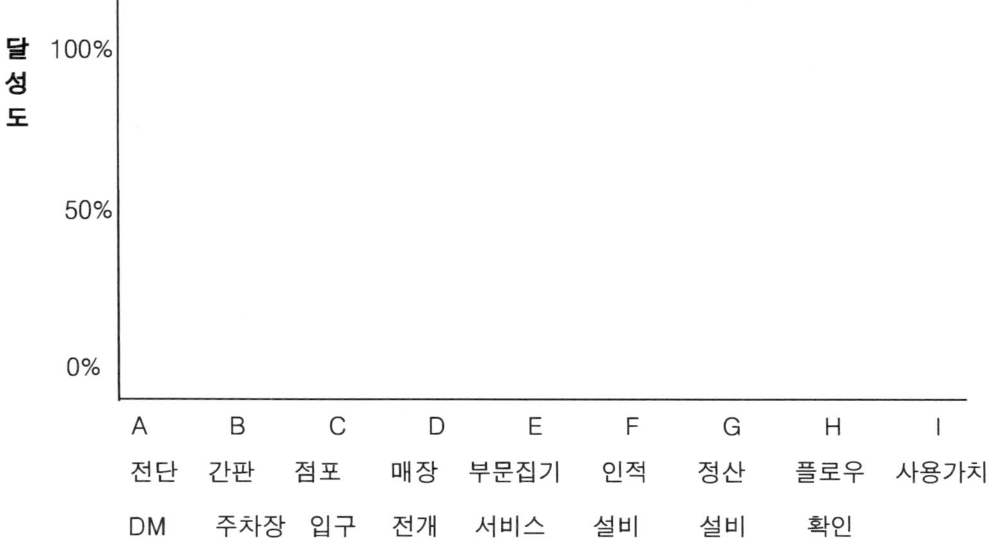

▌쇼핑 사이클별 달성표▐

득점	고객은 이렇게 느끼고 있다
80–100	"와 좋다. 쾌적한 점포. 만족!" 계속해서 활약을…….
70–79	"좋은 점포. 조금 더 쾌적하게 되었으면……!" 한숨 돌림. 분발해 보시지 않겠습니까?
60–69	"쓸모는 충분한 점포이지만……." 온순한 고객만 있다면 좋겠지만…….
50–59	"여기밖에 점포가 없는 줄 아나!" 고객에게 가까이 다가서고 있습니까?
40–49	"쓸쓸한 점포. 들어가기가 어쩐지……!" 고객을 깔보아서는 안 됩니다.
40 미만	"여기가 점포???" 고객이 보이지 않습니다.

▌득점별에 따른 점포 타입▐

제3절 매장점검 체크리스트

원 칙	체크 포인트	YES	NO
제 1 원칙 보기 좋게 진열	**물리적으로 쉬운 진열인가?** · 유효 진열 범위를 살려서 진열한다. · 상품 크기와 성격에 따라 보기 쉬운 높이에 진열한다. · 상품 특성 및 성격을 알기 쉽고 바로 볼 수 있게 진열한다. · 포인트를 만들고 유사상품과 비교하기 쉽게 진열한다. · 관련 상품 진열로 연상 효과를 높여 진열한다. **심리적으로 보기 쉬운 진열인가?** · 사지 않는 고객에게도 부담감이나 저항감을 주지 않는다. · 변화 있는 연출기술로 아름답게 보이도록 한다. · 소도구 보조기구를 활용하여 가치를 높여 보이도록 한다. **보기 쉬운 진열방법인가?** · 상품형태가 큰 것은 뒤쪽, 작은 것은 앞쪽에 진열한다. · 가격이 비싼 것은 뒤쪽, 싼 것은 앞쪽에 진열한다. · 색채가 밝은 것은 뒤쪽, 어두운 것은 앞쪽에 진열한다.		
제 2 원칙 만지기 쉽게 진열	· 고객이 만지기 쉽고 본래대로 돌려놓기 쉬운가? · 허물어지기 쉽게 진열되지 않았는가? · 무거운 용량이 높은 그곳에 있지는 않은가? 상품을 손으로 잡기 쉽게 하는 것이 핵심이다.		
제 3 원칙 구분하기 쉽게 진열	· 비슷한 상품끼리 연결 진열이 되어 있는가? · 선입선출진열이 잘 되어 있는가? · 상품별로 명확하게 구분이 되는가?		
제 4 원칙 생동감 있게 진열	· 주력 상품과 신상품은 적절하게 두드러져 있는가? · 입체감과 생동감이 있는가? · 품목별 제품은 풍족하게 진열되어 있는가?		
제 5 원칙 청결하게 진열	· 상품이나 진열대에 먼지나 얼룩 등이 없는가? · 상품, 포장, 라벨 등에 손상이나 때가 있지 않은가? · POP 등 인쇄 판촉물이 청결하게 진열되어 있는가?		

▌점포진열 체크▐

No.1 체크 항목			담당	점장
주변도로 상황	1	점포 주변 도로 상황은 양호한가?		
	2	점포 주변에 휴지 등이 떨어져 있지 않은가?		
	3	자전거가 고객 통행을 방해하지는 않는가?		
	4	자동판매기 부근 안전성은 완벽한가?		
	5	운반차가 고객 통행을 방해하지는 않는가?		
	6	유모차가 점포 내기로 쉽게 들어올 수 있는가?		
	7	입구 경사면에서 미끄러질 위험은 없는가?		
	8	계단에 미끄럼 방지가 제대로 되었는가?		
	9	비 오는 날, 주변 도로에 물웅덩이는 없는가?		
	10	식품 슈퍼마켓다운 분위기를 갖추고 있는가?		

No.2 체크 항목			담당	점장
점포명 표시간판	1	점포명 표식간판이 눈에 잘 보이는가?		
	2	간판 칠이 벗겨지거나 더럽지는 않은가?		
	3	간판 부속물은 튼튼하게 부착되어 있는가?		
	4	시계가 있는 경우, 시각은 정확한가?		
	5	게시판, 알림판은 깨끗한가?		
	6	야간 조명 밝기는 적절한가?		
	7	흔들리거나 빛이 약한 전구는 없는가?		
	8	휴일이나 영업시간 표시가 눈에 잘 띄는가?		
	9	차양이 더럽지는 않은가?		
	10	개점 전(폐점 후) 셔터가 더럽지는 않은가?		

No.3 체크 항목			담당	점장
전면운반 출구	1	도로에서 정면 출입구까지 노면은 깨끗한가?		
	2	출입구 매트(신발 떨이용)는 깨끗한가?		
	3	정면 유리는 깨끗한가?		
	4	상품 등으로 출입구가 비좁지는 않은가?		
	5	자동문 조정은 완료되었는가?		
	6	상품 반입을 위한 통로가 확보되어 있는가?		
	7	작업장 쓰레기 처리는 충분히 되어 있는가?		
	8	골판지 등 처리는 충분히 되어 있는가?		
	9	집기, 비품에 빗물이 들이치지 않는가?		
	10	운반차 소음이 귀에 거슬리지는 않는가?		

No.4 체크 항목			담당	점장
주차장	1	주차장에 휴지가 떨어져 있지는 않은가?		
	2	적당한 장소에 휴지통이 설치되어 있는가?		
	3	유리, 자갈 등이 떨어져 있지는 않은가?		
	4	간판 표시가 선명한가?		
	5	주차선 등이 분명하게 그려져 있는가?		
	6	통행금지 표지가 분명하게 그려져 있는가?		
	7	야간 조명이 설치되어 있는가?		
	8	매장 출입이 쉬운가		
	9	방범시설이 잘 되어 있는가?		
	10	환기가 잘 되는가?		

▌점포 외관 체크리스트▐

No.1 체크 항목			담당	점장
천정	1	점포내 조명은 적절한가?		
	2	불이 들어오지 않는 형광등은 없는가?		
	3	스폿 전구 갓이 더럽지는 않은가?		
	4	분류 표시 간판이 더럽지는 않은가?		
	5	스프링클러 등에 오염물질이 묻어 있지는 않은가?		
	6	농축 수산 식품 케이스 위가 청결한가?		
	7	방범용 거울은 깨끗하게 닦여 있는가?		
	8	방화용 칸막이, 창문 유리는 깨끗한가?		
	9	대면용 사방 유리는 깨끗한가?		
	10	천장에 더러운 물건이 매달려 있지 않은가?		

No.2 체크 항목			담당	점장
바닥	1	각 플로어 모두 청결하게 유지되어 있는가?		
	2	냉장·냉동 케이스에서 물이 새 나오지 않는가?		
	3	통로에 상품이 방치되어 있지 않은가?		
	4	쇼핑 카트를 끌고 점포 내를 돌아다닐 수 있는가?		
	5	타일이 떨어져 나간 그곳은 없는가?		
	6	진열 시에도 비어있는 곳은 골판지 등에 주의를 기울이는가?		
	7	섬 진열, 돌출진열이 많지 않은가?		
	8	고객용 화장실은 청결한가?		
	9	계단에 물건을 내버려 두지 않는가?		
	10	끝 진열이 튀어나와 있지 않은가?		

No.3 체크 항목			담당	점장
POS·카운터주변	1	계산대 밑은 깨끗한가?		
	2	계산용 가격 표시판은 선명한가?		
	3	레지스터 번호 표시판은 선명한가?		
	4	영수증이 여기저기 버려져 있지 않은가?		
	5	천장에서 내려온 배선 코드가 튼튼하게 죄어져 있는가?		
	6	각 레지스터 사이는 깨끗한가?		
	7	클레임 처리 시 필요한 설명서가 있는가?		
	8	항상 고객을 맞을 준비가 되어 있는가?		
	9	명절 및 특수용 안내 책자가 있는가?		
	10	버스, 지하철 등 시각표가 있는가?		

No.4 체크 항목			담당	점장
POP 광고	1	계절이 지난 그것은 없는가?		
	2	더럽지는 않은가?		
	3	오자·탈자는 없는가. 읽기 쉬운 글자인가?		
	4	상품에 어울리는 크기가 정해져 있는가?		
	5	아이 캐치에 관한 연구가 이루어지고 있는가?		
	6	분류 표시 간판이 올바른 위치에 있는가?		
	7	가격 카들어가 올바른 위치에 있는가?		
	8	천장에 매단 광고물이 너무 많지는 않은가?		
	9	POP 광고가 확실하게 붙어 있는가?		
	10	점포 내 안내판은 제대로 정리되어 있는가?		

▌점포 내 환경▐

No.1 체크 항목			담당	점장
설비관리	1	작업대는 사용하기 편리하게 만들어져 있는가?		
	2	조명은 작업하기 편리하게 밝은가?		
	3	바닥이 미끄럽지 않은가?		
	4	바닥청소가 제대로 되어 있는가?		
	5	냉 염수 처리장치는 제대로 작동되는가?		
	6	슬라이서 날은 잘 드는가?		
	7	반·출입용 카트는 제대로 준비되어 있는가?		
	8	세탁기, 건조기는 제대로 준비되어 있는가?		
	9	저울은 잘 준비되어 있는가?		
	10	전반적으로 작업장으로서 준비가 되어 있는가?		

No.2 체크 항목			담당	점장
비품관리	1	트레이, 랩이 쓰기 편리하게 준비되어 있는가?		
	2	테이프, 고무줄이 쓰기 편리하게 준비되어 있는가?		
	3	시일(Seal), 가격표가 쓰기 쉽게 준비되어 있는가?		
	4	비닐봉지는 쓰기 쉽게 준비되어 있는가?		
	5	숫돌은 종류별로 갖추어져 있는가?		
	6	행주는 필요한 만큼 준비되어 있고 깨끗한가?		
	7	식칼은 종류별로 준비되어 있고 깨끗한가?		
	8	주방 가운은 필요한 수만큼 준비되어 있고 깨끗한가?		
	9	마스크, 모자, 삼각건은 어떠한가?		
	10	비품관리 전반에 관한 배려를 하고 있는가?		

No.3 체크 항목			담당	점장
안전성	1	콘센트, 스위치 안전성은 어떠한가?		
	2	상품을 접어 올리는 법을 교육하고 있는가?		
	3	소화기가 지정된 장소에 놓여 있는가?		
	4	슬라이서 사용법이 정해져 있는가?		
	5	프라이어 사용법이 정해져 있는가?		
	6	식칼 사용법이 정해져 있는가?		
	7	그라인더 사용법이 정해져 있는가?		
	8	작업하기 좋은 밝기인가?		
	9	작업원 복장은 규정 복장인가?		
	10	전반적으로 안전성에 관한 배려를 하고 있는가?		

No.4 체크 항목			담당	점장
위생	1	작업장이나 냉장고 문이 깨끗한가?		
	2	천장이 깨끗한가?		
	3	벽이 깨끗한가?		
	4	바닥이 깨끗한가?		
	5	식칼 보관 장소가 깨끗한가?		
	6	점심 후 휴식시간 동안 도마, 행주는 깨끗한가?		
	7	점심 후 휴식시간 동안 슬라이서는 깨끗한가?		
	8	점심 후 휴식시간 동안 작업대는 깨끗한가?		
	9	작업원 복장이 위생적으로 디자인되어 있는가?		
	10	누가, 언제 청소하는지가 정해져 있는가?		

▮작업장▮

No.1 체크 항목			담당	점장
POS 주변	1	계산대는 깨끗한가?		
	2	포장용 비닐은 정리되어 있는가?		
	3	계산대 사이는 깨끗한가?		
	4	포장 대는 깨끗한가?		
	5	포장용 테이프는 준비되어 있는가?		
	6	바닥에 휴지가 떨어져 있지는 않은가?		
	7	쓰레기통은 제대로 관리하고 있는가?		
	8	바구니는 항상 청결하게 정리되어 있는가?		
	9	천장 형광등은 깨끗한가?		
	10	레지스터 표시판은 깨끗한가?		

No.2 체크 항목			담당	점장
단정한 복장	1	정해진 복장을 하고 있는가?		
	2	머리카록은 정해진 모양인가?		
	3	화장은 허용된 범위인가?		
	4	명찰은 눈에 띄는 그곳에 부착했는가?		
	5	지각, 조퇴, 휴가 신청을 내었는가?		
	6	외출 규정을 지키고 있는가?		
	7	담당구역을 떠날 때 규정을 지키고 있는가?		
	8	쇼핑규정을 지키고 있는가?		
	9	지시에 대한 보고가 있었는가?		
	10	휴식, 식사에 관한 규정을 지키고 있는가?		

No.3 체크 항목			담당	점장
접객 서비스	1	고객을 기다리는 자세가 올바른가?		
	2	고객을 맞는 자세가 올바른가?		
	3	접객용어를 올바르게 사용하고 있는가?		
	4	인사는 3인 이상에게 들리는가?		
	5	표정은 밝은가?		
	6	불공평한 접객을 하고 있지는 않은가?		
	7	가격확인은 정해진대로 하고 있는가?		
	8	인사는 정해진 형태로 하고 있는가?		
	9	인사는 고객을 보면서 하고 있는가?		
	10	접객 전반에 관한 배려가 있는가?		

No.4 체크 항목			담당	점장
등록	1	등록하는 자세는 올바른가?		
	2	소리를 내어 읽으면서 등록을 하고 있는가?		
	3	상품 이동을 올바르게 하고 있는가?		
	4	금전 수수는 올바른가?		
	5	지폐는 항상 지폐 넣는 곳에 넣고 있는가?		
	6	고객보다 능숙하게 물건을 넣을 수 있는가?		
	7	물건 넣은 것을 올바르게 하고 있는가?		
	8	포장용 비닐의 크기는 적절한가?		
	9	상품을 건넬 때 요령에 관한 연구를 하고 있는가?		
	10	감사하는 마음으로 고객을 보내고 있는가?		

▌POS 부분▐

No.1 체크 항목			담당	점장
일반식품	1	선입선출이 지켜지고 있는가?		
	2	제조연월일이 오래된 그것은 없는가?		
	3	상품에 먼지가 쌓여 있지는 않은가?		
	4	더러워진 가격표가 늘어서 있지는 않은가?		
	5	계절이 지난 상품이 진열되어 있지는 않은가?		
	6	칸막이의 판이 더럽지는 않은가?		
	7	상품 포장이 손상된 그것은 없는가?		
	8	선반은 더러운 그곳이 없는가?		
	9	상품을 그대로 바닥에 두지는 않았는가?		
	10	매장 전체적으로 상품관리에 배려가 되어 있는가?		

No.2 체크 항목			담당	점장
일일배달식품	1	선입선출이 지켜지고 있는가?		
	2	일일배달 식품의 날짜관리를 하고 있는가?		
	3	요 냉 식품을 제대로 취급하고 있는가?		
	4	케이스 온도는 정해진대로 있는가?		
	5	케이스 통풍구가 막혀 있지는 않은가?		
	6	케이스, 선반은 깨끗한가?		
	7	칸막이 판이 더럽지는 않은가?		
	8	더러워진 가격표가 늘어서 있지는 않은가?		
	9	상품을 그대로 바닥에 두지는 않았는가?		
	10	매장 전체적으로 상품관리에 배려가 되어 있는가?		

No.3 체크 항목			담당	점장
과자·빵	1	선입선출이 지켜지고 있는가?		
	2	제조연월일이 오래된 상품은 없는가?		
	3	생과자의 판매 기간이 정해져 있는가?		
	4	빵 진열 상자는 언제나 깨끗한가?		
	5	포장이 손상된 상품이 진열되어 있지는 않은가?		
	6	냉동 케이크는 진열 한계선을 넘지 않는가?		
	7	칸막이 판은 깨끗한가?		
	8	더러운 가격표가 늘어서 있지는 않은가?		
	9	계절이 지난 상품이 놓여 있지는 않은가?		
	10	매장 전체적으로 상품관리에 배려가 되어 있는가?		

No.4 체크 항목			담당	점장
잡화	1	선입선출이 지켜지고 있는가?		
	2	위생·규격 등 품질체크 기준이 있는가?		
	3	상품에 먼지가 쌓여 있지는 않은가?		
	4	상품 포장이 손상된 그것은 없는가?		
	5	칸막이 판은 깨끗한가?		
	6	케이스 선반은 깨끗한가?		
	7	계절이 지난 상품이 놓여 있지 않은가?		
	8	상품을 그대로 바닥에 두지는 않았는가?		
	9	더러운 POP 광고나 계절이 지난 그것은 없는가?		
	10	매장 전체적으로 상품관리에 배려가 되어 있는가?		

▌그로서리 상품관리▐

No.1 체크 항목			담당	점장
보기에 편리한 진열	1	상품을 선반 앞쪽부터 진열하고 있는가?		
	2	상품라벨이 정면을 향해 있는가?		
	3	전진 입체진열인가		
	4	곤돌라 뒤판이 보이지 않도록 연구를 하고 있는가?		
	5	칸막이 판은 깨끗한가?		
	6	선반은 깨끗한가?		
	7	진열이 안정감이 있는가?		
	8	건조 식품류 등이 가로, 새로 반듯하게 진열되어 있는가?		
	9	트레이 진열에 관한 연구를 하고 있는가?		
	10	선입선출이 지켜지고 있는가?		

No.2 체크 항목			담당	점장
선택하기 쉬운 진열	1	재해방지관리체계가 이루어져 있는가?		
	2	통로에 물이나 야채 잎 따위가 떨어져 있지는 않은가?		
	3	진열대에서 튀어나온 위험물은 없는가?		
	4	엔드 진열은 안정되어 있는가?		
	5	상품보충 시 빈 골판지 처리가 올바른가?		
	6	상품보충용 카트가 제자리에 있는가?		
	7	통로에 상품을 내버려 두지는 않았는가?		
	8	쇼핑 카트 안전성은 양호한가?		
	9	계단 손잡이, 바닥이 안전한가?		
	10	점포 출입구에 위험물은 없는가?		

No.3 체크 항목			담당	점장
즐거움이 있는 진열	1	엔드 진열에 관한 연구를 하고 있는가?		
	2	정보를 제공할 수 있는 POP 광고가 되어 있는가?		
	3	컬러 컨트롤에 대한 연구를 하고 있는가?		
	4	기둥 주변을 효과적으로 활용하고 있는가?		
	5	스트로크 진열에 관한 연구를 하고 있는가?		
	6	훅 진열을 잘 이용하고 있는가?		
	7	레지스터 앞 진열에 관한 연구를 하고 있는가?		
	8	천장까지의 공간을 잘 이용하고 있는가?		
	9	계절감을 제대로 연출하고 있는가?		
	10	시식판매가 강제성을 띄지는 않는가?		

▌그로서리 진열▐

No.1 체크 항목			담당	점장
근무규정	1	타임카드 체크 시 복장은 단정한가?		
	2	결근 등 신고 형식은 정해진대로인가?		
	3	담당구역을 이탈할 때 규칙은 지키고 있는가?		
	4	지시, 명령에 대해 보고를 하고 있는가?		
	5	출장 시 보고서를 제출하는가?		
	6	업자와 타협 규정을 지키고 있는가?		
	7	사내에서 쇼핑규정을 지키고 있는가?		
	8	점심 등 휴식 규칙은 지키고 있는가?		
	9	조기 출근, 잔업 규정을 지키고 있는가?		
	10	건강진단을 받고 있는가?		

No.2 체크 항목			담당	점장
고객의 안전성	1	재해방지관리체계가 이루어져 있는가?		
	2	통로에 물이나 야채 잎 따위가 떨어져 있지는 않은가?		
	3	진열대에서 튀어나온 위험물은 없는가?		
	4	엔드 진열은 안정되어 있는가?		
	5	상품보충 시 빈 골판지 처리가 올바른가?		
	6	상품보충용 카트가 제자리에 있는가?		
	7	통로에 상품을 내버려 두지는 않았는가?		
	8	쇼핑 카트 안전성은 양호한가?		
	9	계단의 손잡이, 바닥은 안전한가?		
	10	점포 출입구에 위험물은 없는가?		

No.3 체크 항목			담당	점장
종업원의 안전성	1	상품 취급에 무리가 없는가?		
	2	부문마다 손전등이 준비되어 있는가?		
	3	가스기기 취급법은 올바른가?		
	4	프라이어 취급법은 올바른가?		
	5	로스터 취급법은 올바른가?		
	6	그라인더 취급법은 올바른가?		
	7	커터 취급법은 올바른가?		
	8	케이스 어스(earth)는 유효한가?		
	9	작업장 바닥이 미끄럽지 않은가?		
	10	식칼을 올바르게 사용하고 있는가?		

▮관리 업무▮

Chapter 13 매장 정성 성과평가

1. 정성평가에 관해 설명하시오.

2. 특정 점포를 방문하여 체크리스트로 평가해보시오.

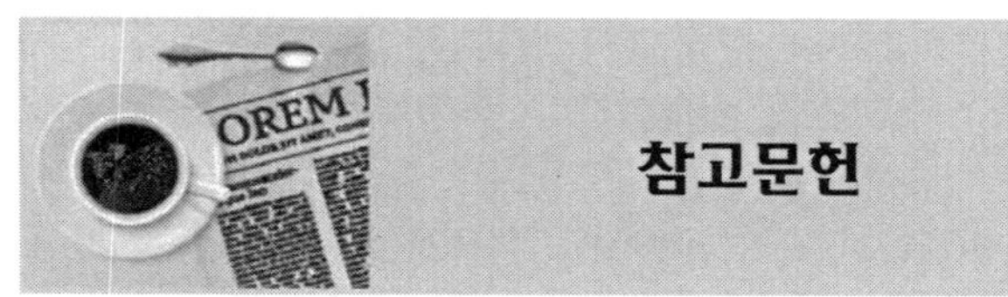

참고문헌

〈국내 참고문헌〉

강경태(2011), 「세법개론」, 서울; 지혜의샘강병수(1984), "소비자의 공간선호 행태와 구매결정에 관한 연구" 석사학위논문. 서울대학교 환경대학원.

권구혁, 신진교(역)(2000), 「전략경영과 경쟁우위」, 서울 ; 시그마프레스.

김상화(2000), "한국형 슈퍼마켓 모형의 제안과 발전전략에 관한 연구" 인천대학교 국제경영 대학원 석사학위논문.

김성배, 노은정, 김규동(2010), 「머천다이징」, 서울; 광선출판사.

김승욱, 강기두(2009), 「고객관계관리 원론」, 파주; 법문사.

김영수, 이영진(2010), 「경영전략」,파주; 학현사.

김완순 외(2000), 「세계경제와 국제통상」, 서울 ; 무역경영사.

김윤상(2010), 「핵심경영학연습」, 서울; 미래경영아카데미.

김진서(2001), 「다국적기업요론」, 서울 ; 법서출판사.

김창(2013), 「라이프타임 커리어 디자인」, 서울; 북마크.

김한나, 이은영(2007), "고려 점포군에 따른 소비자 세분화와 점포 이미지 중요도에 관한 연구", 유통연구, 12(2).

김현대, 하종란, 차형석(2013), 「협동조합」, 참좋다, 서울; 푸른지식.

노은정, 서용구(2008), 한국형 할인점의 서비스품질 척도에 관한 연구, 유통연구, 13(3).

류인철, 최용석, 강한수, 김선구(2013), "대형 유통업체와 중소상인 상생방안 연구", 산업경제연구, 26(1).

리테일메거진(2005년~2008년 각월호), 한국체인스토어 협회.

마상열(2012), "대형마트 영업규제 의미와 중소유통업과의 상생발전방안", 경남발전연구원.

박문각 부동산연구소(2014), 「부동산학 개론」, 서울; 박문각.

박성용(2003), "대형할인점의 중소도시 진입에 따른 소매점 유통경쟁 구조분석", 유통연구, 7(2).

박정식, 박종원, 조재호(2007), 「현대재무관리」, 서울; 다산출판사.

박재홍(2007), "국내할인점 분석을 통한 대형슈퍼마켓의 유통부문 발전전략에 대한 실증연구" 건국대학교 대학원 벤처전문기술학과 석사학위논문.

박철주, 고윤배, 윤명길, 김원겸(2006), "대형백화점 신규출점에 따른 예상매출액 추정" 한국유통과학회 유통과학연구4권 제2호 12월.

박한혁(2012), "대형마트/SSM 출점 및 영업규제 대응에 따른 상생모델방안", 프랜차이즈경영연구, 3(2).

반병길, 이인세, 김성영(2001), 「다국적기업 전략과 관리」, 서울 ; 박영사.

법무부, 한국법교육센터(2013), 「한국인의 법과 생활」, 서울: 한국출판협동조합.

서용구, 임승희 (2006), "소매점 브랜드가치 구성요소와 선호도, 만족도, 재구매의도와의 관계에 관한 연구", 유통연구, 11(4).

설영기(2001), 「다국적기업과 글로벌전략」, 서울사 ; 상조사.

신봉규 외 4인(2014), 「신외식산업 현황과 창업실무매뉴얼」, 서울; 백산출판사.

신영식, 차경천(2011), "브랜드 통합포인트 카드의 이용형태와 통합효과", 상품학연구, 29(4).

신재호(2008), "서울시 대형할인점 입지유형 및 특성에 관한 연구" 석사학위논문. 한양대학교 도시대학원.

안영일, 김호남, 전재완(2015), 「유통관리사2급」, 서울; (주)시대고시기획.

유통업체연감(2005년호-2008년호), 한국체인스토어 협회.

유동근(2010), 「마케팅 조사론」, 서울; 두양사.

유철수역(2006), 「매장만들기」, 서울; 한국체인스토어협회 출판부.

윤경구, 신건철(2012), "로열티프로그램이 고객참여와 소비자-브랜드 관계에 기초한 관계형 시장 행동에 미치는 영향", 유통연구, 17(2).

윤명길, 박종찬, 남궁석(2007), "국내 대형점의 매출추정 모델 설정방안 연구" 한국산업경제학회 춘계학술대회 논문지 6월.

이광종(1995), "슈퍼마켓 경영기술Ⅰ" 한국슈퍼체인협회 출판부.

이덕훈, 이영석, 정희용(2009), "재래시장의 서비스품질과 고객충성도에 관한 연구", 전통재래시장연구, 제2호.

이상규(2004), "대형할인점의 매출액 결정에 있어서 입지요인의 영향에 관한 연구" 인하대학교 경제학과 석사과정.

이상윤(1998), "한국 편의점 체인본부의 운영시스템에 대한 연구", 한국유통정보학회.

이상윤(1999), "체인스토어의 시스템적 운영향상을 위한 교육점포활용에 관한연구", 명지대학교.

이상윤(2010), 「유통영업관리론」, 서울; 도서출판 두남.

이상윤(2005), "프랜차이즈본부의 균형성과평가지표개발에 관한연구", 유통과학연구, 제3권제1호, (사)한국유통과학회.

이상윤(2005), "중국의 유통경로구조와 정책에 관한 연구", 유통과학연구, 제3권 제2호, (사)한국유통과학회.

이상윤(2006), "글로벌 다국적 소매기업의 해외진출전략에 관한 연구" 2006동계정기학술대회, 명지대유통경영대학원창립10주년기념, (사)한국유통과학회.

이상윤(1995), 「CVS는 시스템이다」, 세시.

이상윤(1997), 「점포경영진단지도매뉴얼」, 중소기업청.

이상윤(2000), 「가전제품 머천다이징」, 한국체인스토어협회 출판부.

이상윤(2000), 「고객관리」, 상업계 고등학교 교과서, 서울보건대.

이상윤(2001), 「신 유통경영 전략」, 한국생산성본부.

이상윤(2001), 「무재고 유통관리시스템」, 한국생산성본부.

이상윤(2001), 「CRM과 유통정보」, 한국생산성본부.

이상윤(2001), 「이익지향 계수평가 모델」, 한국생산성본부.

이상윤(2001), 「전략적 마케팅관리」, 한국생산성본부.

이상윤(2001), 「유통관리 실무」, 한국능률협회.

이상윤(2005), 「신 마케팅론」, 도서출판 두남.

이상윤(2005), 「유통실무사」 대학교재, 도서출판 두남.

이상윤(2006), 「유통관리사 2급」, 한국체인스토어협회 출판부.

이상윤(2009), 「상권분석론」, 도서출판 두남.

이상윤(2009), 「유통학 개론」, 도서출판 두남.

이상윤(2010), 「유통영업관리론」, 도서출판 두남.

이상윤(2010), 「매장관리론」, 도서출판 두남.

이상윤(2013), 「최신 유통관리론,」 도서출판 두남.

이세웅(2001), 「글로벌경영과 전략」, 서울 ; 도서출판 두남.

이영민(2006), "대형할인점 입지 전.후 소규모 상점 분포의 공간적 변화에 대한 실증연구" 석사학위논문. 서울대학교.

이용익, 홍성언, 김정엽, 박수홍(2006), "공간연관규칙을 이용한 대형할인점의 입지분석" 대한지리학회지 제41권 제3호.

이원준, 이은영, 김동태, 박성호(2009), "농식품의 소비자 지향적 품질측정", 상품학연구, 27(4).

이종원, 정홍열(역)(1999), 「국제통합의 경제학」, 서울 ; 도서출판 해남.

장세진(2003), 「글로벌경쟁시대의 경영전략」, 「제3판」, 서울 ; 박영사.

전기정, 김서규(역)(2001), 「스마트 초이스」, 서울; (주)북21.

전달영, 김용환(1999), "경쟁할인점간 점포선택 결정요인", 마케팅연구, 14(4).

전용욱 외(2003), 「국제경영」, 서울 ; 문영사.

정난호, 김남면, 성일석(2006), "소매업태에 대한 소비자 선택요인에 관한 연구",유통과학연구, 4(2).

정보통신망 이용촉진 및 정보보호등에 관한 법률.

정세희, 정진경(2012), "옹호연합 모형을 통해본 기업형 슈퍼마켓 규제정책 변동분석", 한국공공관리학보, 26(1).

주민규(2014), 「세무회계 연습」, 서울; 도서출판세경.

조병량, 한상필(2006). 「광고캠페인 전략」, 서울; 한경사.

제일기획 마케팅연구소역(1996), 「마케팅 대전환」, 서울; 연암사.

추호정, 문희강, 전대근역(2012). 「2012유통 트랜드」, 서울; 한국체인스토어협회.

최인식, 이상윤(2012), "프랜차이즈산업의 협동조합에 관한 연구", 프랜차이즈경영연구 3(2).

최열, 석혜주(2004), "대형할인점의 입지적 특성 및 선호요인 분석" 도시계획학회 학술저널, 국토계획 제39권 제5호 10월.

최창규, 김현식, 김용남(2013), 「IFRS 회계원리」, 서울; 나무와사람.

표강근(2004), "구매자 매장선택행위가 대형할인매장 상권에 미치는 영향분석" 연세대학교 대학원 도시공학과 석사학위논문.
한동철, 성희승(2003), 「소매관리」, 서울; 우용출판사.
한상린, 홍성태, 이성호(2012), "자아이미지 일치성이 소매점자산과 고객의 재이용 의도에 미치는 영향", 유통연구, 17(2).
한화유통(주)(1997), 「소매업개론」, 서울; 한화유통인력개발.

〈일본 참고문헌〉

渡辺高哉 2002.1.21 勝ち組 メーカーに學ぶ サービス 事業戰略 (PHP 研究所)
石田勝啓 2002.2.5 小さな會社の 勝ち殘る 事務マニユアル(實業之日本社)
川井十郎 2001.8.30 繁盛する 飮食店は ここが 違う (經林書房)
石田均 2002.2.20 小賣店『好感度&賣上げ アシプ』(經林書房)
渡形克彦 2000.8.30 小賣業の『情報 システム』活用の 具體策 (經林書房) 小林勇治
診斷士物流研究會 2001.8.25『物流·ロジステイクス』200X 年
渡形克彦 2001.9.25 小賣業の『21世紀型』革新戰略 (經林書房)
渡形克彦 2001.10.30 都賣業の『21世紀型』革新戰略 (經林書房)
會田玲二 平成12년 8월 20 チェーソストアの 實務原則·シリース 立地調査 (實務教育出版)
田村正紀 2001.10.1 流通原理 (千倉書房)
流通科學大學 2000.11.24 中國流通調査 (流通科學大學 出版) 長江流域調査隊
横塚由光 2001.11.28 圖解えでよくわかる 流通の しくみ (明日香出版社)
渥美俊一 1962.12.1 チェイソストア 能力開發の 原則 (實務教育出版)
內田一廣, 渡辺哲 1993.7.15 流通業 營業 マネジヤイの 實務 (經營實務出版)
城戶崎雅崇 1996.1.31 目標營利の ぢり方が 面白いほどわかる 本 (中經出版)
築山明德 昭和58.7.1 賣場づくり (實務教育出版)
渥美俊一 昭和58.1.10 商品構成 (實務教育出版)
外益三 昭和59.7.25 流通サバイバル 戰略 (マネジメント社)
波形克彦 1994.9.25『小型店』こうすれば 勝ち殘れる (經林書房)
鹽澤茂 1991.7.25 イトーヨーカ堂 店長會議 (豊國印刷 株式會社)
波形克彦 1994.11.15 價格破壞時代の 都賣業 小賣業の 業革 (産能大學出版部)
外益三 昭和60.9.25 流通 サバイハル 戰略 ; 成熟社會の イス 取り 合戰 (マネジメント社)
國友隆一 1994.11.1 セブンーイレブンの 高收益 システム (ぱる出版)
山田理英 1994.9.25 價格·流通 激變期の ヒツト 商品學 (産能大學出版部)
長谷川慶太郎 1994.10.25『超』價格破壞の 時代 (東洋經濟新報社)
波形克彦 平成4.8.1 都賣業の ための 多品種少量物流 システム讀本 (ビジネス 社)
內川淸雄 1993.9.9 斜めに 讀むだけで『經營分析』が しつかりわかる本 (ぱる出版)
波頭亮 平成7.11.24 戰略策定概念 企業戰略立案の 理論と 實際 (産能大學出版部)
國友隆一 1993.7.1 セブンーイレブン 驚異の 收益システム (ぱる出版)
國友隆一 1993.7.25 セブンーイレブンの 情報革命 (ぱる出版)
小林裕 1994.2.4『圖解』リエンジニアリング (中經 出版)

上保陽三 平成8.3.15 (完全体系) 商品と 賣場の 計數 (株式會社 商業界)
森田松太郎 1994.4.28 ビジネス·ゼヨナール 新版 經營分析入門 (日本經濟新聞社)
宇角英樹 1992.11.27 高利益戰略 100圖表 (經林書房)
田島義博 1991.11.22 變革期の 流通 新時代への 戰略的 課題 (日本經濟新聞社)
井上崇通 1996.4.10 マーケテイング 戰略と 診斷『現代商業診斷 基礎講座』(同友館)
宮下淳, 江原淳 1994.3.31 販賣·流通情報 システムと 診斷『現代商業診斷 基礎講座』(同友館)
高井一 2000.10.19 米國 E 流通革命 (東洋經濟新報社)
月泉博 2001.3.20 流通激震! これからの『勝ち組』戰略 (日本實業出版社)
湯淺和夫 平成6.9.20 物流 革命 (ビジネス社)
風問吉郎 1995.2.25 ストアマネジヤーの 仕事と 役割 (經營實務出版)
天明茂 1995.4.8 赤子會社を 黑字にする法 (中經 出版)
風問吉郎 1996.3.25 賣場主任の 仕事と 役割 (經營實務出版)
角田正博 2001.5.29 アメリカ 小賣業の すべて (ぱる 出版)
水尾順一 1996.5.15 流通業·サービス業の 市長豫測·調査 (同友館)

〈영문 참고문헌〉

Alexander, Nicholas(1997), International retailing, Blackwell.

Alexander, N., & Myers, H.(2000), "The retail internationalization process", International Marketing Review, Vol. 17, No. 4/5, pp. 334-353.

Anderson, E., and Gatignon, H.(1986), "Modes of foreign entry: A transaction cost analysis and propositions," Journal of international business studies, vol.17, No.3.

Avijit Ghosh(1994), Retail management 2th, Dryden press.

Barney, J.B., Gaining and sustaining competitive advantage, Second Edition, Prentice Hall, 2002.

Benito, G.R.G., and Gripsrude G.(1992), "The expansion of foreign direct investments: Discrete rational location choices or a cultural learning process?" Journal of international business studies, Third quarter.

Brown, Stephen(1989), "Retail location theory: the legacy of Harold Hotelling," Journal of retailing, vol.65, No.4:450, p470.

Bucklin, L.P.(1967), "The concept of mass in intra-urban shopping,"Journal of Marketing, vol.31.

Burt, Steve(1993), "The Carrefour group: the First 25 years,"International journal of retailing.

Clarke Ian, Horita Masahide and Mackaness William(2000),"The spatial knowledge of retail decision makers: capturing and interpreting group insight using a composite cognitive map," Int. Rev. of Retail, Distribution and Consumer Research, vol.10, No.3, July:265-285.

Davies, R.L. and Rogers, D.S.(1984), Store location and store assessment research, John Wiley and Sons Ltd.

Dawson, J.A.(1984),"Structural-spatial relationships in the spread of hypermarket retailing,"Kaynak, E., and Savitt, R. (eds.), Comparative marketing systems, pp.156-182, New York:Praeger.

Dawson, John A.(2001), "Toward a model of impacts of retail internationalization", Discussion Paper of Asian Retail and Distribution Workshop at University of Marketing and Distribution Sciences, pp. 1-19.

Dunning, J. H.(1998), "The electic paradigm of international production : A restatement and dome possible extensions", Journal of International Business Studies, Vol. 19, pp.1-31.

Evans, J., Treadgold, A., & Mavondo, F. T.(2000), "Psychic distance and the performance of international retailers", International Marketing Review, Vol. 17, No. 4/5, pp. 373-381.

Ghosh, A., and McLafferty, Sara L.(1987), Location strategies for retail and service firms, Leyington Books D.C. Heath and Company.

Hollander S. C.(2000), "Distinguished retrospective viewpoint : Study retailing and see the world", International Marketing Review, Vol. 17, No.4/5, PP.327-333.

James F. Engel, David T. Kollat and Roger D. Blackwell and Paul W. Miniard(1986) Consumer Behavior 5th, Illinois: The dryden press.

John H. Dunning(1992), Multinational Enterprises and the Global Economy, Addison-Wesley Publishing Company, UK.

Kacker, Madhav(1985), Transatlantic trends in retailing: Takeovers and flow of know-how, Quorum books.

Kent B Monroe(2003), Pricing 3rd, New York:McGraw-Hill company.

Lusch, Robert F., Patrick Dunne and Randall Gebhardt(1993), Retailing makketing 2nd, South-Western Publishing Co.

Michael Levy and Barton A. Weitz(2009), Retailing Management 7th, New York: McGraw-Hill Higher education.

Peter T.L. Popkowski Leszczyc, Ashish Sinha, and Anna Sahgal(2004), "The effect of multipurpose shopping on pricing and location strategy for grocery stores," Journal of retailing, vol.80.

Porter, M.E.(1994), "The role of location in competition,"Journal of the economics of business, vol.1, No.1.

Roger A. Kerin, P. Rajan Varadarajan & Robert A. Peterson(1992), "First- Mover Advantage: A Synthesis, Conceptual Framework, and Research Propositions", Journal of Marketing, Vol.56.

Salmon, W. J., & Tardjaman, A.(1989), "The international of retailing", International Journal Retailing, Vol. 4, No. 2, pp.3-16.

Sternquist, B.(1997), "International expansion of US Retailers", International Journal of Retail & Distribution Management, Vol. 25, No. 8, pp. 262-268.

Thomas L. Harris (1993), The marketer's guide to public relations, New York: John Wiley & Sons, Inc.

Vida, I., and Fairhurst, A., "International expansion of retail firms: A theoretical approach for future investigations," Journal of retailing and consumer services, vol.5, No.3, pp.143-151.

찾아보기

ㄱ

가격 ··· 66
가격인하 ··· 287
가맹점주 의무 ··· 87
가맹점주의 권리 ··· 87
갑종근로소득세(갑근세)의 산출내역 ··· 202
개인위생 ··· 389
객단가 ··· 342
건폐율 ··· 160
건폐율/ 용적율 계산 ··· 184
결품관리 ··· 245
경제적 발주량 ··· 256
경품 ··· 295
고객 보상제 ··· 409
고객 컴플레인 ··· 399
고객관계관리 ··· 325
고객생애가치 ··· 330
고려상품군 ··· 58
곤돌라 ··· 238
골든존 ··· 236
공업·입지 ··· 147
관여도 ··· 60
광고 도달율 ··· 310
광고매체 ··· 308
교차비율 ··· 422
구입율 ··· 343
국세 ··· 207
권고량 ··· 279
귀갑형 ··· 172
그리드형 ··· 171
근로소득세 ··· 202
기업형 슈퍼마켓 ··· 30
기타식품판매업 ··· 181

ㄴ

납품업자 ··· 380
내점률 ··· 422
노면독립입지 ··· 134
노사협의회 ··· 354
능력 급여 ··· 352

ㄷ

다속성모형 ··· 60
단수가격 ··· 285
단위 가격표시제 ··· 291
단품관리 ··· 246
담배소매인 지정서 ··· 182
당연 상인 ··· 127
당좌비율 ··· 429
대규모 유통업자 ··· 380
대용량 상품 ··· 234
대형마트 ··· 29
데이터베이스 ··· 336
도매 마케팅 ··· 49
도메인 등록 ··· 100
도미넌트 ··· 160
도심입지 ··· 130
도심입지(중심상업지역) ··· 133
도입기 ··· 249
독립쇼핑몰 ··· 99

ㄹ

라이프스타일 ··· 157
로스리더 상품 ··· 234
롯데멤버스 제도 ··· 334

ㅁ

마케팅 PR ···· 318
매입조건 ···· 228
매장변경 ···· 209
매장진단 ···· 437
매출가격 환원법 ···· 421
모바일쇼핑 ···· 33
목표관리 ···· 415
몸가짐 ···· 362
무선주파수식별법 ···· 270
무인경비 ···· 372
무점포소매상 ···· 32
물리적 속성 ···· 67
물적 유통 ···· 19
미션 정의 ···· 123

ㅂ

배송 서비스 ···· 398
백화점 ···· 30
보조동선 ···· 169
복합 쇼핑몰 ···· 30
부가가치세 ···· 196, 199
부당반품 ···· 381
부진상품 ···· 263
브랜드 자산 ···· 227
비전 설정 ···· 124

ㅅ

사업자 등록 ···· 194
사회계층 ···· 64
상가권리금 ···· 185
상권 ···· 135
상업입지 ···· 129, 133
상인정신 ···· 127
상적 유통 ···· 18
상품 구색 ···· 225
상품구색 ···· 66
상품구성 ···· 217
상품라인 ···· 224
상품로스율 ···· 262
상품믹스 ···· 224
상품발주 ···· 265
상품분류 ···· 217
상품수명주기 ···· 249
상품체계 ···· 218
선도관리 ···· 226
선매품 ···· 219
설비 ···· 180
성숙기 ···· 250
성장기 ···· 249
성장성 분석 ···· 160
세금계산서 ···· 206
소매 마케팅 ···· 49
소매상 수레바퀴이론 ···· 44
소매상 수명주기이론 ···· 45
소매입지이론 ···· 145
소매점 아코디언이론 ···· 45
소매중력법칙 ···· 138
소매포화지수 ···· 142
소방시설 ···· 178, 370
소비자 경품 ···· 296
소비자 기본법 ···· 385
소비자 현상 경품 ···· 296
소상인 ···· 128
손익분기점 ···· 188
쇠퇴기 ···· 250
쇼케이스 ···· 238
쇼핑센터 ···· 30
수수료 매장 ···· 114
수익률 ···· 187
수익성 ···· 425
수표취급 ···· 375
순환동선 ···· 169
슈퍼마켓 ···· 31
스토어 로열티 ···· 76
시설권리금 ···· 186
시설위생 ···· 390
시장세분화 ···· 35
시장확장 잠재력 ···· 142
식품 위생법 ···· 387
식품위생 ···· 389
신장률 ···· 419

ㅇ

아울렛 ···· 32
아일랜드 진열 ···· 240
안전관리 ···· 369
안전성 ···· 428, 430
안전재고 ···· 255, 257
엔드 진열 ···· 240
영업권리금 ···· 186
영업규제 ···· 300
예상재고 ···· 255
예약발주 ···· 266
온라인 유통업 ···· 95

온라인쇼핑몰 ··· 33
온오프 통합화 ··· 101
옴니채널 ··· 101
용적률 ··· 160
원가기준가격 ··· 284
유동비율 ··· 428
유인효과 ··· 59
유통 ··· 17
유통기능 ··· 20
유통 담당자 ··· 19
유통경로 ··· 23
유통계열화 ··· 25
유통기한 ··· 390
의제 상인 ··· 128
인하율 ··· 287
임대 매장 ··· 114
임대차 보호법 ··· 116
임의가맹사업 ··· 94
임차료 한도 ··· 185
입지 ··· 66
입지 선정 ··· 144

ㅈ

자동발주 ··· 266
재고관리 ··· 254
재고로스 ··· 261
재고유지비용 ··· 256
재고주문비용 ··· 256
재발주 시점 ··· 257
적정발주 ··· 266
전단광고 ··· 309
전문점 ··· 30
전문품 ··· 219
전사적 품질관리 ··· 226
전자주문시스템 ··· 274
전통시장 ··· 31
전화 응대 ··· 367
점포 레이아웃 ··· 170
접근성 분석 ··· 158
정보공개서 ··· 88
정보통합이론 ··· 60
제조물 책임법 ··· 398
조닝 ··· 172
종합소득세 ··· 203
주거지 입지 ··· 146
주동선 ··· 168
주류판매기록부 ··· 392
중심지이론 ··· 137
지갑 점유율 ··· 329
지방세 ··· 207
직매입 ··· 229
직장내 성희롱 ··· 375
진공지대 이론 ··· 46

ㅊ

체화 재고관리 ··· 262
축산물 가공처리법 ··· 395
축산물 판매업 ··· 181
출점규제 ··· 300
충동구매 ··· 61

ㅋ

컨조인트 분석 ··· 41

ㅌ

타협효과 ··· 59
테넌트 ··· 115
통상발주 ··· 265
투자회수기간 ··· 190
특정매입(위탁매입) ··· 230

ㅍ

판매 장려금 ··· 380
판매가격표시제도 ··· 289
판매분 매입 ··· 230
판매원 ··· 67
판매촉진 ··· 292
판매활동지수 ··· 141
편의점 ··· 32
편의품 ··· 219
평효율관리 ··· 420
포인트 프로그램 ··· 332
포지셔닝 ··· 35, 39
포지셔닝 맵 ··· 40
표준상품분류 ··· 218
푸쉬전략 ··· 294
풀전략 ··· 294
프랜차이즈 시스템 ··· 85
프리미엄 ··· 295
피오지 ··· 243

(ㅎ)

하도급 거래 ········ 230
현금영수증 ········ 374
협동조합 ········ 109
회원제 도매클럽 ········ 32
회원제도 ········ 331
후크 진열 ········ 240
휴게음식점 ········ 182

(A)

ABC 관리법 ········ 258

(B)

BGM 서비스 ········ 316
BPI : buying power index ········ 141

(C)

CAO 발주 ········ 278
CAO(Computer Assisted Ordering) ········ 275
Customer lifetime value)(LTV ········ 330

(D)

DBMS 개념 ········ 337

(E)

e-CRM ········ 338
EOQ; economic order quantity ········ 256
EOS; Electronic Ordering System ········ 274

(H)

HOOK ········ 240
Huff 모형 ········ 139

(I)

IP ········ 241
ISP(In Store Promtion) ········ 314
item presentation ········ 241

(J)

JIT(just in time) ········ 259

(L)

Life style ········ 157

(M)

M/D ········ 227
M/D 개편 필요성 ········ 209
M/D 조닝 ········ 172
market segmentation ········ 35
MEP: market expansion potential ········ 142
mobile shopping ········ 33
Moment of Truth(MOT) ········ 361

(O)

OJT 교육 ········ 351

(P)

PB상품 ········ 222
point of sale presentation ········ 241
POP ········ 314
Positioning ········ 39
positioning ········ 35
Positioning Map ········ 40
POS시스템 ········ 269
PP ········ 241
PR ········ 317
Price Card ········ 316
Product Life Cycle : PLC ········ 249

(R)

R. L. Nelson ········ 145
Retail Accordion Theory ········ 45
Retail Life Cycle Theory ········ 45
RFID: Radio Frequency Identification ········ 270
RFM분석 ········ 330
ROI ········ 48
ROI, Return on Investment ········ 187
RSI; retail saturation index ········ 142

(S)

SAI: sales activity index ········ 141
Size of wallet ········ 329

T

TQC; Total Quality Control ········· 226
TV홈쇼핑 ········· 32

V

Vacuum Zone Theory ········· 46
visual presentation ········· 241
VMD ········· 240
VOC 관리 ········· 401
VP ········· 241

W

Wheel of Retailing ········· 44

Z

Zoning ········· 173

기타

20/80법칙 ········· 331
4대보험 ········· 207

❖ 공저자 약력 ❖

성 명 : 해향(海沆) 이 상 윤(李相允)

훈포상 경력 :
- 2008년도 미국 훼이스신학대학원 최우수 박사졸업논문상 수상
- 2010년도 서울신문 VISION 2010 경영혁신 대상 수상(유통산업)
- 2011년도 세종사이버대 강의제작부문 최우수상(BTA)－매장관리론
- 2011년도 (사)한국유통과학회 국제학술대회 공로상 최우수논문상 수상
- 2012년도 국제하계통합학술대회 준비위원장 공로－감사패 수상
- 2012/3년 (사)한국프랜차이즈경영학회 최우수논문상 수상
- 2014년도 (사)한국유통과학회 하계 동계 국제학술대회 최우수논문상
- 2014년도 스포츠동아 선정 대한민국 대표 아름다운 교육인 대상 수상
- 2016년도 (사)한국유통과학회 중국 국제동계학술대회 최우수논문상
- 2017년도 (사)한국유통과학회 베트남 국제하계학술대회 우수논문상
- 2017년도 (사)한국유통과학회 인천대 국제동계학술대회 최우수논문상
- 2018년도 (사)한국유통과학회 서울대 국제하계학술대회 최우수논문상

학 력 :
- 연세대학교 졸업(사회복지학 전공, 행정학 부전공)(1986)
- 명지대학교 유통대학원 유통학과 졸업(경영학 석사)(2000)
- 일본유통과학대학원 유통세미나 과정, 프랜차이즈세미나 과정 수료(2003)
- 명지대학교 일반대학원 무역학 박사과정 졸업(경영학 박사)(2005)
- 미국 훼이스 신학대학원 신학 박사과정 졸업(철학 박사)(2008)

경 력 :
- 태인샤니그룹(SPC) 과장/진로그룹 팀장(1986－1997－12년)
- 한국능률협회그룹(KMA) 수석전문위원 /경영 컨설턴트(1995－2007)
- 한국능률협회컨설팅 프랜차이즈 최고경영자과정 주임교수(2001－2007)
- (사)한국체인스토어협회 한국유통연수원 교수(1995－2008)
- (사)한국유통과학회 명예회장(2011), 회장(2009)
- 중소기업청 시장경영진흥원 자문위원/교수(2009/2011)
- 명지대 유통경영대학원 유통학과 주임교수(2002－2011)
- 세종대 경영대학 경영학과/경영전문대학원 교수(2011－2014)
- 세종사이버대 유통물류학과 외래교수(2011－2019)
- (사)한국프랜차이즈경영학회 부회장(2011－2014)
- 중소기업유통센터 전문위원(2014－2017)
- 성남시 상권활성화재단 전문위원(2014－2017)
- 가천대 경영대학원 경영학과 겸임교수(2014－2019)
- 미국 캐롤라인대학교 경영대학장 경영학과 정교수(2016－2019)
- 미국 훼이스신학대학교 대학원(뉴욕캠퍼스) 신학과 교수(2008－2019)
- 동아시아경상학회 2대 3대 회장(2016－2019)

현 재 : 미국 임페리얼대학교 총괄 부총장, 경영대학 경영학과 정교수(2020－)
겸 가천대 경영학부 및 경영대학원 경영학과 교수(2020－)
겸 RMI 컨설팅/대표, 연구소 유통21/소장(1997－)
겸 한국세일즈협회 회장(2014－)
겸 (사)한국유통과학회 전 회장/고문/유통과학대상 위원장(2004－)
겸 한국인공지능학회 회장(2020－)
겸 국제융합경영학회 고문(2014－)
겸 한국영업관리학회 부회장(2017－)
겸 한국생산성본부 경영지도위원/교수(1995－)
겸 한국경제신문사 한경아카데미 전문위원/교수(1997－)
겸 중소기업진흥공단 중소기업연수원 교수(2007－)
겸 하늘비전종합복지센터(송파구) 기관장 및 총괄 본부장(2015－)

겸 한국기술교육대학교 국가직무능력표준(NCS) 자문위원(2016-)
겸 소상공인시장진흥공단 상인대학/소상공인 자문위원 전문교수(2000-)
겸 (사)한국마트협회 경영자문위원(2019-)

저 서 : - [CVS는 시스템이다-세븐일레븐 유통정보전략] 역서(1995), 도서출판 세시
- [신 마케팅론](2005), 도서출판 두남
- [상권분석론](2009), 도서출판 두남
- [유통학개론](2009), 도서출판 두남
- [물류관리론](2009), 도서출판 경록
- [유통영업관리론](2010), 도서출판 두남
- [매장관리론](2010), 도서출판 두남
- [최신유통관리론](2013), 도서출판 두남
- [종합물류관리론](2014), 도서출판 두남
- [판매관리론](2015), 도서출판 두남
- [최신유통관리론] 개정판(2015), 도서출판 두남
- [경영자를 위한 잠언](2015), RMI컨설팅그룹
- [청년을 위한 전도서](2015), RMI컨설팅그룹
- [청년을 위한 욥기](2016), RMI컨설팅그룹
- [Veritas vos Liberabit(Ⅰ)권-창조타락 인류번성](2016), 로고스바이블아카데미
- [Veritas vos Liberabit(Ⅱ)권-종교분열 인류분쟁](2016), 로고스바이블아카데미
- [Veritas vos Liberabit(Ⅲ)권-영적세계 예수복음](2016), 로고스바이블아카데미
- [Veritas vos Liberabit(Ⅳ)권-과학문명 사회윤리 심판종말](2016), 로고스바이블아카데미
- [이상윤 박사와 함께 떠나는 과거로의 여행-성서와 문명](2016), 로고스바이블아카데미
- [무화과나무의 비밀-이스라엘 역사](2016), 로고스바이블아카데미
- [소매점창업론](2016), 도서출판 두남
- [유통시장조사론](2016), 도서출판 두남
- [경영학원론](2017), 도서출판 두남
- [유통정보론](2017), 도서출판 두남
- [영업관리론](2017), 도서출판 두남
- [최신유통관리론] 개정2판(2017), 도서출판 두남
- [상권분석론] 개정판(2018), 도서출판 두남
- [매장관리론] 개정판(2018), 도서출판 두남
- [종합물류관리론] 개정판(2018), 도서출판 두남
- [마케팅조사론] 정선 문제집(2019), 와이제이학사고시
- [성경과 세계문명] 개정 크라운판(2019), 해내리씨엔피
- [하루 만에 끝내는 전도서] 개정판(2019), 해내리씨엔피
- [의인 욥[JOB]과 하나님의 섭리] 개정 크라운판(2019), 해내리씨엔피
- [솔로몬의 잠언] 개정 크라운판(2019), 해내리씨엔피
- [알기 쉬운 하늘의 노래 시편] 크라운 초판(2019), 피알엔북스
- [사랑의 노래 아가] 초판(2019), 피알엔북스
- [소자본창업론] 초판(2020), 도서출판 두남
- [유통정보론] 개정판(2020), 도서출판 두남
- [판매관리론] 개정판(2020), 도서출판 두남
- [국제유통론] 초판(2020), 도서출판 두남
- [보이지 않는 또 다른 차원 영적 세계] 크라운 초판(2020), 피알엔북스 외 다수

국가 공공기관 학술용역프로젝트:

- 국립국어원-유통분야 전문용어 관리실태 현황조사, 책임연구원(2013.5-12)
- 서울신용보증재단-서울시 소기업 소상공인 창업성공실패요인 조사분석, 책임연구원(총괄)(2014.11-2015.1)
- 서울산업진흥원-국내 유통마케팅 기반조성 육성 고객 '중소유통(벤더) 사' 현황조사, 책임연구원(총괄)(2015.7-9) 외 다수

발 표 논 문 : 아래 홈페이지에서 검색

■ e-mail : rmi21lee@hanmail.net ■ Homepage: www.rmi21.co.kr

성　　명 : 박 한 혁

학　　력 : - 서강대학교 졸업(경영학과, 1987)
- 서강대학교 언론대학원(언론학석사, 광고전공, 2003)
- 세종 대학교 일반대학원 박사과정 졸업(경영학 박사, 마케팅전공, 2014)

경　　력 : - 대농그룹 미도파 백화점 13년 근무(1987-1999)
- 롯데백화점 본점 영업총괄팀장, 본점 식품팀장 역임
- 롯데슈퍼 지원팀장, 가맹사업팀장, 오픈지원팀장 역임
- 롯데쇼핑 20년 근무(1999-)

현　　재 : - 롯데쇼핑 슈퍼사업본부 수석 재직
- 한국유통과학회(등재지) 이사

연 구 실 적 : - 대형유통점 영업규제에 대한 소비자 평가와 쇼핑행동수정(유통연구/2015.07)
- 대형마트, SSM 영업규제에 따른 소비자 행동수정에 관한 연구(박사/2014)
- 한국 슈퍼마켓 동반성장을 위한 상생방안(유통과학회/2014.03)
- 대형마트/SSM 출점 및 영업규제 대응에 따른 상생 모델 방안(프랜차이즈경영연구/2012.12)

■ e-mail : race811245@hanmail.net

● 판매관리론 - 개정판

초　판 1쇄 발행 —— 2015년 8월 20일
초　판 2쇄 발행 —— 2018년 2월 1일
개정판 1쇄 발행 —— 2020년 2월 25일
지은이 —— 이 상 윤 · 박 한 혁
펴낸이 —— 전 두 표
펴낸곳 —— 도서출판 두남
서울시 강동구 성내로6길 34-16 두남빌딩
신 고: 제25100-1988-9호
TEL: 02) 478-2065~7, 2311
FAX: 02) 478-2068
E-mail : dunam1@unitel.co.kr
http://www.dunam.co.kr

● 정가 30,000원

ISBN 978-89-6414-879-2　93320